济潍高速公路平安百年品质工程建设实践与创新

山东高速基础设施建设有限公司　主编

北京交通大学出版社
·北京·

内 容 简 介

本书针对济潍高速公路工程在创建"平安百年品质工程"示范项目过程中实施的管理创新和技术创新进行了系统总结与提炼。第一章对济潍高速公路平安百年品质工程建设情况进行了总体梳理；第二章立足技术路径及方案，阐述了新一代长寿命沥青路面、高品质混凝土耐久性、智慧高速、绿色环保生态高速建设和安全管控措施等；第三章和第四章立足质量管控，阐述了全过程质量管控体系和措施；第五章至第七章分别介绍了平安工地创建、节能环保措施、科技创新成果和"四新"技术应用的情况。

本书体系完整、文字精练，具有重要的理论价值和实践指导意义，可为公路水运"平安百年品质工程"创建项目提供参考。

图书在版编目（CIP）数据

济潍高速公路平安百年品质工程建设实践与创新 / 山东高速基础设施建设有限公司主编. —北京：北京交通大学出版社，2023.8
ISBN 978-7-5121-5075-1

Ⅰ.① 济… Ⅱ.① 山… Ⅲ.① 高速公路–道路建设–研究–山东 Ⅳ.① U412.36

中国国家版本馆 CIP 数据核字（2023）第 159757 号

济潍高速公路平安百年品质工程建设实践与创新
JI-WEI GAOSU GONGLU PING'AN BAINIAN PINZHI GONGCHENG JIANSHE SHIJIAN YU CHUANGXIN

责任编辑：严慧明 陈可亮

出版发行：北京交通大学出版社　　　　　电话：010-51686414　　http://www.bjtup.com.cn
地　　址：北京市海淀区高梁桥斜街 44 号　　邮编：100044
印 刷 者：北京虎彩文化传播有限公司
经　　销：全国新华书店
开　　本：185 mm×260 mm　　印张：18.375　　字数：459 千字
版 印 次：2023 年 8 月第 1 版　　2023 年 8 月第 1 次印刷
定　　价：89.00 元

本书如有质量问题，请向北京交通大学出版社质监组反映。对您的意见和批评，我们表示欢迎和感谢。
投诉电话：010-51686043，51686008；传真：010-62225406；E-mail：press@bjtu.edu.cn。

编写委员会

主　任：薛志超

副主任：陈成勇　谢国木

委　员：张田涛　于　浩　郑广顺　李心秋　张　晓

　　　　王　凯　丁　猛　孔　军　李怀剑　张义栋

　　　　李洪峰　张　庆　陈元培　冯　永　李鸿杰

　　　　庞玺强　李　鹏　丁宪德　杨　涛　史同贤

　　　　王　强　张有林　潘立平　沈逢春　谭　峰

　　　　贾怀强　高钟涛　王俊才　吴　战　张学锋

　　　　丁俊洲　江　勇　王　涛　杨　鹏　王后伟

　　　　喻光林　杨青海　王永涛　张高峰　李振旭

　　　　王　双　赵文清　魏绪新　张希伟　郝晓君

　　　　李德华　王光勇　李志宏　王　硕

前　言

济南至潍坊高速公路工程（以下简称"济潍高速"）是山东省"九纵五横一环七射多连"高速公路网中的"射三"线，途经济南、淄博、潍坊三个地市，西接京沪高速济南至莱芜段，东接潍日高速。

济潍高速与潍青高速一起成为山东省会经济圈与胶东经济圈间的第三条黄金大通道，在支持济南建设国家中心城市、青岛建设全球海洋中心城市等方面发挥重要作用，有效助力"强省会经济战略"和"海洋经济战略"做大做强，同时对于提升国家运输主通道建设、完善山东高速公路网布局、提升路网抗风险能力等方面具有重要意义。

济潍高速作为交通运输部第一批公路水运"平安百年品质工程"创建示范项目，建设过程中，山东高速济潍高速公路有限公司认真贯彻落实交通运输部"提升基础设施品质、推行现代工程管理、开展公路水运建设工程质量提升行动、努力打造品质工程"的要求，明确"国际一流、国内领先"的质量目标，以及品质工程创建示范七个主攻方向，大力实施管理创新和技术创新。

针对"优质耐久、安全舒适、经济环保、社会认可"的平安百年品质工程，项目建设者构建起了"终端+云端+大数据"的施工质量智能化管控新模式，最终实现质量安全、工程进度、费用数据的统一管控，做到工程质量"来源可知、去向可追、质量可查、责任可究"，实现数据驱动的数字化质量追溯；同时，设立攻关课题，联合国内知名高校、科研院所开展联合攻关，重点围绕智慧高速建设、品质耐久性提升及影响工程建设的重难点问题开展科研攻关，并立足工程功能的完善与提升大力发展"四新"技术。

为总结提炼先进经验，助推"平安百年品质工程"创建示范工作，山东高速济潍高速公路有限公司将管理创新和技术创新汇编成书。本书共七章，第一章对济潍高速公路平安百年品质工程建设情况进行了总结梳理。第二章立足技术路径及方案，阐述了新一代长寿命沥青路面、高品质混凝土耐久性、智慧高速、绿色环保生态高速和安全管控措施等。第三章和第四章立足质量管控，阐述了全过程质量管控体系和管控措施。第五章立足安全舒适，介绍了平安工地创建的情况。第六章立足经济环保，系统介绍了节能环保措施和应用效果。第七章立足科技创新，介绍了科技创新的成果和"四新"技术应用的情况。

在本书编写过程中，张庆负责第一、二章的编写；王光勇负责第三章的编写，同时还参与了第二章的编写；庞玺强负责第四章的编写；张田涛负责第五章的编写，同时还参与了第一章的编写；李鹏负责第六章的编写，同时还参与了第四章的编写；陈元培负责第七章的编写。

感谢《桥梁》杂志社韩扬主任、王硕主编等人为本书统稿付出的艰辛！感谢交通运输部公路科学研究院严二虎研究员、王兵见副研究员为本书进行技术把脉！感谢《公路交通科技》杂志社有限公司李志宏副编审为全书进行文字把关。最后，由衷感谢济潍高速总监办及山东省交通工程监理咨询有限公司为本书出版做了大量组织协调工作，感谢济潍高速参建单位山东省路桥集团有限公司、山东高速工程建设集团有限公司、山东省高速养护集团有限公司、中交一公局集团有限公司、中铁十四局集团有限公司、四川公路桥梁建设集团有限公司、中电建路桥集团有限公司、中国水电建设集团十五工程局有限公司、中国五冶集团有限公司、中国十七冶集团有限公司、中铁二局集团有限公司等为本书编写和出版付出的努力。

由于作者水平有限，书中难免存在不足之处，恳请读者批评指正。

作　者

2023 年 7 月

目　录

第一章 创建平安百年品质工程概述

济南至潍坊高速公路工程（以下简称济潍高速）以"平安百年、智慧济潍"为发展目标，坚持高质量发展，以交通强国建设、质量强国建设为统领，以品质工程建设为基础，以智慧高速为突破，大力提升公路水运基础设施使用寿命和耐久性，提高行车安全保障和出行信息服务水平，大幅度降低能源消耗量和事故发生率，打造集约高效、经济适用、智慧绿色、安全可靠的现代化交通基础设施体系。

项目建成通车后，将与潍坊至青岛段一起成为省会经济圈与胶东经济圈间的第三条黄金大通道，不仅在支持济南建设国家中心城市、青岛建设全球海洋中心城市等方面发挥重要作用，有效助力"强省会经济战略"和"海洋经济战略"做大做强，同时还对提升国家运输主通道建设、完善山东高速公路网布局、提升路网抗风险能力等方面具有重要的意义。项目概况图如图1.1所示。

图 1.1 项目概况图

第一节 鲁中山岭重丘区的穿越

济潍高速是山东省"九纵五横一环七射多连"高速公路网中的"射三"线，途经济南、淄博、潍坊三个地市，西接京沪高速济南至莱芜段，东接潍日高速。

项目路线图如图1.2所示。项目全长约162 km（其中济南段主线长度33.052 km，淄博段主线长度46.069 km，潍坊段主线长度82.811 km），设计速度120 km/h，双向六车道，概算投资421.35亿元，其中建安费290亿元。项目桥隧比40%，总挖方4 800万 m^3，总填方2 600万 m^3，路面约490万 m^2；特大桥12座，大桥31座，中桥6座，涵洞105道，隧道10座；互通立交20处，分离立交28座，天桥34座，通道45座；服务区3处（含1处与互通合建），匝道收费站15处，养护工区4处，监控通信分中心4处，隧道管理养护站及隧道通信监控站各5处。

图 1.2　项目路线图

项目建设实施单位为山东高速济潍高速公路有限公司，设计单位为山东省交通规划设计院集团有限公司，总监理单位为山东省交通工程监理咨询有限公司，各标段参建单位如表 1.1 所示。

表 1.1　项目参建单位一览表

标段	中标单位	里程	驻地监理单位	总监办
1 标	中电建路桥集团有限公司（主体）；中国水电建设集团十五工程局有限公司（从体）	−K0+544.884—K14+950 长度：15.495 km	济南北方交通工程咨询监理有限公司（一驻地办）	山东省交通工程监理咨询有限公司
2 标	中铁十四局集团有限公司	K14+950—K32+514 长度：17.564 km		
3 标	中国五冶集团有限公司（主体）；中国十七冶集团有限公司（从体）	K32+514—K49+470 长度：16.956 km	山东东泰工程咨询有限公司（二驻地办）	
4 标	中交一公局集团有限公司	K49+470—K66+700 长度：17.230 km		
5 标	四川公路桥梁建设集团有限公司（主体）；山东省公路桥梁建设集团有限公司（从体）	K66+700—K79+425 长度：12.725 km	山东高速工程项目管理有限公司（三驻地办）	
6 标	山东省路桥集团有限公司（主体）；中铁二局集团有限公司（从体）	K78+700—K94+300 长度：15.6 km		
7 标	山东省路桥集团有限公司	K94+300—K111+400 长度：17.1 km	山东格瑞特监理咨询有限公司（四驻地办）	
8 标	山东高速工程建设集团有限公司（主体）；山东省高速路桥养护有限公司（从体）	K111+400—K121+600 长度：10.2 km		

标段	中标单位	里程	驻地监理单位	总监办
9标	山东东方路桥建设有限公司	K121+600—K135+300 长度：13.7 km	山东华潍工程监理咨询有限公司（五驻地办）	山东省交通工程监理咨询有限公司
10标	山东东方路桥建设有限公司	K135+300—K160+601 长度：25.302 km		

项目特点具体如下。

（1）桥隧比高，环境复杂。济潍高速穿越山东中部丘陵，多条隧道穿越软硬互层地质，桥隧比高达40%，桥隧总长65 km（隧道19.6 km），全线共设置特大桥12座，隧道10座，隧道主要穿越地层为强、中风化灰岩、泥灰岩，稳定性差，易造成局部坍塌。其中，盘顶山特长隧道是山东省高速公路第一长隧，隧长4 110 m，施工风险大、安全控制难度大。桥梁、隧道是济潍高速建设中的重点控制性工程。

（2）高墩、高边坡点多面广。项目途经丘陵区、山间及丘间谷地、山前冲积平原区等，存在多处高墩施工，淄河特大桥、仁河大桥墩柱多高于50 m，存在多处深挖路堑，部分达到8级坡，最深路堑达76 m。高墩、高边坡为济潍高速质量安全的控制性重点。

（3）穿越采空区，风险因素多。项目所经地带、地形、地质构造复杂，岩性、岩相变化大，穿越采空区，施工风险因素多。

（4）山区重载交通高速公路，耐久路面需求突出。济潍高速地处鲁中山区，陡坡路段或连续上坡路段较多，且根据设计年限内设计车道大型客车和货车交通量确定交通等级为特重交通，重载车辆受纵坡影响较大，路面耐久性能需求突出。

（5）沿线环境敏感区多，生态环保要求高。济潍高速所经区域包含文物古迹、风景名胜等环境敏感区域，施工过程中需充分结合沿线地形、地质条件、自然景观和地域文化元素，推动绿色公路建设，提升项目生态环保效益。

第二节　争创品质"打样工程"

济潍高速始终以"建百年桥隧、保平安出行"为目标，坚持品质为先，着重提高桥梁、隧道的内在及表观质量：高标准打造济潍智慧高速，为未来高速公路建设树立标杆；高标准打造济潍品质高速，为全国范围内品质工程建设树立标杆。

在项目立项之初，山东高速济潍高速公路有限公司就确立了高标准打造济潍智慧高速，立足崭新的建设理念，体现顶尖的高新技术，为促进山东省高速公路发展转型升级进行示范引领。2020年5月交通运输部发布的《关于山东省开展高速铁路建设管理模式等交通强国建设试点工作的意见》中将济潍高速列为交通强国智慧高速试点项目。2021年交通运输部公布"平安百年品质工程"创建示范项目（第一批），要求济潍高速大力实施管理创新和技术创新，总结提炼先进经验，不断深化平安百年品质工程创建示范各项工作。

为高标准打造品质工程建设，在智慧高速建设方面，山东高速济潍高速公路有限公司与同济大学、山东大学、山东省交通规划设计院集团有限公司等多家高校、科研院所开展科研攻关；在工程建设品质提升方面，与交通运输部公路科学研究院、交通运输部规划研究院、山东省交通科学研究院、长安大学等进行技术合作，推广先进技术成果的应用，为品质工程建设提供国内一流的工作条件和配套服务。

预期目标如下：

（1）质量目标。建设"国际一流、国内领先"品质工程；不发生重大质量事故，交工验收质量合格率达到100%，工程质量评分不低于95分，竣工验收质量评定为优良。具体目标：创建"公路交通优质工程奖"，力争"国家优质工程奖"。

（2）安全目标。施工现场安全防护标准化合格率达到100%，杜绝一般及以上安全责任事故发生，实现安全生产零事故、人员零伤亡。具体目标：获得山东省交通运输厅"平安工地"、交通运输部"平安工程"冠名。

（3）环保目标。积极响应国家碳中和、碳达峰理念，着力打造绿色交通，高速公路沿线可绿化路段绿化率达到100%，推广应用循环再生新技术。

（4）科技成果目标。取得一批路面结构、桥隧结构的工程建设技术攻关成果，并成功应用于工程设计、施工及管理。

预期成果见表1.2。

表1.2 预期成果

序号	成果种类	数量
1	省部级科技类、工程类奖项	≥5
2	标准、指南	≥5
3	专利、工法	≥15
4	论文、专著	≥20
5	推广应用"四新"技术	≥15
6	自主微创新	≥15
7	省部级科技成果推广目录	≥3

第三节　聚力攻关　锚定"七大主攻方向"

济潍高速品质工程创建示范共分为7个主攻方向，分别是"全过程管控、全路段感知、全天候通行"智慧高速建设；高速公路新一代长寿命沥青路面打造；高品质混凝土耐久性提升及施工质量控制；高墩、高边坡组合加固结构安全性、稳定性提升；从原材料控制到施工全过程一体化质量管控体系；"体系支撑、全员参与、科技助力"，提升工程本质安全水平；绿化-光伏一体化绿色节能体系构建。

同时，为高标准打造济潍高速品质工程建设，结合创建示范任务分解情况，项目建设单位设立攻关课题，联合国内知名高校、科研院所开展联合攻关，重点围绕智慧高速建设、品质耐久性提升及影响工程建设的重难点问题开展科研攻关。立项课题名称见表1.3。

表 1.3 立项课题名称

序号	课题名称	所属方向
1	耐久性高速公路绿色智能建造关键技术	路面工程
2	高速公路新一代道路结构研发应用	
3	煤基清洁超硬质沥青的路用技术开发与工程应用	
4	高速公路沥青路面多源信息智能监测关键技术研究	
5	智能变形监测预警系统——智能土工带项目	路基边坡工程
6	路基边坡施工期自动化监测项目	
7	基于BIM+GIS的公路基础设施自动化健康安全监测及预警平台关键技术	
8	高大软硬互层边坡桩锚联合防控关键技术及动态风险智能评价研究	
9	粉煤灰基多功能矿物外加剂的应用实践	桥梁工程
10	石灰岩机制砂混凝土在济潍高速桥隧工程中的应用	
11	数字孪生公路关键技术研究	隧道工程
12	大跨度隧道频繁穿越软硬交错地层建设关键技术研究	

此外，项目紧紧围绕品质工程建设目标，以品质工程建设为契机，立足工程功能的完善与提升，大力发展"四新"技术。具体"四新"技术推广明细见表1.4。

表 1.4 "四新"技术推广明细

序号	应用名称	应用功能
1	智能张拉技术	智能张拉技术精度高、稳定性好，可排除人为因素干扰，有效确保预应力张拉施工质量
2	整体式液压电缆沟台车	整体式液压电缆沟台车减少施工缝，提高混凝土外观质量，提高效率
3	自动布料液压二衬台车	缩短浇筑间隙时间，保证混凝土浇筑的联系性，提高工作效率和工程质量
4	成孔检测仪	采用超声波反射技术，直观反映观测钻孔直径、垂直度、孔壁状况等参数
5	钢筋笼滚焊机、钢筋数控弯箍机	保证标准化实施，减少人力、物力损耗，加快施工效率，保证现场施工进度
6	沉渣检测仪	采用沉渣检测仪，通过对不同介质电阻率的测定确定沉渣厚度，确保施工质量
7	智能压浆设备	可自动计量、自动保压、自动上料，压浆剂部分为连续式工作方式，压力无波动，泵送浆体无气泡，提高压浆质量
8	脉冲电子除尘器	拌和站存储罐顶部安装脉冲电子除尘器，防止对周围环境造成污染，保证绿色公路的实施
9	监控量测及超前地质预报公示牌	对监控量测及超前地质预报信息及时进行公开

序号	应用名称	应用功能
10	大跨度自行式液压栈桥	双栈桥，双向行车，可同时上跨一个仰拱浇筑区段和一个仰拱钢筋施工区段
11	钢筋骨架片焊接机器人	保证标准化实施，减少人力、物力损耗，加快施工效率，保证现场施工进度
12	移动钢筋作业棚	可不受天气影响进行施工，极大延长工作时长，同时有利于作业人员安全健康
13	自行式液压系统	不锈钢模板安装、拆除简便，无须起吊和组装，安全省时，提高效率
14	端头升降式预制箱梁台座	利于箱梁预制，较传统工艺极大提高施工效率，降低施工成本

第四节　各司其职　层层推进

为确保建设"平安百年品质工程"活动规范、高效、有序进行，济潍高速成立并创建"平安百年品质工程"活动领导小组，负责统筹组织、督促协调活动开展及经验推广等工作。"平安百年品质工程"活动领导小组下设创建办公室，负责创建日常工作。各参建单位由项目经理（或总监）牵头成立品质工程活动工作小组，明确责任、细化分工，制定具体实施细则，按工作要求各司其职、周密部署、精心组织，研究解决实施过程中出现的问题，定期总结经验，及时推广应用。

同时，各参建单位应根据项目特点，结合项目实际，制定内容更具体、更详细、可操作性更强的建设"平安百年品质工程"实施细则，明确工作目标，落实责任体系，制定检查和考核评比办法；充分利用动员会和媒体宣传，广泛宣传动员，营造良好的活动氛围；通过组织各类劳动竞赛、业务考试、技能比武等形式，互相交流，推动全员参与"平安百年品质工程"创建活动；积极开展济潍高速"平安百年品质工程"示范工地建设活动，层层制定切实可行的"平安百年品质工程"建设活动实施方案，建立创建活动考核、奖惩等制度，将"平安百年品质工程"建设情况纳入项目管理考核。具体推进计划如下。

第一阶段：动员准备阶段

结合项目实际与特点制定《济潍高速"平安百年品质工程"实施方案》；组织开展《济潍高速"平安百年品质工程"实施方案》宣贯与培训，提高认识，明确要求，完成动员部署工作。各参建单位根据方案要求，研究实施细化，制定实施计划和创建目标，召开创建品质工程活动动员大会，全面动员、广泛宣传，落实部署工作。

第二阶段：组织实施阶段

各参建单位根据"平安百年品质工程"创建活动要求，于 2021 年 10 月底前制定项目具体实施细则和阶段目标，按实施细则开展创建活动。通过组织技术竞赛、召开现场交流会、观摩会等方式，及时总结交流和推广好的经验和做法。同时，加强对建设"平安百年品质工程"活动落实情况的监督检查、考核评比。按照项目施工顺序，此阶段施工重点在"高速公路新一代长寿命沥青路面打造""高品质混凝土耐久性提升及施工质量控制""高墩、高边坡组合加固结构安全性、稳定性提升"等主攻方向的工程建设，项目后期重点在"智慧高速建设"主攻方向的工程建设。通过不断创新工作思路和工作方法，提高建设"平安百年品质工程"成果。

第三阶段：总结推广阶段

在此期间，项目要有序开展活动创建成果的评价与展示工作。各建设项目应及时总结经验、完善措施，2023年上报具有项目特色的创建"平安百年品质工程"成果总结报告。建设单位将结合"平安百年品质工程"创建活动的开展情况，对各参建单位进行评价，对在建设"平安百年品质工程"活动中取得显著成绩的建设项目、参建单位和工作人员进行表彰，进而提出继续加强"平安百年品质工程"建设的意见和建议，将"平安百年品质工程"成果全面总结提升，推广到在建和后续开工建设项目中，实现建设"平安百年品质工程"制度化、常态化。

第二章　技术路径及方案

2021 年 6 月，济潍高速公路入选交通运输部首批"平安百年品质工程"创建示范项目；同年 8 月，《济南至潍坊高速公路项目平安百年品质工程创建示范总体实施方案》通过评审，技术路径清晰、推进步骤有序、预期目标务实、方案合理可行，为项目"平安百年品质工程"的创建及工程安全性、耐久性的提升奠定了坚实基础。

第一节　"耳聪目明"智慧工地

通过智慧工地建设，实现施工过程关键场景的数据采集、监测、管理，并明确采集内容、采集方式、采集频率、存储格式和应用路径。其中，数据采集内容包括试验仪器、拌和站、智能张拉压浆、软基处理、冲击碾压监管、路面智能压实、视频监控、特种设备监测等数据。

例如，济潍高速全线隧道，全部应用监控量测数据自动采集系统，有效保障监控量测业务数据的准确性、真实性、及时性，确保监控量测频率满足规范要求，节约人力管控成本，提升管理效率；将施工试验室、拌和站、梁场、钢筋加工场、重点施工部位、重大危险源等部位施工现场视频监控放到云端，通过电脑端和手机端实时查看，实现施工现场网络可视化；采用无人机航拍技术，将项目施工进度可视化展示，记录阶段性施工进展，作为影像资料保存到智慧云平台，可通过电脑端和手机端查看，进而作为项目进度、安全管控的依据；对特种设备运行状态进行监测，在工程智慧云平台建立"一机一档"和特种操作人员管理制度，及时掌握设备运行状态、设备维修保养记录，并对特种操作人员持证上岗加强监督，规范操作，避免出现无证上岗。

此外，济潍高速通过搭建智慧质量管控平台，打通施工全过程数据链，实现施工过程各环节的智能化、信息化管理，构建全过程数字化质量管理模式（见图 2.1、图 2.2），包括：试验检测——实施试验数据采集+推广网络版试验软件；拌和生产——拌和站生产数据自动采集；隐蔽工程——软基处理施工过程数据自动采集；张拉压浆——智能张拉压浆数据采集；路面施工——沥青路面质量动态监控。

图 2.1 加固土桩机数据采集

图 2.2 CFG 桩机数据采集

第二节 "快速通行"智慧隧道

济潍高速项目隧道里程 19.6 km，提高隧道的通行效率是提高路网整体通行能力的关键。智慧隧道具体目标为有效提升通行效率、智能化水平、安全水平和能源利用率，从而大幅度降低能源消耗量和事故发生率。以全生命周期理念为指导，将先进的云计算、物联网、移动互联网、大数据等新一代信息技术综合运用于公路隧道运营管理领域，通过动态感知各种要素信息，构建公路隧道全景交通信息环境，充分实现人、车、路、隧道及环境的协同管控，从而全面提升公路隧道通行能力，大幅提高公路隧道运营安全水平，全面延长公路隧道服役期限。

一、隧道不降速通行关键技术

1. 基于视觉适应性的隧道洞口减光棚设计

减光棚让自然光线透射到棚下路面，利用外界环境提供的自然光线来营造舒适渐变照明环境，其作用机理见图 2.3。一是在建设阶段，利用自然光线，将减光棚作为入口段，实现入口段照明的"零碳化"排放，节约了运营阶段照明灯具能耗方面的支出；二是棚下路面亮度变化与环境亮度变化一致，亮度自动调节，棚下照明环境始终与洞外亮度相匹配。

图 2.3 隧道内装饰提升设计

2. 隧道智慧照明调光系统设计

在全线隧道洞外设置光强检测器，白天照明调光系统根据洞外亮度的变化，实时调控洞内照明灯具的亮度，进一步实现洞口明暗环境的顺利过渡（见图2.4）。在胡山隧道入口设置不间断长条照明灯具，路面亮度均匀度更高。在隧道入口设置双色温照明灯具，提高人眼视觉舒适度，使洞内色温环境更加柔和。

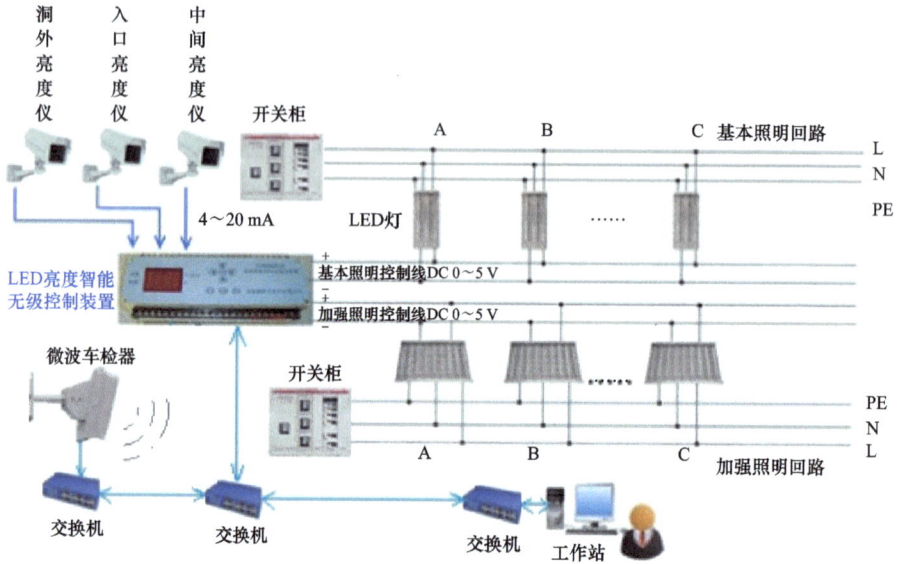

图2.4　无级调光系统架构图

3. 基于缓解驾驶压力的隧道内装饰提升设计

通过柔和的内装饰来满足驾驶员的视觉感官，放松精神状态，消除紧张情绪，提高洞内视野，进一步减小侧壁带来的压迫感。隧道边墙与检修道立面间隔15 m设置诱导标（济潍隧道共5 633套）与轮廓标（济潍隧道共16 836套）；拱顶间隔100 m设置彩色投光灯（济潍隧道共198套）；隧道边墙设置绿色腰带，镶嵌彩色装饰灯。

二、隧道无干扰运维关键技术

在胡山隧道右线设置一套智能巡检机器人设备（见图2.5），用于隧道视频复核监测、路面亮度监测、温湿度监测等，并具有隧道内发生事故、抛洒物等异常事件时的探照警示功能，可接收隧道事件检测系统（火灾报警、雷达检测、紧急电话摘机等）的信号，通过顶部安装轨道的方式，及时移动到指定点位。

智能巡检机器人滑动轨道安装于隧道行车方向右侧顶部，具体高度和安装方式可根据现场情况调整，应保证机器人在运行时不会受到其他机电设备的阻挡。

隧道右侧设有3处紧急停车带，每处长约50 m。停车带处的隧道内轮廓与普通轮廓不同，如图2.6实线和虚线所示。机器人轨道应能顺利过渡，满足正常行走功能。同时，可在此处安装机器人充电设施。

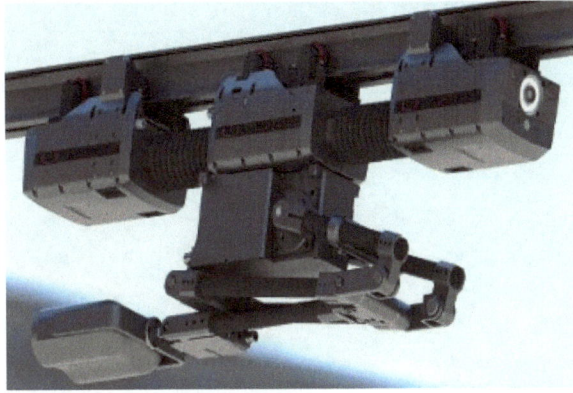

图 2.5　智能巡检机器人

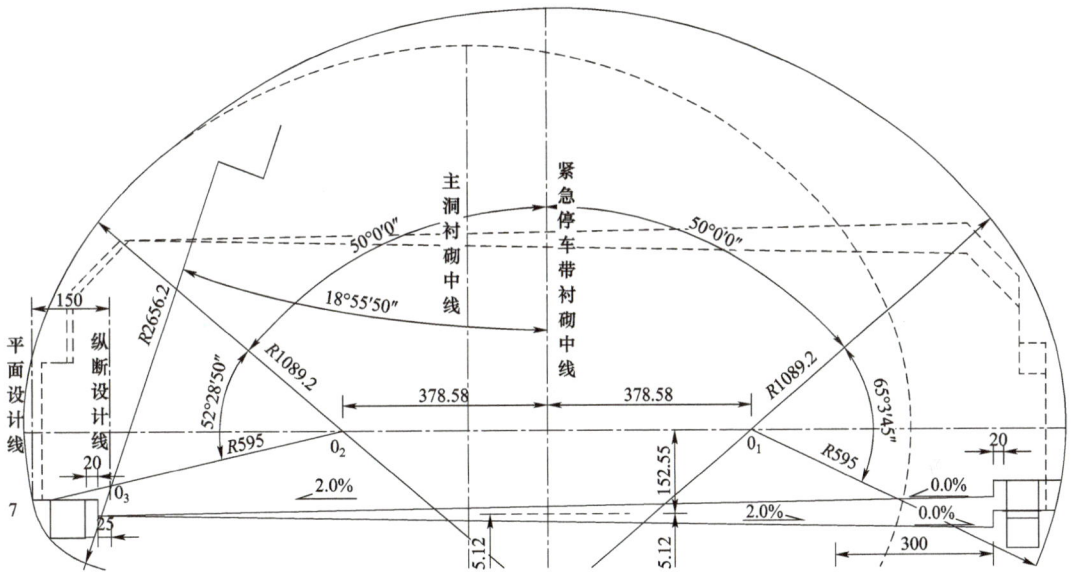

图 2.6　隧道紧急停车带内轮廓

三、隧道智能消防关键技术

1. 智能消防炮自动灭火系统精准定位设计

自动灭火系统自带火灾探测功能，具有红外和图像复合探测等功能，可 360°全方位火灾探测，可自动定位火源的位置。灭火装置控制器检测到探测组件报火警后，自动启动声光报警，自动控制相关的扫描、定位，自动开启消防泵和电动球阀实施灭火（见图 2.7）。同时，灭火装置控制器自动切换灭火装置现场图像到视频监视窗口，进行录像，记录报警、启泵、开阀、水流动作等重要信息。在控制室，可以通过集中控制面板远程并可视控制自动灭火装置、电动球阀及消防泵动作。在现场，可以通过无线遥控器手动控制相应区域灭火装置、电动球阀及消防泵动作。

图 2.7　智能消防炮自动灭火系统精准定位

2. 隧道自动灭火系统与火灾报警系统的联动

具有全天候的火灾报警和联动功能。控制器一旦接收到智能消防炮或其他火灾探测器的火灾报警信号，立即启动该区域内的自动灭火装置进行扫描，并精确定位、射流灭火。同时，通过泵房内的控制柜联动水泵、阀门、消防报警和视频记录等设备进行供泡沫和记录火灾扑救过程。

3. 三种灭火方式

1）自动灭火

自动灭火装置控制器接收到探测组件火警信息并确认后，根据联动关系找到对应的灭火装置，发送启动指令，同时控制硬盘录像机录像。自动灭火装置接收到启动指令后开始扫描搜索火源，当灭火装置成功定位到火源后，将定位成功信息发送至智能灭火装置控制器。智能灭火装置控制器自动启动消防泵，自动开启电动阀进行喷射灭火，同时智能灭火装置控制器将联动过程和阀、水流变化等信息保存至数据库。

2）远程手动灭火

隧道管理站接收到火警信号后，值班人员可手动切换现场视频图像到屏幕墙进行进一步确认，通过智能灭火装置控制器（或者平台软件）的集中控制面板，控制相应的自动灭火装置对准火源点，启动消防泵，开启电动球阀实施灭火。同时，智能灭火装置控制器将手动操作过程和阀、水流变化等信息保存至数据库。

3）现场手动灭火

现场人员发现火源点，操作相应的现场控制盘控制灭火装置对准火源点，启动消防泵，开启电磁阀实施灭火。同时，灭火装置控制器将记录灭火信息和水流状态变化信息，并保存至数据库。

济潍高速胡山隧道作为自动灭火项目试点，在胡山隧道全线设置智能消防炮系统。智能消防炮位于行车方向右侧布置，布设间距为 40 m，共计 114 个。

第三节 "全过程管控"智能管服体系

一、基于 BIM+GIS 的公路基础设施自动化健康安全监测及预警平台

1. 基于非接触式监测技术的公路基础设施自动化监测系统方案

本方案主要研究解决基于无人机摄影测量和合成孔径雷达等技术的路域地质灾害的筛查及"面域"监测方法，基于机器视觉和图像识别算法的多目标点的亚毫米级静态、动态监测技术，以及基于测量机器人的远距离、多目标点的全自动位移监测技术，实现公路基础设施位移、裂缝病害的高精度、高效率和自动化监测。

融合应变、力、环境量和道路车流量监测，提出面向道路、桥梁、隧道和高边坡的公路基础设施多维网络化监测方案，获取反映公路基础设施健康安全状态的大数据。

2. 面向大数据的监测数据快速分析方法及状态趋势预测模型

全面的自动化监测必将产生海量的监测数据，因此需要通过监测数据挖掘分析和数值模拟验证，建立起表观监测数据、交通流量数据与内部结构受力间的模型关系，用于后续公路基础设施安全状态的快速评定。同时，开展基于聚类分析、离群检测的监测异常识别技术和基于关联分析、模式识别的变化成因分析方法研究；开展基于主成分分析和机器学习算法的监测数据综合预测模型，将预警节点前移，为养护时机选择、方案制订提供数据支撑。

3. 构建面向公路基础设施的安全风险评价指标体系和动态安全风险评估方法

从地质、设计、施工、环境和管理 5 个方面，研究构建公路基础设施风险评价指标体系；融合故障树分析、T–S 模型和模糊数学等理论方法，提出面向公路基础设施的动态风险评估方法；结合最低合理可行（as low as reasonably practicable，ALARP）原则和等风险图，对风险进行分级量化，并建立相应应急预案，开发面向公路基础设施的动态安全风险评估模块。

4. 依托 BIM 和 GIS 模型，研发模型–数据双向联动的公路基础设施自动化健康安全监测、评估及预警一体化平台

集成前述研究成果，研发基于 BIM+GIS 的公路基础设施自动化健康安全监测、评估及预警平台。平台包含道路、桥梁、隧道及边坡 4 个专业模块，实现公路基础设施健康安全监测数据的一体化及可视化管理，数据更加安全，管理更加方便。同时，平台依托 BIM 和 GIS 模型，集成公路基础设施信息共享、模型–数据双向联动、监测大数据分析、状态趋势预测、安全风险评估、分级预警和养护决策支持等功能。

依托济潍高速开展整套的技术示范应用，为类似工程提供一个总体可行、可操作性强的工作方法和作业标准。

二、主动融冰除雪关键技术

1. 无机热管道路融冰除雪系统

利用热管的冷凝重力回流传热机制，将深层土体热量传导到地面，提高路表温度，不需

要提供外部动力，且具有较高的能效比。系统无须提供任何外界能源和后期维护，仅需将其随道路施工一并埋设在道路特定深度处，即可实现高速公路主动融冰除雪。

无机热管系统实施的节点为柔性基层摊铺完成，施工流程包括：定位放线→成槽→钻孔→渣土清理→槽壁涂刷改性乳化沥青→热管起吊、安装、固定→蒸发段（竖直段下部12.5 m）水泥砂浆回灌→绝热段（竖直段上部1 m）保温层施工→冷凝段（水平段）坑槽回填修补等。同时，在每处热管路段设置1处温度监测点位，包含不少于6个温度测点，测点应覆盖热管所在断面及热管之间的断面。温度监测应能够实时采集数据，无线上传至云平台并存储。温度传感器应具备3年以上的使用寿命。具体应用见图2.8、表2.1。

图2.8　无机热管融雪路面

表2.1　无机热管融雪系统应用路段

序号	起点	终点	里程长度/m	热管数量/根	热管长度/m	布设位置
1	K13+500.0	K13+965.7	465.7	6 996	114 034.8	双幅行车道
2	K16+488.0	K16+588.0	100	753	12 273.9	右幅行车道
	ZA1K16+581.0	ZA1K16+681.0	100	753	12 273.9	左幅行车道
合　计			665.7	8 502	138 582.6	

2. 低凝冰路（桥）面

在表面层改性沥青混合料（SMA-13）中掺入具有抑制冻结效果的粉末状低凝冰改性剂（盐化物材料），形成低冰点路（桥）面，主要作用原理是：低凝冰改性剂在毛细管压力及行车荷载作用下逐渐释放出来，起到融冰雪或隔离冰雪与沥青路面冻结的作用，达到"小雪可融，大雪易清除"的效果。低凝冰路（桥）面应有效降低道路表面水的冰点至-5 ℃，并确保5年及以上使用寿命。

低凝冰道路融冰雪系统实施，需要与上面层同步摊铺。将粉末状低凝冰改性剂与上面层沥青混合料同步搅拌，部分替代混合料中的矿粉，推荐替代量为沥青混合料矿粉质量的50%，拌和时间不低于60 s。具体应用见图2.9、表2.2。

图 2.9　主动融冰雪路面

表 2.2　低凝冰路（桥）面应用路段

序号	里程桩号	里程长度/m	铺装面积/万 m²	备　注
1	K1+242.0	1 007	3.1	黄旗山特大桥
2	K8+132.6	2 032	6.3	西巴漏河特大桥
3	K12+100	2 024	6.3	木厂洞排洪沟特大桥
4	K14+125.7—K14+950	824.3	2.57	长大坡+背阴段路基
5	K15+770—K16+130	360	1.1	长大坡+背阴段路基
6	K20+233	1 057	3.3	乾河特大桥
7	K20+900—K21+600	700	2.2	长大坡+背阴段路基
8	K16+588—K16+818 右幅	230	0.36	胡山隧道入口
9	K18+783—K19+083 左幅	300	0.47	

三、高速公路沥青路面多源信息智能监测关键技术

本技术旨在研究高速公路沥青路面多源信息智能监测关键技术，主要内容包括：适应沥青路面恶劣施工与复杂运营环境的传感器封装技术研究、传感器结构优化及埋设技术研究，同步获取路面结构层拉压应变等力学信息、路面温湿度等环境信息、车型/轴载/车速/交通量等交通信息，实现高速公路多源信息实时获取；研发沥青路面多源信息智能监测系统，并开展路面智能监测工程应用，为道路工程智能监测、智慧运维提供先进的技术手段。结合自主研发的道路机敏材料与传感技术，围绕道路工程智慧化建设目标，重点按照以下思路开展工作。

1. 适应沥青路面复杂、恶劣施工与运营环境的传感器封装技术

鉴于沥青路面复杂、恶劣的施工与运营环境，针对沥青路面多源信息监测传感器及前期自主研发的机敏传感器，对封装材料、封装技术与封装工艺进行优化筛选。研究不同封装工艺、封装材料对传感器的封装效果。优化封装传感器的温度、湿度敏感性，得到适应沥青路面恶劣施工与运营环境的传感器最优封装工艺。

2. 沥青路面多源信息监测传感器的结构优化

聚焦传感器长周期服役性能需求，采用力学分析、数值模拟、模型试验、现场试验等技

术手段，开展沥青路面多源信息监测传感器与典型路面结构协同分析。优化设计沥青路面多源信息监测传感器的结构与材料方案，确保智慧路面结构及其传感器的耐久性。

3. 沥青路面多源信息监测传感器的埋设工艺

通过室内试验、现场试验，分析各类沥青路面多源信息监测传感器相应埋设方案下的技术可靠性，优化沥青路面传感器埋设方案、埋设工艺，研发相应埋设技术。

4. 沥青路面多源信息监测系统布设方案

基于室内、现场试验，研究路面结构力学、环境、交通信息获取技术，优化提出一体化获取路面结构力学、环境、交通信息的路面结构传感器、检测线路、数据采集和无线传输系统布设方案，从而降低传感器、检测线路、数据采集和无线传输的安装、维护成本。技术研究整体技术路线见图 2.10。

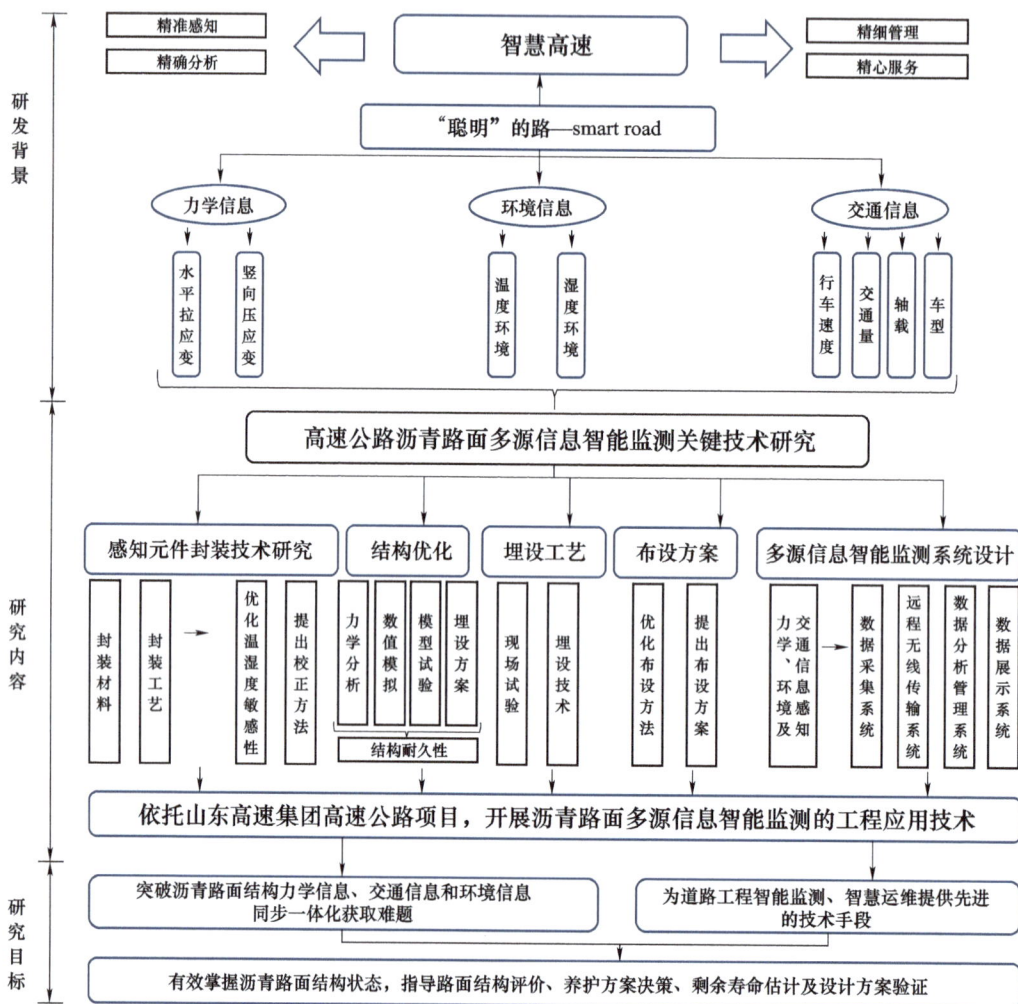

图 2.10　技术研究整体技术路线

5. 沥青路面多源信息智能监测系统设计

在传感器埋设施工技术优化基础上，研究多源信息监测方案，配套相应高频数据采集系统，配置无线传输模块，开发数据采集调用程序，将传感器模拟信号转换成计算机数字信号，传输至中央服务器处理系统；研究传感器数据提取分析技术，对所获取的数据进行关联挖掘，去除无效数据，加大数据处理速度；开发设计高速公路沥青路面多源信息智能监测系统，实现数据的同步采集，以及同步获取路面结构层拉压应变等力学信息，路面温度、湿度与环境信息，车型、轴载、车速、交通量等交通信息等多源信息的目的。

6. 沥青路面多源信息智能监测的工程应用技术

依托济潍高速 K4+350 采空区路面综合监测断面项目，进行沥青路面多源信息智能监测的工程应用技术研究，验证路面多源信息智能监测成套技术，为道路工程智能监测、智慧管理提供先进的技术手段。

四、智能行车安全诱导成套技术

1. 诱导方案策略

总结归纳高速公路诱导设置需求，并对项目的先进性、可实施性及推广应用前景等方面进行充分的研究论证。

2. 诱导技术系统方案设计

根据诱导控制策略，完成功能模块设计、诱导控制系统设计、监管软件功能及应用软件设计，为高速公路安全保障技术提供交通诱导综合应用支撑。

3. 诱导技术系统迭代优化

针对诱导产品的功能指标与性能指标进行优化，具体包含通信模式、工作方式及功耗要求等部分，通过方案迭代进一步优化系统的诱导有效性。

4. 诱导技术系统示范应用

根据项目特点，在小半径路段、团雾易发路段，双向双侧设置智能行车诱导系统，合计示范应用约 60 km，提升路段信息化水平，保障高速公路行车安全。总体实施技术路线见图 2.11。

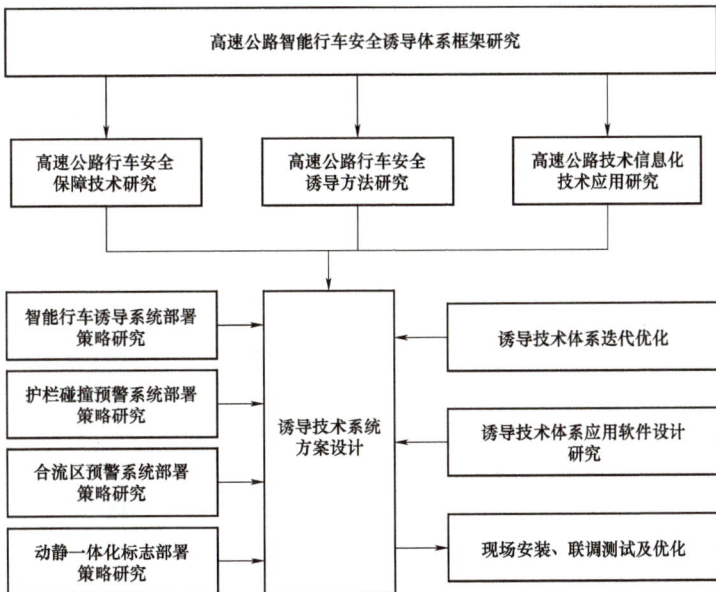

图 2.11 总体实施技术路线

五、高大软硬互层边坡桩锚联合防控关键技术及动态风险智能评价

微型桩群作为一种轻型化、小型化的工程措施，具有工期短、施工便捷的特点，同时配合预应力锚索，特别适合应用于滑坡抢险加固工程中。微型桩抗滑技术在近些年日积月累的工程实践中得到逐步的发展与完善，并开始与其他较为成熟的滑坡加固技术相结合应用，具有代表性的组合结构包括：微型桩与普通抗滑桩组合结构、微型桩重力式挡墙、微型桩和预应力锚索组合结构及压力注浆型微型钢管桩。

在距离坡脚约 16 m、30 m 和 70 m 的平台处分别设置 4 排、4 排和 5 排微型桩，分别为下组微型桩、中组微型桩和上组微型桩，采用间距 0.8 m×0.8 m 梅花形布置，嵌岩深度分别不小于 5 m、5 m 和 6 m。微型桩顶部采用 C20 钢筋混凝土承台连接，承台宽和高分别为 3.2 m 和 1.5 m、3.2 m 和 1.5 m、4.0 m 和 1.5 m。微型桩的桩径为 150 mm，桩芯为 4 根 32 钢筋，水泥砂浆填充。上组微型桩顶部承台设置 1 排预应力锚索，锚索为 5 束 ϕ15.24 mm、标准抗拉强度为 1 860 MPa 的预应力钢绞线，锚索锚固段长 10 m，锚索设计张拉力 500 kN，锁定拉力 300 kN，锚索嵌岩深度不小于 10 m。

从上到下对滑体刷坡减载，其中第四级平台宽度 15 m，平台现浇 10 cm 厚的 C20 混凝土封面。

各级边坡防护如下：第一级，挂网喷播防护；第二、三、四级，人字形骨架防护；第五级，地梁-预应力锚索锚固，地梁采用现浇 C25 钢筋混凝土，截面尺寸 0.6 m×0.6 m，并在地梁顶及底边设 C25 钢筋混凝土横梁，采用与微型桩相同的预应力锚索锚固；第六级，钢筋混凝土人字形骨架+锚杆护坡，锚杆长 9 m。

在滑坡周界以外 5 m 布设截水沟，边坡平台设置截水沟，坡面适当位置设急流槽。

本技术应用在济潍高速 4 标 K55+000—K58+000 路堑段。

第四节 "全动态感知"数字公路

一、高速公路大流量场景下的主动交通管控技术

本技术分析高速公路大流量场景下的交通运行状态及运行机理，提出多种主动交通管控策略，形成"感知判别-分析溯源-决策管控-仿真评价"的大流量主动交通管控系统。本技术研究采取的技术路线为：明确问题、检索分析、数据处理、理论分析、提出策略、仿真评价、平台开发。具体内容如下：

第一，交通运行状态感知、预测与判别。通过多源异构数据融合分析，从多维度挖掘交通特征，以获取更加准确、多维、覆盖面更广的感知信息。基于交通特征数据，评价路段及路网的道路利用状况、服务水平和交通态势。

第二，交通运行状态分析和溯源分析。基于实时交通特征及历史交通特征，分析交通需求时空分布，研究交通运行机理，分析交通运行状态时空规律，明确不同状态下的交通运行特点，并根据不同特点和需求进行有针对性的交通溯源分析。

第三，主动管控策略研究。研究高速公路主动交通管控策略，包括可变限速、匝道控制、路径引导、应急车道开放策略。

第四，基于高精度仿真的管控有效性评价。研究基于路侧多源数据的仿真参数标定方法，构建高精度仿真模型，满足仿真测试的可信度要求；研究基于仿真检测器参数的多层级评估方法，满足管控算法验证的定量化要求；在此基础上，基于仿真二次开发形成完善的控制算法预演和评估模块。

第五，系统平台开发。基于上述研究内容，完成主动交通管控系统平台开发，研发"数据层−感知层−分析层−算法层−仿真层"一体的集成系统平台。

基于示范技术研究成果，依托济潍高速"智慧高速"建设，研究交通感知及信息发布外场设施布设方案，并将系统平台应用于后期智慧化管理，开展研究成果的示范应用与跟踪观测，逐步在省内高速公路推广应用。技术应用示意图及技术路线图见图 2.12、图 2.13。

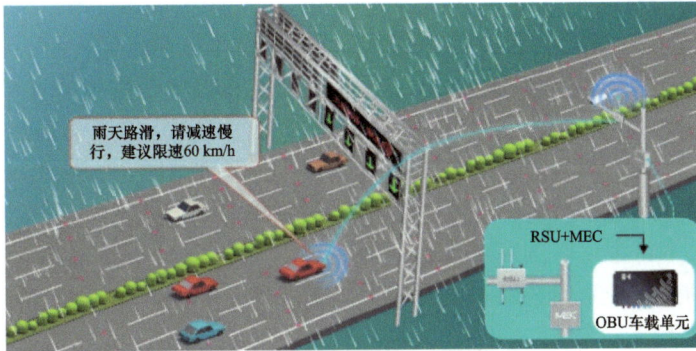

图 2.12 主动交通管控示意图

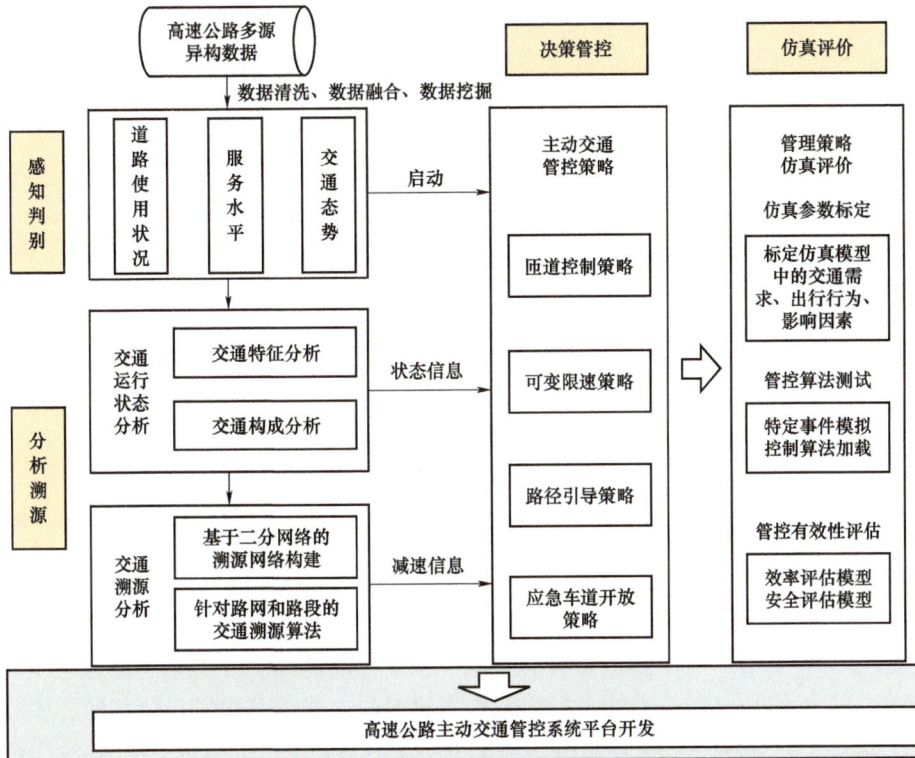

图 2.13 高速公路主动交通管控系统平台开发技术路线图

同时，提供相关算法模型应用至济潍高速软件平台建设的交通运行监测与智能管控系统中，保障交通运行监测与交通态势评估功能应用。其中，交通流向分析算法，能够基于数据融合技术和复杂网络理论，分析关键路段上游主要车流来源及下游主要车辆目的地，为恶劣天气、交通事故和交通拥堵智能管控，提供决策依据。拥堵或事故影响分析算法，能够基于交通波模型和集成学习算法，预测事故影响范围和交通恢复时间，为交通拥堵智能管控，提供决策依据和启动条件。路网空余资源分析算法，能够基于道路实际通行能力与实际交通流量数据，计算道路剩余通行能力；针对特殊限流/限行路段，根据路网中相关可替代路径的剩余通行能力进行交通流分配，给出可替代路径并给出推荐顺序。

二、数字孪生公路关键技术

1. BIM+GIS 数字孪生模型自动化构建技术研究

构建三维数字模型是数字孪生公路技术的基础，实现数字孪生体与实际工程形态相似需要做到公路基础设施和三维地理场景的精准映射、全要素表达、位置匹配、真实融合。研究符合公路工程线长、面广、量大特点的高精地理信息获取和公路 BIM 模型自动化构建技术，形成以公路 BIM 精细化模型为基础的全生命周期信息综合管理数据库，搭建以 BIM+GIS 为核心的数字孪生技术可视化基础底座。

（1）基于高精影像地形的公路基础设施自动数字化。第一，高精影像地形构建。采用现代化测绘及遥感技术、无人机倾斜摄影技术，以及三维地形模型构建技术和倾斜摄影三维重建技术，构建地形地势数据准确、地表地物信息完整的三维场景模型，实现数字孪生公路中对于地理信息场景的高度还原。第二，公路基础设施三维模型自动化构建。为项目可视化展现、智能计算分析、交通仿真模拟等提供数据基础。第三，通过 BIM 模型对三维场景模型进行交互运算，运用模型边界提取、三角网重构、GPU 分析计算等关键技术方法，解决数字孪生场景中，带状公路工程与既有三维场景的模型压盖和无缝融合问题。三维场景模型与道路 BIM 模型的融合状态，真实反映了公路工程实体与施工环境的竣工状态。

（2）面向公路全寿命周期专业应用的 BIM 模型自动化构建技术。进行构件级的精细化建模，实现对施工图的高度三维映射，为复杂工程提供多维度展示平台；通过模型轻量化技术，降低模型数据体量，优化、精细化模型用户浏览体验，提升在不同系统平台中的加载效率。建立企业级的模型构件编码标准，依据项目建设、运营、管理、维护需求，对 BIM 模型进行拆分并赋予构件级图元唯一编码，构件编码与诸如建设期 WBS 的"建管养运"各阶段的编码标准进行关联，以模型为载体、以编码为纽带挂接图纸、计量、进度、安全、质检等信息，形成以 BIM 模型为核心的信息综合管理数据库，实现全周期项目管理集成化、可视化、信息化。各类模型见图 2.14～图 2.17。

2. 多源异构信息数据集成与数字孪生模型虚实交互应用

对感知到的多源异构数据进行传输、集成和可视化，实现数字孪生模型对实际动态场景的实时映射，对进一步的仿真、模拟、分析、决策有重要意义。另外，基于典型图形引擎的动、静场景渲染，为用户提供更加逼真的浏览体验。在此基础上开展基于虚拟现实 VR、增强现实 AR、混合现实 MR 技术的人机交互技术研究，实现现实实体与数字孪生体的交互连接，从而最终达到"由实入虚，以虚控实"的人机交互目的。

图 2.14　三维地形模型

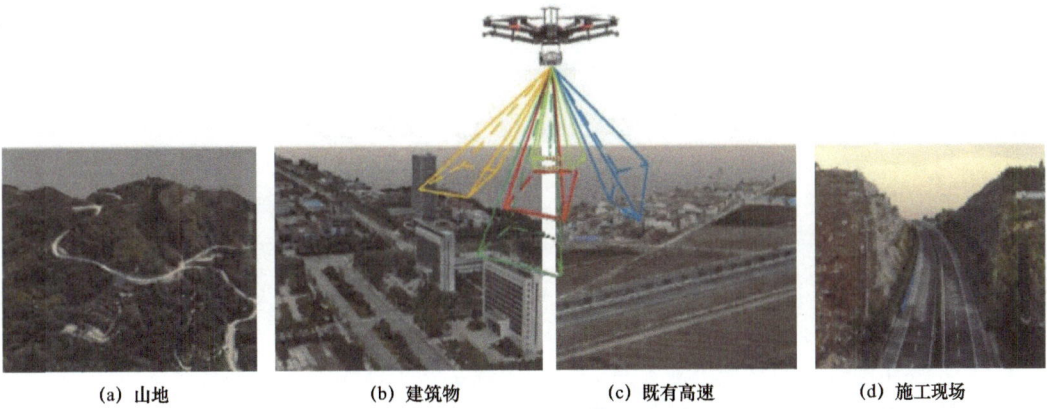

(a) 山地　　　　　(b) 建筑物　　　　　(c) 既有高速　　　　　(d) 施工现场

图 2.15　倾斜摄影实景三维模型

图 2.16　公路基础设施数字化模型

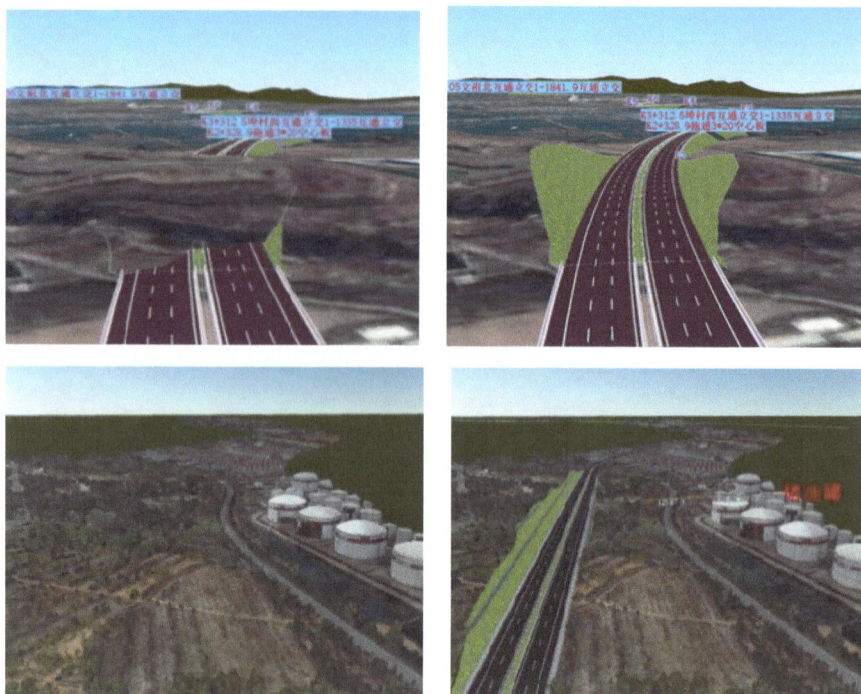

图 2.17　三维场景模型融合道路 BIM 模型

（1）基于感知设备的实时状态映射。基于现场的物联网感知设备，采集公路"脉搏"数据，反映智慧高速公路建设、施工、管理、运营等期间的实时状态。三维高精数字化公路支持三维场景中多源海量动态信息的叠加呈现、统计与分析，能够对接物联设备的流数据服务，将交通设施中传感器信息在三维场景中以可视化的方式动态呈现，实现在数字孪生空间内对高速公路全周期环境、状态、事件等动态信息的虚拟映射，建立真实物理公路和数字孪生公路之间的实时精准映射关系。

（2）多源异构数据的整合集成。首先，利用数字孪生体作为数据整合的底层平台，将高速公路各种原始的、离散的业务数据，叠加在统一的三维空间、一维时间之中。通过数据接口进行各服务相互之间的数据访问及抽取，底层数据融合模块将各个分立的业务的对外接口进行封装与转发，实现各个业务模块的实时数据传递与指令传递。数字孪生平台提供 Action 接口、Socket 接口、WebService 接口，覆盖了大部分数据采集系统所使用的接口类型，能满足在各阶段、各维度的多源异构数据的传输需求。其次，基于关联映射体系构建以孪生公路 BIM 模型为载体的多源异构数据整合归集数据库。从设计阶段采用统一的 EBS 编码赋予 BIM 模型构件级图元唯一编码标识；EBS 编码和建设施工期的 WBS 编码以及运营养护期的编码，按照映射关系进行关联，进而实现以 BIM 图元为载体，将设计、施工、运维各阶段数据相互关联融合的目的。接下来，将 BIM 模型与 GIS 三维场景进行融合，在 BIM+GIS 底座平台上进行数据的三维可视化和渲染，还原现场真实事件场景，完成多源异构数据的整合、归集、发布和应用。

3. 基于典型的图形引擎超大场景渲染和虚实交互应用开发

数字孪生体的构建、超大场景渲染以及扩展现实（extended reality，XR）虚实交互应用等，需要开放性强、使用成本低，且以优良、轻量化的图形开发引擎为核心的工具和平台提供支持。以 Unity 和 Unreal Engine 为代表的可视化引擎工具，使用成本不断降低，极大地支撑和推动了数字孪生核心技术的发展。

（1）超大场景动态加载渲染与可视化。数字孪生公路具备良好的可视化呈现能力，通过游戏引擎根据物理实体的几何、颜色、纹理、材质等本体属性，多层次实时渲染呈现数字孪生体，实现数字孪生场景的高仿真展示。同时，采用动态加载渲染技术，根据不同的业务需求及场景范围等条件，通过动态缩放加载渲染，加载不同距离下相应层级的渲染效果，既可渲染宏大开阔的公路场景，又能精确展现模型细小构件的局部特征，从而有效提升超大数字孪生渲染场景在桌面端、网页端、XR 端多终端的加载效率和浏览体验。

（2）数字孪生虚实交互应用探索。虚拟现实作为一种多数据融合的、交互式的动态视景表达和实体行为仿真技术，基于硬件感知设备，在虚拟空间中模拟物理机制来提供沉浸式体验，实现用户与数字对象的实时交互。作为新一代人机交互工具，XR 可为开发、设计、运营、维护等人员连接起数字世界和现实世界。针对人员无法进入或者还没有物理实现的特殊场景，通过 VR 控制以及 AR 方式，可实现人员对数字场景的决策增强；依托虚拟现实技术，可以改善交通基建项目的利益相关者间的沟通过程，参与者能够获得高速公路工程翔实的三维全景复刻体验；在 VR 环境下开展评审工作，有助于更好地理解项目并简化交流过程，能够为交通基础设施的虚拟设计、原型设计和模拟仿真等带来诸多好处；此外，基于游戏引擎研发 VR/AR/MR 内容，也是让非专业用户身临其境，并吸引大众参与到公路设计、审查过程中的有效工具。在交通基础设施工程数字孪生、沉浸式设计等领域的应用场景，可贯穿工程的全生命周期，提升高速公路数字化转型过程中进行资源整合与调配的能力与水平。

4. 宏观、微观交通流虚拟孪生及交通管控场景下数字孪生技术的应用

交通流是公路上最重要的动态场景，是决定道路服务水平的关键因素，对改善交通运输安全性和环保性，完善智慧高速建设有重要意义。以 BIM+GIS 技术提供的高精数字道路模型和真实三维场景为基础，利用各类感知设备采集交通流数据，通过多源异构数据的集成、虚拟化、可视化技术实现宏观、微观交通流的实时虚拟孪生，从而在虚拟环境中重现真实的交通运行场景。在此基础上，统一归集多源数据实现历史交通记录溯源以协助养护决策和故障诊断；通过模拟驾驶等虚实交互体验提供交通现状评估新手段，实现拥堵、事故等异常事件的预警和快速定位；通过数字孪生技术实现交通管控领域中诊断过去问题科学、评估现行状态准确、预测未来趋势合理的智慧决策支持体系。

交通管控场景下的数字孪生公路应用层次体系包括：基础支持层、模型构建层、数据互通层、功能层、服务层，见图 2.18。

数字孪生交通涉及的核心技术包括：宏观交通流状态感知及预测技术、微观车辆特征识别及孪生技术，以及多场景微观仿真推演评估技术。

（1）宏观交通流状态感知及预测技术。第一，宏观路网构建。宏观分析使用的交通路网，一般为抽象成边和点的交通网络文件，需要根据实际道路线形和路段间的连接关系确定。第二，宏观交通流状态感知评估。基于接入的多源异构数据，采用数据融合算法计算宏观交通流参数，包括路段流量、速度等交通流基本信息，对交通流量、车头时距、行程时间、时间占有率等交通特征数据，构建交通运行状态综合评价指标体系。同时，基于雷视融合的交通事件判别方法实现交通事件的实时监测识别，对道路的运行状态进行综合感知和分析评价。

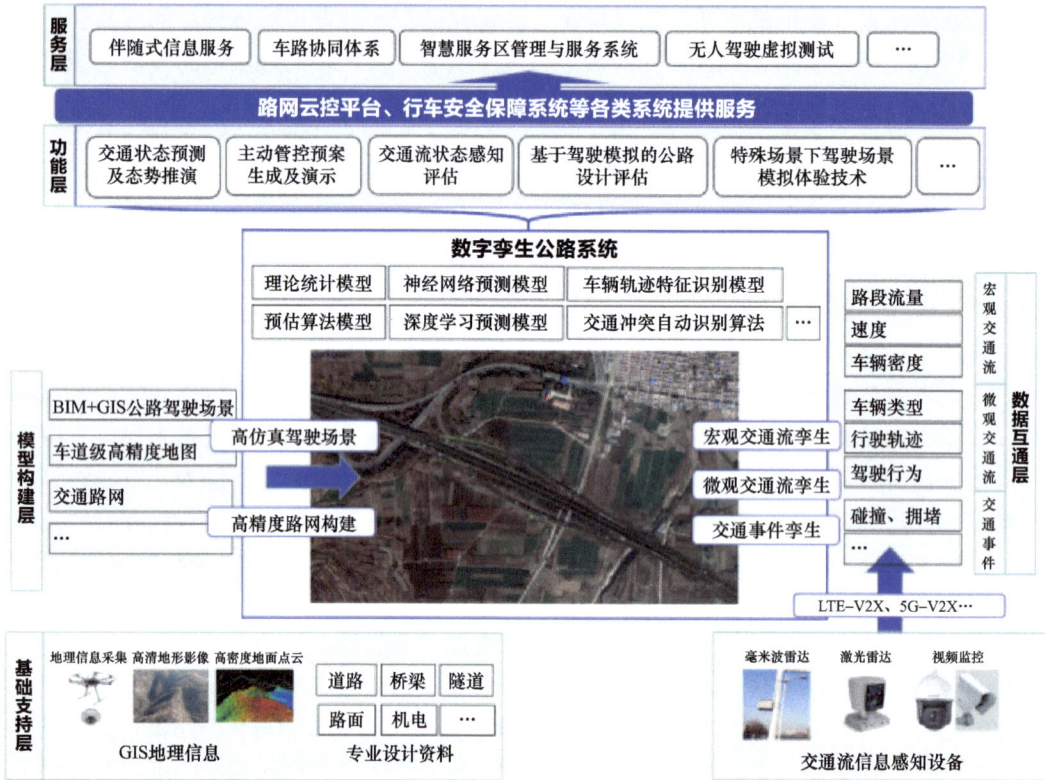

图 2.18 交通管控场景下的数字孪生公路应用层次体系

从运行效率和安全评估两方面对高速的实时运行态势进行分析研判,并在数字孪生系统中对结果进行可视化图表呈现。第三,交通状态预测及态势推演。交通流量预测综合运用传统线性和非线性理论统计模型、神经网络预测模型、深度学习预测模型等,预测短时交通流趋势。交通速度预测通过融合多源异构数据,利用深度学习、回归模型等方法,对重点路段的行车速度进行预测。通过短时交通流预测,推断交通运行态势发展,基于阈值告警触发规则生成告警和预测信息。针对交通异常事件,基于高速公路事件数据,分析交通事故持续时间各阶段的影响因素及作用机理,分析事故影响空间扩散的关联性因素,构建事故持续时间分阶段预测模型;基于事故风险模型,将得到的实时交通流数据作为输入数据,对交通事故风险进行分析研判,并同步生成告警和预测信息。第四,主动管控预案生成及演示。针对速度引导、收费站控制和路径诱导的主动管控策略,依据交通状态分析与交通状态预测及态势推演,提出不同交通状态下的管控策略适用条件、启动阈值和实施方法,并将主动管控预案以可视化的形式展示于数字孪生系统。

(2)微观车辆特征识别及孪生技术。第一,车辆轨迹特征识别。基于交通事件、交通参数和车辆轨迹检测数据,对毫米波雷达车辆轨迹和交通行为检测数据进行分析,开发交通冲突自动识别算法,建立基于冲突的车道级风险研判算法和冲突风险分级与预警算法,综合形成车道级交通风险预警技术。基于高精度车辆轨迹数据,逐帧计算目标车辆车头与前车车尾的纵向位置间距、目标车辆与前车的速度差、碰撞时间(TTC)值、车头时距(THW)值等相关车辆交互行为参数,建立车辆轨迹特征识别模型,并基于历史轨迹数据标定模型,若检测到目标车辆与前车在行驶过程中存在小于预设临界阈值的场景，则自动识别为交通冲突（见图 2.19）。将实时交通流数据输入车辆轨迹特征识别模型，若计算特征值超过预设的阈值则触发系统报送预警信息。通过数字孪生技术在高速公路数字孪生模型中推演预警指示和诱导反馈，实现预警和管控诱导效果可视化评估。第二，车辆运行特征孪生展示。在本身拥有海量数据信息和数字孪生模型的基础之上，通过数据可视化建立车辆运行特征模型，能够评估当前事物发展状态、诊断过去发生问题，并对未来趋势进行预测，从而为高速公路管理者的决策提供全面、精准的决策依据。本模块面向车路协同示范、互通分合流预警、重点路段行车安全预警等场景，基于毫米波雷达轨迹数据、卡口系统车辆标签、GIS+BIM 数字孪生系统，在系统软件界面实现路面车辆行驶的可视化。

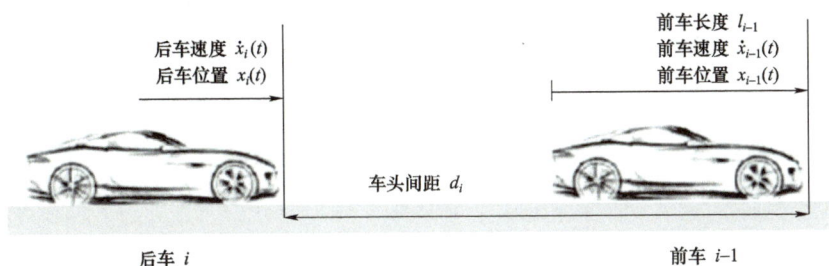

图 2.19　冲突指标 TTC 示意图

（3）多场景微观仿真推演评估技术。第一，仿真路网设计。仿真路网作为仿真车流的基本载体，需要根据项目设计资料，形成整体的路网模型；为了实现仿真车流与基础设施数字化场景完全匹配，通过调用仿真软件的 COM 接口，读取基本元素的设计坐标数据，自动化创建仿真道路模型；依据仿真道路的拓扑连接要求，构建存在分合流的连接路段，形成完整的路网模型。第二，仿真参数标定。仿真模型标定参数分为两类，即全局参数和局部参数，需要在参数敏感性分析的基础上，选取校准指标来对比实测和仿真的误差，通过智能算法寻优标定参数，由于单个集计点作为校核指标制约了参数标定的可移植性，提出行程时间累积分布曲线作为校核对象的标定方法。对于道路施工、突发事故和不良天气等特殊场景，在全局、局部参数标定的基础上，通过调用 COM 接口批量输入仿真模型，满足特定场景下数字孪生仿真应用的可信度要求。第三，预案模型配置。为了达到快速生成特定场景预案仿真的目标，需要预先定义各类典型预案及可调用参数。用户可调用典型预案并调整控制参数，也可排列组合形成新的预案组，实现预案仿真自动生成和加载功能，包括限速调节、收费站出入口控制、路网分流诱导等。基于校正的指定场景仿真模型，通过 COM 接口完成设计预案的实时调用，快速加载仿真并输出车辆轨迹和检测数据，为仿真评价和数字孪生交互展示提供基本数据支撑。第四，仿真评价建模。为了满足预案设计定量化评估的要求，需要预先设置各类检测器，用于仿真过程的评价数据采集，包括断面评价、路段评价、节点评价、路网评价。基于仿真输出的各类评价数据，构建多层级评价模型，为特定场景下各类预案及组合的比选优化提供决策级的数据信息。第五，数据流程设计。仿真输入数据包括来自真实环境的物联传感数据、基于累计历史数据的仿真标定参数集，以及用户输入的预案配置及组合信息，通过数据接口开发实现孪生系统相关数据的批量读取，并调用仿真 COM 接口实现相关仿真参数的统一设置；仿真输出数据包括与基础设施模型匹配的车流轨迹数据、检测器输出的评价数据集，以及基于评价模型的决策级数据信息，通过数据接口开发实现仿真模型相关数据的批量导入，通过可视化引擎实现仿真车流和评价结果自动加载至孪生系统（见图2.20）。

图2.20 车辆轨迹孪生展示

5. 多场景驾驶模拟体验及评估技术

（1）基于驾驶模拟的公路设计评估。通过虚拟驾驶系统，从微观层面展开，以驾驶人第一视角对可能存在安全隐患的路段进行重点排查和符合性检验，及时发现安全风险点及其危害程度，进一步辅助公路设计的优化工作。驾驶模拟体验技术能够进一步与眼动仪等驾驶人生理监测设备结合，形成高速公路场景与驾驶人关注的对应关系，评价交通诱导设施的显著性、景观舒适度，进而形成综合驾驶安全和驾驶舒适度评价体系。仿真实现流程图见图2.21。

（2）特殊场景下驾驶场景模拟体验技术。场景指的是行驶场合和驾驶情景的组合，受行驶环境的深刻影响，如道路、交通、天气、光照等因素，共同构成整个场景概念。在同一场景中，将虚拟驾驶车辆与其他交通参与者进行识别定位、协同交互，可实现同一道路环境中多交通参与者的运行仿真与虚拟现实感应，支持交通参与者在正常和应急状态下的行为和心理相关的数据采集、分析与试验，例如恶劣天气影响下的虚拟驾驶场景、道路施工拥堵影响下的虚拟驾驶场景、管控诱导效果影响下的虚拟驾驶场景。冰雪天驾驶模拟场景见图2.22。

6. 公路数字孪生平台研发，多源系统集成

本平台集成数字孪生公路关键技术服务，包括BIM+GIS三维模型发布服务、感知设备物联接入和多源异构数据集成服务、虚幻引擎渲染场景加载和虚实交互应用服务，采用分布式和微服务架构以保证平台的性能及可扩展性，能够实现交通流数字孪生系统中信息感知、宏观及微观交通流孪生、大数据分析、交通仿真模拟、模拟驾驶单系统全模块的功能集成，以及不同厂商、不同架构、不同操作平台的多个智慧高速系统间的服务融合。

分布式和微服务的数字孪生公路平台具有以下特点：可扩展性强，可以快速地添加服务集群的实例，提升整个微服务集群的服务能力；松耦合，每个微服务相对独立，服务之间松耦合，当将每个微服务都隔离为独立的运行单元之后，任何一个或者多个微服务的失败都将只影响自己或者少量其他微服务，而不会大面积地波及整个服务运行体系；易于和第三方应

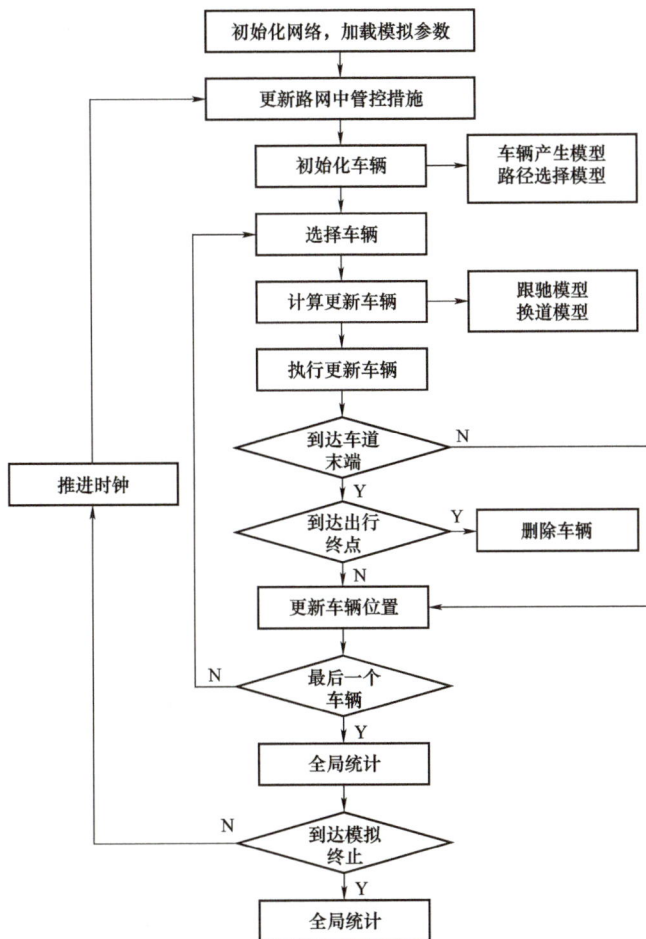

图 2.21　仿真实现流程图

图 2.22　冰雪天驾驶模拟场景

用系统集成，支持使用不同的语言开发，不同操作平台兼容，能够连接不同接口的不同设备和系统以实现多系统融合的目的。

数字孪生公路关键技术研究应用段落：济潍高速前 25 km 范围内的道路、互通、桥梁、隧道 BIM 模型及高精度 GIS 地形的数字孪生场景搭建，集成交通流孪生、大数据分析、交通仿真模拟、模拟驾驶单系统全模块。综合服务体系及技术路线图见图 2.23、图 2.24。

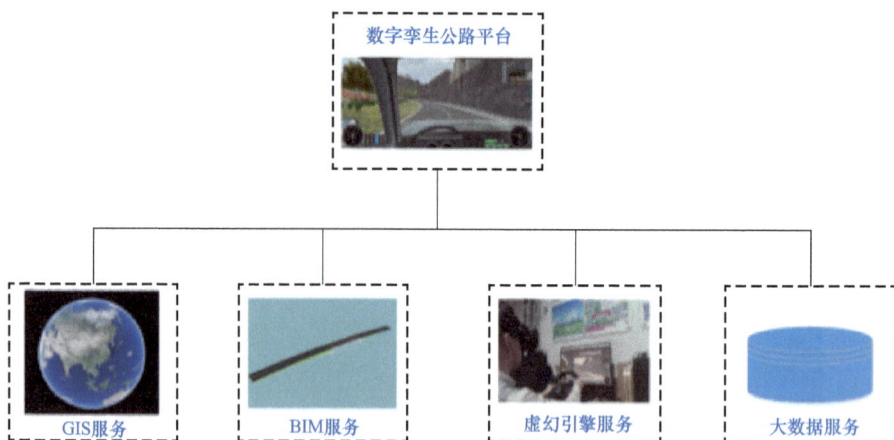

图 2.23　数字孪生公路平台综合服务体系

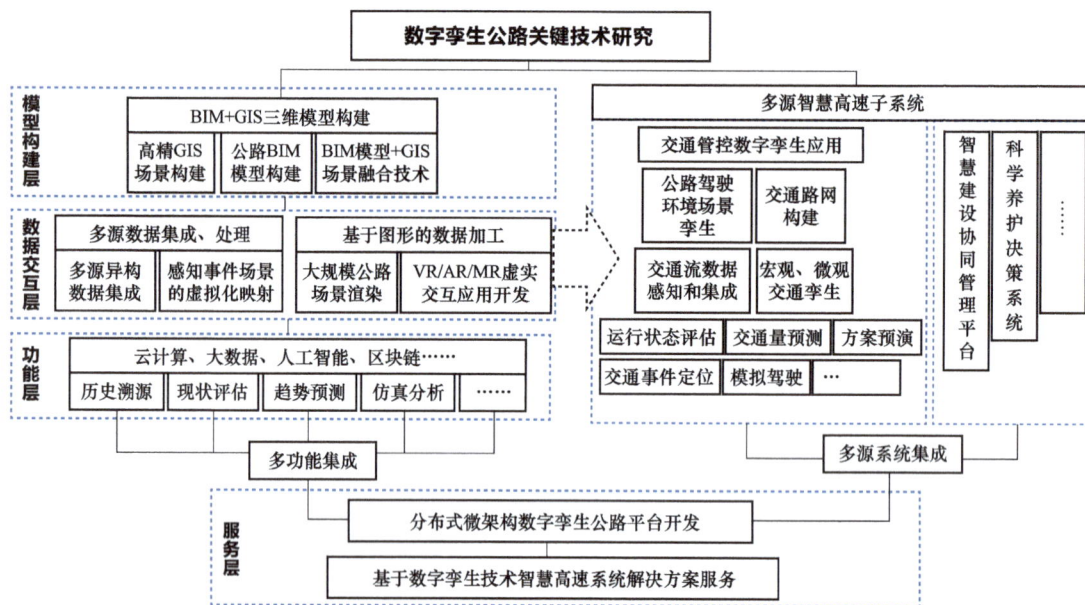

图 2.24　数字孪生公路关键技术研究技术路线图

三、智慧高速软件平台架构设计

按照本研究形成的总体系统架构，需要实施的内容包括综合分析应用、专业应用、数字底座、路侧软件与终端设备。

综合分析应用：主要面向集团领导和集团总部业务部门的需求。近期，可从专业应用汇聚数据，提供综合展示和统计分析等功能；后续待需求进一步细化和明确，支持辅助决策等深层次应用。综合分析应用需持续灵活升级，不断迭代优化，以适应不断变化的总体决策和宏观展示需求。

专业应用：主要面向集团总部业务部门和子公司/分公司的需求，支撑基础业务的开展，包括建设类应用、养护类应用、运营和服务类应用。专业应用需依托智慧高速或信息化项目进行建设与开发，考虑从项目的周期与应用域的划分，宜分步实施、滚动建设。

数字底座：包含 GIS 中台、数据中台、物联中台、AI 中台、视频中台，为全省智慧高速建设提供基础的支撑环境。

路侧软件与终端设备：主要解决路段中心、外场终端等边、端的应用需求，包括感知终端、定位终端、管控与服务终端、边缘计算设施。

在本项目的具体实施中，针对综合分析应用方面，依托济潍高速建设进行开发，从专业应用汇聚数据，提供综合展示和统计分析等功能。后续待需求进一步细化和明确，支持辅助决策等深层次应用。综合分析应用需持续灵活升级，不断迭代优化，以适应不断变化的总体决策和宏观展示需求。专业应用方面，建设领域应用，依托山东高速基础设施建设有限公司开展的系统整合工作，经系统的归并整合，形成建设领域系统；养护领域应用，依托集团养护管理部开展的系统整合工作，吸收借鉴京台高速软件平台中桥梁健康监测技术和经验，形成养护领域系统；运营服务领域，依托集团智慧管理中心开展的系统整合工作，吸收借鉴京台高速软件平台中交通运行监测、主动交通管控、应急指挥调度、收费稽核等技术和经验，形成运营服务领域系统。数字底座方面，在京台高速软件平台的智能中台基础上，升级完善中台功能，巩固提升中台性能，形成集团数字底座。数字底座需要不断巩固提升性能，优化技术架构，适应新要求，不断为集团智慧高速的建设提供基础支撑环境。路侧软件与终端设备方面，具体依托后续的各智慧高速工程进行建设。本研究提出了对终端的功能要求和基本的性能要求，智慧高速外场终端应满足本研究要求，并统一接入数字底座中的物联中台。

四、智慧服务区集成示范技术

立足高速集团"一张网"管理要求，紧紧围绕交通运输部批复的山东省交通强国建设试点工作意见和省厅印发的《智慧高速公路系统工程研究及实践试点工作实施方案》要求，以济潍高速为依托，着力打造全国领先的智慧高速公路示范项目，开展软件架构研究，明确持续迭代升级的建设路径，打造路网级智慧高速的示范，从路段级的试点侧重验证。

全路网级一体化管控系统在山东高速集团辖区路段统一推广使用，在充分考虑不同路段特点的情况下，实现了一体化管控，统一业务处置管理，在应用范围和流程规范方面形成良好实践。

1. 建立智慧服务区集成示范平台

建立服务区数据标准化，通过对接外围系统及设备，实现服务区动态数据的采集；基于服务区管理与服务平台，实现对服务区静态基础数据的采集，同时根据数据类型建立数据标准；结合服务区综合管控平台和智慧高速软件平台的需求，建立数据上报服务和数据上报策略，为上层应用平台提供相应的数据支撑。建立"物模型"统一管理设备，通过建立设备二维码标识链接实物设备，最终形成智慧服务区设备库，一次对接、永久使用。

建立服务区数据日结体系，通过数据管理掌握服务区运行状态，事务日结日清。"条块结合"完善服务区现场管理。安全、企管、能源、危化品车等各条线任务下发后，在现场管理系统统一处理；服务区内的设备检测事件、手工上报事件、客户投诉事件也统一按模式处置。利用基于 GPS 定位的走查管理系统，拍照自动添加时间、地点、经纬度等工作水印，做到工作信息高效记录。同时，实现水印模板规范化。一键拍照，不仅可以节省编辑时间，加快工作进度，还可以保证不同员工的照片规范度，而且水印不可篡改，信息保留完整，可减少工作步骤和不必要的环节。随着 AI 识别技术的应用，现场管理结合工作场景需要，利用识别算法技术，完成危化车辆管理的自动车牌识别、收银日结数据的自动识别上报等拓展应用场景。

收银监管可通过监控短视频截取功能和订单数据的有效关联，辅以数据分析，建立服务区收银稽核服务。通过数据分析识别异常订单，自动管理订单时间前后视频片段，推送至管理人员 App 进行实时核验。减少跑冒滴漏现象。客户服务实现精准化、分区分码管理服务。货车停车区域，为货车司机提供移动端视频看车服务；危化品停车区域，制定扫码登记功能；小车区域，提供特色商品营销活动的推介。

具体实施方案为：调研分析服务区日常工作的内容，分析服务区日常工作中的痛点和难点，对服务区的管理和服务内容进行系统的分析，将服务区的日常管理和服务工作的制度确定为本系统开发的主线。研究服务区的服务和管理工作流程后，进行业务流程分析，包括的主要业务有收银监管、客户服务精准化、设备管理等。在明确业务流程后，按照 UML 严格实施要求，以 UML 用例图的形式表示出系统的功能性需求，进行软件系统功能架构、软件系统建模、软件系统数据库、软件界面设计等工作。软件设计按照服务和管理的要素及流程、日常维护管理制度的要求，严格遵守软件开发的流程，采用赋予系统开发人员较大自由度的原型法，在其通过 UML 建模语言对设备管理的各需求方进行需求分析基础上，基于微软新一代.NET 平台构架上的 ASP.NET 应用服务的编程框架，界面直观、简洁，操作方便、快捷，符合用户习惯。常用的是试验原型法，该方法中系统原型是系统训练及设计的样本，对原型反复测试与评估，将得到的测试与评估结果作为反馈，提供参考给新版本系统的开发，最终完成系统开发。这是较流行的信息系统开发方法，在系统开发中得到了广泛的应用。

2. 路侧精准感知关键技术

通过路侧精准感知技术，采集交通状态、气象状态、道路数字化数据、设施状态等，构建基于视频图像、短程通信、窄带物联网的全方位感知系统，实现济潍高速运行状态、环境状态、设备设施安全运行状态智能化感知和可视化展示，并为远期全面实现自动驾驶预留基础条件。

全方位动态感知系统包括视频监控、交通流检测、环境检测、火灾检测、雷达精准感知、设备运行状态监测和基础设施状态监测设备等。通过道路视频信息，与其他感知设备搭配，实现本项目路段的智能管理与服务。

全方位动态感知系统的设计内容主要由道路监控和隧道监控组成，主要由外场设备布设、安装、基础、防雷接地，以及监控软件流程、设备数据传输与供配电构成。数据图像传输设备主要包括工业以太网交换机，相关工程量计入机电工程监控系统。道路主线设置的外场设备，采用常规供电与远距离供电相结合的方式。

（1）视频监控感知。在道路主线互通立交、重要桥梁、急弯、长下坡等特殊路段实施重点监控，龙埠枢纽至章丘东互通为车路协同示范段，道路主线按照约 400 m 一对设置监控摄像机，其他道路主线按照约 800 m 一对设置监控摄像机（互通区为 500 m），每处立柱位置设置 2 套高清网络枪球型摄像机。连续弯道应合理考虑摄像机有效监控范围，摄像机的布设位置选取时避免跨线桥、固定标志、信息情报板等，以免造成遮挡和干扰。在互通立交高点设置 360° 全景监控摄像机，服务区两侧广场分别设置 180°全景监控摄像机，实现场区的实时立体监控，相关工程量计入机电工程监控系统。隧道内按照约 140 m 间距布设高清网络固定枪型摄像机，实现隧道内全时空无缝监测。隧道内车行横通道与人行横通道处布设高清网络云台球型摄像机，对隧道内重点监控点位实现灵活可控的监视与抓拍。

（2）交通流检测感知。为检测和统计本路段的基本交通参数，在原一类交通量调查站统计原理基础上，提出基于 ETC 门架的流量统计方法，统计车流量、车型、车速等内容。

（3）环境检测感知。为保障恶劣天气下的行车安全，全面掌握道路沿线气象状况，本项目环境检测设备包括全要素气象检测器、能见度检测器、温度检测器、CO/VI 检测器（隧道内）和风向风速检测器（隧道内）。其中：在特大桥、水库、河流等重点位置设置气象检测器/能见度检测器/桥面结冰状态检测器，用以检测特殊气候信息，相关工程量计入机电工程监控系统。隧道内距离出口 150 m 设置一处 CO/VI 检测器和风向风速检测器，约 1 km 间隔在洞内设置。

（4）雷达精准感知。采用毫米波和激光雷达实现路段交通信息的精准感知。毫米波雷达系统具有大范围探测能力、交通态势感知能力和极低的误报率，对目标区域内物体进行同时跟踪扫描定位，获取每个目标物体的独立信息，包括即时速度、运动方向、经纬度、目标尺寸、ID 编号、方向角等重要信息，同时提供详细的定位经纬度信息。检测事件类型包括：车辆停驶、交通事故、车辆拥堵、车辆排队、车辆逆行、车辆慢行、抛洒物、行人以及特定区域的非法入侵等。

（5）基础设施状态感知。感知方案设计遵循实用性、先进性、耐久性、兼容性、经济性等原则。

① 实用性原则。监测系统设计不片面追求大而全，而是遵循实用性原则，系统整体规模满足项目要求和养护管理需要即可。

② 先进性原则。充分利用当前先进的 BIM、物联网、数据传输、云服务以及大数据等技术，保证系统设计理念和应用的技术具有先进性。

③ 耐久性原则。监测系统中选用的各种硬件设备应具有较长的使用寿命，并通过安装质量控制、防护设计及后续维护等进一步延长监测系统的使用寿命。

④ 兼容性原则。统筹考虑监测系统软硬件配置，使其能够兼容市面上绝大多数监测设备和采集设备，保证设备的可更换性，使单个测点故障不影响其他测点正常运行。同时，考虑未来扩充监测类型的可能性，预留一定的扩展接口，使其具有良好的兼容性、扩展性。

具体实施方案：软件平台计划采用敏捷开发模式，同时兼顾瀑布开发模式的各主要里程碑节点，各节点输出对应的产出物，开发阶段采用 2~4 周的快速迭代并同步更新相关文档。结合前期的需求调研，完成软件需求规格说明书的编写，同步基于云原生技术搭建软件平台开发框架。在测试基地进行硬件、网络及应用场景的测试工作。完成软件平台的概要设计、详细数据及数据库设计文档的编写。完成各业务系统的界面原型设计，完成系统基础组件库的建设和物联平台的搭建。完成数据源的梳理与基础设施设备共用图层的建设，基于测试数据进行部分算法模型的训练。完成事件融合功能、信息汇集与发布管理、应急处置功能等开发，开始进行系统测试，完成硬件施工调试与部分场景验证工作。解决测试过程中出现的问题，同步根据设备安装及通电通网情况进行上线测试。完成软件系统联调联试，解决测试过程问题，系统上线部署。

第五节　高速公路新一代长寿命沥青路面打造

在现代交通体系中，高速公路扮演了重要的角色，而沥青的寿命对路面的质量起着举足轻重的作用。本节将介绍重载交通组合式基层耐久路面关键技术和全厚式长寿命沥青路面技术的研发。

一、重载交通组合式基层耐久路面关键技术

重载交通组合式基层耐久路面关键技术主要内容包括以下几个方面：

首先，采用基于性能的沥青混合料设计方法，开发抗剪切、抗车辙、耐疲劳、利排水等适应不同功能层的新材料。其次，采用低应变四点梁弯曲疲劳试验确定不同类型沥青混合料极限应变指标，基于实际轴载谱、温度场分布、材料参数、厚度统计分布，并通过蒙特卡洛仿真技术得到路面结构应变谱分布，实现多因素耦合作用下路面结构损伤仿真模拟。再次，用弯拉模量衰减率和弯拉强度比两项指标联合表征无机结合料稳定材料疲劳损伤模型，实现无机结合料稳定材料层疲劳损伤的有效控制。又次，开发半刚性基层材料双层连续摊铺，一次成型施工工艺，增强了路面结构层间的联结，提高了路面结构整体性能。最后，建立针对重载交通组合式基层耐久沥青路面的质量控制体系，实现了结构、材料设计与施工控制的统一。

LSPM 公称最大粒径大于 26.5 mm，采用黏度较高的改性沥青保证沥青膜厚度，形成的混合料是单粒径骨架连通空隙结构，空隙率一般在 13%～18% 之间。该混合料具有良好的透水性、抗车辙和抗反射裂缝能力，以及较好的抗疲劳性能。上部沥青层虽然有一定的拉应力，但由于其拉应力很小，未处于应力控制层，仍具有很好的耐久性。相对普通密实骨架型沥青碎石基层 ATB 而言，LSPM 具有更小的油石比、更大的公称最大粒径及更大的孔隙率。动态模量试验表明，其 20℃、10 Hz 动态模量为 5 000～7 000 MPa，低于普通沥青混合料的约 10 000 MPa，力学性质介于沥青混合料与级配碎石之间。在沥青路面中的作用也与级配碎石类似，以其较大的孔隙率与较大的粒径，能够有效地阻断半刚性基层的反射裂缝。

（一）LSPM 长期使用调查与后评估

LSPM 在山东省乃至全国多地得到大面积推广，在投入使用的早期表现出良好的路用性能，能够较好地满足公路运营的需求。但到 LSPM 路面寿命中后期阶段，路面不可避免出现损坏和病害，LSPM 混合料也会产生新的问题。目前对于 LSPM 的研究与设计，主要目的是避免路面的早期损坏（水损坏和裂缝等），但也有学者对 LSPM 路面的长期使用性能展开调查并给出一些评价方法。某学者结合国高青兰线东阿界至聊城（鲁冀界）段高速公路路面工程的实例，分析 LSPM 组合式基层路面的养护方案和全寿命成本计算，认为加铺 LSPM 的组合式基层沥青路面结构初期建设费用高，维修年限长，养护费用与全寿命周期成本较低，且维修养护对交通影响小，在高等级公路上应用有良好的经济和社会效益。另有学者根据长寿命沥青路面的理念，对江苏省 3 条高速公路中 LSPM 柔性基层与其他柔性基层、半刚性基层的沥青路面试验段进行长期性能评价，结果表明采用柔性基层的沥青路面，弯沉和路面破损发展较半刚性基层路面缓慢，抗车辙性能相当，有更好的耐久性和稳定性，养护维修更加

简单、经济，但柔性基层的变形量要大于半刚性基层。某科研团队还进行了泡沫沥青温拌 LSPM 的配合比设计，并研究该混合料的性能衰减规律，主要检测了空隙率和飞散试验与析漏试验结果的变化，并未考察 LSPM 路用性能的变化规律。

目前，对于 LSPM 长期使用情况的调研以及对 LSPM 材料和结构设计的后评估的研究尚存在不足。在山东省，LSPM 路面长期使用质量的网级信息收集工作缺乏，导致对 LSPM 路面寿命中后期的典型病害和 LSPM 混合料的性能衰减规律无法得到系统的总结。但类似的工作在其他省份已有开展，研究积累了不少路面结构理论、路面性能数据，通过对研究成果的进一步挖掘，实现对高速公路沥青路面长期使用性能的研究。有学者结合湖南省高速公路沥青路面类型、路面结构组合形式、路面结构厚度和混合料类型等对路面长期使用性能有重要影响的因素，调查了湖南省高速公路路网情况，对该省高速公路沥青路面结构进行了划分，分析归纳了该省高速公路使用性能变化的特点，从而构建出湖南省高速公路典型路面长期使用性能指标体系，并采用不同模型对其中沥青路面的长期使用性能（即 15 年）进行了预测，为该省高速公路的养护和设计优化提供了参考。辽宁省、黑龙江省等也进行过类似的路网调研和路面使用质量评价工作。山东省地方规程《大粒径透水性沥青混合料应用技术规程》中尽管给出了不同情况下 LSPM 路面的推荐结构，但对于这几种结构使用情况的后评估比较少见。

（二）LSPM 材料优化研究方案确定

检测和评价 LSPM 路面，必须获得路面建设和维修养护的信息，包括投入使用的时间、铺筑路面的材料和结构、建成以来历年的路面使用状况等。在此基础上，通过到不同路段的 LSPM 路面开展实地调查，获取路面长期使用状况的记录，评价路面长期使用性能现状，检测路面发生的病害和损坏，通过对病害位置或路面病害较典型段落进行钻芯取样等方式进行路面质量检测和损坏原因分析，并对比研究不同路段的不同条件和设计方案下 LSPM 路面性能差异的原因。

LSPM 路面调研完成之后，应通过试验对 LSPM 混合料的各项路用性能加以验证。应进行试验测试 LSPM 的高温稳定性、水稳定性、抗疲劳性能、抗反射裂缝能力和渗透性能等，对比 LSPM 使用早期和长期使用后性能的变化。对于调研发现的主要问题，应予以重视。分析现场调研的检测和评价结果及钻取的芯样的试验结果，总结 LSPM 路面寿命不同时期产生的病害和损坏。

在完成上述工作之后，应针对研究和使用中大粒径透水性沥青混合料材料所存在的缺陷和问题，改变 LSPM 的设计要素，主要是配合比设计，来探究 LSPM 材料优化的方向和方法。通过改变 LSPM 的级配、空隙率、沥青用量等材料因素，以及 LSPM 层厚度、位置等影响路面受力情况的结构因素，进行试验，加强 LSPM 路面实际使用的薄弱方面（调研的数项路用性能中最突出的几个方面），使 LSPM 的各方面路用性能更加平衡。其中，材料设计优化应通过具体试验数据验证，路面结构设计优化可考虑试验为主、模拟为辅的验证思路。

后续在 LSPM 设计和使用经验的基础上进行有方向性的试验验证，对大粒径透水性沥青混合料材料设计进行优化，并总结和改进山东省 LSPM 路面的典型路面结构，使 LSPM 材料在工程实践中的应用达到路用性能和工程经济等方面的长期使用综合最优。

（三）LSPM 混合料及路面结构优化研究

在调研、评价与分析工作完成后，应进行优化设计工作。本项目主要基于沥青混合料的材料设计优化，并研究 LSPM 路面结构设计的合理性，以期实现提高 LSPM 的综合性能和 LSPM 路面的整体使用质量。

本项目根据 LSPM 路面典型路段的调研结果，以提升 LSPM 路面长期使用性能，满足 LSPM 路面高质量服役需求为目标，对 LSPM 材料设计进行优化改进。优化思路应从改善材料路用性能，使 LSPM 的长期使用质量更加平衡的角度来调整 LSPM 的配合比设计，再进行试验验证。

影响沥青混合料路用性能的材料因素较多，但不同路用性能受因素的影响可能存在冲突，如改变沥青用量对混合料高温稳定性和低温抗裂性的影响正好相反。为使 LSPM 的综合路用性能更加平衡，需要对影响 LSPM 路面全寿命周期内使用质量的主要问题进行改进，由此可能会导致路面其他方面性能的下降，因此对 LSPM 材料优化需要合理决策，包括材料设计要素的改变优先级和改变限度。制定优化策略应从调研评价结果出发，因为涉及不同路段 LSPM 路面不同的设计方案和调查样本，思路包括：采用灰色关联分析法，以调研样本设计方案和路用性能（调研评价结果或混合料性能）为 2 组序列，计算分析各路用性能对 LSPM 路面综合性能的关联度，分析不同设计因素对于综合路用性能的影响；以 LSPM 路面全寿命成本最低为目标，根据调研样本总结不同设计的初期建设费用、养护费用、残值等，采用熵值法等赋权方法计算 LSPM 各路用性能的权重，依次考虑优化。

影响 LSPM 路用性能的混合料配合比设计要素包括集料级配、混合料体积参数、沥青胶结料性质、沥青用量等。在早期 LSPM 材料的研发设计中，选取沥青针入度、沥青软化点、油石比、集料 4.75 mm 筛孔通过率、集料 2.36 mm 筛孔通过率、胶粉比、沥青混合料空隙率、沥青饱和度、沥青体积百分率、矿料间隙率、沥青膜厚度、矿粉用量、公称最大粒径作为影响沥青混合料性能的主要因素。目前，LSPM 的级配推荐范围比较宽松，检验主要确定骨料是否形成嵌挤结构。本项目为更加精准地优化 LSPM 设计，考虑加入集料 9.5 mm 筛孔通过率、集料 13.2 mm 筛孔通过率，以实现对 LSPM 级配的控制和调整。

LSPM 的优化设计，应验证沥青混合料的各路用性能并综合评价。采用单轴压缩试验测定 LSPM 的抗压回弹模量和抗压强度。LSPM 混合料的高温稳定性主要采用车辙试验，以动稳定度为评价指标，车辙板试件厚度宜取 8 cm，以消除试模的边界效应。汉堡车辙试验是评价沥青混合料高温稳定性更科学、条件更苛刻的试验方法，在试验条件允许情况下可考虑进行，此法还可测定沥青混合料的水稳定性。目前对于 LSPM 的水稳定性的试验和评价方法尚无统一标准，它具有良好的水稳定性，而残留稳定度和冻融劈裂强度的试验方法并不适用于该项性能的检验，对于 LSPM 的水稳定性主要从保证沥青膜厚度即沥青含量的角度加以检验与控制。

对于 LSPM 的抗疲劳性能，因其弱于密级配沥青混合料，应当采取室内疲劳试验予以检验。由于 LSPM 的抗疲劳性能受沥青用量和空隙率影响较大，而这些因素也会对高温稳定性、渗透性能产生显著影响，因此对 LSPM 的抗疲劳设计要考虑与其他路用性能的平衡，可尝试通过改变 LSPM 层受力状态等结构优化，以提升 LSPM 综合路用性能。LSPM 的排水性能也是设计考虑的重点之一，根据以往研究试验，LSPM 的渗透系数很大，高于其他透水性沥青混合料，能满足基层排水需求。此项目可考虑根据调研结果，分析 LSPM 路面实际排水需求，并适当调整 LSPM 的空隙率。

LSPM 还有良好的抗反射裂缝性能。断裂力学分析认为 LSPM 中的孔洞可以有效消减裂缝尖端的应力集中，从而阻碍裂缝的扩展。对于 LSPM 抵抗反射裂缝的能力，学者做过许多模拟计算分析，并且在实际工程中也取得了较好的效果。该项目应根据现场调研和病害诊断，判断 LSPM 材料的抗反射裂缝性能是否需调整，而且对于优化设计的 LSPM 混合料，也应验证其抗反射裂缝的性能。检验 LSPM 抵抗反射裂缝，可以使用 Abaqus 有限元模拟软件对该路面进行力学分析。Overlayer Tester（OT）试验可以考察沥青混合料裂缝发生和扩展的过程，因此研究认为其可以检测 LSPM 抵抗反射裂缝以及自身抗疲劳开裂的能力。项目在试验条件允许情况下，可考虑采取 OT 试验或类似试验方法。

综合优化设计的 LSPM 在室内试验验证其路用性能后，通过总结 LSPM 典型路面结构长期使用情况调研经验，进行合理的该类路面结构设计，确定 LSPM 层的位置、厚度等，并在试验路段应用，长期观测以确定 LSPM 路面的长期使用质量，验证此项目优化设计的效果。LSPM 路面的结构优化，应涉及层位、结构组合、层厚等，作为柔性基层材料，LSPM 路面结构一般为组合式基层，为改善其受拉情况，层底可铺设抗疲劳层或格栅。LSPM 层作为排水和抗反射裂缝层，厚度对其发挥性能有重要影响，目前常用设计厚度为 10～15 cm。LSPM 层的位置对路面力学响应影响很大，会改变 LSPM 层受拉疲劳开裂及永久变形情况。LSPM 的优化设计检验，若受条件限制，则应考虑使用 Abaqus 有限元软件等方法，参考调研的区域实际道路交通状况，模拟 LSPM 路面的长期运营状态，并评价该材料的长期使用质量，验证优化设计的效果。

（四）LPSM 沥青路面受力特征分析

LPSM 沥青路面结构中大粒径透水沥青基层介于半刚性基层与柔性基层之间，从原理上分析，沥青路面的受力也应处于二者之间。下面对 LSPM 结构的受力特征进行计算，典型结构见表 2.3。

表 2.3　LSPM 典型结构

材料	厚度/m	模量/MPa	泊松比
SMA-13	0.04	10 000	0.25
AC-20	0.06	11 250	0.25
AC-25	0.08	11 000	0.25
LSPM-25	0.10	5 000	0.40
水稳碎石	0.18	13 000	0.25
水稳碎石	0.18	11 000	0.25
水泥稳定碎石	0.20	9 000	0.25
土		60	0.40

1. 路面结构响应计算

从表 2.4、图 2.25 可以看出，由于 LSPM 结构与半刚性基层结构类似，且与江苏省典型半刚性基层结构相比总厚度差别不大，故二者竖向应力的分布几乎相同。在靠近表层，LSPM 的竖向应力略低于半刚性基层结构；而下部则略高一点，总体分布略优。路基顶面的竖向应力同样也为 0.002 MPa。

表2.4　竖向应力计算表

竖向应力/MPa	深度/m
0.702	0
0.668	0.04
0.539	0.08
0.389	0.12
0.278	0.16
0.222	0.20
0.139	0.30
0.049	0.50
0.011	0.70
0.002	0.84

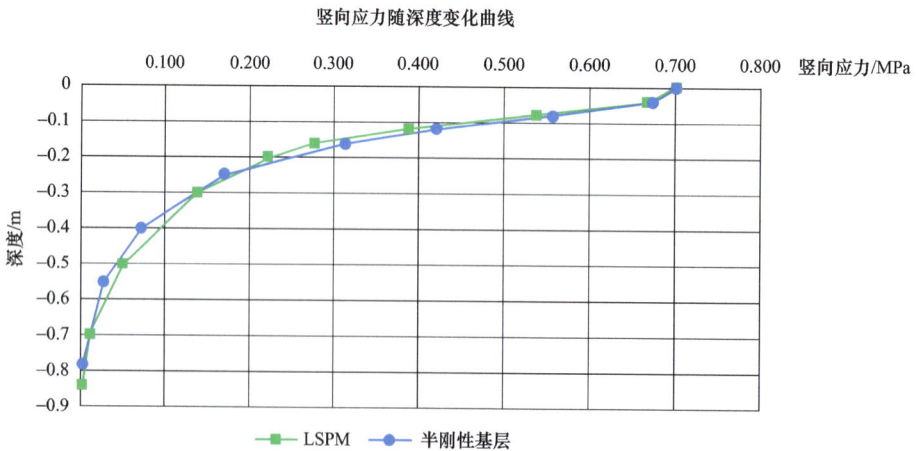

图 2.25　竖向应力对比图

从表 2.5、图 2.26 中可以看出，由于 LSPM 层的结构模量相对较低，使得沥青混合料面层底部出现拉应力，但该力较小，相对于沥青混合料的抗疲劳性能而言可认为不会发生疲劳。而在半刚性基层部分，则与典型半刚性基层结构基本相同，LSPM 结构的半刚性基层底部拉应力略小于典型半刚性基层结构，但 LSPM 结构层较后者更厚。

表2.5 水平应力计算表

水平应力/MPa	深度/m
−0.155	0.04
−0.060	0.10
0.055	0.18
−0.097	0.28
0.028	0.46
0.042	0.56
0.063	0.64
0.073	0.74
0.105	0.84

水平应力随深度变化曲线

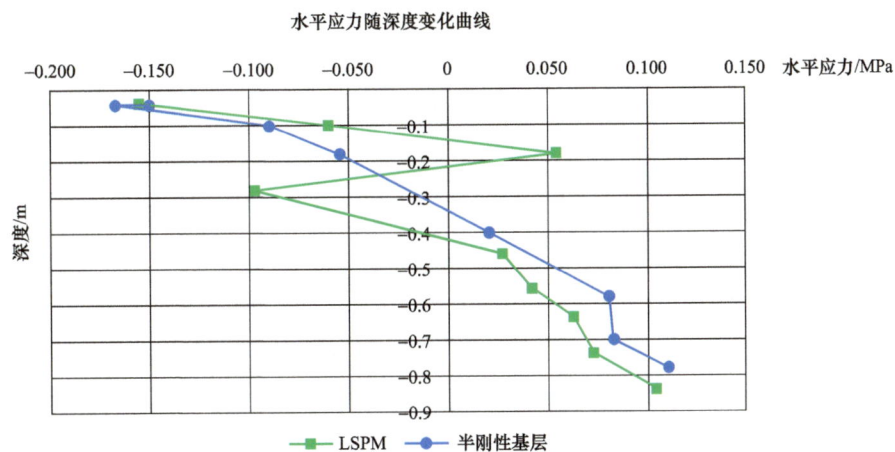

图2.26 水平应力对比图

从表2.6、图2.27中可以看出，LSPM结构与典型半刚性基层结构的剪切应力在上面层与中面层的分布几乎一致；而在下面层由于材料承受一定的拉应力，剪切应力虽有所上升，但整体水平仍低于中面层。

表2.6 剪切应力计算表

剪切应力/MPa	深度/m
0.064	0
0.101	0.01
0.135	0.02
0.162	0.03
0.181	0.04
0.176	0.04

续表

剪切应力/MPa	深度/m
0.192	0.05
0.201	0.06
0.203	0.07
0.202	0.08
0.193	0.10
0.192	0.10
0.177	0.12
0.164	0.14
0.158	0.16
0.164	0.18
0.086	0.18
0.068	0.22
0.047	0.26

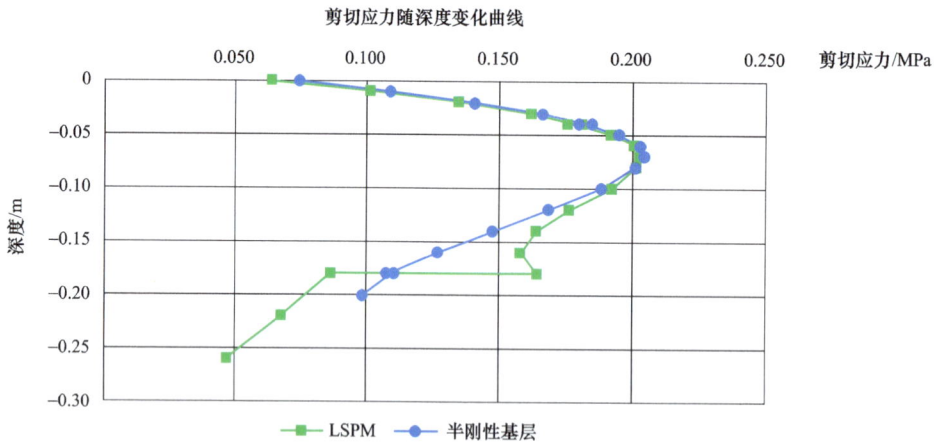

图 2.27　剪切应力对比图

2. 大粒径透水沥青基层路面受力特性

由上述分析可知，从受力原理上，LSPM 结构仍属于半刚性基层结构。LSPM 基层的加入仅仅改变了沥青混合料层的受力状态，并没有改变半刚性基层作为主要抗疲劳层的特征。而在 LSPM 结构中，尽管其沥青层由半刚性基层结构中完全受压应力转变为受到部分拉应力的作用，但拉应力的水平非常低，很难产生沥青层的疲劳问题。因此，LSPM 层更多作为功能层，起到阻止半刚性基层反射裂缝向上传递、排出路面内部积水的作用。

济潍高速公路全线的路面结构涵盖 4 cm SMA-13 沥青混合料、6 cm AC-20 沥青混合料、8 cm AC-25 沥青混合料、10 cm LSPM-25 沥青混合料、18 cm 半刚性水泥稳定碎石×2、20 cm 水泥稳定碎石，路面结构总厚度为 84 cm。

二、全厚式长寿命沥青路面技术

全厚式长寿命沥青路面技术的主要内容包括以下几个方面：

第一，根据原材料特点及不同交通荷载及气候条件进行精准设计，并对不同类型材料进行低应变疲劳试验验证，提出不同材料类型的极限应变标准。

第二，对无机结合料稳定粒料的疲劳开裂和性能衰变规律进行研究，建立全厚式沥青路面结构无机结合料稳定粒料层的疲劳开裂模型和设计指标。

第三，根据交通荷载和气候条件，开展长寿命沥青路面不同功能层优化设计和性能评价研究，还需要结合路面性能要求，进行长寿命沥青路面施工工艺和技术研究，并指导试验路段的施工。

第四，通过对路面结构力学响应进行检测，研究提出相应的力学分析模型、长寿命路基及长寿命沥青路面结构一体化设计方法，以及新一代长寿命沥青路面典型结构。

此外，通过对长寿命路面试验段进行长期性能监测，对新一代高品质长寿命路面性能做进一步验证和修正；构建长寿命沥青路面结构长期性能演变智能感知技术体系，实现全寿命周期路面结构性能演变智能感知、预警预防和精准维护。

（一）技术优势

采用全厚式长寿命沥青路面是适应本项目工程实际的一种技术选择，主要优势及特点如下：

（1）良好的路面性能及较长的使用寿命。全厚式沥青路面设计使用寿命将超过35年，是传统路面结构设计使用寿命（15年）的两倍以上。采用较厚的沥青层柔性路面，将减少传统的沥青层底开裂和避免产生结构性车辙。而选用该路面结构，仅表面层（4 cm）需要每隔8～12年进行功能性维护，而其路面结构可长久使用。

（2）节约砂石资源。目前，山东省正全面贯彻落实"绿水青山就是金山银山"的发展理念，对砂石资源的开采进行严格管控，优质石料资源紧缺，特别是在青岛等沿海地区，优质筑路石料资源已成为制约工程项目施工进度与质量的关键因素。采用全厚式沥青路面结构可节约大量的优质石料资源，与传统路面结构相比，路面结构总厚度减薄近40 cm，四车道高速公路每公里可节约石料近8 000 m³。全厚式沥青路面结构在寿命周期内无须进行结构性修复，减少了大修重建造成筑路材料的巨大消耗，对缓解石料紧缺的压力，助力碳达峰、碳中和的目标具有重要作用。技术示意图见图2.28。

图2.28　全厚式长寿命路面技术示意图

（3）性价比高。因砂石材料等地材价格飞涨，全厚式路面结构的建设期造价优势愈发明显。传统路面结构需要每隔 10 年进行大修，设计期末（15 年）进行周期性重建。而对于全厚式路面，若在设计使用年限内未发生结构性破坏，仅需定期进行表面功能修复，全寿命周期内可节省大量费用。费用冰山示意图见图 2.29。

图 2.29　全寿命周期费用冰山示意图

（4）结构可靠且适应性强。全厚式沥青路面结构为全柔性结构，抗变形能力强，对一定程度的路基永久变形具有较好适应性。由于结构层均为沥青材料，该路面结构受水、冰冻、滨海可溶盐侵蚀的影响较小，而且在运营期内路基的毛细水积聚较少，大大降低了水对土基强度的影响。

（5）高效节省施工成本。使用该项技术可大幅缩短工期，减少施工机具及施工人员的空置及转运，提高施工效率并节约成本。由于路基以上均为沥青层，此技术的施工工艺及机械配备相同，减少设备投入。因沥青层无须养生，亦无必要额外调配更换施工机具，在下层完工后可立即原地进行上层施工，有效提升施工效率。

（二）全厚式沥青路面设计方案

（1）结构性能验算。采用"道可道"道路智能平台长寿命沥青路面损伤分析系统（DKDPAVE）进行计算，以沥青层疲劳累积损伤为基准。

经计算可知，在相同的累积损伤条件下，全厚式长寿命沥青路面设计方案的使用寿命是原设计方案半刚性基层路面的 3.37 倍，大幅延长了路面的使用寿命，提高了其结构抗风险能力。

（2）结构组合设计。根据项目实际交通荷载及气候条件，济潍高速全厚式长寿命沥青路面结构设计方案为 4 cm SMA-13 沥青混合料、6 cm HMAC-20 高模量沥青混合料、10 cm HMAC-20 高模量沥青混合料、12 cm HTAM-25 沥青混合料及 4 cm HRF-13 沥青混合料，路面结构总厚度为 36 cm，比原设计方案路面结构厚度的 84 cm 薄了 48 cm，路面结构如图 2.30 所示。

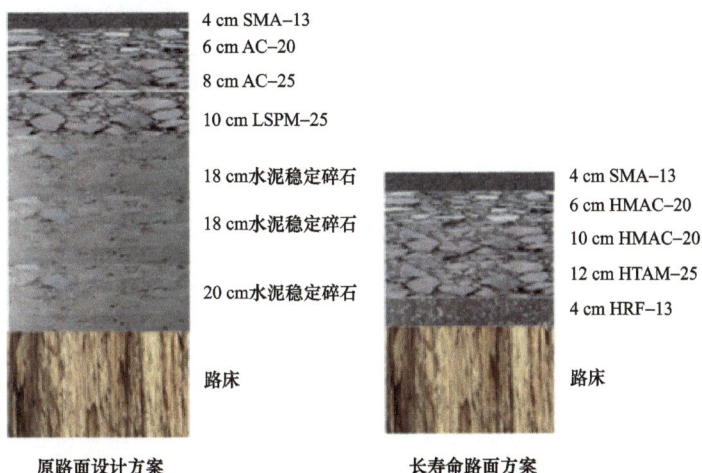

图 2.30 全厚式长寿命沥青路面结构

（三）技术指标要求

（1）路面指标要求。全厚式长寿命沥青路面路段其路床顶验收弯沉值应小于 120（0.01 mm）。

（2）原材料指标要求。全厚式长寿命沥青路面结构中所涉及的集料、70 号 A 级道路石油沥青、SBS 改性沥青、矿粉、纤维原材料技术指标均应满足规范和设计要求。

高模量耐疲劳沥青混合料结构层（HMAC-20）对沥青胶结料要求较高，一般可以通过以下途径实现：一是采用硬质沥青，二是使用高模量改性沥青，三是在选用 SBS 改性沥青基础上添加高模量耐疲劳改性剂，而济潍高速项目按第三种方案实施。

（3）沥青混合料指标要求。高模量耐疲劳 HMAC-20 沥青混合料集料采用石灰岩，并选用高模量改性沥青，其级配范围见表 2.7，其技术要求见表 2.8。

表 2.7 高模量耐疲劳 HMAC-20 沥青混合料级配范围

筛孔尺寸/mm	26.5	19	16	13.2	9.5	4.75	2.36	1.18	0.6	0.3	0.15	0.075
HMAC-20 上限	100	100	—	—	82	64	43	—	—	—	—	8
HMAC-20 下限	100	90	—	—	66	41	28	—	—	—	—	6

表 2.8 高模量耐疲劳 HMAC-20 沥青混合料技术要求

指标	单位	技术标准	试验方法
击实（双面）次数	次	75	JTG E20 T0702
空隙率 VV,（毛体积法）	%	3~4	JTG E20 T0705-4
冻融劈裂试验，残留强度比	%	≥80	JTG E20 T0729
动态模量试验（45℃、10 Hz），不小于	MPa	3 000	JTG E20 T0738

10

指标	单位	技术标准	试验方法
四点弯曲疲劳试验（15℃、10 Hz、230 με 控制应变条件下），不小于	万次	100	JTG E20 T0739
动稳定度（70℃），不小于	次/mm	3 000	JTG E20 T0719
汉堡试验（20 000 次、50℃）最大变形	mm	≤5	DB37/T 3564—2019
低温弯曲破坏应变（−10℃），不小于	με	2 000	JTG E20 T0715

注：HMAC-20 油石比建议值为 4.9%～5.2%，具体以配合比设计为准。

HTAM-25 沥青混合料集料采用石灰岩，沥青则选用 70 号 A 级道路石油沥青，油石比建议值为 3.6%，其级配范围、技术要求分别见表 2.9、表 2.10。

表 2.9　HTAM-25 沥青混合料级配范围

筛孔尺寸/mm	26.5	19	16	13.2	9.5	4.75	2.36	1.18	0.6	0.3	0.15	0.075
HTAM-25 上限	100	85	78	67	58	41	29	20	15	10	7	5
HTAM-25 下限	90	70	60	48	39	24	17	10	8	5	4	3

表 2.10　HTAM-25 沥青混合料技术要求

指标	单位	技术标准	
公称最大粒径	mm	26.5	
马歇尔试件尺寸	mm	ϕ152.4×95.3	
击实次数（双面）	次	112	
空隙率 VV	%	3～6	
稳定度，不小于	kN	15	
流值	mm	实测	
残留稳定度，不小于	%	80	
沥青饱和度 VFA	%	55～70	
矿料间隙率 VMA，不小于	%	设计空隙率	矿料间隙率
		4	12
		5	13
		6	14

高抗疲劳层 HRF-13 沥青混合料集料采用石灰岩，沥青则选用 SBS 改性沥青，级配范围见表 2.11，技术要求见表 2.12。

表 2.11　HRF-13 沥青混合料级配范围

筛孔尺寸/mm	26.5	19	16	13.2	9.5	4.75	2.36	1.18	0.6	0.3	0.15	0.075
HRF-13 上限	100	100	100	100	86	68	52	42	32	23	17	8
HRF-13 下限	100	100	100	92	75	48	35	25	16	10	7	5

表 2.12　HRF-13 沥青混合料配合比设计技术要求

指标	单位	技术标准	试验方法
击实（旋转压实）次数（双面）	次	75	JTG E20 T0702
	次	100	JTG E20 T0736
空隙率 VV，（毛体积法）	%	2~3	JTG E20 T0705-4
稳定度 MS，不小于	kN	8	JTG E20 T0709
冻融劈裂强度比	%	>75	JTG E20 T0729
流值 FL	mm	2~4	JTG E20 T0709
矿料间隙率 VMA，不小于	%	12~14	JTG E20 T0705-4
沥青饱和度	%	≥80	JTG E20 T0705-4
汉堡试验（20 000 次、50℃）最大变形	mm	≤8	DB37/T 3564—2019
低温弯曲（-10℃、50 mm/min）	με	>2 800	JTG E20 T0715
疲劳试验（10℃、10 Hz）循环 10^6 次，应变不小于	με	350	JTG E20 T0739

注：HRF-13 沥青混合料采用 SBS 改性沥青，油石比建议值为 5.0%~5.3%，具体以配合比设计为准，SBS 改性沥青指标要求与原设计方案一致。

全厚式长寿命沥青路面结构试验路段在济潍高速 K135+960～K136+910 左幅。

第六节　高品质混凝土耐久性提升及施工质量控制

为确保结构物混凝土的质量要求及满足施工质量控制标准，大幅度减少混凝土施工缺陷，提升桥隧工程的建造品质，济潍高速围绕"施工期混凝土常见质量缺陷成因分析及防治技术""基于保障结构耐久性的混凝土材料设计及施工控制关键技术"开展课题攻关，分析了公路工程各类混凝土构造物施工期常见缺陷类别及分布规律，建立了施工期混凝土常见缺陷数据库，研发超高性能混凝土、快硬高强砂浆等新材料及施工工艺。成功将路堑岩石及隧道洞渣加工成混凝土用机制砂，并应用到桩基、承台、墩柱、盖梁及预制梁等结构，实体结构外观色泽均一、无宏观缺陷，混凝土力学性能、耐久性能等满足设计要求。

一、施工期混凝土常见质量缺陷成因分析及防治技术

（一）既有结构混凝土常见病害调研及分析

建立既有结构病害与施工期混凝土缺陷的相关性，掌握两者之间的对应关系，对施工期混凝土质量控制具有重要的指导意义。

为此，相关参建单位通过文献检索，全面了解在役桥梁结构混凝土的常见病害，掌握已有病害的分布情况，以及其对桥梁结构安全性和耐久性的影响程度评定方法。通过梳理已有的检测报告，围绕桥梁的建造时间、建设地域、跨水还是陆地、混凝土碳化及强度、设计荷载类型、桥梁跨径等因素，开展桥梁病害的相关性分析，获得桥梁病害的主要控制因素。

同时，针对不同服役环境、服役年限的结构物，开展实地调研，深入了解服役环境对结构物服役状况的影响。将室内试验与现场检测相结合，对服役几年、几十年的结构物的宏观性能和微观形貌进行研究，系统评价结构物的服役状态。

在上述调研基础上，研究人员对既有结构早期劣化表现形式与施工期缺陷关联性进行分析。将混凝土病害按不同服役环境进行分类，深入分析了病害发生机理。尤其针对济潍高速所在地域，重点分析一般大气环境、冻融环境、除冰盐环境下，混凝土早期劣化机理。

通过对结构混凝土早期病害成因机理分析发现，很多病害是由混凝土施工期缺陷发展而来，尤其是裂缝的存在。由于施工期混凝土匀质性差、施工工艺不佳，均易导致混凝土蜂窝、麻面，表层混凝土密实性差；配合比设计不当、收面不及时、养护不充分，均易产生裂缝，导致混凝土耐久性差。具体见图 2.31、图 2.32。

图 2.31　典型结构物早期病害表现形式

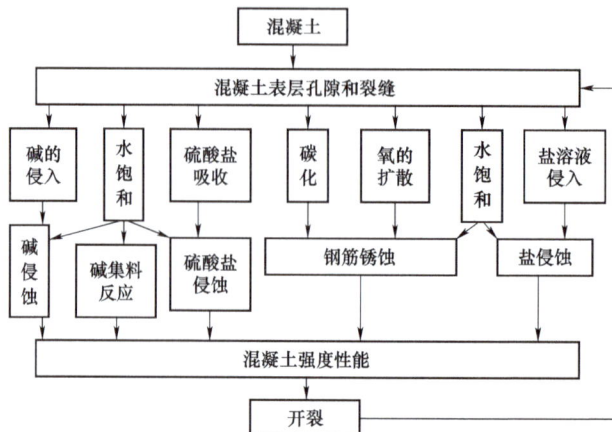

图 2.32　混凝土典型早期劣化机理

（二）常见缺陷成因辨识及预防

第一，项目通过跟踪每类结构物的施工过程，掌握混凝土性能波动及工人施工特点。混凝土结构物施工质量的好坏，不仅与材料本身有关，更与施工的优劣息息相关。施工质量不仅受时间、人力、财力影响，更受施工工艺与结构的适用性所制约。因此，需要安排技术团队成员常驻现场，做好前期施工全过程的调研，参与试验柱、结构物首件施工及总结交流会，掌握材料波动、施工设备、工人施工习惯等情况，见图 2.33。

图 2.33　现场结构物施工全过程调研

第二，定期巡查新建结构，及早发现存在的缺陷。通过定期巡查现场，对已施工完成的结构物进行普查和抽查，可及时发现可能存在的缺陷和潜在的风险，查找施工各环节可能存在的不足及需要改进之处，包括原材料控制、混凝土生产、浇筑、振捣及养护等方面，见图 2.34。

图 2.34　结构物施工质量巡查

第三，对已有缺陷成因加以辨识，综合判断其危害性。对已经产生的缺陷，进行跟踪调研。从施工准备、施工过程到后期的拆模和养护开展全面的调查，旨在精准找到施工缺陷产生的根源。事实上，同样表象的缺陷，原因却未必相同。

以混凝土表面出现蜂窝缺陷为例，主要存在下列原因：① 混凝土配比不合适，用水量控制不够严格从而导致混凝土严重离析，浆骨严重分离；② 混凝土拌和时间相对较短，且不够均匀，从而造成坍落度及和易性较差；③ 混凝土没有按照标准进行下料及振捣，造成碎石集中，使得混凝土出现离析情况；④ 模板安装质量较差造成接缝不够严密，或者因模板的稳定性相对较差，造成振捣过程中模板移位而引发漏浆的情况。

混凝土表面出现麻面缺陷的主要原因有：① 混凝土配合比不合适，由于比较黏稠造成振捣过程中气泡很难排出，从而造成气泡停留在模板表面而引发混凝土表面出现麻点；② 模板的隔离剂未被均匀涂刷，拆模时混凝土表面出现粘接模板的情况；③ 模板早期受到扰动，未硬化的混凝土与模板过早脱离，进而产生麻面；④ 混凝土拆模较早。

与上述两项相比，施工期混凝土的裂缝产生的成因，更是数不胜数，且裂缝的危害更大，会严重影响混凝土服役的安全性和耐久性。如何准确判断裂缝的产生，是对工程技术人员专业技术水平的考验。

第四，对施工期常见缺陷实施预防措施。主要包括：技术服务团队总结在役结构常见病害及施工期混凝土常见缺陷，针对桥隧常见结构物制定专业的作业指导书，并在全线范围内进行宣贯；参与施工方案的编制及技术交底，或不定期开展专家培训会。培训及技术交流现场见图 2.35、图 2.36。

图 2.35　定期培训会及技术交底会

图 2.36　现场培训与技术交流

（三）新材料、新技术在缺陷处治中的应用

第一，项目对现场发现或收集上来的施工期缺陷进行汇总，并按照结构物类型或缺陷种类加以分类。既方便对每种缺陷的查找分析，也易于对同类型缺陷进行归类处理。将分类、分析成因后的常见缺陷归纳为缺陷识别图册，作为施工技术指南，便于现场技术人员对应查找，并提高缺陷识别能力。

第二，为恢复已有缺陷的结构物性能，针对常见缺陷研发专用的修复材料。该材料自身必须具有优异的耐久性能，自身体积稳定性好、不开裂，修复材料与被修复基体界面粘结性能好，对不能立模施工的部位，还需要非常好的流动性。基于以上要求，相关人员在室内研发了 UHPC、MPC 材料，配合常规的注浆及封缝材料，可满足施工期混凝土常见缺陷的修复与处治。同时进行了室内小尺寸模型试验，保证其各项性能满足修复材料的要求。性能测试见图 2.37、图 2.38。

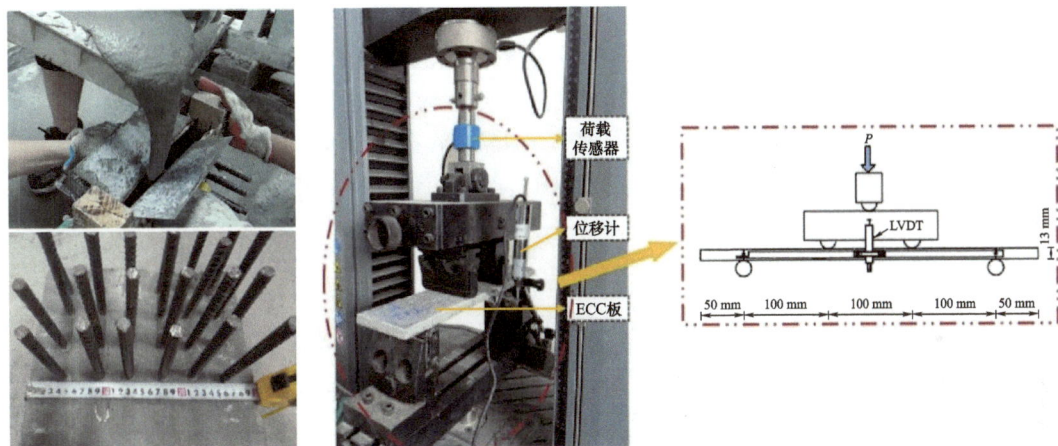

图 2.37　修复材料自身性能测试

图 2.38　修复材料界面粘结性能测试

第三，处治已有缺陷，总结施工工艺。将室内研发的材料应用到实际工程中，并在施工过程中，提炼修复材料的施工注意事项，包括现场配合比的调整，搅拌设备及模板要求，界面处理，材料浇筑、振捣、养护等方面要求，形成成套的施工工艺，作为后续的指导文件。

二、基于保障结构耐久性的混凝土材料设计及施工控制关键技术

（一）精品机制砂的资源化利用

济潍高速穿过鲁中山区，桥隧比接近 40%，仅隧道洞砟就接近 700 万 m³，且以石灰岩为主。针对隧道洞砟的资源化、高值化利用问题，项目从母材控制、设备选型、机制砂品质控制、机制砂混凝土配制及其施工过程控制等方面开展研究，形成一整套精品机制砂混凝土的配制及应用关键技术。

1. 基本性质评价及其关键参数控制

采用 AMS200 制砂楼，将路堑岩石及隧道洞砟经过破碎、整形、筛分、选粉等一系列工艺加工成机制砂。初破、中破后，将母岩破碎成 10～30 mm 的碎石，并放入冲击式破碎机，破碎后提升至制砂楼顶部，再进入空气选粉机。大于 2 mm 的物料则被送入椭圆水平筛，其中一部分回到破碎机，部分 2.5～4.75 mm 的碎石用以调整砂的级配；小于 2 mm 的物料部分细粉（小于 0.075 mm）收集至粉仓，0.075～2 mm 的物料将作为成品砂的一部分。利用空气动力筛分选粉，通过调整风速和选粉机转速可控制排出的细粉中 95% 小于 0.075 mm。在动态选粉阶段，调整转子转速，实现精确选粉，使成品砂含粉率在 3%～15% 的范围内可以任意调节。采用脉冲布袋式收尘器，在其下方配置一个 150 t 容量的粉仓，配置一台 10 万 m³/h 的风机，避免石粉污染环境，回收的石粉可再利用。具体见图 2.39、图 2.40。

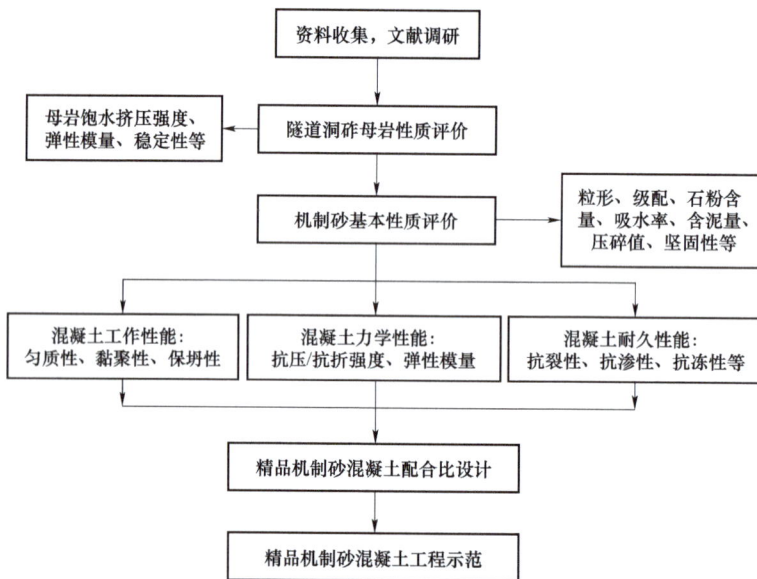

图 2.39　隧道洞砟资源化利用技术路线

2. 各原材料的关键参数及其控制指标

根据生产的基本性质，将机制砂进行分级使用，细度模数及石粉含量不同的机制砂，可应用于不同的结构物中。针对不同的结构物，提出各原材料的关键参数及其控制范围，建立机制砂的关键参数控制体系及机制砂分级利用体系。例如：石粉含量高，则适当降低胶凝材料用量，选用保坍成分多的减水剂，严格控制碎石的含泥量，且配制的混凝土更适合于地下

图2.40 机制砂生产质量控制

结构或水下结构，不用于暴露场所；而当石粉含量低时，应用场景可能与之相反。

3. 基于原材料波动及施工季节变化的精品机制砂混凝土配合比优化

根据施工季节和结构特点，利用矿物掺合料及高效减水剂，调整配合比的关键参数，室内试配混凝土，满足施工及设计要求。对所配制的机制砂混凝土进行全面的性能测试，掌握机制砂级配、石粉含量、吸水率对混凝土性能的调控作用，进而有针对性地调整生产工艺。影响见图2.41。

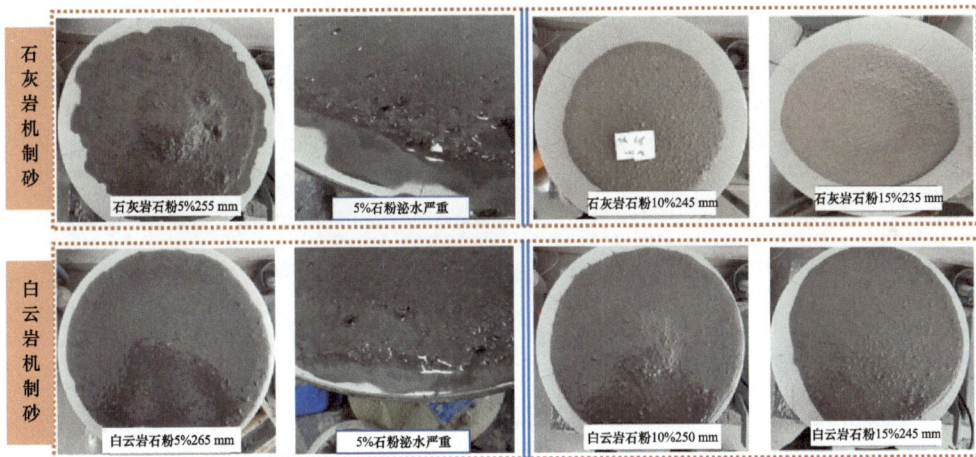

图2.41 石粉含量对砂浆工作性影响

4. 基于保障实体结构耐久性的精品机制砂混凝土施工控制

在室内研究的基础上，进行机制砂混凝土的现场试验。通过试验柱浇筑（见图2.42），了解机制砂混凝土施工性能的波动情况，掌握振捣对机制砂混凝土匀质性的影响，确定拆模后的外观及养护制度；利用回弹测试强度发展，对墩柱取芯，查看机制砂混凝土浇筑后的匀质性，并对芯样进行力学性能和耐久性能测试，全面掌握机制砂混凝土施工工艺，以及实体结构的性能发展规律，从而建立一套机制砂混凝土施工控制技术。

最终，机制砂混凝土成功应用到济潍高速4标、5标、6标的混凝土结构物，包括桩基、承台、墩柱、盖梁及预制梁等（见图2.43），实体结构外观色泽均一、无宏观缺陷，混凝土力学性能、耐久性能等满足设计要求。利用精品机制砂替代天然河砂，一方面解决河砂紧缺导致的工程延误问题，另一方面又合理利用当地自然资源，降低建设成本。

图 2.42 机制砂混凝土试验柱浇筑

图 2.43 机制砂混凝土在预制箱梁中的应用

（二）桥隧构造物混凝土外观质量提升

混凝土构造物的外观质量缺陷主要包括表面气泡、裂缝、水纹、砂线、露筋、色差，以及缺棱掉角、表面不平整等。混凝土中外加剂与水的比例往往会影响其气泡的形成，对混凝土的外观质量影响较大。若混凝土拌和物过干不易振捣，容易形成蜂窝麻面；如混凝土拌和物过稀，容易形成大量的气泡；此外，脱模剂的成分也会影响气泡的排除。影响因素见图 2.44。

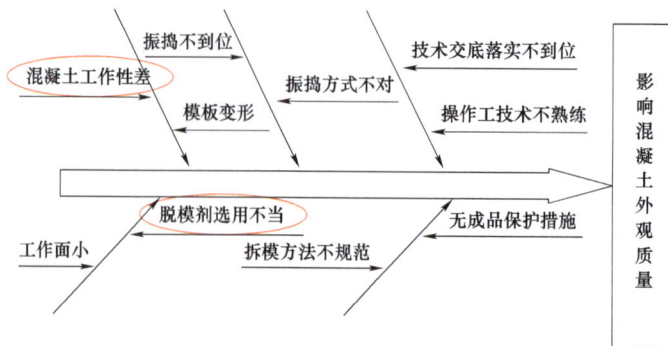

图 2.44 混凝土外观品质的影响因素

混凝土外观品质的缺陷表现不相同，其成因也各异。以预制箱梁为例，技术服务团队先后对某梁场 834 片 30 m 预制箱梁外观质量情况进行相关调查，共计发现 121 处各种质量问题。经过分析和讨论，并把预制箱梁外观质量的缺陷问题分类整理，见表 2.13。然后对原材料、混凝土浇筑、振捣、养护、脱模剂选择、模板固定方式等各影响因素进行逐一分析，确定了几个主要且容易被忽略的影响因素。

表 2.13 预制箱梁外观质量缺陷问题

序号	检测项目	出现次数	出现频率/%
1	表面气泡、水纹、砂线等缺陷	91	75.2
2	外观色差明显	14	11.6
3	错台拼缝明显	10	8.2
4	外观不平整	3	2.5
5	曲线度边梁线形不顺	3	2.5
合计		121	100

1. 关键因素对混凝土构造物外观质量的影响程度

技术服务团队针对桥梁墩柱、盖梁、预制梁、现浇梁等典型构造物开展了外观品质调研，总结分析得出模板、脱模剂、混凝土匀质性、振捣制度对外观品质的影响最为重要。以预制箱梁为例，试验研究了模板、脱模剂、振捣制度对外观质量的影响。

对现场已经拼接完成的模板进行平整度检查，查看模板的拼缝封堵情况，同时在混凝土浇筑期间对模板的活动情况进行位移监测。结果表明，模板的平整度符合要求，但模板拼缝存在缝隙较大、密封不好的问题，同时模板在混凝土浇筑期间出现位移。

对现场即将浇筑的梁段，分别采用脱模剂 A 和脱模剂 B，进行对比试验。拆模后发现，两种脱模剂对应的混凝土外观质量差异较为明显，见图 2.45。

图 2.45 使用不同脱模剂的混凝土外观质量差异

此外，技术人员对现场正在浇筑的预制箱梁混凝土浇筑振捣过程进行检查，发现工人为了省时省力，会长时间打开高频振捣器，拆模后箱梁腹板极易出现波动状的水纹，见图 2.46。

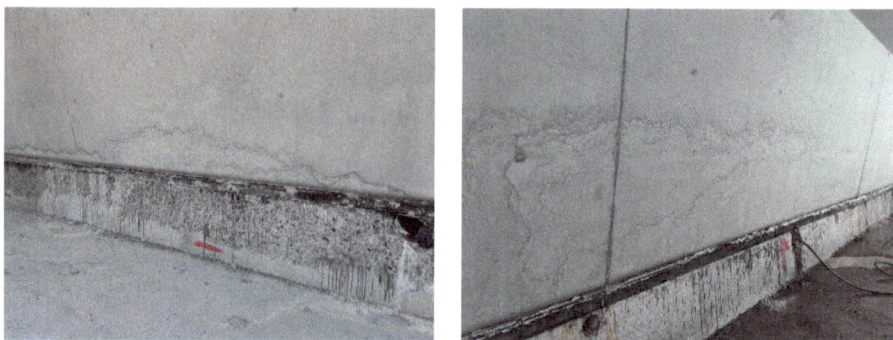

图 2.46　过振引起的箱梁腹板水纹

2. 混凝土外观品质改善的施工控制要点

合理调整胶凝材料组分，可提高混凝土拌和物及硬化混凝土性能。细颗粒的矿物掺合料，可填充到水泥间空隙中，改善混凝土体系的颗粒级配，即使在低水胶比的条件下，也可具备较高的流动性。除"微集料效应"外，在同等胶凝材料质量下，掺加掺合料还能降低水泥用量，从而有效地降低水化热，减少温度裂缝的产生。大量的工程实践表明，合理使用矿物掺合料，可改善混凝土材料本身抵抗环境劣化的能力。粉煤灰、矿渣粉等矿物掺合料在混凝土的应用，有利于提升混凝土的多项性能。

综上所述，基于混凝土拌和物特点，优选模板处理方式，提升外观质量。针对不同环境条件及模板特点，选用合适的脱模剂是避免混凝土表面产生气泡的重要方式。根据不同结构部位、不同混凝土配合比，采用针对性的技术措施，可避免外观缺陷形成，提升其外观品质。

保证模板之间接缝平整、密合，并选用适宜材质的止水条，可防止混凝土表面产生错台及漏浆；对新旧混凝土表面应认真凿毛并清理干净，避免出现明显的施工缝；合理控制混凝土的浇筑分层厚度，保证其浇筑的连续性，避免混凝土出现层间缝迹。

（三）基于无线温度监控的混凝土冬期施工质量控制

为保障混凝土冬期施工质量，济潍高速在全线 10 个标段推广应用基于无线温度监控的混凝土冬期施工质量控制，具体方案如下。

1. 分析结构物类型、当地历年气温变化规律，制定科学、合理的冬期施工组织计划

首先，冬期施工安全风险大，天气寒冷、场地结冰、升温取暖等方面易引发安全质量事故。防寒保温稍有疏漏会产生混凝土冻胀、裂缝、结构疏散、表面泛霜等质量问题，特别是混凝土裂缝。其次，质量事故隐蔽性强。由于施工条件及环境不利，易产生施工质量事故，且事故隐蔽性强，发现具有滞后的特点，即工程在冬季完工，质量问题到春季才开始出现。再有，施工成本高、施工生产效率低。混凝土浇筑、养护等需投入大量的保温材料、设施和能源，且防寒保温消耗工时多、工序间工艺组织间隙时间长、混凝土强度增长慢等因素造成生产效率低下。

除了天气因素以外，公路桥梁的结构物尺寸不同，暴露的面积各异，混凝土受冻的可能性也不同。针对不同结构物和当地的历史天气，应采取不同的"冬施"方案。例如：水下桩基不受冬季低温影响，可持续施工，保证混凝土的入模温度和灌注顺畅即可。墩柱、盖梁、承台此类大体积结构物，内部水化热大，表面散热面积小，做好保温蓄热即可。对于预制梁而言，因其结构较薄，应以暖棚加热为主。对现浇梁，混凝土用量大，箱室内部温度高，但其顶板散热面积大且翼缘板较薄，所以底板、腹板应以保温蓄热为主，顶板以覆盖保温结合翼缘板电热毯加热为主。对于防撞护栏、桥面铺装等小或薄的结构物，应尽量避免冬期施工，如若施工，需做好包裹及加热保温措施。对于湿接缝、伸缩缝此类结构，也应避免冬期施工。总之，冬期施工前，应关注需要施工的结构物类型和数量，以及工程所在地的历年天气波动情况，从而指导冬期施工方案的制定，见图2.47。

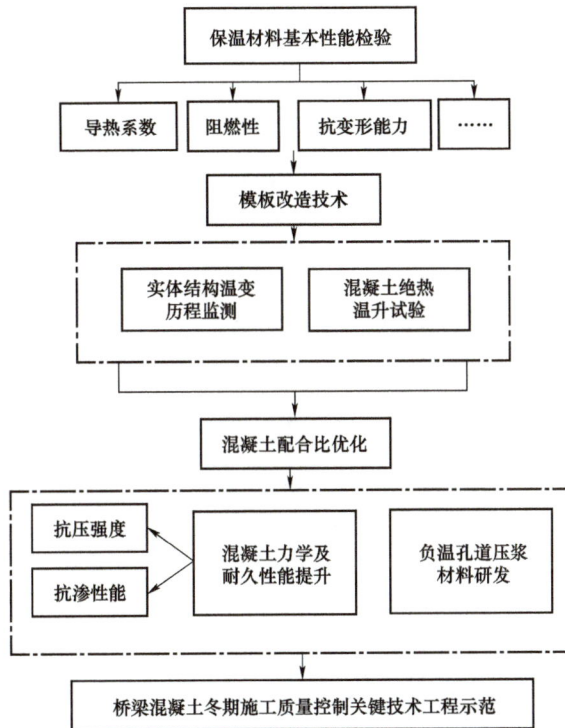

图 2.47　混凝土冬期施工质量控制技术路线

2. 确定模板保温改造方案

主要以苯板、岩棉、聚氨酯泡沫、棉被、电热毯为主，结合常用的模板（钢模板、竹胶板），对混凝土的保温效果进行试验分析。在保温效果对比的基础上，也综合分析了各种材料的施工便捷性，以便于更好地指导施工，见图2.48、图2.49。

3. 优化混凝土配合比，构建施工各环节温度控制体系

大多数公路桥梁的结构尺寸较大，其内部温度历程与配合比在设计时，试件的标准养护温度差异显著，而混凝土的性能发展受温度历程的影响较大。技术服务团队采用混凝土绝热温升设备，测试并总结出各结构物混凝土的绝热温升规律，优化"冬施"混凝土的配合比，实现结构内部混凝土温度持续发展，保证其各项性能，见图2.50。

同时，利用热工计算，针对不同的配合比，提出几项原材料加热方案，保证混凝土的出机温度；根据混凝土受冻理论与施工环境温度，提出混凝土入模温度、施工时模板、钢筋的温度及采取的加热措施；依据混凝土温差裂缝控制理论，提出拆模时的混凝土温度控制策略，

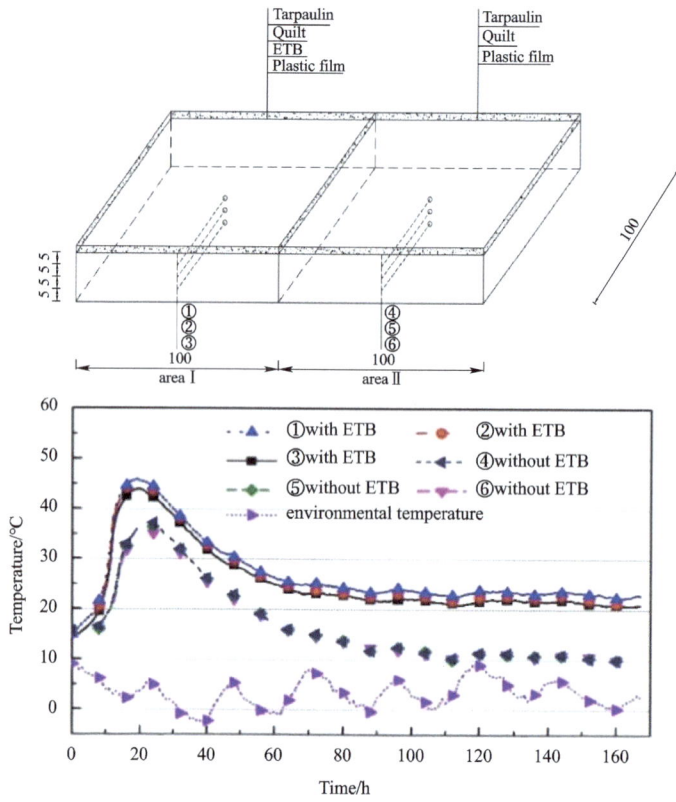

图 2.48　保温措施试验效果分析

图 2.49　现场混凝土保温效果试验

并结合模板类型和混凝土性能发展，确定拆模的最佳时机。最终建立一套施工各环节温度控制体系，见图 2.51。

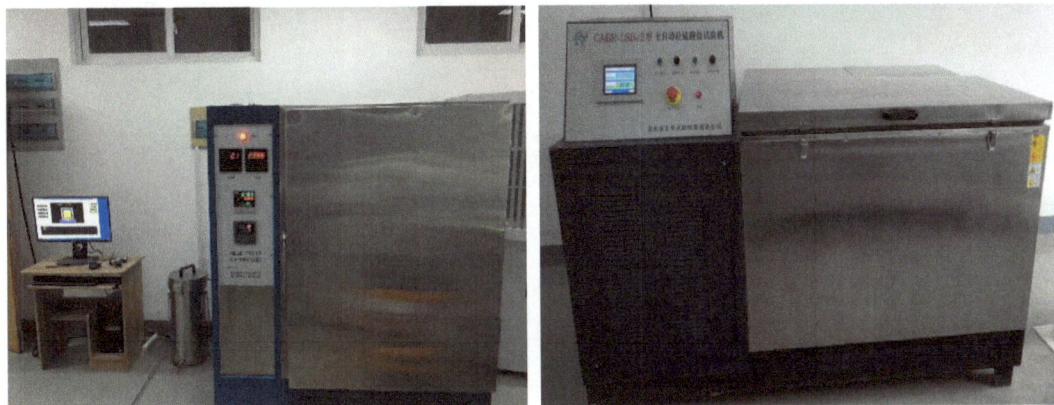

图 2.50 混凝土绝热温升及匹配养护试验

施工各环节温度限值	
序号	施工环节	温度规定
1	配合比	混凝土绝热温升不低于38℃，实体内部最高温度不宜超过65℃
2	出机时	混凝土温度不宜低于15℃
3	入模时	混凝土温度不应低于10℃
4	入模时	模板、钢筋温度不得低于5℃，可预通蒸汽或热空气
5	拆模时	混凝土内表温差不宜超过25℃，表层与环境温差不宜超过20℃

原材料温度与混凝土出机温度对应						
配合比	水泥	砂（含水5%）	碎石	水	减水剂	拌和物出机温度
	430	730	1 050	160	5.5	
原材料温度/℃	30	5	5	39	5	15.2
	30	2	2	49	5	15.1
	30	0	0	56	5	15.1

图 2.51 混凝土热工计算及各环节温度控制

4. 开发无线测温设备，及时调整混凝土配合比和冬施措施

技术团队开发了适合于各种施工条件下的混凝土温度无线监控设备，埋设温度传感器，获取混凝土结构物关键点温度数据，随时掌握已浇筑的混凝土温度波动情况，见图 2.52、图 2.53。当温度大幅度下降时，及时反馈给现场施工人员，查找原因；如遇温度骤降，及时增加保温及加热措施。随时监控环境温度变化，在极端天气下，给出延缓施工及混凝土配合比调整的合理化建议，并随时监控硬化后混凝土的温度变化，为拆模时间的确定提供可靠依据。

该技术的研发，保证济潍高速桥梁结构物冬期施工混凝土的质量，避免或减少混凝土结构温度裂缝和梁体顺波纹管开裂的发生；同时提高冬期施工效率，降低施工难度，并带来显著的经济效益，见图 2.54。

图 2.52 混凝土温度无线监控仪

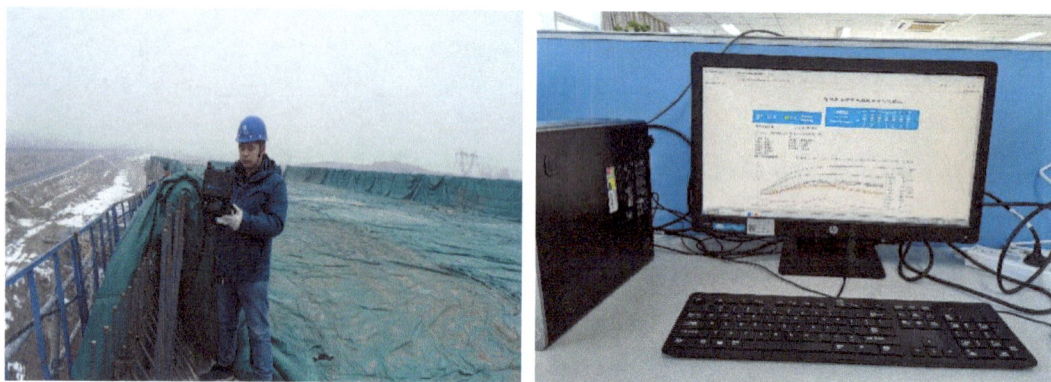

图 2.53 现场混凝土温度监控

图 2.54 各结构物冬期顺利施工

（四）大体积高强混凝土质量控制技术开发

仁河特大桥 0#块，混凝土强度等级高（C50～C55）、单次浇筑量大，温度控制的主要目标是使大体积混凝土内部的温度场变化按照预想的目标发展。

1. 建立理论模型，预测开裂风险

搜集混凝土初步配合比及施工方案等资料。混凝土设计资料包括强度等级、配合比、原料性能，并根据以上信息得出混凝土的劈裂抗拉强度参考值及物理热学参数（容重、最终弹模、热胀系数、导热系数、比热、绝热温升等）。计算时考虑徐变对混凝土应力的影响。气象资料则包括工程所在地气温、降水量、风速、极端气候条件等。温控仿真计算以抗裂安全系数（混凝土劈裂抗拉强度试验值与相应龄期计算的温度应力值之比）≥1.5 为

评判依据。

　　以悬浇桥承台和墩柱为例，给出混凝土的初步配合比，测试建模所需的相关参数，或按照规范给定的经验值，分析每层浇筑的混凝土内外温度，以温度梯度推算应力分布情况，从而实现结构的温度及应力分析。根据模型分析给出的结果，提出相应的混凝土调整建议、温控标准、施工工艺控制等关键点。具体见图2.55～图2.58。

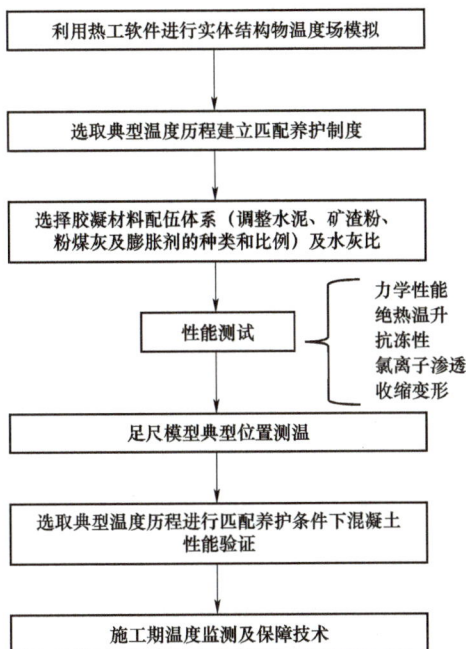

图 2.55　大体积高强混凝土配制及应用技术路线

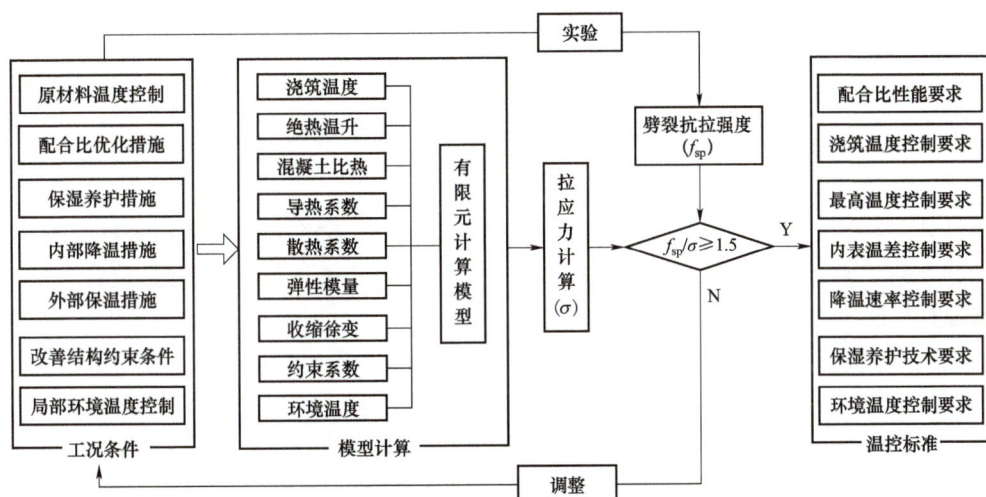

图 2.56　温度、应力仿真分析

■ 温控建模分析——无冷却水管

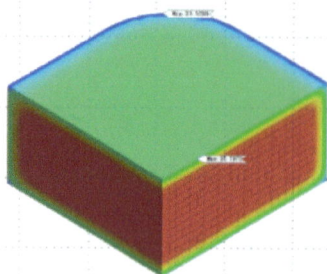

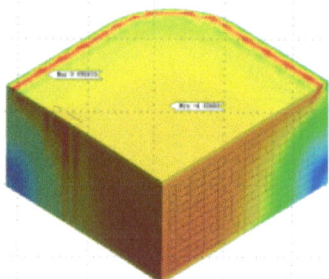

➤ 建模计算，内部温峰45.8℃，最大温差为26.61℃，超过规范要求的25℃。

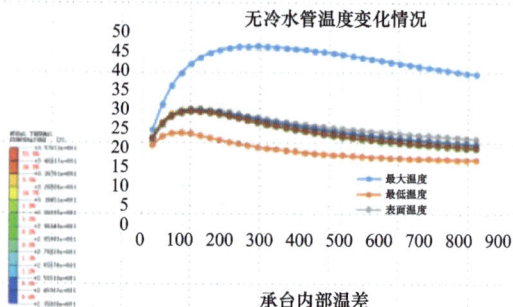

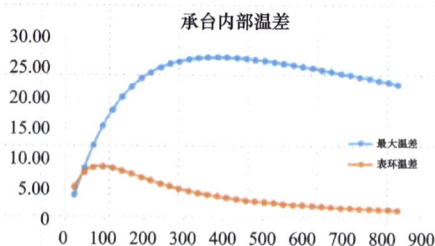

■ 温控建模分析——无冷却水管

➤ 抗应力比（安全系数K）即混凝土当前龄期拉应力/混凝土龄期的抗拉应力，取值应为1.15；

➤ 整体拉应力在前30 d均大于1.15，抗拉强度满足要求。

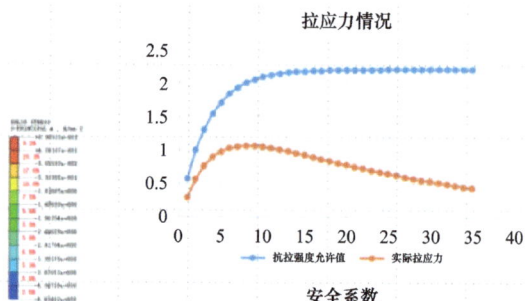

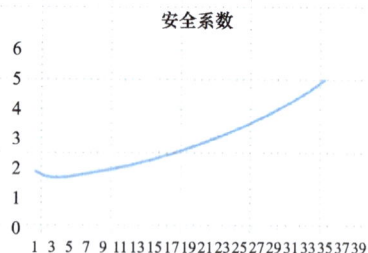

图 2.57　无冷却水管混凝土温度及应力建模分析

2. 大体积高强混凝土配合比设计及其性能研究

根据悬浇梁施工特点、对混凝土拌和物及硬化混凝土性能要求，对粗细骨料、胶凝材料及高效减水剂等原材料基本性能进行试验室检测，一方面要确保原材料品质，另一方面需保证所选原材料配制的混凝土性能满足设计要求。

对大体积混凝土而言，控制其温升尤为关键。可调整胶凝材料组成及比例，以削弱温峰，达到控制温度裂缝的目的。首先，利用水化热仪，掌握不同胶凝材料体系的水化放热特性。其次，通过绝热温升试验，获取不同配合比的混凝土内部温度历程，避免优化后混凝土出现过高的温峰，见图 2.59。再次，借助于测试早龄期混凝土抗压强度、弹性模量等指标，确保优化后混凝土的早期力学性能。最后，通过测试长龄期混凝土抗氯离子渗透性能、抗冻性能等，确保优化后混凝土的长期耐久性能。

□ 温控建模分析——有冷却水管

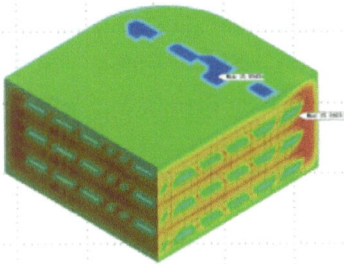

有冷水管前提下承台温度变化

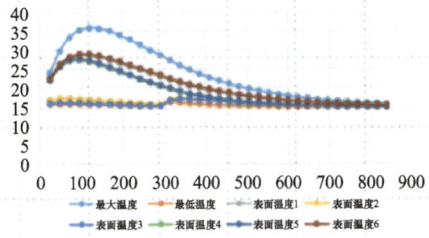

最大温度　最低温度　表面温度1　表面温度2
表面温度3　表面温度4　表面温度5　表面温度6

承台内部温度差

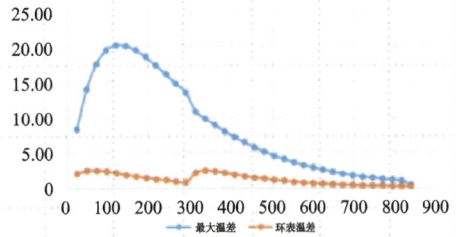

最大温差　环表温差

➤ 建模计算，加冷却水管内部温峰35.9℃，
　最大温差为20.2℃，满足规范要求。

□ 温控建模分析——有冷却水管

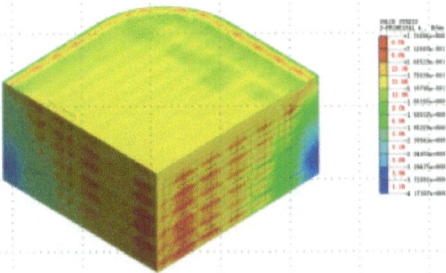

抗拉强度分析——无保温材料

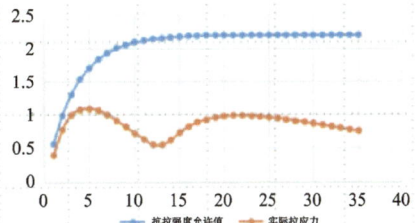

抗拉强度允许值　实际拉应力

安全系数

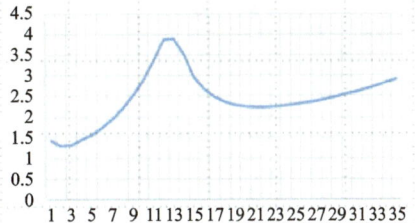

➤ 抗应力比（安全系数K）即混凝土当前龄期拉应力/
　混凝土龄期的抗拉应力，取值应为1.15；

➤ 最小安全系数为1.28，大于1.15。

图2.58　有冷却水管混凝土温度及应力建模分析

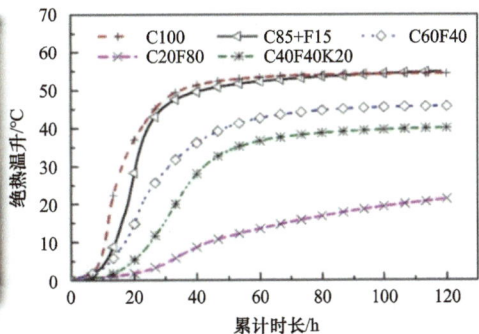

图2.59　不同配合比的混凝土绝热温升

3. 研究水化热抑制剂对混凝土温升及力学性能的调控

利用水化热抑制剂，可进一步优化混凝土的温升历程。将水化热抑制剂与粉煤灰基多功能矿物外加剂复配使用，既可以调整好混凝土的温升特性，又可以保证混凝土的强度发展，提高其密实度，保证它的服役耐久性。一是要对水化热抑制剂进行性能评估，并调整其关键配方，以适应现场的原材料。二是优选粉煤灰基多功能矿物外加剂，全面掌握其对混凝土性能的影响，确定其掺量范围。三是将两种粉体的复配使用方式，单独加入或是复合搅拌均匀后加入，研究不同使用方式对混凝土性能的影响。性能测试见图 2.60。

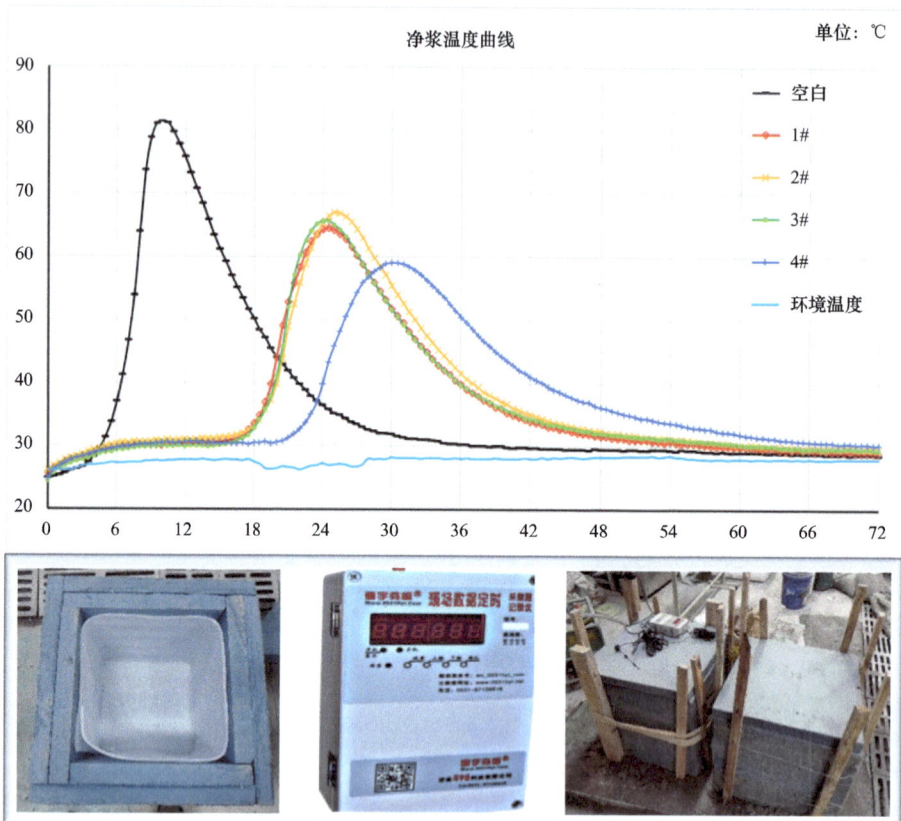

图 2.60　水化热抑制剂性能测试

4. 大体积结构混凝土施工过程控制

将前期的研究成果成功应用于济潍高速高墩、悬浇桥等大体积高强度等级的混凝土施工中，跟踪混凝土的施工状态、浇筑情况、振捣及养护制度，并结合混凝土温度无线监测仪从混凝土入模、浇筑成形到硬化的全过程温度变化历程。最终形成大体积混凝土的施工过程控制指南。主要内容如下：① 浇筑工序避开高温时段，或者尽量利用夜间时间浇筑混凝土，避免白天温度过高影响混凝土内部温度变化。条件允许时，应多安排泵送设备，减少浇筑时间。② 浇筑环节采用斜面分层控制方法，逐步推进每块、每层的混凝土浇筑任务，并严格控制初凝时间。③ 必须保证混凝土的连续供应，不可中途停止，施工现场供水、供电应满足混凝土连续施工需要。④ 在混凝土泵送过程中，需要保证混凝土连续工作，停歇时间不超过 45 min。大体积混凝土供应能力应满足混凝土连续施工需要，不宜低于单位时间所需量的 1.2 倍，见

图 2.61。⑤ 若泵口出现堵塞的情况，需要将泵机翻转，将混凝土退回料斗中，均匀搅拌之后，再次送入泵。⑥ 合理布置布料杆，不得将布料杆直接放置在模板上，需要在其四周设置长木方支撑。⑦ 混凝土浇筑完毕后，在初凝前宜立即进行覆盖或喷雾养护工作，并且严格控制混凝土养护时间。对浇筑完成的混凝土进行表面湿度控制，并及时洒水，避免影响表面的温度与湿度，保湿养护时间不宜少于 14 d。⑧ 在浇筑完成的混凝土结构内设置温度监测点，实时采集混凝土内部温度变化，掌握其结构的各项温度控制指标。在浇筑完成之后，每天进行 4 次混凝土温度监测与分析，完成监测记录并分析结果，保证内部温度与外部温度均符合施工要求，从而实现混凝土浇筑的质量控制，见图 2.62。

图 2.61　大体积高强混凝土施工

图 2.62　混凝土温度监控

（五）后张法预应力孔道压浆剂封锚质量提升

1. 通过关键参数试验选择质量可靠的孔道压浆料

合格的压浆料应符合《公路桥涵施工技术规范》（JTG/T 3650—2020）中表 7.9.3 要求，孔道压浆前，事先对采用的压浆料进行试配。压浆料、水各种材料的称量准确到±1%（均以质量计）。水胶比为 0.26～0.28。经验证试验，浆体性能各项质量指标均必须满足规范要求方可使用。出机流动度控制在 10～17 s，60 min 浆体流动度不超过 25 s，见图 2.63。

图 2.63　浆液流动度控制及循环压浆工艺

2. 通过浆体匀质性等参数选择压浆设备

推荐具有保压功能的自动压浆机：① 搅拌机的转速不低于 1 000 r/min，搅拌叶的形状与转速相匹配，搅拌叶的线速度不低于 10 m/s，且不高于 20 m/s，能满足在规定的时间内搅拌均匀的要求；② 储料罐必须带有搅拌功能，宜采用间距不大于 3 mm×3 mm 的过滤网过滤；③ 压浆机采用活塞式可连续作业的压浆泵，其压力表最小分度值不大于 0.1 MPa，最大量程使实际工作压力在其 25%～75% 的量程范围内，不得采用风压式压浆机；④ 真空辅助压浆工艺，真空泵必须能达到 0.1 MPa 的负压力；⑤ 定期校准称量设备。循环压浆工作示意图见图 2.64。

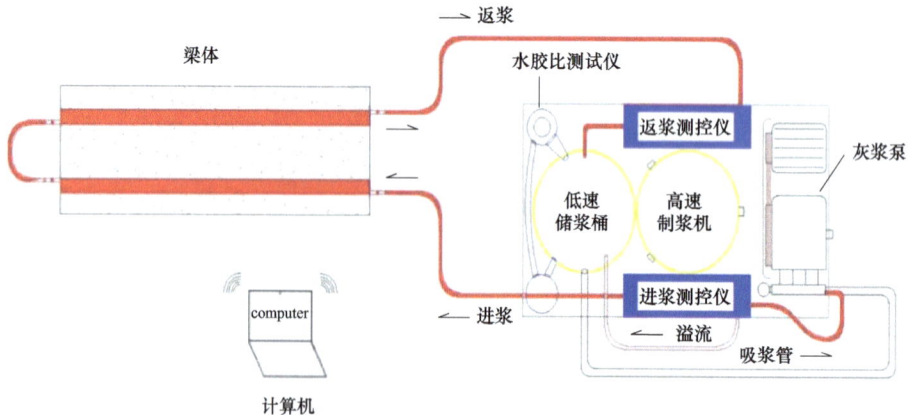

图 2.64　循环压浆工作示意图

3. 通过试验确定能够保证孔道压浆饱满的施工控制细节

除材料和压浆设备外，施工工艺是需要控制的重点，工艺流程控制如下。

① 搅拌前，先清洗施工设备。清洗后的设备内不得有残渣、积水，采用压缩空气清除孔道内杂物和积水。② 搅拌机中先加水，再加压浆料，搅拌 8 min 以上，浆液均匀无颗粒沉淀，检测其流动性合格后放入有搅拌功能的储料罐，继续慢速搅拌，以保证浆体的流动性。③ 浆

体压入梁体孔道前，首先开启压浆泵，使浆体从压浆嘴排出少部分，以排除压浆管路中的空气、水和稀浆。当排出的浆体流动度和搅拌罐中的流动度一致时，方可开始压入梁体孔道。④ 压浆压力 0.6～0.8 MPa。由低端的进浆口进入，经过循环端，流入回浆管，回浆均匀后，关闭压浆机上回浆管道进行保压，压力不小于 0.5 MPa，时间为 3～5 min。钢绞线不封全，排除保压产生的气泡和泌水，并于 24 h 后拆除端管。⑤ 质量控制。压浆过程中，每班组制作 3 组标准养护试件（40 mm×40 mm×160 mm），进行抗压强度和抗折强度试验。压浆记录项目包括：压浆材料、配合比、压浆日期、搅拌时间、出机流动度、浆体温度、环境温度、保压压力及时间、现场压浆负责人、监理工程师等。压浆效果见图 2.65。

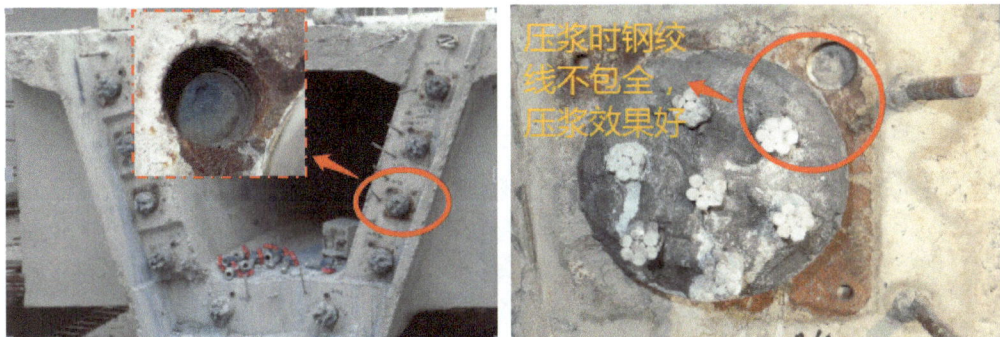

图 2.65　压浆效果良好

4. 施工质量控制技术及现场培训

通过室内试验，确保压浆料的品质和压浆设备的适用性，控制压浆施工工艺细节，指派专人现场指导工人压浆 5 片梁以上，确保现场施工人员全面掌握压浆标准化，保证压浆质量，见图 2.66。

图 2.66　现场技术指导

5. 研发封锚材料，提高封锚混凝土质量

在公路桥梁工程中，预制预应力混凝土梁应用较为广泛，近年来，深埋锚工艺得到推广，其封端位置有可能处于盐冻环境，盐、水、空气一旦经过裂缝与钢绞线接触，会因其捻制形状加速顺钢绞线的锈蚀。钢绞线一旦锈蚀，会造成严重的工程事故。预应力体系的耐久性在预应力梁桥的服役性能中至关重要，封锚质量控制则是保证预应力体系耐久性的重要环节，

但由于其所用混凝土较少，材料、工艺控制不够严格等原因，普遍存在新旧混凝土材料离缝及封锚材料裂缝，甚至内部不密实等缺陷，见图 2.67。

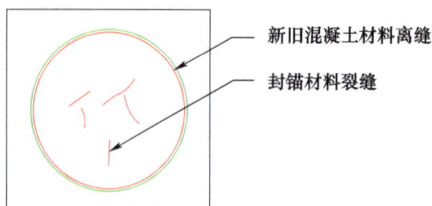

图 2.67　深埋锚封锚缺陷示意

济潍高速采用技术服务团队开发的 TXTC–I 型封锚专用材料，与梁体混凝土粘结牢固、无裂缝，抗冻耐久性指数 DF≥90%，抗渗指标（28 d）D_{NEL}≤1.0×10^{-12} m²/s，抗盐冻性能好。选用支立专用模板、拌和机强制拌和、自流平浇筑的新工艺，取得良好的应用效果，见图 2.68。

图 2.68　深埋锚封锚材料应用

第七节　高墩、高边坡组合加固结构安全性与稳定性提升

对于高墩、高边坡组合加固结构而言，如何使其安全稳定，一直是工程中的难题。济潍高速通过科研攻关，先后研发出边坡桩锚联合防控关键技术、多肢高墩联体平台液压爬模施工技术及一种颇具特色的自动化监测系统，有效降低了施工的风险，使施工的质量得以保障。

一、边坡桩锚联合防控关键技术

为解决该项目中存在的"上硬下软地层"区域边坡稳定性不足的问题，通过研发适应软岩不同变形特性的恒阻大变形新型锚杆，并对锚杆设计参数进行优化，提升高墩、高边坡加固结构安全性、稳定性；同时对高边坡工程地质条件适应性进行评价，加强高边坡耐久性，提升了高陡、高寒等特殊条件下易滑边坡防护能力，目前已在 4 标进行示范应用。

（一）岩质边坡在不同组合支护作用下的动力响应技术

离心振动台试验理论基础是将与工程原型性质接近的材料浇筑为缩小定尺度的室内试验模型，同时把试验模型放入离心机振动台中，利用离心振动台旋转对试验模型施加重力加速度，使其岩体应力应变水平与工程相似，从而得到与原型相同的受力变形过程。目前，很多岩土工程研究者通常采用离心振动台开展地震荷载响应的试验研究，取得众多优良研究成果。在此项研究中，利用同济大学离心振动台及离心机内配置的单向独立振动台，实施在不同输入激振波作用下不同地震加速度的离心振动台试验。

进行原型边坡砂岩的单元试验测量软硬互层中软岩和硬岩的物理力学参数，包括内摩擦角、内聚力、弹性模量、泊松比等，研制符合离心机使用要求的相似材料。

试验针对强震作用下岩质边坡在不同组合支护作用下的动力响应进行研究，主要的试验目的有以下几方面。

第一，研究边坡在不同地震烈度下各支护结构动力响应规律，包括加速度时程响应规律、坡面位移响应规律等。

第二，研究边坡在锚索支护和桩锚组合支护情况下锚索轴力响应规律，对比锚索轴力与输入波形的关系，以及随震级改变的变化规律。

第三，研究软弱夹层的存在对边坡动力响应的影响及滤波作用。

第四，研究地震波在传递的过程中坡体内部与坡体表面的动力响应差异，以及边坡自振频率与输入地震波主频的关系。

离心模型试验根据现场原型边坡设计，结合边坡相似常数 50 及坡度 31°，确定其他尺寸。锚索设计角度为 30°，与原型边坡一致，共布置上中下 3 排、左中右 3 列共 9 根，锚索自由段长度为 126 mm，锚固段为 44 mm，锚索排与排之间相隔 70 mm，列与列之间相隔 115 mm。边坡设计示意图见图 2.69。鲁甸示范区边坡剖面支护示意图见图 2.70。

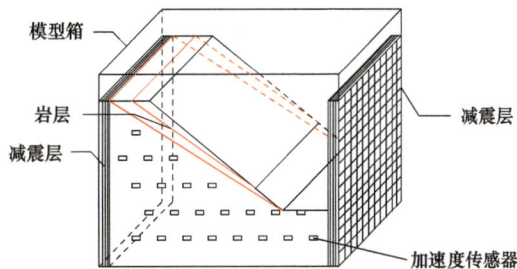

图 2.69 边坡设计示意图

试验主要研究岩质边坡在强震下的动力响应规律，共选取 3 种波形作为输入波，分别是汶川波、鲁甸波、EI Centro 波。由于振动台型号的限制，将 3 种波的地震时长根据相似常数 50 缩短为 1 s，在不同震级下变换不同的峰值加速度。地震波的输入采取水平激振，其加速度时程曲线见图 2.71，无支护边坡输入地震波白噪声傅里叶谱见图 2.72，其他支护工况下边坡自振频率与此相差较小。

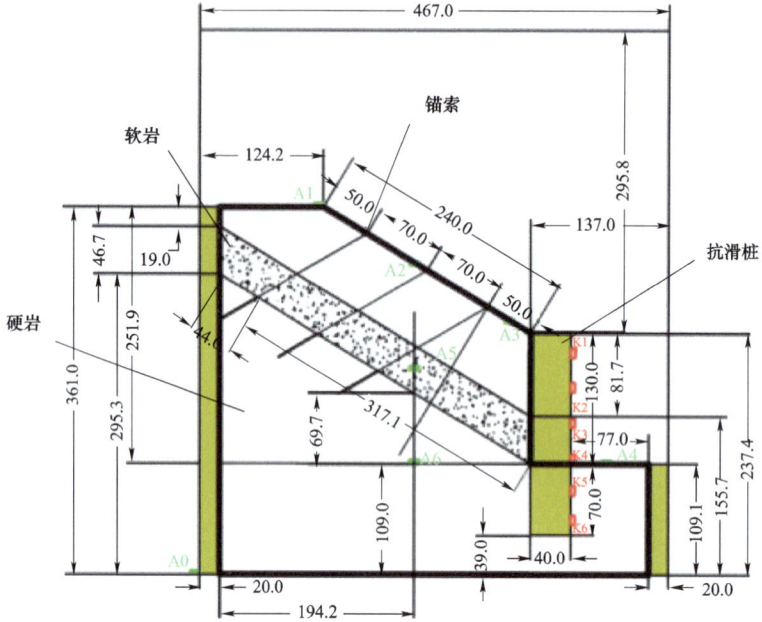

图 2.70　边坡剖面支护示意图

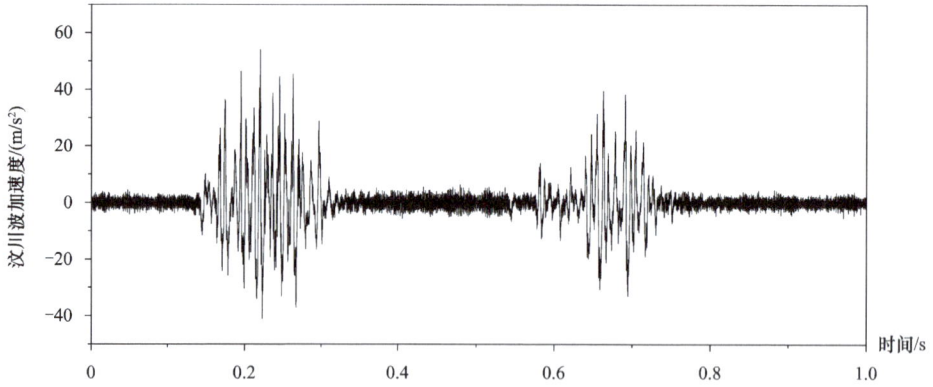

(a) 汶川波时程曲线

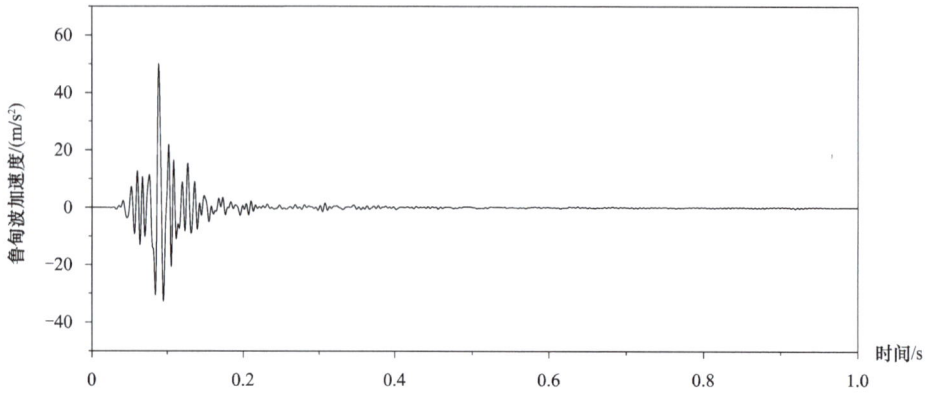

(b) 鲁甸波时程曲线

图 2.71　输入地震波加速度时程曲线

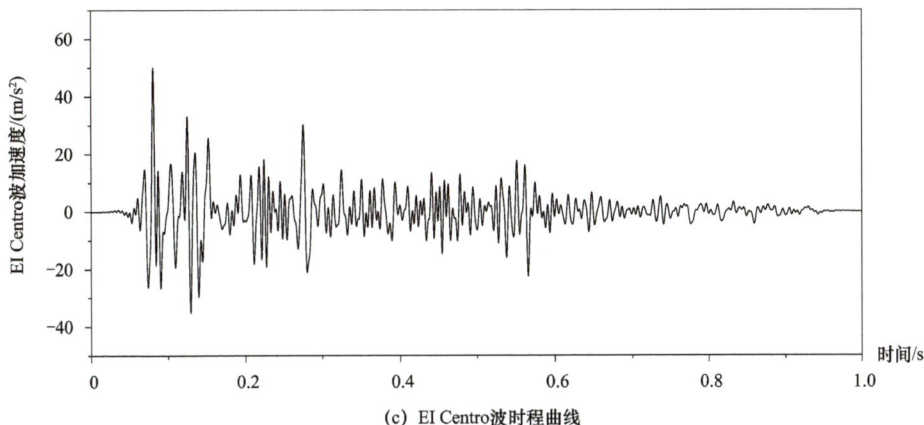

（c）EI Centro波时程曲线

图2.71 输入地震波加速度时程曲线（续）

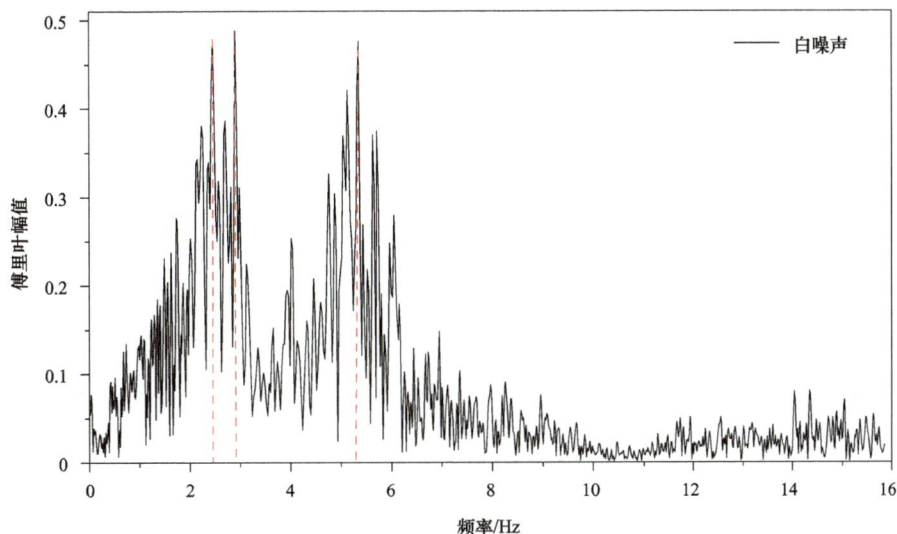

图2.72 输入地震波白噪声傅里叶谱

本试验共设置 4 个工况，分别为无支护、锚索支护、抗滑桩支护及桩锚组合支护工况，各种支护形式可以对比不同支护工况下顺层岩质边坡动力响应规律的差异。每组支护形式下输入 3 种不同地震波类型，在不同波形下设置地震震级为 4 级，见图2.73。通过测量不同工况下边坡加速度响应、锚索轴力、坡面位移、抗滑桩弯矩等，开展动力离心振动台物理模型试验，结果表明随着岩层倾角的增大，边坡一级破裂面逐渐向坡体深处发展，且坡体由"弯曲-拉裂"为主的破坏模式向"滑移-压致拉裂"为主的破坏模式转变。岩层倾角越大，最终产生的位移则越大，坡体最终的受破坏程度也越大。软岩所占比例越大，坡顶位移越大；而硬岩所占比例越大，坡顶位移则越小。不同比例的软/硬岩层厚度对坡体滑动的整体性及破裂面形态有一定影响：硬岩所占比例越大，坡体滑动的整体性越强。

（二）数值仿真系统设立及可靠度评价技术

模拟强震作用下示范点软硬互层岩质边坡的动力响应，边坡几何尺寸按照工程地质资料

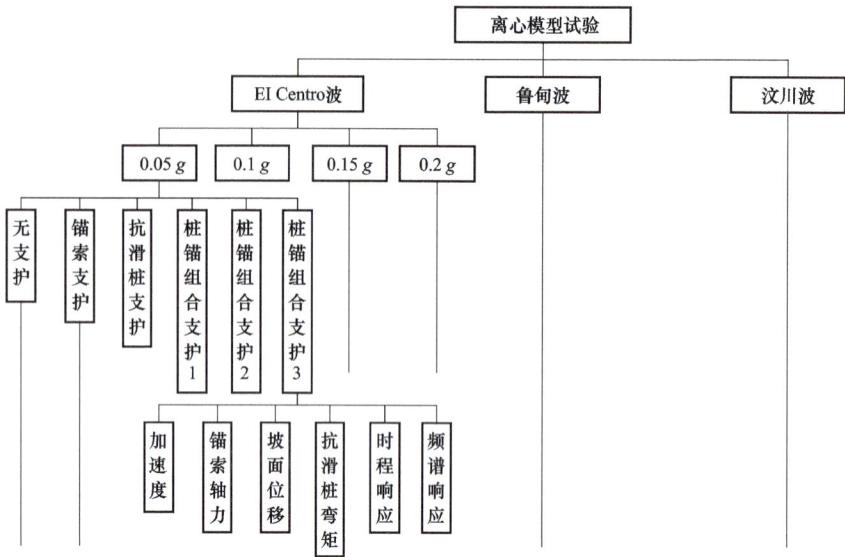

图 2.73 试验工况设置

进行设计。原型坡高 80 m，模型尺寸高 240 m（3 倍坡高、坡宽降低边界效应），坡内、坡面设置监测点，M–C 模型，底部黏性边界，侧边自由边界，见图 2.74。

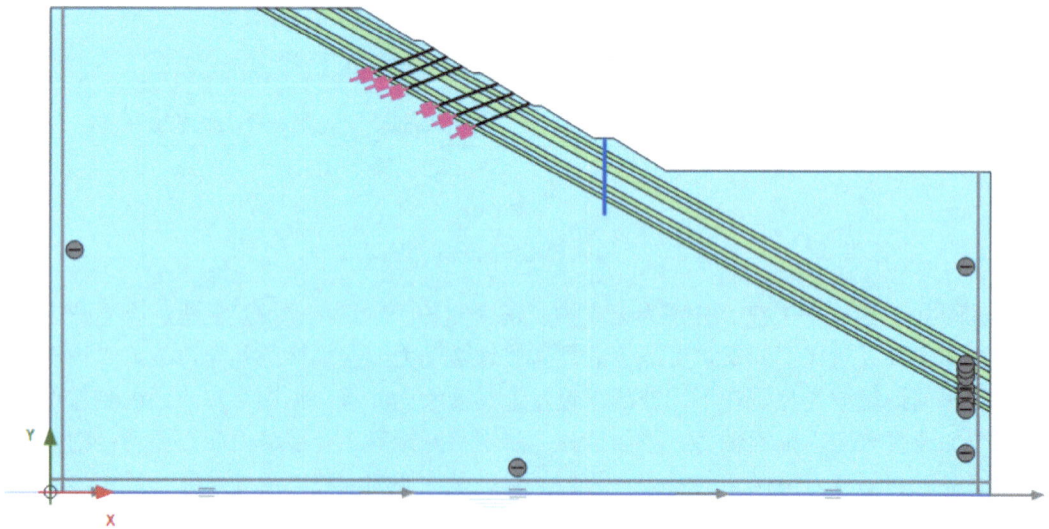

图 2.74 原型边坡数值模型几何示意图

边坡高度为 80 m，宽度为 120 m，为最大限度减小边界效应，整体设置 3 倍的坡高、坡宽进行地震波的输入。通过创建钻孔命令修改土层几何尺寸，具体设置参数见图 2.75。具体土层各参数以离心振动台物理模型试验中相似材料参数为依据设定，可参见表 2.14。

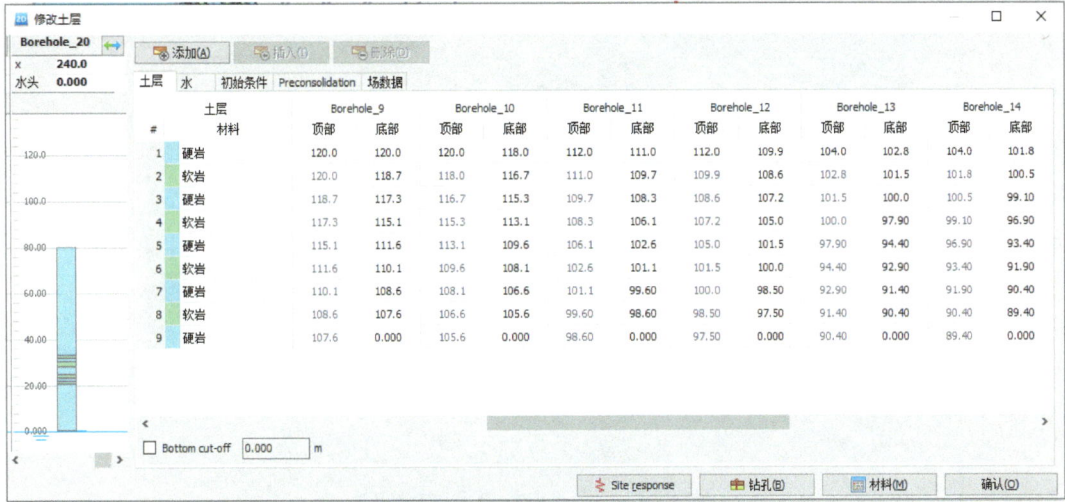

图 2.75　钻孔命令修改土层

表 2.14　示范点数值模型土和界面参数

参数	硬岩	软岩	单位
非饱和重度 γ_{unsat}	23.3	18.6	kN/mm³
饱和重度 γ_{sat}	25.8	25.8	kN/mm³
瑞利波 α	0.232	0.205	
瑞利波 β	0.008	0.012	
弹性模量 E'	5.172e6	0.8e6	kN/mm²
泊松比 ν'	0.22	0.3	
剪切模量 G	2.12e6	307.7e3	kN/mm²
内摩擦角 φ	42.6	12	°
剪胀角 Ψ	0	0	°
界面强度折减因子 Rinter	0.65	0.65	

利用细网格，并加以细化，见图 2.76。分布施工过程中，初始阶段通过 K0 过程产生初始应力场，同时设置一倍的重力加速度，并在所有类组中使用默认的 K0 值。第二步施加地震波，将动力时间间隔设为 50 s，旨在与模型试验放大系数保持一致，设置最大步数为 1 000 步。

边坡强震作用下动力响应具有以下规律：

在无支护工况下，对边坡底部进行 Ei 波激振，震级设置分别为 0.05 g、0.1 g、0.15 g、0.2 g，研究在不同测点下边坡加速度与位移响应。图 2.77 所示为选取模型输出测点位置，边坡内部测点 Node 576、Node 2064、Node 2184、Node 2195、Node 2192、Node 2086、Node 2181、Node 1946 对应的高度分别为 0 m、60 m、70 m、80 m、90 m、100 m、110 m、120 m；边坡坡面测点 Node 4220、Node 3927、Node 3493、Node 2993、Node 2296、Node 1946 对应的高度分别为 80 m、88 m、96 m、104 m、112 m、120 m。

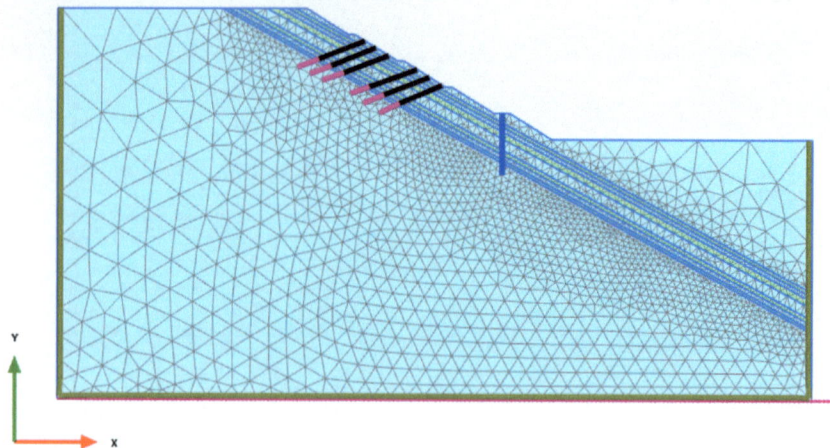

图 2.76　示范点数值模型网格划分

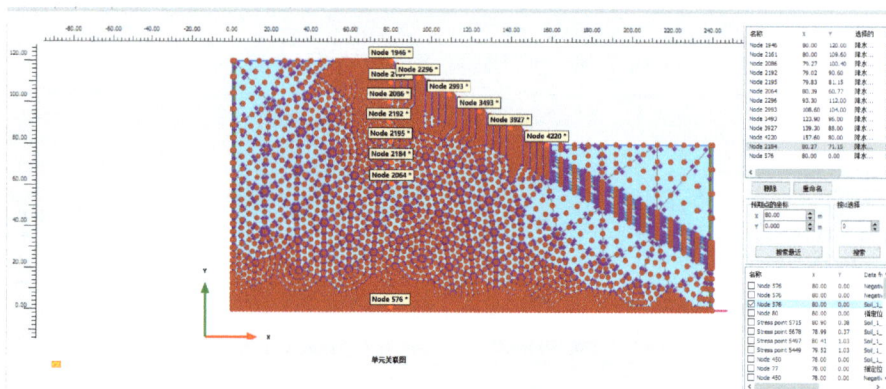

图 2.77　模型测点位置示意图

（三）示范区抗滑桩支护边坡技术

1. 模型试验

开展动力离心振动台物理模型试验，分析离心机物理模型试验结果。结果表明随着岩层倾角的增大，边坡一级破裂面逐渐向坡体深处发展，且坡体由"弯曲-拉裂"为主的破坏模式向"滑移-压致拉裂"为主的模式转变。岩层倾角越大，最终产生的位移越大，坡体最终的受破坏程度也就越大。软岩所占比例越大，坡顶位移越大；而硬岩所占比例越大，坡顶位移越小。不同比例的软/硬岩层厚度对坡体滑动的整体性及破裂面形态有一定影响，即硬岩所占比例越大，坡体滑动的整体性越强。

2. 边坡定性定量计算

采用赤平投影法和极限平衡法对边坡进行定性定量的分析，判断出该边坡处于欠稳定的状态，需要对其采取一定的加固措施。通过对规范中的几种边坡加固方法的机理和适用范围加以对比分析，综合考虑边坡的工程地质条件、施工条件、经济效益等因素，确定边坡的支护方案，即首先按照一定的坡率坡高进行分级开挖，边开挖边支护，选取锚杆锚索和钢管抗滑桩组合对边坡进行支护。设计计算边坡剩余下滑力、锚杆入射角、锚杆（锚索）间距及设计锚固力、锚杆（锚索）钢筋截面积、锚固段长度及对不同区段锚杆（锚索）设计，同时对抗滑桩的结构抗滑力、沿潜在滑动面的抗剪强度和结构抗弯承载力亦进行计算，结果表明锚杆（锚索）和钢管抗滑桩均能达到支护要求。

3. 示范边坡数值模拟

采用 GeoStudio 中的 SIGAM/W 板块对示范边坡 K56+200—K56+240 进行二维有限元分析，分别改变边坡软弱岩层岩土体的弹性模量、黏聚力、内摩擦角的大小，来研究参数改变对坡顶、坡腰、坡底处的最大水平位移和安全系数的影响。得到弹性模量对边坡最大水平位移的敏感性最大，而抗剪强度指标黏聚力、内摩擦角对边坡最大水平位移敏感性很低，几乎没有影响。边坡安全系数的敏感性排序为：内摩擦角＞黏聚力＞弹性模量。

4. 边坡稳定性分析

使用 FLAC3D 软件对该边坡稳定性进行了分析，通过研究该边坡在天然工况和降雨工况采用不同支护方式下，边坡的塑性区、最大主应力、最大剪应力、总位移及边坡安全稳定系数，分析了边坡的稳定性，可以得出边坡在不同工况下未采取支护加固措施时处于欠稳定状态，采用桩-锚组合支护后可以明显减小坡体内塑性区范围，提高边坡最大主应力（以压应力为主），减小边坡最大剪应变，减小边坡位移，增大边坡安全稳定系数。

5. 可靠度评价

随着边坡支护强度的提升，示范点软硬互层岩质边坡失效概率逐渐增大，可靠度逐渐减小。通过验算点法得出无支护工况下边坡失稳概率为 4.324%，可以看出当软硬互层顺层岩质边坡在强震区内因地震作用而失稳破坏的概率很高，应当进行适当支护。锚索工况下边坡失稳概率为 1.412%，可见当边坡使用锚索支护时失稳概率大幅降低，支护方式对软硬互层顺层岩质边坡很有必要。抗滑桩工况下边坡失稳概率为 2.512%，表明当边坡使用抗滑桩支护时失稳概率同样降低，但仍高于锚索支护的数值，在同等条件下，锚索的支护效果比抗滑桩更好。桩锚组合支护工况下边坡失稳概率为 1.383%，当边坡使用此类支护时失稳概率再次降低，支护效果强于单一支护。

6. 示范规模

对济潍高速工程 4 标段 K55+000—K58+000 路堑进行了工程地质勘察工作。该路堑段共完成地质钻孔 15 个，总进尺 513.90 m，取岩样 30 件，做岩石饱和单轴抗压强度试验 30 组。

对标准岩样进行单轴压缩试验、直剪试验、常规三轴试验、巴西劈裂试验等，分析岩样物理力学特性。整理前人对于岩质边坡相似材料的成分、各成分间比例，对不同配比组合下的相似材料配置进行岩石力学试验，分析各成分比重对材料物理力学性质（弹性模量、内摩擦角、单轴抗压强度等）的影响。

开展离心振动台模型试验，实现对顺层岩质边坡离心模型试验多物理量动态监控，设置无支护、锚杆支护、抗滑桩支护以及锚杆-抗滑桩组合支护结构，揭示强震状态下不同支护结构动力响应及软弱夹层对边坡动力响应的影响，研究边坡损伤变形规律及不同地震波对边坡动力响应的影响。

模拟强震作用下示范点顺层岩质边坡动力响应，利用试验标定数值模型，验证数值结果的可靠性；通过改变边坡岩体材料参数、地震波震级等变量，研究不同因素对边坡动力响应和稳定性的影响，并通过不确定分析方法计算在不同支护形式下边坡失效概率。

第一级边坡按照 1:1.5 放坡，采用浆砌片石满铺防护，第一级平台宽度 5 m，外倾 2%，设置 16 m 长抗滑桩，抗滑桩尺寸为 2.5×2 m，桩中心间距 6 m，桩顶 1 m 位置预留锚索孔，桩身外侧距离平台边缘 1 m，桩背后设置 40 cm×40 cm 平台截水沟。第二级边坡按照 1:1.5 放坡，采用浆砌片石满铺，第二级平台宽 2 m，外倾 2%，设置 40 cm×40 cm 平台截水沟，其余部分采用浆砌片石满铺。第三级使用锚索框架梁防护，锚索长度 20 m，锚固段长 8 m，框格梁内采用挂网喷射混凝土防水。其余部分边坡正常按照 1:2 放坡，每 8 m 设外倾 2%平台，并设置平台截水沟，边坡通过浆砌片石满铺处理。

二、高危路堑位移自动化监测系统

济潍高速采用了分布式+点式结合的边坡施工期监测方案，开展基于测量机器人和近景摄影测量技术的边坡位移分布式自动化监测，实现了对边坡"面域"变形的智能监测，通过布设加速度计、GNSS、雨量计、裂缝计等点式监测设备，建立了一整套边坡施工安全智能化监测系统，实时监测边坡安全关键影响因素（降雨量、爆破振动等）及边坡裂缝病害，同时结合施工单位的常规深部水平位移、预应力锚索锚固力等监测数据，为高危边坡安全施工提供支撑。

（一）多角度监控技术方法

高危路堑工程整体和局部失稳破坏的影响因素多，破坏方式各异。为确保该类工程的安全性，需要从边坡表面位移、坡体内部位移、支护结构受力状态和环境因素等多方面监测，综合运用多种监测技术对边坡进行全方位立体式监测，见表 2.15。下文将对不同的监测内容分别阐述。

表 2.15　边坡监测内容及所用仪器

监测内容	仪器	测点布设	采集频率
表面位移	GPS	关键断面	自动在线采集频率，根据边坡危险程度、天气情况等条件人工远程调整采集频率
边坡内部位移	固定式测斜仪	边坡内部	
地下水位	渗压计	边坡内部	
降雨量	雨量计	边坡表面	
坡表及挡墙裂缝	裂缝计	边坡及构筑物表面	

1. GPS 监测

GPS 监测技术主要运用于边坡的表面位移监测，GPS 监测技术具有高精度、高效益、全天候、不需通视等优点，正好满足自动化监测的需要。该测量系统分为监测基点和监测点，监测基点布置在边坡以外稳定山体上。GPS 采用太阳能电板供电，利用无线通信方式将监测数据实时传输到边坡实时远程安全监测系统。

2. 边坡内部水平位移伺服加速度测斜监测

伺服加速度测斜仪是一种应用伺服加速度测角技术的边坡内部水平位移观测仪器，为满足自动化监测需要，采用固定式测斜仪。以测斜孔底为稳定基点，在钻孔不同深部布置固定式测斜仪，从而可获得边坡内部沿孔深方向连续水平位移曲线。采用该监测技术容易判断边坡潜在滑动面，为边坡支护加固提供技术支撑。

3. 地下水位监测

地下水位监测则通过使用振弦式渗压计实现。可将渗压计放置在测斜孔孔底，起到一孔多用的效益，从而减少工程成本。渗压计上下周围需用干净的中粗砂进行充填，而后电缆线沿着测斜管的外侧延伸到坡表，接到自动采集单元中完成自动采集。

4. 降雨量监测

降雨量为影响边坡稳定性的主要因素。绝大多数边坡的滑塌都是由降雨所致，故汛期边坡地质灾害的发生频率显著增加，所以对降雨监测必不可少。选用翻斗式雨量站，利用无线传输监测降雨量数据，其测量精度高、稳定性好、没有温漂和时漂的影响，测量数据可实时自报或间隔自报。

5. 坡面裂缝计监测

振弦式测缝计是一根长度足够跨越裂缝的位移传感器，传感器的两端采用万向铰分别锚固于裂缝的两盘。当裂缝产生相对位移（如错动或张开）时，传感器就可以实时观测该位移，可同时自动观测拉裂缝的开度和环境温度。

（二）路堑高边坡自动化监测系统构建

1. 路堑高边坡自动化监测系统特点

一是实施连续远程及恶劣天气下自动化采集，及时捕捉到在恶劣天气下边坡地质灾害来临前和发生时的重要信息，及时自动地向业主、施工方进行地质灾害预警，确保高速公路运营安全及车辆行驶安全。二是根据实时监测数据，分析边坡变形规律及发展趋势，评估应急工程措施的实施效果，为设计和施工方案优化提供可靠依据，从而制止地质灾害发展，尽量减轻或避免工程和人员的灾害损失。三是具备预报预警功能，可以通过软件对监测参数实时在线分析，一旦监控参数超限，系统能够进行短信及邮件报警，预防事故发生。

2. 高危路堑高边坡自动化监测系统构成

路堑高边坡实时远程安全监测系统主要由 4 个层次系统构成，具体系统包括：① 感知系统，具体包含变形监测、雨量监测、地下水位监测等传感器；② 自动采集系统，针对不同的传感器类型，分为不同的采集器；③ 数据传输系统，通过无线传输技术将监测信息传输至监控中心；④ 控制分析系统，将监测信息存储在服务器数据库中，利用边坡自动化安全监测系统分析处理监测数据，进而展示边坡变形趋势和发出预警信息。

路堑高边坡自动化安全监测系统构建框架如图 2.78 所示，分为 4 个层次。

3. 路堑高边坡自动化监测数据传输机制

路堑高边坡监测现场感知系统就近连接采集仪，各采集仪采用无线组网技术，采集器之间采用 Zigbee Mesh 网自组网、自恢复网络，摆脱了布线、维护的烦琐工作。现场无线网络组网采用 Zigbee Mesh 网，基于 IEEE 802.15.4 标准的低功耗网络协议，自动组网，各节点既可做终端节点也能做路由器，通过 Zigbee Mesh 网传输到网络控制器，而后通过 5G、GPRS 传输至监控中心。

4. 路堑高边坡自动化监测系统预警机制

将边坡监测预警信息通过 TCP 通信的方式推送到监控中心大平台，定时建立 TCP 连接，发送心跳包，包含目前边坡预警级别、预警点的桩号、边坡台阶号及预警建议措施。当出现预警时，发送预警信息，推送数据。

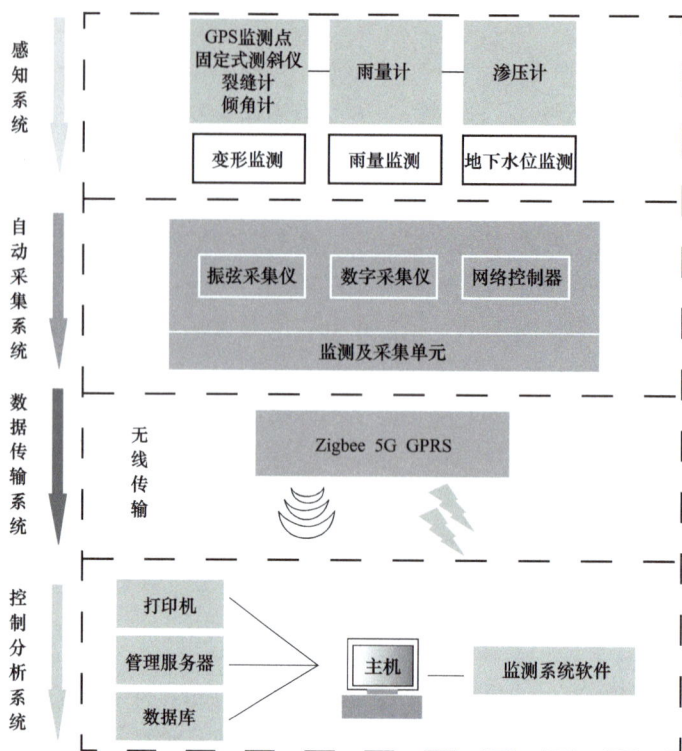

图 2.78　路堑高边坡自动化安全监测系统构建框架

（三）高危路堑位移安全针对性监测技术

　　秉承整体稳定性监测为主，兼顾局部区域稳定性监测的设计原则，根据边坡地质构造特点和潜在危险程度的大小，对高危路堑高边坡，设计以表面三维变形监测为主，同时进行土压力和深层位移监测，并根据施工进度及水文条件的变化，对监测内容和监测频率进行调整。该监测系统能胜任多测点、密测次的监测任务，可实现数据采集、分析及报警等实时监控功能。

　　（1）表面三维变形监测。现场监测系统由全站仪、基准控制点及变形监测点组成。通过TCA2003自动监测全站仪对监测点棱镜按照设定周期进行观测，将变形控制点的三维坐标实时传送至系统控制中心进行自动处理、分析和反馈，见图2.79。

　　（2）墙后土压力监测。挡土墙土压力监测采用三层"分层分布式"结构。第一层由分布在挡土墙后的土压力盒传感器组成；第二层则由数据采集仪（MCU-32）组成；第三层由微机和服务器构成的计算机局域网络组成。数据采集装置对土压力盒按照设定周期采集信号，并把土压力值实时传送至系统控制中心进行处理、分析与反馈。

　　（3）深层位移监测。高边坡整体滑动主要表现为深层蠕动变形，在初期变形量小、蠕动速度慢，但当位移累积到一定程度后，则表现为大面积、快速率的滑动，其引起的后果不堪想象。因此，在下部滑坡体内埋设5根测斜导管，由测斜仪根据设定周期对坡体深层位移进行量测，并实时将监测数值传输回控制中心，对其进行分析、处理。

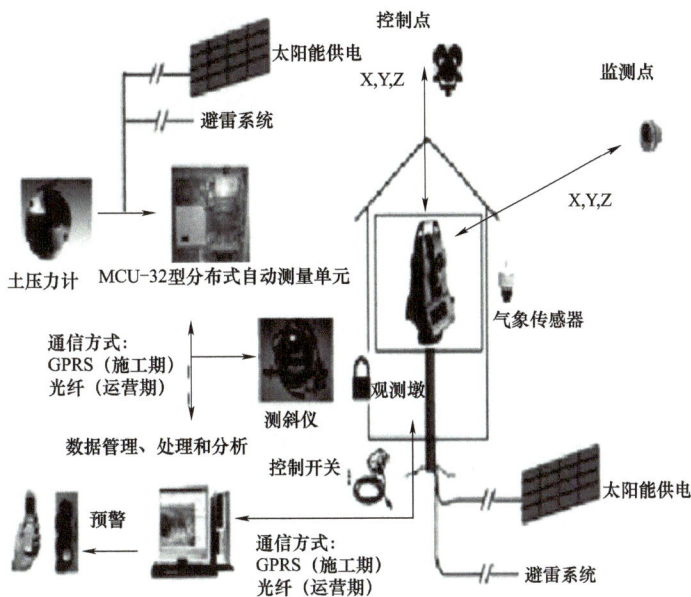

图 2.79　监测系统整体运营图

（四）高危路堑位移监控频率与数据处理

（1）监控量测频率。路堑边坡施工期监测主要采取地表位移监测，必要时采用深孔位移监测，以坡体变形数据来修正设计、指导施工，以确保施工安全，并检验工程效果。监测周期应与施工和降雨相联系，雨季和边坡开挖时应加密监测，竣工后可减少观测密度，监测时间为竣工后 1～2 年。监测频率如下：

地表位移监测 2～3 次/周，变形时 1 次/天，变形剧烈时每天数次。

地下位移监测 1～2 次/月，变形时 1～2 次/周，变形剧烈时 1 次/天；竣工后原则上 1 次/月，变形（或应力）异常、连续降雨、强降雨或台风后加密监测。

根据坡体地质情况及稳定程度，由项目办会同监理和设计代表根据具体情况制定相关边坡、滑坡监测方案并组织安排专业单位实施。

对上述量测项目应做好记录，并定期进行分析，及时对工作面及围岩支护体系的稳定状况作出判断，以便采取相应的措施，不断完善设计确保安全。

（2）监测设施保护。监测仪器的完好性对监测工作十分重要，必须采取有效措施对现场所埋设的仪器与测点进行保护，对受损观测点，在监理确认下及时进行修复，并做好修复记录，在各监测断面及监测点处竖立标示牌，在标杆上做醒目的警示，尽量减少外露测杆数量，外露沉降标杆用套管加以保护，标杆露出开挖面高度不大于 50 cm。此外，做好施工期间现场指挥管理工作，避免仪器或测点破坏，裂缝测点或坡面测点损坏应在 2 日内修复，测斜管及锚力计损坏应及时通知第三方并尽快进行恢复和复测工作，确保监测数据的连续性和有效性。

（3）监控量测数据的处理。在数据分析中，绘制时间-位移、距离-位移、位移速度-时间关系曲线，曲线正常则说明位移随施工的进行渐趋稳定。若出现反弯点，说明位移出现点骤增加现象，表明边坡围岩和防护已呈不稳定状况，应立即采取措施。

对外业量测的数据进行整理，主要是检查外业记录，包括观测断面及观测点编号、观测时间、观测断面等，并计算断面两测点绝对位移值。

根据量测获得的位移与时间的关系曲线，即能看出各时刻的总位移量、位移速度、位移加速度，按照规范所给出的边坡周边允许相对位移值判断边坡围岩稳定性。对无位移急剧变化的正常情况，可据回归关系式预测总的位移量。如遇位移急剧变化的情况应及时向上级反映，并结合地质条件、施工方法、防护设计，会同有关人员分析原因，制定处理方案。

三、多肢高墩联体平台液压爬模施工技术

针对目前高墩施工时存在误差大、安全性不足的问题，项目研发了多肢高墩联体平台液压爬模施工技术，通过改进专项施工方法，实现了墩身垂直度和平整度易调控、结构施工误差小、纠偏简单。不仅避免了施工误差的积累，还极大地增加了施工安全系数，保证质量并提高工效，实现环保可控。

目前济潍高速 5 标段淄河特大桥高墩柱已基于此项研究创新成果开展施工。

（一）多肢高墩联体平台液压爬模操作系统搭建

液压爬模系统主要由模板系统、支架系统、埋件系统、液压顶升系统 4 部分组成，见图 2.80、图 2.81。

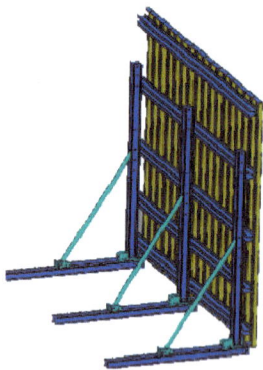

图 2.80　模板及支架系统

图 2.81　埋件系统

支架系统主要包括上下架体、可调斜撑、架体挂钩、架体防倾调节支腿、工字钢纵向连系梁、操作平台等；埋件系统包含埋件板、高强螺杆、受力螺杆及双埋件挂座；液压系统主要由液压泵、液压控制台、导轨、油管、阀门及油管接头等组成。

自爬模的顶升运动通过液压油缸对导轨和爬架交替顶升实现。导轨和爬模架互不关联，二者之间可进行相对运动。当爬模架工作时，导轨和爬模架都支撑在埋件支座上，两者之间无相对运动。而退模后立即在退模留下的精轧螺纹上安装受力螺栓、挂座体及埋件支座，调整上下轭棘爪方向来顶升导轨，待导轨顶升到该埋件支座上后，操作人员立即转到下平台拆除导轨提升后露出的埋件支座等。在解除爬模架上所有拉结之后就可开始顶升爬模架，此时导轨保持不动，调整上下棘爪方向后启动油缸，爬模架就相对于导轨运动。通过导轨和爬模架这种交替附墙方式，爬模架即可沿着墙体上预留精轧螺纹逐层提升，见图 2.82、图 2.83。

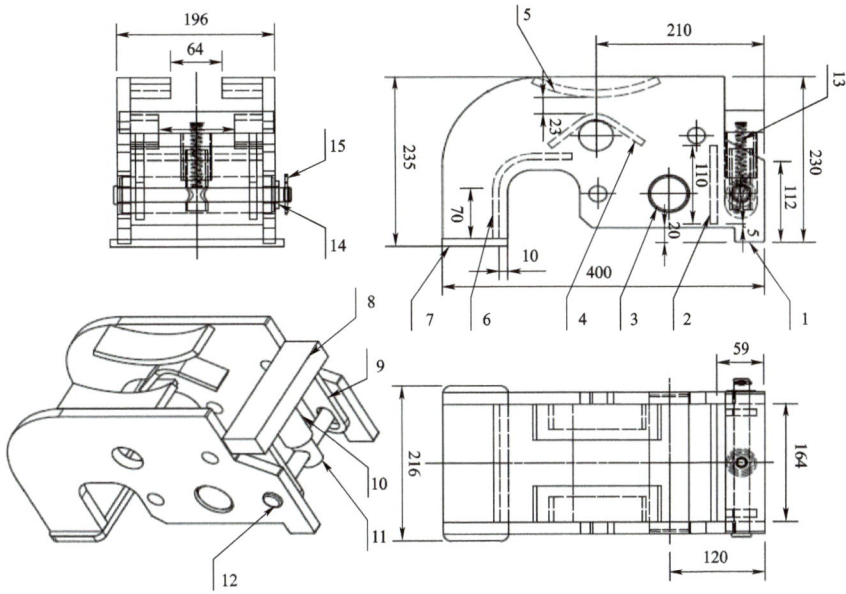

图 2.82　爬模附墙座

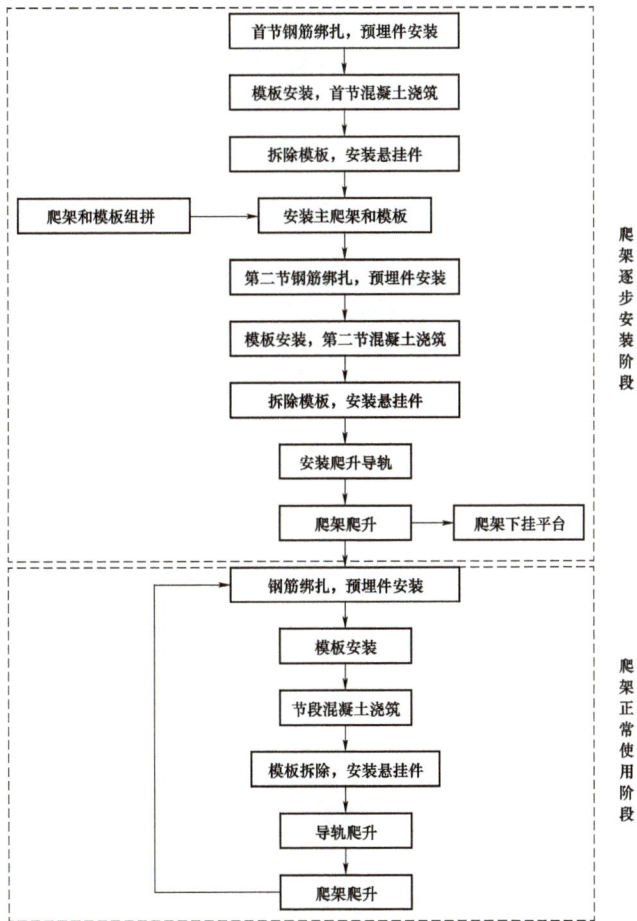

图 2.83　爬模施工流程图

（二）液压自爬模安装

（1）预埋件安装。液压自爬模采用 PVC 管埋件安装方式，使用对拉螺杆安装附墙支座，见图 2.84。标准预埋，单侧爬模机位预埋位置为混凝土面下返 750 mm 处，两螺杆间距为 340 mm（偏差小于±3 mm），浇筑完混凝土即可使用，见图 2.85。

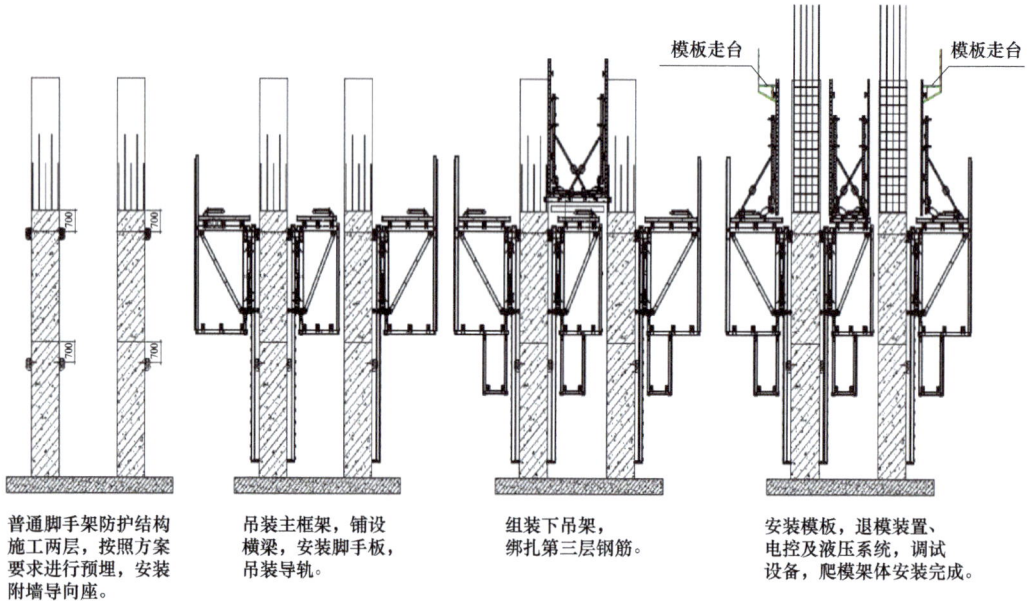

| 普通脚手架防护结构施工两层，按照方案要求进行预埋，安装附墙导向座。 | 吊装主框架，铺设横梁，安装脚手板，吊装导轨。 | 组装下吊架，绑扎第三层钢筋。 | 安装模板，退模装置、电控及液压系统，调试设备，爬模架体安装完成。 |

图 2.84　液压自爬模

（2）主框架安装。先将外爬架单片在地面组装好，然后用塔吊逐个吊装，使架体与埋件紧固连接，用钢梁把单面墙体上的架体连接成整体，形成一个操作平台，并进行平台铺板。

（3）吊平台安装。在承重三脚架体下挂接立杆，在内外立杆上安装槽钢并铺设平台及做水平方向的防护。

（4）模板架和模板的安装。在承载平台上安装好模板架，并用钢梁使每两个架体形成一个整体，安装后移装置及模板，见表 2.16。

表 2.16　模板安装步骤

步骤	示意图	说明
第一次安装		第一次混凝土浇筑完后，拆除模板及支架；清理模板表面杂物；吊装爬架，按设计图纸将爬架挂在相应的埋件点上；通过可调斜撑调整模板的垂直度；通过微调装置将模板下沿与上次浇筑完的混凝土结构表面顶紧，确保不漏浆、不错台

续表

步骤	示意图	说明
第二次和第二次以上提升		在第一次提升的爬架下安装吊平台，以便拆除可周转的埋件；清除模板表面杂物；按设计图纸将爬架吊装就位；拆除前一次可周转的预埋件备用

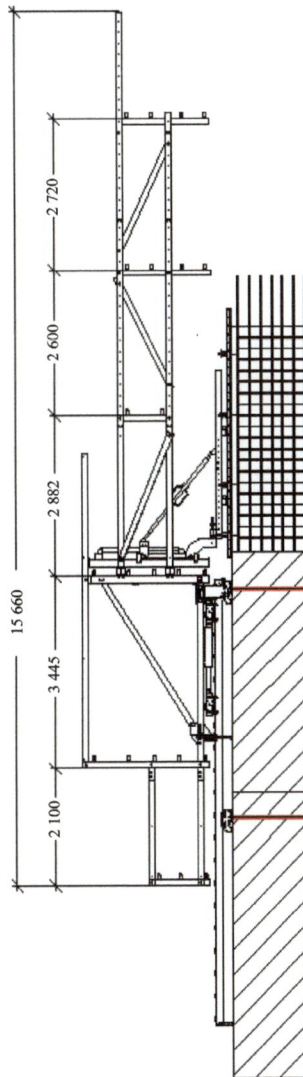

图 2.85　预埋件安装

（5）导轨和液压系统安装。将导轨从埋件挂座中穿进扣好，导轨挂钩与附墙装置紧固连接，将液压系统上换向盒通过导轨于三脚架主梁连接。

（6）预埋件安装位置及安装细节见图 2.86、图 2.87。

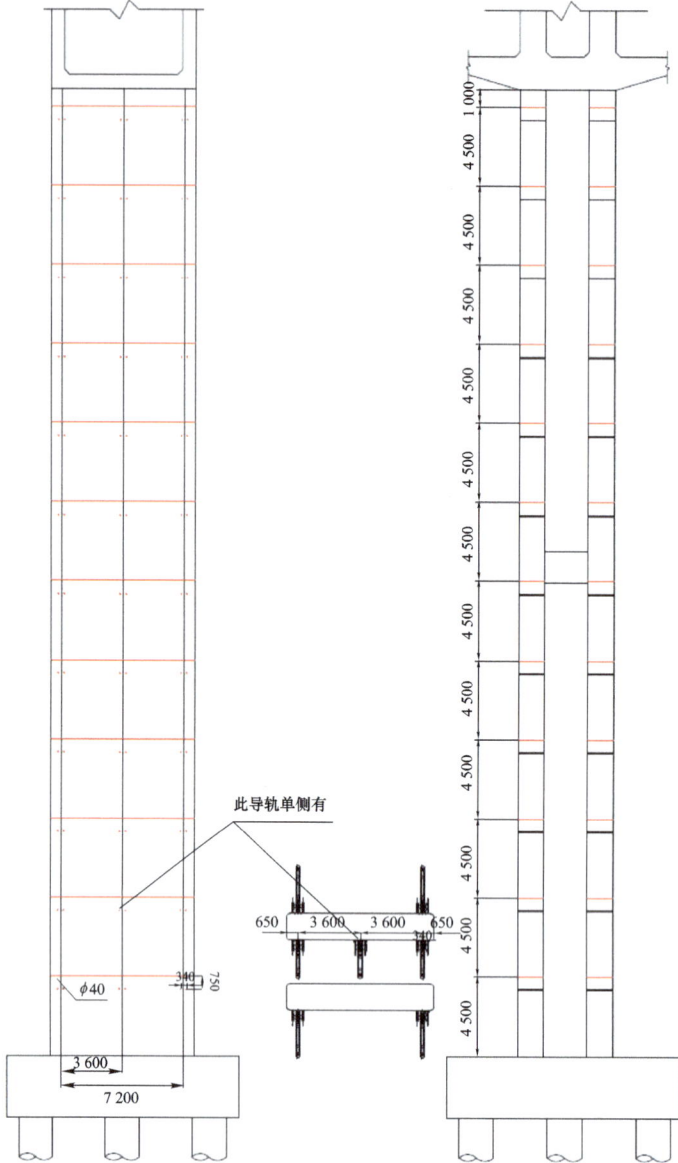

图 2.86　预埋件安装位置

（三）多肢高墩联体平台液压爬模爬升流程

该项技术具有以下特点，一是液压爬模既可整体爬升，也可单元爬升，爬升稳定性好。二是操作方便，安全性高，可节省大量工时和材料。三是爬模架一次组装后，一直到顶不落地，节省了施工场地，而且减少了模板（特别是面板）的碰伤损毁。四是液压爬升过程平

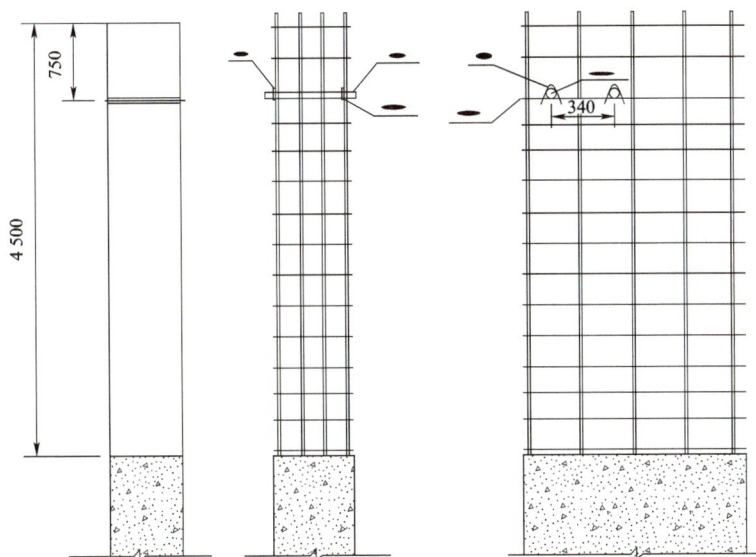

图 2.87 预埋件安装细节

稳、同步、安全。五是提供全方位的操作平台，不必为重新搭设操作平台而浪费材料和劳动力。六是结构施工误差小，纠偏简单，施工误差可逐层消除。七是爬升速度快，可以提高工程施工速度（平均 3～5 天一模）。八是前期一次性投入比较大，人员及设备组织要求较高等。

1. 模板安装程序

见图 2.88。

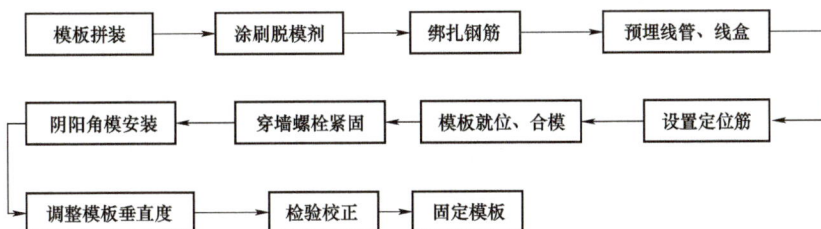

图 2.88 模板安装程序

2. 施工流程

混凝土浇筑完成→混凝土养护→绑扎上层钢筋→预埋埋件系统→检查验收→脱模→安装附墙装置→导轨爬升→架体爬升→合模、紧固对拉螺栓→继续循环施工。循环爬升示意图见图 2.89。

3. 爬模施工技术要求

① 合模前将模板清理干净，刷好脱模剂，装好埋件系统，测量模板拉杆孔的位置，是否与钢筋冲突，若埋件、对拉螺栓和钢筋有冲突，将钢筋适当移位处理后再进行合模。

② 用线坠或仪器校正调整模板垂直度，穿好套管、拉杆，拧紧每根对拉螺杆。

③ 混凝土振捣时，严禁振捣棒碰撞受力螺栓套管或锥形接头等。

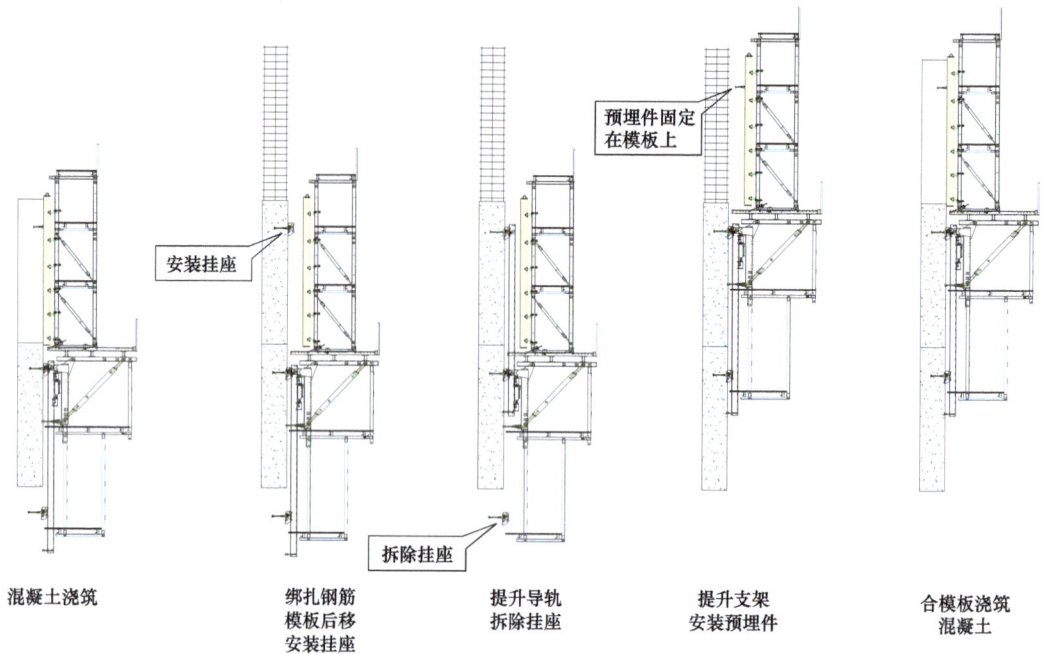

图 2.89 液压自爬模循环爬升示意图

④ 上层混凝土强度达到 15 MPa 时，由爬模技术指导与施工方安全员共同对架体系统（包括架体上的杂物、各连接部位的连接及液压控制系统等）进行检查并填写提升前检查记录表，清理架体杂物，符合要求后方可提升。提升时现场准备临时电箱。

⑤ 爬升架体或提升导轨时液压控制台应安排专人操作，若发现不同步，可调节液压阀门进行控制。爬模专职操作人员应严格执行爬架爬升作业的操作程序规定和技术要求，施工期间应确保爬模的防坠、防倾装置必须灵敏、可靠、有效，电控液压爬升系统应操作平稳、安全可靠，具有超载保护和爬升同步的功能。

⑥ 爬模爬升时，架体上不允许堆放与爬升无关的杂物。

⑦ 爬模爬升时严禁操作人员停留在正在爬升的架体上，专业操作人员可站立于未爬升架体或其他有安全保护措施的位置。

⑧ 提升导轨时，必须将爬模下挂架的钩头钩挂在附墙装置的承重销上，通过操作电控液压爬升装置将导轨爬升到上一层的附墙装置上。提升架体时，应拔出爬模下挂架与附墙装置的安全销，用电控液压爬升装置将架体爬升到上一层的附墙装置上，再将爬模下挂架钩挂在附墙装置上，插好安全销。

⑨ 爬升过程中应实行统一指挥、规范指令，爬升指令只能由一人下达。但当出现异常情况时，任何人均可立即发出停止指令。

⑩ 爬架爬升到位后，必须及时按使用状态要求进行附着固定。在没有完成架体固定工作之前，施工人员不得擅自离岗，未办交付使用手续的，不得投入使用；遇六级（含六级）以上大风、大雨、浓雾和雷雨等恶劣天气时，禁止进行爬升和拆卸作业；夜间禁止进行爬升作业；正在进行爬升作业的爬架下面，严禁有人过往，并应设专人负责监护。

注：施工过程中每层应进行爬升过程的安全检查，符合要求后再进行下道工序施工。

4. 主要节点的处理

第一，对埋件与钢筋发生相碰时的处理。由于本工程墩柱钢筋较密，对于爬架的爬锥预埋难度较大；当钢筋与预埋爬锥相碰撞时，最好移动钢筋（支架布置前根据钢筋图放样）；钢筋实在不能移动时，将埋件挂座与埋件连接的螺栓孔设为长孔，可在长孔允许的范围内适量将爬锥位置移动（见图 2.90）。

第二，对埋件漏埋或失效时进行补救。该工程预埋件数量较多，一旦埋件漏埋或失效时应采取紧急措施，拟采取以下方式进行补救：在预埋件位置处，用冲击钻在剪力墙上钻出 $\phi 45$ mm 的孔洞，将 M42 的通长螺杆穿过墙体，再用螺母及垫圈将其固定，最后再将挂座栓接于 M42 的通长螺杆上，见图 2.91。

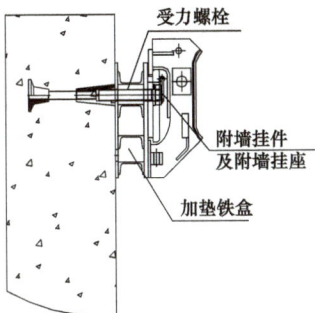

图 2.90　变截面安装铁盒示意图　　　　图 2.91　漏埋补救措施

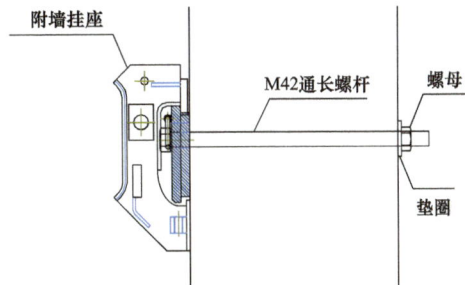

第三，吊车挂钩没挂紧或挂钩位置不正确的处理。爬模在进行整体吊装前应预先在地面组装位置进行预吊装，解决挂钩位置问题。先将架体稍稍吊起，观察架体的变形和挂钩是否牢靠，确定无误后，方可进行吊装。如吊起后架体倾斜过大应将其回落至地面，重新选择挂钩位置，待架体在吊起后没有较大倾斜的情况下再将架体吊装至安装位置，并做出标识，以便下次吊装时找准挂钩位置。

（四）多肢高墩联体平台液压爬模施工方法

1. 爬模安装前的准备工作

① 针对爬锥，受力螺栓中心标高和模板底标高进行超平。

② 确定放墙轴线、墙边线、门窗洞口线、模板边线、架体中心线。

③ 检查爬模安装标高的下层结构外形尺寸、预埋爬锥孔、爬锥，对超出允许偏差的结构进行剔凿修正。

④ 绑扎完成模板高度范围内钢筋。

⑤ 安装门窗洞口模板、预留洞模板、预埋件、预埋线管。

⑥ 模板板面需刷脱模剂，机加工件需加润滑油。

⑦ 在有安装模板时，应提前在下二层的模板上预留洞口，为下架体安装留出位置。

⑧ 在有门洞的位置安装架体时，应提前做好导轨上升的门洞支撑架。

2. 安装程序

首先做好爬模安装前准备，随后进行架体预拼装，再安装受力螺栓和挂座，整体吊装下架体到位并安装承重销、安全销，接下来安装栏杆及对钢板网维护，并将上架体整体吊装及安装到位，还要将模板吊装到位，完成后安装液压系统并进行调试，最后安装测量观测装置。

3. 爬模安装技术要求

① 准确设置好爬架附墙装置的预埋件孔位，是确保顺利爬升的重要环节，应严格控制预埋件垂直于墙体外表面，孔位前后左右偏差为±2 mm。

② 正常情况下，当剪力墙或梁混凝土强度达到10 MPa后，即可在预埋爬锥上安装附墙装置。先将受力螺栓预拧紧，待校正埋件挂座位置后用力拧紧受力螺栓，以保证其安全性，见图2.92。

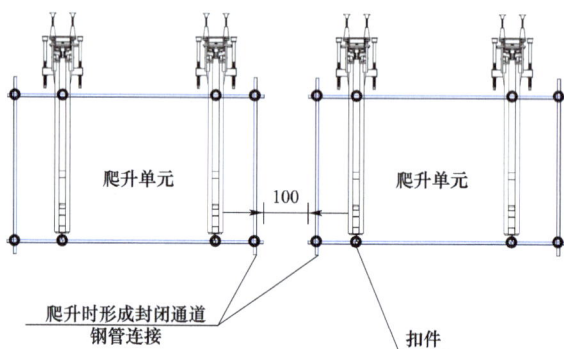

图 2.92　爬模安装技术要求

③ 架体支承跨度的布置，不能超过液压油缸的顶升能力。两附着点直线布置不应大于7 m（两附着点中间混凝土面为梁体时）。

④ 架体的平台横梁悬挑长度，整体式爬架不得大于1/2水平支承跨度或2.5 m，根据该工程的结构特点，4个角的部位采用悬挑，在搭设悬挑部位架体时须将悬挑部位上下通联，并将其向架体中间部位拉接，以保证其稳定性。

⑤ 水平梁架、竖向主承力架及框架在两相邻附着支承装置处的高差应不大于20 mm。

⑥ 竖向爬模挂架和防倾导向装置的垂直偏差应不大于5‰或30 mm。

⑦ 本工程中所选择的爬模模板操作平台（爬模上部的三层平台）高度为6 m。最上层平台为钢筋绑扎平台，设计荷载为3 kN/m，可以堆放少量材料。其他平台为模板对拉杆操作平台，设计荷载为0.75 kN/m。

⑧ 爬模安装到位后，为保证施工安全，应及时按有关脚手架安全技术规范要求，铺设脚手板及安全网。铺设脚手板时应考虑架体单元体之间爬升时留有100 mm左右的间隙，以防止爬升时相互碰撞。架体的底层和外围侧面，以及爬升时的架体开口端，爬升到位后用合页盖好，翻板盖好后，用插销锁紧，避免翻板掀开后零散物品坠落，并用安全网进行全封闭防护，见图2.93、图2.94。

⑨ 爬模安装完毕后，应由设备所有单位与安装使用单位的有关人员，共同对安装完的爬模进行检查验收，验收合格签字后方可投入使用。

4. 施工重难点分析

施工重难点及解决方案见表2.17。

图 2.93　上人楼梯安装示意图

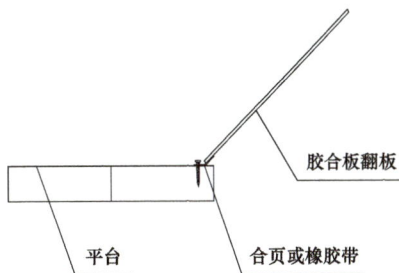

胶合板翻板

平台　合页或橡胶带

图 2.94　底层平台翻板采用
合页和胶合板形式

表 2.17　施工重难点及解决方案

序号	重难点分析	解决方案	应用效果
1	淄河特大桥是本项目施工的重难点和关键部位，墩身高 39.7 m，实心方墩相对截面面积较小，墩身重心高，柔度大，精度要求高，平面及垂直度偏差控制要求高。若采取不恰当的方案将会导致偏差逐级累加，为项目后续实施带来严重后果	激光铅垂仪校核、爬模精准安装装置微调	在爬模合模过程中，通过高墩爬模精准安装装置，可以在水平和竖直两个方向进行模板位置的微调，大幅提高了爬模爬升就位时的精度，降低了作业人员的工作强度。目前大多数的液压爬模系统都是通过伸缩机构和电动葫芦等校正模板位置，本装置解决了传统校模中操作不方便、偏差大、效率低的问题
2	在大型机械设备布置方面，每节墩身施工完毕后，在墩身外侧无任何附着物且爬模架体高度较高，在临空高度特别高的情况下无法搭设作业平台，为施工通道附墙装置的安装带来了极大的困难	对爬架进行优化设计，在吊平台上下挂附墙安装吊笼	目前国内大多数吊篮配合安装附墙的方法，存在很大的安全隐患，这一改造具有较大的推广应用价值

5. 测量方案

爬模工程的施工精度主要需要控制垂直度、水平度、标高、轴线的几何尺寸等。

高层垂直度的测量采用激光经纬仪、垂准仪和激光水平仪。

在该工程 4 个大阳角设置 4 个轴线控制点，利用红外线激光铅垂仪向上投点来控制模板的垂直度，施工合模时，模板下包部分紧贴已出模混凝土表面，调整模板垂直度后固定。在 4 个面设置 4 条墩柱控制线，来控制墩柱的偏位。

每层做好施工测量记录，随时校正墩柱轴线的误差。

6. 液压爬模同步顶升控制措施

淄河特大桥液压自爬模采用独立动力单元、双向自锁式液压缸、电气集中控制的方式，三柱墩每套布置 6 个液压油缸、6 台动力单元（每台动力单元均配置有三相电机及齿轮泵、电磁换向阀、溢流阀等）、1 台电气控制柜（每柜可控制 6 台电机、配置有三相组合开关 6 组等），同步的基本原理如下。

工况一：模板爬升时，6 个机位同时动作并启动电源，6 台电机同时通电，6 台齿轮泵同时供油，油缸也同时动作，理论上电机转速相同、齿轮泵流量相同则油缸伸出速度相同，实际上会有 1 cm 左右的误差，行程先到位的油缸停止动作，通过溢流阀卸压等待动作慢的油缸行程到位，时间误差大约为 5 s，完全满足施工要求。

工况二：导轨提升时，初期同时动作至导轨距附挂座下口 20 cm 左右时需单缸动作，此时打开工作油缸对应的组合开关（HZ5-10/3），而其他组合开关关闭，则仅一个油缸工作。

（五）高墩爬模精准安装装置及混凝土浇筑技术

1. 高墩爬模精准安装装置

首先，每节模板初步安装好后，用激光铅垂仪通过承台顶面控制点校核模板的垂直度，每节模板的垂直度偏差大于 20 mm 时，用高墩爬模精准安装装置进行纠偏调整。高墩施工均在高空中作业，立模和校模时均无可靠的持力点，模板的校核比较困难，因此必须在每层模板就位时，及时处理模板拼缝，调整垂直度，层层严格控制，避免偏差积累导致墩身扭曲、倾斜及变形。

其次，在激光铅垂仪校核桥梁薄壁空心墩翻模垂直度的具体步骤中，安装首节模板时用全站仪将墩柱的十字中线坐标定位于承台顶面，弹出墩柱的轮廓线。在承台顶面弹出的轮廓线外选取多个测点，保证测点距离墩柱轮廓线的距离一致，距离记为 D。在测点处架设激光铅垂仪，向上发射激光束，测量人员在翻模操作平台上测出激光束到模板内边的距离，记为 M。依次测出墩身 4 个角的距离 M_1、M_2、M_3、M_4，保证 $|D-M| \leqslant 20$ mm，符合要求后方可进行混凝土的浇筑施工，见图 2.95。

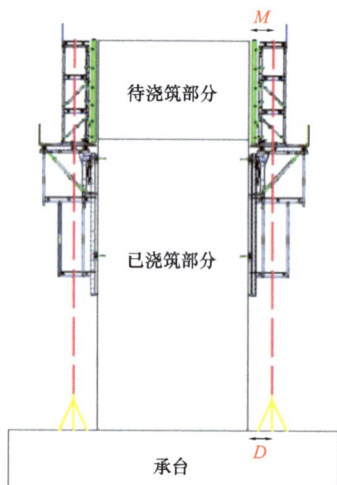

图 2.95 激光铅垂仪校核垂直度示意图

2. 混凝土浇筑技术

混凝土浇筑总体方法为：墩身浇筑采用吊车、泵车浇筑。坍落度一定控制在配合比设计要求的坍落度之内。浇筑现场要求试验室每次至少做 3 次坍落度试验。墩身混凝土分段必须连续分层浇筑，一层混凝土浇筑完毕后与二层混凝土的浇筑时间必须符合设计规定时间，待一层混凝土初凝前进行二层混凝土的浇筑。混凝土浇筑分层厚度不大于 30 cm。

混凝土采用塔吊、泵车进行浇筑，具体过程如下。

第一，混凝土浇筑前，全部支架、模板和钢筋预埋件按图纸要求进行检查，并清除所有模板内杂物，使其内不得有滞水、锯末、施工碎屑和其他附着物，经监理人员检查批准后方可实施浇筑。

第二，浇筑混凝土时，对其表面认真处理，使之最终达到光滑、无水囊、气囊或蜂窝的状态。

第三，大体积混凝土浇筑应合理分段分层浇筑施工，每段浇筑厚度不超过 4.5 m，浇筑必须连续不断进行，速度要保持均匀，加强振捣，提高混凝土的强度，浇筑温度不宜超过 28℃（振捣后在混凝土 50～100 mm 深处的温度）。如因故必须间断，间断时间应经试验确定，并经监理工程师的同意；若超过允许时间，则按施工缝处理。

第四，混凝土浇筑分层厚度为 30 cm。混凝土浇筑时，其下落高度不得超过 2 m，超过 2 m 时选用溜槽或串筒，二者均要保持干净，以免使用过程中混凝土发生离析。

第五，混凝土一经浇筑，立即进行捣实，使之形成密实、均匀的整体。振捣采用插入式振捣器，在浇筑点和新浇混凝土面上进行，振捣器从混凝土中拔出时应放慢速度以免产生空洞；振捣器必须垂直插入前一层混凝土内，以保证新浇混凝土与先浇混凝土结合良好，使用插入式振捣器时，尽量避免与钢筋和预埋构件相接触，当混凝土停止下沉，不冒气泡、泛浆，表面平坦时，表明其已捣实。

此外，液压爬模高墩施工过程中，随着混凝土浇筑高度及温度的变化，拌和站和试验室应对混凝土的坍落度进行合理化调整，保证施工质量及安全。

（六）高墩爬模拆除及混凝土养护技术

1. 高墩爬模拆除

首先，进行爬模拆除前的准备工作。在机械设备方面，由现场提供塔吊配合爬模的拆除作业；而在人员组织上，专业公司提供专人负责爬模拆除过程中的技术指导和安全培训工作，总包方配备专业的架子工，负责爬模的拆除工作。

其次，爬模拆除前，先将进入的通道封闭，并做醒目标识，画出拆除警戒线，严禁人员进入。

再次，爬模拆除时应先清理架上杂物，如脚手板上的混凝土、砂浆块、U 型卡、活动杆件及材料。拆除后，要及时在结构周围搭设防护栏杆。

最后，当结构施工完毕时，即可对爬模进行拆除。爬模的拆除必须经项目生产经理、总工程师签字后方可进行。

2. 爬模拆除流程

拆除准备→模板拆除→模板桁架系统拆除→导轨→拆除液压装置及配电装置→液压控制泵站→液压装置→拆除附墙装置→主梁三脚架和吊平台→最高一层附墙装置，并修补好孔洞。

液压爬架拆除的技术要求包括以下步骤：用塔吊先将模板拆除并吊下，再拆除主平台以上的模板桁架系统，亦用塔吊吊下，随后提升导轨和承重架体后用塔吊抽出导轨，还要拆除液压装置及配电装置。此后，操作人员位于吊平台上将下层附墙装置拆除并吊下，可用塔吊吊起主梁三脚架和吊平台，起至适当高度，通过爬梯或电梯卸下最高一层附墙装置，并修补好孔洞，最后拆除与爬梯或电梯相连的架体，由操作人员卸好吊钩、拆除附墙装置，当人员从电梯或爬梯下来后，再吊下最后一榀架子。

3. 混凝土养护技术

在墩身混凝土浇筑完毕后，需要对混凝土进行保水潮湿养护。墩身混凝土所采用胶凝材料中掺有矿物掺合料，水胶比小于 0.45，具体养护时间根据日平均气温确定，见表 2.18。

表 2.18　养护时间表

序号	日平均气温 $t/℃$	潮湿养护期限/d
1	$5 \leqslant t < 10$	21
2	$10 \leqslant t < 20$	14
3	$t \geqslant 20$	10

而针对养护难的问题，项目采用了智能喷淋养护系统，只需要设定养护时间和间隔时间等参数后即可自动进行养护工作。

智能喷淋养护系统主要由"五个一系统"组成，即一座蓄水池、一个高扬程水泵、一个时间继电器、一套输送管道、一套闭合喷淋管道，达到了人为因素制约小、自动化程度高、养护效果显著的目的。

该系统作业时保证蓄水池内水量充足，能够连续喷淋作业，然后设定时间继电器的时间间隔和持续时间，开动喷淋系统电源，使喷淋系统进入工作状态；时间继电器到达设定的喷淋时间后接通水泵开关，高扬程水泵自蓄水池内抽水送至输送管道内，通过输送管道连接喷淋管道对混凝土表面进行喷水养护，喷水达到预定的时间后，时间继电器关闭水泵开关停止喷水，见图 2.96。

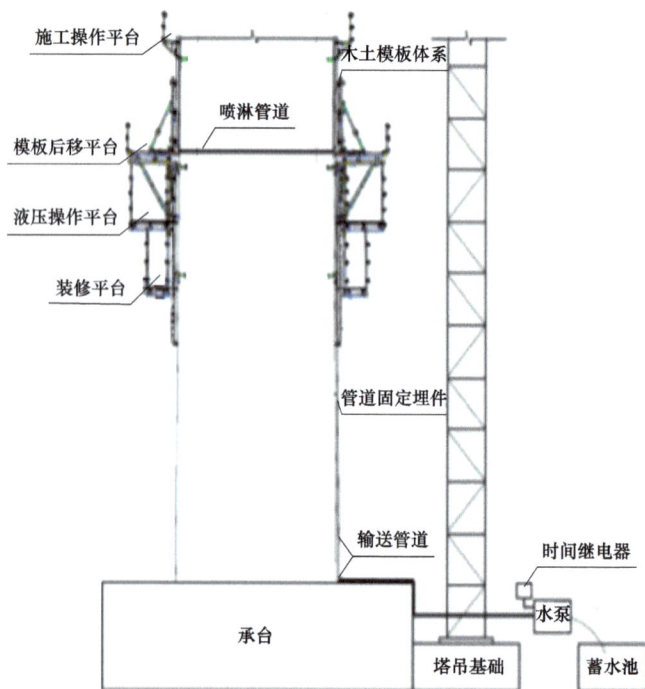

图 2.96　智能喷淋养护系统示意图

四、薄壁空心墩施工技术

济潍高速 K126+585.5 龙岗河特大桥中 21#～35#共 30 个墩柱为变截面薄壁空心墩，桥墩竖向每隔 8 m 左右均匀设置横隔板；壁厚横向 65 cm，纵向 80 cm；墩柱横断面方向宽度为等截面 8 m，墩柱纵断面方向自墩顶 2.2 m 变坡至墩底，按 50:1 的坡率放坡变宽，最大墩高为53.745 m。

（一）施工方案比选

高墩施工主要解决两方面问题：一是混凝土的输送与材料、人员的提升。二是模板的安装、提升与拆除。目前国内常用的施工方法主要有爬模和翻模两种，模板材质为钢模、维萨板、塑料钢模板。

龙岗河特大桥现场地形条件复杂，施工方案的选择对于墩身正常施工安全至关重要，在对爬模、翻模等施工方法进行技术、经济、安全等综合分析后，同时结合空心薄壁高墩的施工特点和工期要求，经比选薄壁空心墩选用液压爬模工艺施工。

（二）模板高度确定

目前市场上钢筋原材定尺长度多为 9 m、12 m，如果浇筑层为 6 m，钢筋较长会导致绑扎困难、施工时间长。为方便钢筋配料，减少钢筋废料，将 9 m 原材一截为二，同时考虑节段施工时间，最终每个施工浇筑层确定为 4.5 m。为防止浇筑时漏浆，液压爬升模板配置高度为 4.75 m，浇筑时模板下包 10 cm，上挑 5 cm；内模翻升模板考虑塔吊起重能力，制作为 2.25 m/节，每组设置 3 节，每次翻升 2 节，一次性浇筑高度为 4.5 m。另外可根据现场实际情况，对局部节段混凝土浇筑高度做适当调整。

高墩施工技术主要涉及模板升降、混凝土泵送、滚压直螺纹钢筋连接技术，综合考虑机具、钢筋及模板的起吊方案、混凝土运输及入模形式、施工人员的上下墩方式并结合现场实际情况及权衡安全因素，现场配备 25 套液压爬模系统、5 台塔吊，每台塔吊覆盖 6 个墩柱，每个墩设置至少一处安全梯笼供人员上下。此外，在塔吊工效不满足现场进度时，采用汽车吊作为补充，见图 2.97。混凝土浇筑原计划用地泵浇筑，泵管设置在塔吊标准节内，但考虑到塔吊安全，最终确定使用 63 m 泵车浇筑。

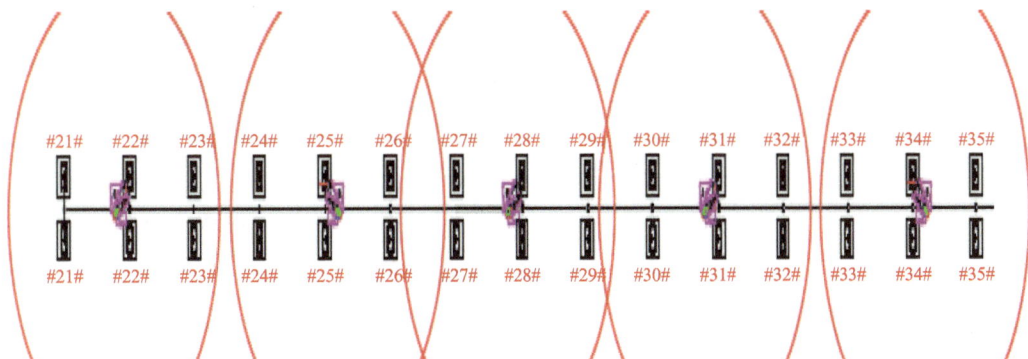

图 2.97　塔吊平面布置图

（三）现场施工流程

在薄壁空心墩施工中，项目部以"三检"程序、"首件工程认可制"、"四新技术"应用为支撑，与山东交通学院联合成立了"超高墩柱液压爬模施工工艺改进研究"项目科研小组，在质量控制方面得到有效保障。

1. 钢筋间距控制卡具

高墩主筋、箍筋较密集，绑扎难度大，主筋间距难以控制。该项目根据方墩钢筋绑扎施工经验，采用定型模具，操作简便，有效提高钢筋安装效率及提升钢筋间距合格率，见图2.98。

图2.98 钢筋绑扎定位器实施图

2. 防漏浆措施

模板安装完成后，沿模板底口四周包裹一圈塑料薄膜，防止因意外导致局部浆体外溢或洒落污染已浇筑墩柱实体。

图2.99 防漏浆塑料薄膜包裹

3. 线形及垂直度控制

下列因素主要影响高墩垂直度。

首先是初始几何缺陷与局部缺陷。对于高墩而言，初始缺陷和误差会随着施工偏差的不断积累和外部环境的变化而增大。实际施工中，存在模板自身的缺陷或施工操作人员立模时造成的桥墩局部偏差和缺陷的状况，主要体现在施工偏载和预埋对拉支撑筋的不同高度带来的模板发生中线偏移和扭曲变形。其次为风荷载。山区桥梁地形复杂，风速分布受局部地形的影响很大，特别是处于峡谷地段的桥梁受风荷载作用更为明显。随着公路桥梁桥墩高的不断增加，墩身迎风面的风速也不断增大，桥梁结构将承受较大的静风荷载和动风荷载，而墩身结构因高度的增加刚度相对变小，受水平荷载的作用必然产生较大的水平位移，这加大了施工中对墩柱垂直度的控制难度。

此外，日照所引起的受光侧同背阴侧的温差，是影响垂直度测控精度的重要因素。因温差造成的墩身中心偏移亦值得关注，其偏移值的大小同结构物的柔度系数和温差成正比。不仅如此，因墩柱截面尺寸决定其柔性系数，所以不同截面的墩柱受温度影响也有差异，所以因温差效应带来的墩身轴线偏差也不可忽视。

在施工控制方面亦要重视以下几个环节。

第一，施工前的准备工作，从测量控制点的布设，到模板系统中测量数据的导入，必须到位。控制点的布设要同桥梁轴线紧密联系，尽量在轴线上布设控制点。模板的定制则要优先选择大面积模板。在施工阶段模板必须支撑稳固，确保水平状态。

第二，加强施工前技术交底和安全教育工作，减少因操作不规范带来的施工偏载、模板损坏、控制点破坏等影响。必须由专业测量人员操作，且不宜频繁更换，减少施工中因人为因素带来的施工偏载和设备操作的影响。

第三，要注重底模或下层模板的控制，其为上一层模板的"基础"，其准确性决定上一层是否会将累计误差增大。必须保证模板拼装和临时支撑的稳固。

第四，在日照强烈的天气下，需要间断地向墩身喷水，从而降低日温差带来的轴线偏差。同时，混凝土浇筑时避开高温时间，测量数据同样在温差较小的时段进行采集。高墩施工成果图见图 2.100。

图 2.100　高墩施工成果图

4. 混凝土入模

常见的混凝土浇筑方式包括地泵附着在塔吊的塔身泵送、接力泵送（如墩高超百米）、塔吊配合料斗浇筑、汽车泵泵送等。此项目采用 63 m 汽车泵进行混凝土浇筑，避免了地泵泵管附着塔吊而影响塔吊连接件晃动产生的安全隐患，同时汽车泵施工灵活，有效保证了泵送效率和施工质量，见图 2.101。

图 2.101　高墩混凝土浇筑

5. 喷淋养生系统

因墩身高、模板爬升循环次数多、施工跨越周期长，传统的墩身养护方式耗时费力且成本较高，为解决上述问题，该桥设计了自动喷淋养生系统，取得了显著成效。

设定时间继电器的时间间隔和持续时间并开启喷淋系统电源，使其进入工作状态，继电器达到指定的喷淋时间后接通水泵开关，高扬程水泵从蓄水池内抽水送至输水管内，输水管连接喷淋管对需要养护的混凝土面喷水，达到预定的时间后，时间继电器关闭水泵开关停止喷水，见图 2.102。

图 2.102　喷淋养生现场实施图

6. 冬期施工措施

第一，冬期施工采用智能温控混凝土加热模板施工装置，该装置设置在模板外侧和混凝土暴露面外侧，将新浇筑混凝土进行保温封闭处理，并在保温材料和混凝土之间进行电加热和温度智能化控制。

第二，含温度控制器与漏断电保护装置的温控装置配有温度测定探头，混凝土浇筑后进行通电加温，温度可设定在 35～50 ℃范围，见图 2.103。

第三，混凝土加热及温度控制保持在 72 h 左右，让混凝土在恒温密封的环境内进行硬化。采用该装置进行冬期施工，经现场混凝土强度检测，24 h 可达到设计强度等级的 50%左右，满足抗冻要求。混凝土浇筑 3 天后，回弹强度达到设计强度等级的 90%左右。

图 2.103　高墩"冬施"智能温控施工装置

（四）安全管理

1. 塔吊围挡设置

在塔吊附近设置安全围挡，确保无关人员无法进入操作塔吊，并在围挡上安装风险告知、操作规程用来指导施工人员安全作业，同时提醒工作时必须注意的其他安全事项，防止发生吊装事故，见图 2.104。

图 2.104　现场安全围挡设置

2. 梯笼设置

采用尺寸 2 m×4 m×2 m 的标准安全梯笼，设置警示标语，用来指示施工人员如何正确使用梯笼，并列出其他重要的安全注意事项，见图 2.105。

图 2.105　安全爬梯及梯笼设置

3. 钢筋绑扎平台

高墩钢筋采用现场绑扎安装，钢筋较长、绑扎频率高、危险系数较大，为解决这一问题，经研究和改进，井字架施工作业平台应运而生。它有效保证了施工人员在高墩施工作业时的安全，提高了高墩施工的整体安全性及方墩施工效率。该平台具有操作简便、精度高、使用周期长等特点，见图 2.106。

图 2.106　井字架平台实际应用效果

4. 操作平台及安全围挡设置

操作平台外加安全防护网片等结构以保障施工安全，具有结构合理、工效高、承载力强、安装管理方便、持久耐用、安全稳定等特点，见图 2.107。

图 2.107 操作平台围挡设置

第八节 精品示范 打造全过程质量管控体系

济潍高速通过建立健全工程质量责任体系，明确界定建设、勘察、设计、监理和施工单位等责任主体的质量责任，建立岗位责任人质量记录档案，强化考核和责任追究，实现质量责任可追溯；加强品质工程建设，推进工程施工标准化，根据标准化建设指南，统筹规划施工场站建设规模、标准，从方案审批、场站验收、过程督导等全过程进行控制，全面实现建设项目标准化，推广工厂化生产、信息化施工（信息化推广应用）、智能化建造，践行品质工程，见图 2.108。

图 2.108 标准化施工场站建设

一、建立济潍特色的质量标准化、规范化控制模式

在项目建设中，建设单位对工程质量管理全面负责，勘察设计单位应加强勘察设计过程

质量管理，施工单位对工程施工质量负主体责任，监理单位应严格履行现场监理责任，试验检测单位对检测数据报告的真实性、客观性、准确性负责。

第一，健全工程质量责任体系，明确界定建设、勘察、设计、施工和监理单位等责任主体的质量责任，建立岗位责任人质量记录档案，强化考核和责任追究，实现质量责任可追溯，推动落实质量责任终身制。

第二，落实施工管理模式体系化、施工场站建设规范化，结合项目特点有针对性地制定各项目施工标准化实施细则和措施，健全项目建设管理制度。

第三，落实工程质量责任，制定《监理、施工单位考核与奖惩办法》《工程质量管理办法》等各项质量管理制度办法。

第四，根据集团标准化指南，统筹规划施工场站建设规模、标准，从方案审批、场站验收、过程督导等全过程进行控制，全面实现建设项目标准化。

第五，制定《施工标准化管理指南》系列文件，配备数量满足、资格符合、素质能力达标的人员组建现场管理机构，实现人员配备标准化，建立"实施有标准、操作有程序、过程有控制、结果有考核"的标准化管理体系。

第六，按照"标准化设计、信息化加工、工厂化生产、装配化施工"的总体布局思路，大力推广应用智能化、定型化施工设备，以工艺工法标准化促进施工标准化。在充分运用现有机械设备的基础上，进一步加强路基、路面、桥梁、隧道工程施工机械化水平，强化路面设备的选型及组合，推广桥梁工程成套成系列自动化、智能化施工设备和隧道工程多臂凿岩台车、湿喷机械手等专用施工机械设备的应用。

此外，建立健全施工班组管理制度，强化班组能力建设，加强班组作业的标准化管理，将技术交底、作业标准、规范要求、教育培训落实到施工班组，推行班组质量责任制，强化班组作业标准化、规范化和精细化，提高建设项目施工控制水平。

二、全面落实安全管控举措

（一）强基固本 加强质量管控

1. 以点带面 重点突破

制定平安百年品质工程建设实施清单，抓好重点项目创建。从重点项目创建普及到一般项目创建，做到重点项目有"亮点"，一般项目有"优点"。

落实工程质量责任，制定《监理、施工单位考核与奖惩办法》《工程质量管理办法》等各项质量管理制度办法，加大考核力度，做到奖优罚劣、奖勤罚懒，不断促进各单位生产积极性。

在上述基础上，建立健全施工班组管理制度，强化班组能力建设，将技术交底、作业标准、规范要求、教育培训落实到施工班组，推行班组质量责任制，强化班组作业标准化、规范化和精细化，提高建设项目施工控制水平；推进班组首次作业合格确认制和清退制，强化班组的考核与奖惩，大力推进"金牌班组""平安班组"等优秀班组创建活动，积极推动QC小组活动，课题立项23项，见图2.109。

项目办还积极落实首件工程总结制度、施工关键部位质量控制、场站建设"三集中"、钢筋加工作业"四采用四保证"、预应力智能张拉与压浆等质量保证措施，见图2.110、图2.111。

附件：

济潍高速平安百年品质工程建设实施清单

序号	合同段	工程名称	工程桩号	实施依据和标准	创建效果	总体负责人	现场负责人	现场负责人职务	现场负责人联系方式	监理总体负责人	现场监理负责人	现场监理负责人职务	现场监理负责人联系方式
1		深挖路堑	K13+520−K13+880.4段右侧	施工图纸、山东高速施工标准化指南	确保达到质量及安全文明标准化施工，场面有序、大面整洁、安全稳定	李建	董龙崇	分部生产部主任	1883346××××	吴京波	陈绪文	项目工程师	1572585××××
2		填石路基	K2+057−K2+326段	施工图纸、山东高速施工标准化指南	确保达到质量及安全文明标准化施工	谭锋	杨小龙	分部工段主任	1809165××××	吴京波	张金标	项目工程师	1566657××××
3		龙埠枢纽DK1+689跨线桥	DK1+689	施工图纸、山东高速施工标准化指南	确保达到质量及安全文明标准化施工，混凝土外观质量提升	谭锋	李盼盼	分部工段主任	1830918××××	吴京波	司伟杰	项目工程师	1345544××××
4		文祖北互通AK0+395.2跨线桥现浇梁	AK0+395.2	施工图纸、山东高速施工标准化指南	确保达到质量及安全文明标准化施工，混凝土外观质量提升	李建	杨仁杰	分部质量副经理	1804957××××	吴京波	王泌怀	项目工程师	1865365××××
5		木厂涧特大桥	K12+100/K12+092.5	施工图纸、山东高速施工标准化指南	确保达到质量及安全文明标准化施工，混凝土外观质量提升	李建	梅峰	分部总工	1532903××××	吴京波	王泌怀	项目工程师	1865365××××
6		大冶河大桥	K4+620.1	施工图纸、山东高速施工标准化指南	确保达到质量及安全文明标准化施工，混凝土外观质量提升	贾怀强	梁世军	分部副总工	1899290××××	吴京波	宋健	项目工程师	1379151××××
7		K2+665.8通道桥	K2+665.8	施工图纸、山东高速施工标准化指南	确保达到质量及安全文明标准化施工，混凝土外观质量提升	贾怀强	寇伟平	分部工段主任	1592953××××	吴京波	宋健	项目工程师	1379151××××
8		龙埠枢纽BK2+782.7盖板涵	BK2+782.7	施工图纸、山东高速施工标准化指南	采用三段式止水拉杆，确保达到质量及安全文明标准化施工，混凝土外观质量提升	谭锋	杨宏飞	分部工段主任	1819281××××	吴京波	张金标	项目工程师	1566657××××
9		K5+621箱涵	K5+621	施工图纸、山东高速施工标准化指南	采用三段式止水拉杆，确保达到质量及安全文明标准化施工，混凝土外观质量提升	贾怀强	梁世军	分部副总工	1899290××××	吴京波	王宁	项目工程师	1346516××××
10		文祖北互通AK1+270盖板涵	AK1+270	施工图纸、山东高速施工标准化指南	采用三段式止水拉杆，确保达到质量及安全文明标准化施工，混凝土外观质量提升	李建	梅峰	分部总工	1532903××××	吴京波	陈绪文	项目工程师	1572585××××
1		马家峪隧道进口	K16+668	施工图纸、山东高速施工标准化指南	确保达到质量及安全文明标准化施工，混凝土衬砌质量内实外华	高钟涛	王跃进	工区经理	1385418××××	吴京波	姚建国	项目工程师	1523168××××
2		乾河特大桥	K20+233	施工图纸、山东高速施工标准化指南	确保达到质量及安全文明标准化施工，混凝土外观质量提升	高钟涛	李先彪	工区经理	1888838××××	吴京波	姜波	项目工程师	1369862××××

图 2.109　济潍高速平安百年品质工程建设实施清单

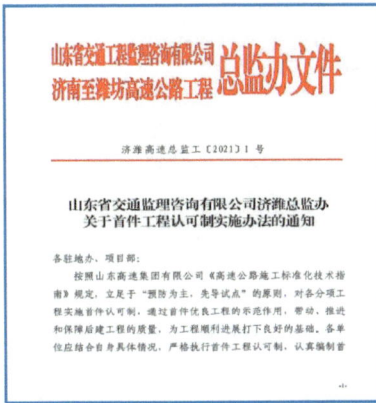

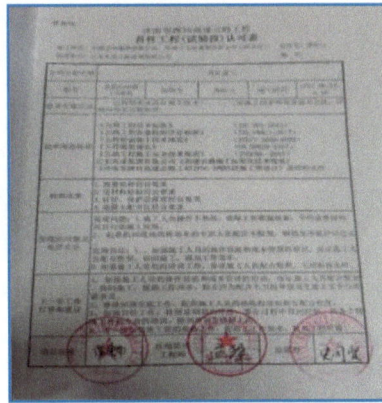

图 2.110　首件工程文件及认可表

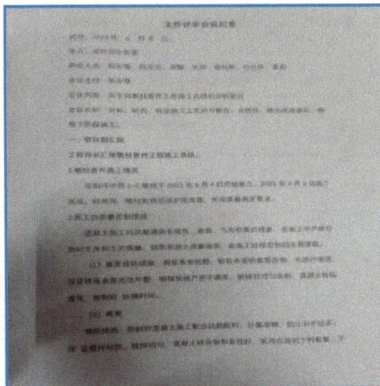

图 2.111　首件工程检查现场及评审文件

2. 巡查检查"利器"出击

依照项目管理考核规定和制度，项目办严格实行日巡查、周调度、月通报制度，对不合格工程绝不手软，做到该返工时必须返工。

首先，成立质量巡视小组，建立质量巡视微信群，通过定期检查、不定期巡查、专项检查等方式，强化质量管控，见图 2.112。其次，在工程建设中应用建设工程智慧云平台，建立起项目工程进度过程管控体系和质量安全业务数据中心，实现质量安全、工程进度、费用数据的统一管控，并及时获取项目实施过程中的关键建设信息，实现远程数据超限报警、数据跟踪查询和工程质量安全管理，见图 2.113。最后，严格执行班组自检、工序交接检、专职质检员检验的质量控制程序。主体工程的隐蔽部位施工保留影像资料，确保施工质量管理资料完整、可追溯。

图 2.112　现场检查

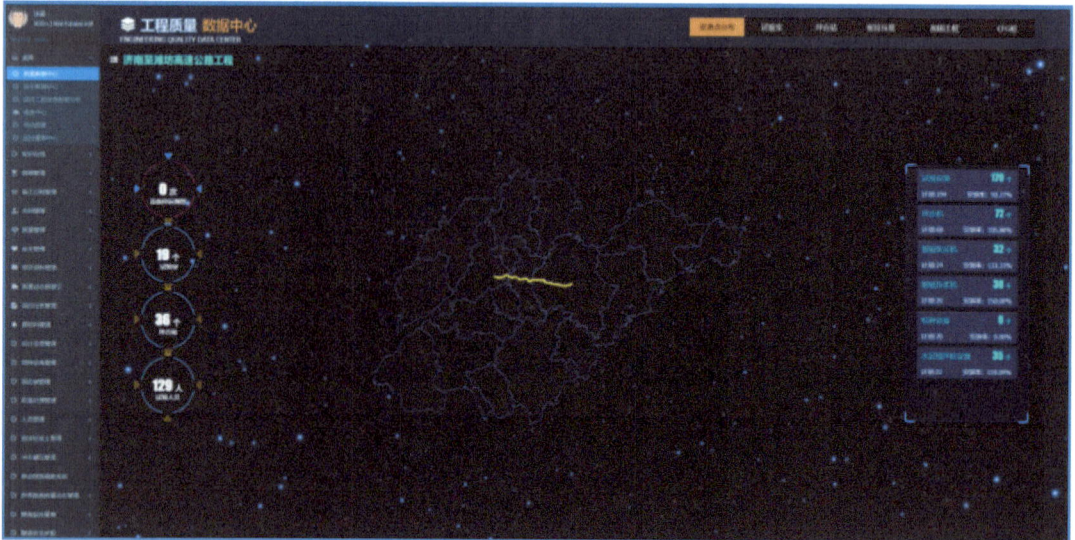

图 2.113　云平台检测

3. 样板引领，对标学习

召开现场正反面观摩会，激励先进、鞭策落后，见图2.114。先后组织场站建设、结构物外观质量、隧道施工、箱梁预制、路面施工等施工现场会，明确工艺、工法，以样板带全线，引领各标段高质量、高标准快速推进工程建设，提升标准化建设水平。通过反面观摩警醒各施工标段、班组，促进标准化施工的积极性、主动性。

图2.114　正反面观摩会现场

4. 狠抓原材料质量并保证品质

项目办狠抓原材料关，以期确保工程品质。杜绝不合格的原材料进场，已进场的坚决清除。对所有进场半成品、成品材料，实行总监办、驻地办、项目部三方共同取样制度，由总监办安排专人负责，统一编号进行盲样检测，检测参数全覆盖，对样品信息、委托检测单位等信息内容严格保密，有效遏制了在样品取样，检测过程中出现不规范的行为，确保了半成品、成品材料检测数据的真实性。对质量不稳定的材料（如塑料波纹管、橡胶支座等）实行重点管控、动态管理，制定下发专项质量控制文件，明确检测指标，更加有效地控制进场材料的质量。

为了进一步加强原材料质量控制，规范试验检测程序，下发《关于明确塑料波纹管相关要求和检测指标的通知》《关于进一步加强对进场波纹管质量控制的通知》《关于进一步加强止水带、防水板进场质量控制的通知》《关于进一步加强土工格栅、土工布进场质量控制的通知》《关于进一步加强支座进场质量控制的通知》《关于对钢筋网片质量管理的工作提示》等文件，采用日常巡查、专项检查等形式对文件执行情况进行督促落实。

5. 严格冬期施工措施

为确保"冬施"工程质量和施工安全，各标段认真编制了《冬期施工方案》，组织专家进行评审，并严格按照经总监办审批的文件组织施工。具体措施见表2.19。

表2.19　冬期施工方案

类别	措施
原材料的保温	混凝土地材置于料仓内，存料仓及上料仓全封闭，料仓门口挂门帘，砂仓设置地暖，并在棚内设置暖气片，保持棚内温度在5℃以上。外加剂设置于暖棚内，棚内设暖气片进行取暖保温，保持棚内温度不低于5℃。输水管、送料带采取遮蔽、包裹等保温措施，尽量减少中间倒运环节，缩短运输时间，减少混凝土施工过程中的热量散失

续表

类别	措施
搅拌机保温	搅拌机采用夹芯保温，彩钢板全部封闭，屋内安装暖气片保温，同时在搅拌混凝土前及停止搅拌后，用热水冲洗搅拌机滚筒
混凝土运输	尽量避开交通高峰期，缩短混凝土运输时间；沿途交叉路口、拐弯处设专人指挥、协调疏导车辆；加强现场调度协调，与拌和站密切配合，保证混凝土运送的连续均衡，避免运输车在施工现场等待时间过长；对混凝土罐车滚筒加设保温护套，对输送管道用保温材料加以包裹
混凝土浇筑	浇筑前清除模板、钢筋上的冰雪和污垢，当环境温度过低时，对模板、钢筋进行加温处理，控制混凝土入模温度不低于 5℃；浇筑混凝土尽量安排在白天气温较高的时段进行；混凝土要分段、分层连续浇筑，中途不得间断，严格控制振捣时间
混凝土养护	混凝土浇筑过程中及完成后，按照各分部工程养护措施有效保温，直至混凝土强度达到拆模强度。预制梁场冬期施工期间设蒸汽养护系统，该系统由供热系统和养护罩系统组成

（二）以党建促建设

项目办坚持党建引领，创造并推广了富有特色、切实有效的"党建共建引领工程建设模式"，为各项工作开展提供坚实的组织保障。同时，按照山东高速基础设施建设公司党委基层党建重点任务要求，项目办充分发挥党支部战斗堡垒作用和党员先锋模范作用，陆续组织了"春季百日大干""夏季攻坚行动""秋季百日大干""冬季攻坚行动"等活动。在此过程中，济潍高速项目涌现出了大量典型人物和先进事迹。项目办通过评选党建共建工程引领示范单位、优秀施工单位、监理单位、优秀班组、最美工匠、最美监理工程师、最美协调员等，充分调动了参建人员和各单位的积极性，掀起了一波又一波的大干热潮，有效地推进了项目工程建设。

第九节 "体系支撑、全员参与、科技助力" 提升工程本质安全水平

济潍高速坚持树立本质安全理念，提升工程安全服务水平，围绕"精细化、智能化安全管控体系""落实广泛性、专业性、组织性安全管控举措""科技助力重点专项工程安全监管"等方面，推进平安工地建设。

一、建立精细化、智能化安全管控体系

项目办以创建"平安工地"为目标，成立了安全生产委员会，先后制定下发了《济南至潍坊高速公路工程施工、监理单位检查考核与奖惩办法》《安全生产管理办法》《安全生产费、环保费使用管理办法》等管理制度及办法，建立了协调统一的安全管理机制，落实了安全生产费用，压实了安全生产责任，加强了对施工单位及监理单位的管理，保障了安全生产工作有序进行。

（1）强化责任到人。项目办同各监理、施工单位主要领导分别签订了年度《安全生产责任书》，并要求各监理、施工单位内部全体在职员工签订《安全生产责任书》，切实将安全生产责任落实到每一个人，见图2.115、图2.116。

图2.115　有限空间作业安全管理台账

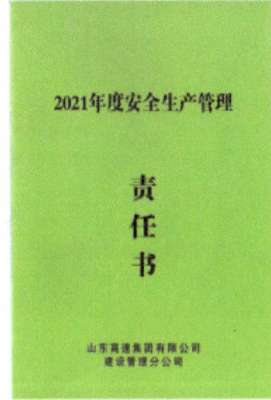

图2.116　安全生产管理责任书

（2）落实晨会制度，推动教育培训。每日召开安全晨会，并将视频上传至安全环保 QQ群；积极组织开展安全生产教育培训活动。项目先后组织安全常识学习 19 次，参与 970 人次；开展安全生产"大讲堂""大家谈""公开课""微课堂"等基层宣讲20场，参与 1 100 人次；制作各类安全宣传产品 30 部；开展"安全技能竞赛"等群众性安全生产活动 20 场，参与980 人次；购买《职工安全知识普及培训教材》1 271 册；参与知识竞赛答题活动，参与 913 人次；宣传推广经验做法 67 个，刊发新闻报道 9 篇。安全晨会视频资料和教育培训大讲堂见图 2.117。

图2.117　安全晨会视频资料和教育培训大讲堂

（3）优化专项方案。项目高度重视安全风险评估工作，委托北京国石安康科技有限公司对全线路堑高边坡工程、桥梁和隧道工程进行施工安全总体风险评估和安全专项评估，督促各监理、施工单位按照评审通过的安全专项评估报告编制专项施工方案，并组织实施。

（4）抓实应急管理。结合各施工单位现场的实际情况，积极开展全方位、全过程、全职工参与的应急演练活动，使参建人员在演练中受到锻炼和教育，提高项目应急处置和协调配合能力，见图 2.118、图 2.119。

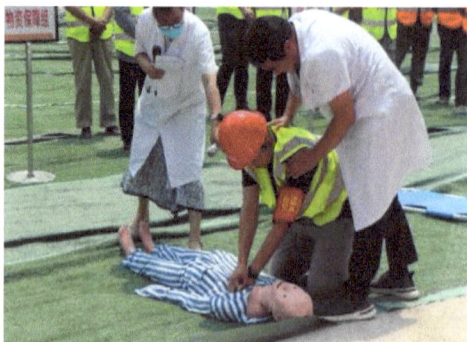
图 2.118　应急演练

图 2.119　应急管理培训会

二、落实广泛性、专业性、组织性安全管控举措

（1）推进安全信息化建设，落实检查整改。利用微信群、随手拍 App 等工作平台，及时发布安全隐患现场信息，在曝光隐患、消除隐患的同时，监督问题落实，提升全员识别和排查安全隐患的能力，切实落实全员安全生产责任。各生产场站、重要节点工程加装在线视频监控系统 160 余套；隧道进出口安装门禁系统、人员定位系统 38 套，见图 2.120、图 2.121。

（2）加强安全生产检查和整改。结合年度安全生产检查计划和工程进展，积极开展定期检查、不定期巡查。登记并建立安全生产事故隐患排查治理台账，确定责任人、验收人，对问题进行跟踪落实整改，整改完成后进行销号。

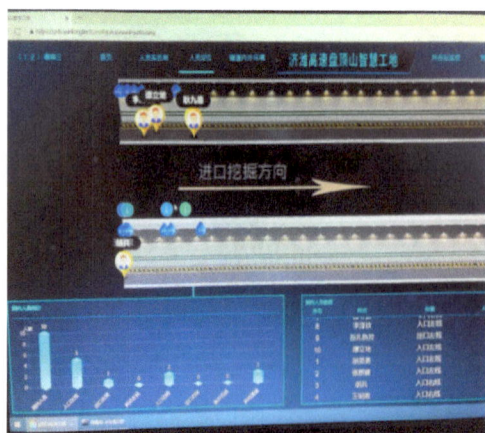
图 2.120　隧道内人员定位系统

图 2.121　隧道门禁系统

严格执行安全风险评估和专项施工方案专家论证制度。对全线路堑高边坡工程、桥梁和隧道工程进行施工安全总体风险评估和安全专项评估，督促各监理、施工单位按照评审通过的安全专项评估报告编制专项施工方案，经专家论证后组织实施。

（3）开展平安工地创建安全咨询。邀请交通运输部安全中心专家对安全施工标准化、平安工地创建等情况进行全面细致的指导检查，强化督导落实，完成平安工地考核评价。

（4）做好安全标准化管理工作。从安全专职人员的数量、特种作业人员是否具备资质等抓起，从安全爬梯标准化、围挡标准化、临时用电标准化、施工平台标准化等硬件设施标准化着手，从特种机械设备的进场管理把关，从高空作业"三宝"、灭火器有效期等小事开始，狠抓安全标准化。

（5）加强双重预防体系建设。为认真贯彻落实上级安全生产有关工作部署，不断完善工程建设安全生产双重预防体系建设，夯实安全风险辨控、隐患排查治理等管控基础，根据上级部署，开展双重预防体系建设活动。通过此项活动，完善了施工安全风险的辨识工作，通过建设工程智慧云平台完成辨控清单的更新，并根据各作业单位风险辨识明细更新施工现场安全风险告知牌。各参建单位根据有关要求及工程实际情况，制定"平安工地"建设活动实施方案，项目办制定平安工地建设检查、考核、奖惩等制度，将平安工地建设情况纳入合同履约管理，落实到施工全过程。一是按照要求组织开展安全生产条件核查，确保本项目安全生产条件达标；二是建立健全安全管理体系，确保风险管控到位、方案执行落实到位、教育交底覆盖到位、设备设施验收到位、应急救援演练到位、涉路手续办理到位、民工保险购买到位；三是定期组织考核评价工作，对监理单位、施工单位"平安工地"建设情况进行监督检查，切实消除事故隐患；四是每季度进行平安工地现场咨询活动。特约专家依据"平安工地"考核标准，对内外业进行核查诊断，帮助各参建单位落实安全生产主体责任，落实风险防控无死角、事故隐患零容忍、安全防护全方位的目标。其中，安全体验馆标准化建设见图2.122。

图 2.122　安全体验馆标准化建设

第十节　绿色生态，打造绿色环保生态高速公路

在济潍高速建设中，参建单位通过创新性建设高速公路绿色能源体系；加强废旧能源、废旧材料的应用，提升废旧材料的应用比例，促进资源循环利用；尽可能利用表土资源、隧道弃渣、废旧胶粉、建筑垃圾和可循环水资源等手段，减少污染，节约资金和材料，实现绿

色发展。主要内容及具体实施方案如下。

一、构建绿化–光伏一体化绿色节能体系

依托高速公路立体空间及沿线管理与服务设施空间资源，构建绿化–光伏一体化绿色节能体系。

1. 新能源供应及车辆充电系统

济潍高速地处鲁中山区，太阳能、风能资源丰富，创新性建设绿色能源体系，为济潍高速的节能持续发展提供支撑。依托高速公路路面空间、立体空间及沿线管理与服务设施空间资源，进行太阳能、风能资源的开发利用以及电动车充电设施的部署建设（见图2.123）。

一方面，在新能源供应方面，根据济潍高速项目特点，结合太阳能、风能产能技术现状，提出济潍高速太阳能、风能产能建设方案，具体包括：

结合服务区、收费站房建，收费天棚、加油站钢结构大棚采用建筑+光伏的模式，构建光伏+建筑的一体化；充分利用走廊带空间资源，构建高速公路+分布式光伏发电系统+风力发电系统；光伏发电采用低压并网、10 kV 高压接入电网或电池储能等多种方式，满足沿线设备及充电桩用电，构建低耗能、绿色运行的高速公路。

用电设备的设计中优先选用高效节能产品，在沿线房建场区、隧道等需要照明的场所，选用高光效、节能型 LED 光源，降低用户侧使用能耗。

高速公路服务区太阳能系统在建设中，要确保所有太阳能电池组件都在阳光下进行普照，进而输出最大的能量。光伏声屏障不可安装在道路内侧，避免眩光影响；根据路域景观需求选择合适透光度和颜色的光伏薄膜产品；根据高低路基和路堑及边坡植被判断，声屏障屏体底面至地面 1 m 内不建议设置光伏发电单元；全封闭声屏障建设时，顶篷可考虑透光率较大的光伏薄膜单元与玻璃单元共同铺设，保证照明亮度。临朐以东风力资源较为丰富，目前路线两侧已建成或规划了多处风电场，为风能资源的开发利用提供有利条件。

图 2.123　服务区绿色能源供给

另一方面，在车辆充电系统中，考虑到电动汽车充电技术的成熟度和未来发展趋势，以及充电设施选址的影响因素，济潍高速电动车充电系统建设方案为：成熟技术应用推广类，

高速公路服务区充电桩系统；新技术新材料研发与示范类，高速公路服务静态无线充电示范建设系统。

电动汽车充电系统建设过程中应考虑以下几点内容：济潍高速电动汽车充电基础设施建设和沿线电力配送体系应能支撑电动汽车巨大的电能需求，同时电动汽车电能需求也将影响供电系统中充电方式及导线、开关和变压器等设施的选择，必须确保电能需求与供电设施匹配，以保证电力系统安全运行。济潍高速电动汽车充能设施的布局，应符合充电站服务半径要求，电动汽车动力电池是影响充电站服务半径的关键因素。目前电动汽车电池的理论单次充电行驶里程在 150～200 km，考虑电池的衰减、交通拥堵等现实因素，从保证电动汽车使用者连续行驶角度出发，初期充电站的服务半径应以电动汽车单次充电行驶里程 80～100 km 计算。电动汽车充电设施选址宜接近供电电源端，兼顾电网规划要求，并与电网规划、建设及改造密切结合，以满足电力系统对电力平衡、供电可靠性、电能质量、自动化等方面的要求，见图 2.124。

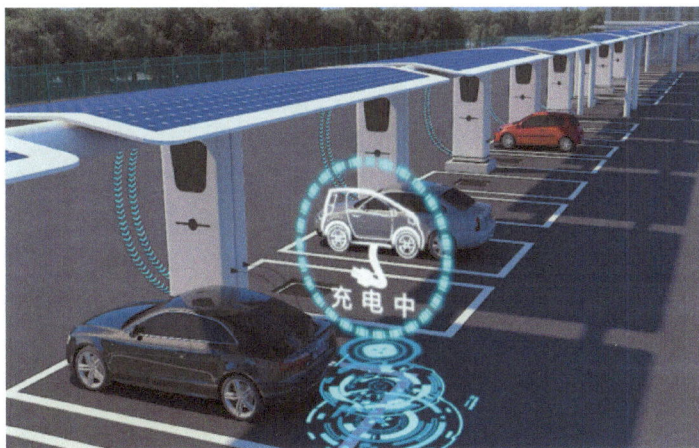

图 2.124　绿色充电系统

2. 智慧生态厕所+智慧水务

在智慧生态厕所方面，公共厕所相信大家都不陌生，但是智慧生态厕所与常规厕所有很大不同：它无须水冲，无须开挖地面；无须铺设排污管道，无异味；无须挖建化粪池，具有对粪尿快速高效的处理能力，能够快速升温和发酵；相对于其他生态厕所，能耗极低，每日使用，每蹲位耗电小于 1.5 度，无电的情况下可配置太阳能供电系统或无能耗供电系统；可以变废为宝，将废物转变为无害的生物有机肥，其中氮 4.30%、磷 1.06%、钾 03%、有机物总量 79.2%，pH 值 8.25；所需载体获取方便，成本低，秸秆、木屑等都可以成为微生物良好的载体；能有效控制异味，即使在连续不间断有人使用的情况下依旧正常运行；微生物遗传性稳定，繁殖过程不产生变异，无毒、无害，对活体及生态安全；能有效抗冻，其中微生物生存能力强，能在−55～75 ℃环境中生存；厕所也有防冻设计，适合北方干旱冬寒地区；安装和运行方便，只需地面平整、可接电源即可，无须化粪池、下水管道、自来水管道等；运行后按所用人数在三到五个月出料即可，方便快捷；微生物菌种已通过中国典型培养物保藏中心保藏并检测和上海市环境保护微生物菌剂应用的环境安全性评价。

在智慧水务方面，通过数采仪、无线网络、水质水压表等在线监测设备实时感知供排水系统的运行状态，采用可视化的方式有机整合水务管理部门与供排水设施，形成"水务物联网"，并可将海量水务信息进行及时分析与处理，做出相应的处理结果辅助决策建议，以更加精细和动态的方式管理水务系统的整个生产、管理和服务流程，从而达到"智慧"的状态。和以往的技术手段相比，物联网智能水务示范项目具有无可比拟的优越性，物联网智能水务让管网调度更科学、更高效。打开管网优化调度系统操作平台，就能清楚地看到各位置的供水和用水情况，可以根据监测的实时数据和历史数据，对用水量进行预测，产生优化调度方案，辅助调度人员决策采用何种优化调度方案，保障用水。

3. 基于光热光伏的无机热管桥面融冰雪系统

目前桥面常用的除冰雪技术主要为被动除冰雪技术，通过机械清除、撒布除雪剂等方式进行桥面除冰雪。该系统可解决冬季雨雪天气带来的大桥交通安全及桥面冻胀等问题，实现高速公路桥梁主动、环保防御冰雪，有效改善冬季雨雪天气的路面行车条件、道路运营效率，降低交通事故率，延长道路路面使用寿命。

在桥面水泥混凝土找平层顶部（考虑后期沥青混凝土面层铣刨问题）铺设无机热导管，通过对无机热导管的温度控制实现桥面调温，达到桥面融雪化冰的目的，其中无机热导管的原始热源为绿色的太阳能光热。考虑到冬季雨雪天气太阳光照不足，配备了储热子系统，提前将收集的太阳能光热存储起来，在预测、监测到降雪结冰时自动开启控制系统，利用换热器将储热装置较高温度的水二次换热到指定温度，并输送至无机热导管加热端进行加热，实现桥面的融雪化冰。对于多日连续雨雪天气导致系统储热不足的情况，将启动电网辅助加热系统（拟实现即开即热功能），保证全天候的除冰融雪能力。同时，在该系统基础上附加光伏系统，实现光电转化，储存电能，供给系统运行（主要是循环泵及临时照明）所需能耗，实现系统运行的自给自足，多余电能升压并网。系统构建图见图 2.125。

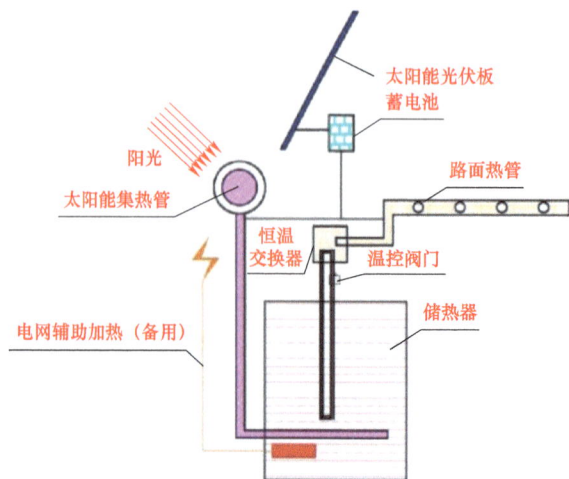

图 2.125 无机热导管桥面融冰雪系统构建图

二、植物纤维毯技术

植物纤维毯是一项生态边坡防护和生态环境修复技术，主要利用稻、麦等秸秆或亚麻、椰壳纤维、杂草等作为基底，在毯中混合草种、营养剂等机械加工成的植物纤维毯，用于控制坡面侵蚀并恢复植被的一种完全生态建设产品技术。

植物纤维毯结构为上下两层固定网夹持植物纤维层缝合形成的毯状物，见图2.126。

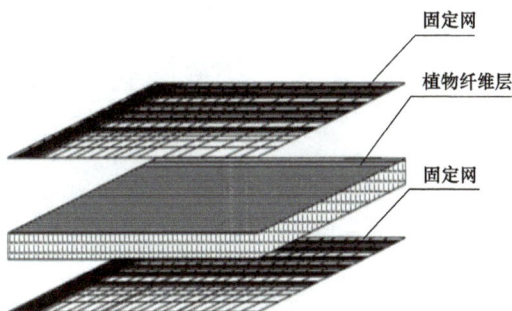

图 2.126　植物纤维毯典型结构示意图

植物纤维毯主要参数包含：抗拉强度、每平方米克重、纤维材质、固定网材质、尺寸、包装等。设计应用时应根据实际项目情况选择合适型号规格的产品。

外观要求如下：产品颜色应均匀一致，植物纤维应无腐败霉变及油污现象；上下网格应排列整齐、均匀一致，网格应无断裂，绗缝针行距应疏密一致；植物纤维毯包装密实、不松散，边缘收边平整；铺设后植物纤维应均匀平整。

尺寸要求如下：宽度宜不小于 2.4 m，单卷长度宜不小于 50 m，固定网网孔中心净空尺寸宜大于 1 cm。

拉伸强度要求如下：植物纤维毯受外力拉伸直至断裂时，每单位宽度所产生的最大抗变形力，单位为千牛每米（kN/m），最小拉力应保证不小于 2.5 kN/m。

行距要求如下：植物纤维毯绗缝针行距宜小于 6 cm，缝线均匀紧致。

单位面积质量要求如下：植物纤维毯单位面积质量，以 260～280 g/m^2 为宜。

均匀度要求如下：植物纤维毯单位面积质量的均匀性及不同类植物纤维混合均匀性，分别以单位面积质量变异系数、植物纤维组分单位面积质量变异系数表示。

植物纤维毯施工工艺流程见图2.127。

图 2.127　植物纤维毯施工工艺流程

在人工修坡方面，人工修整坡面使用钉耙和铁锹将坡面修整平整，同时去除坡上大的石子石块，松弛土壤。

另外，在木纤维喷播方面，将木纤维、草、花种子、黏合剂、保湿剂、有机肥、复合肥等按一定的比例混合，加水搅拌。混合均匀后依据机械液压原理将其木纤维混合料喷播附着在所要绿化的边坡上，见图2.128。

图 2.128　喷播示意图

对于铺设纤维毯，需要沿着路肩开挖一条深 20 cm 以上沟槽，将纤维毯折叠后用 U 形钉固定于沟底后填埋、整平，将植物纤维毯沿坡面铺设至坡底，保持纤维毯平整且贴合坡面，用 U 形钉固定纤维毯于边坡。两张植物纤维毯之间进行 10 cm 的搭接，搭接处和边缘应使用 U 形钉加强固定，铺设完毕后不允许随便揭开（临时或永久泄水槽位置除外），沿坡脚填埋纤维毯边缘，见图2.129。

图 2.129　铺设植物纤维毯

而对于后期养护来说，出芽期要求整体、全方位地浇一遍透水，以利种子萌芽，然后保持每天浇水两次至种子全部出芽；幼苗期时，视气候情况，每隔 1～3 天洒水养护一次，保证毯下 20 cm 深度土层始终保持湿润，以利出苗和齐苗；在生长期时，可逐渐减少浇水次数，并可根据降水情况加以调整。最好安排在下午浇水，一次性浇足浇透，浇水标准为达到湿透土层 10 cm 以上，见图2.130。定期观察植物生长情况，做好除虫、补肥工作。

图 2.130　植物纤维毯后期养护

三、生态环保，推行绿色发展理念

1. 加强施工过程管理，压实环保责任

项目严格落实国务院下发的《关于全面加强生态环境保护 坚决打好污染防治攻坚战的意见》和《山东省交通运输建设工程施工扬尘防治导则》等文件要求，推行绿色施工理念，压实各参建单位环保主体责任，确保环保工作落实到位。认真贯彻落实上级关于环保问题综合整治攻坚工作的文件要求，强化现场环保监督力度，狠抓扬尘治理工作，积极配合当地环保部门开展全线扬尘治理工作，严格落实施工现场"六个百分之百"的要求。严格按照山东省交通运输厅和生态环境厅的有关要求，认真落实重污染天气条件下的各项应急保障措施，建立扬尘控制责任制度。制定《济南至潍坊高速公路工程环保费使用管理办法》，加大对环保费使用情况的监督检查力度。各施工单位按照有关规定和环保施工标准提取，专门用于落实环保施工措施。

2. 推行绿色发展理念，加强环保文明施工

为贯彻落实政府、集团公司关于扬尘治理工作要求，抓好项目扬尘防治，降低施工扬尘污染，结合工程实际，项目成立了节能环保领导小组，各项目部也成立了以项目经理为组长的环保能源工作领导小组、扬尘专项治理领导小组；规范和加强了项目节能减排工作制度化管理，并梳理节能减排管理办法、安全环保考核办法、环境保护管理办法等规章制度，制定了重污染天气应急预案、环境保护实施方案、扬尘治理防治专项方案、渣土车专项整治实施方案和环境保护管理制度；结合施工实际提前下发相关提示文件，要求各项目部组织全体员工进行学习，进一步提升全员节能环保意识。

安全文明施工具体做法如下：

根据隧道施工安全管理系统，隧道施工依托物联网设备，对施工现场的人、机械、设备、环境进行实时监督管控，对施工现场即将出现以及正在进行的风险进行预警，通过人员实名制管理、隧道内人员定位、AI 行为识别分析、应急电话、广播系统、视频监控、隧道外扬尘监测、隧道内危险气体监控等技术手段为隧道施工全过程的安全管理保驾护航，见图 2.131～图 2.135。

图 2.131　人行闸机及违禁物品存放柜

图 2.132　隧道门禁系统

图 2.133　AI 视频监控系统

图 2.134　实时精准定位地图

图 2.135　AI 行为识别

利用有毒有害气体检测仪检测，有害气体空气检测主要检测洞内甲烷、一氧化碳、硫化氢等有害气体的数值。有害气体空气检测与隧道精准人员定位系统进行合并，所显示的空气质量数值会在人员定位系统大屏幕上进行实时更新显示。通过有害气体空气检测可以直观看出洞内空气质量。同时为了更加准确测量洞内任意位置气体浓度，还配备了便携式四合一气体检测仪，充分保障洞内空气质量达标，从而保障洞内作业人员的职业健康安全，见图2.136、图2.137。

图2.136 隧道气体监测系统

图2.137 便携式四合一气体检测仪

安装安全语音提示器。在施工现场、拌和站进出口等位置安装声光语音提示器，自动播放安全警示语，注意施工现场安全，文明施工，提高过往车辆和人员的警惕性，见图2.138。

图2.138 安全语音提示器

隧道内施工标准化。针对隧道内交叉施工，施行人车分离通道，安装环形灯带、洞内灯箱、LED超速提示牌、施工台车等，保障作业人员的安全，见图2.139～图2.142。

图2.139 人车分离通道

图2.140 LED超速提示牌

图 2.141　洞内灯箱、灯带

图 2.142　施工台车

设置安全积分超市。为调动现场作业人员对安全知识学习的积极性，规范安全文明施工行为，减少施工过程中的违章行为，各项目部组织开展积分换奖品活动，以超市购物方式用安全积分兑换所需用品，极大提高了作业人员安全文明施工的积极性，见图 2.143。

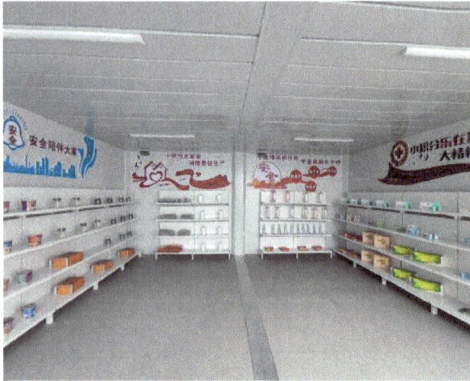

图 2.143　安全文明积分超市商品兑换登记

设置配电箱防护棚及气瓶存放棚，提高了临时用电安全管理及气瓶存放安全管理，见图 2.144、图 2.145。

图 2.144　二级配电箱防护棚

图 2.145　气瓶存放棚

使用左右幅横跨通道。创新使用横跨左右幅的安全通道，解决了施工现场作业人员通过桥梁中分带时经常随意扳倒护栏预埋筋，使用方木、竹胶板等问题，又保护了桥梁护栏预埋筋，且可多次周转使用，见图2.146。

图 2.146 左右幅横跨通道

使用安全梯笼及施工安全平台。统一使用标准安全梯笼和施工安全平台，保障施工人员安全，减少意外的发生，见图2.147、图2.148。

图 2.147 标准安全梯笼

图 2.148 施工安全平台

使用临边护栏及湿接缝盖板。拼装式临边护栏、湿接缝盖板，具有外形统一美观、整体牢固、便于安拆的优点，同时可以实现临边护栏的重复利用，降低成本，见图2.149～图2.152。

图 2.149 基坑安全防护

图 2.150 临水临崖段防护

图 2.151　高处临边防护

图 2.152　梁板湿接缝处定制化防护

搭建墩柱"井字架"作业平台。推行墩柱施工"井字架"作业平台，平台铺设防滑板，搭建施工作业爬梯、临边围挡，同时结合高墩翻模施工工艺，在提高工作效率的同时有效保障高墩施工作业人员的施工安全，见图 2.153。

图 2.153　高墩"井字架"作业平台

涉路施工安全防护。施工现场在搭设通行门洞防护棚和现浇支撑体系前，组织专家进行施工组织方案及交通组织方案评审，施工现场设置防疲劳激光灯、声光报警器、测速仪、太阳能导向标、导向灯带等警示设施，警示导向通行车辆，避免事故发生。

钢筋加工"工厂化"。建设标准化钢筋加工棚，采用集中加工配送，棚顶设置透明采光瓦，科学设置各功能区、人车隔离设施，使用数控钢筋弯曲机、数控钢筋笼滚焊机、锯切套丝一体机等，设置检查平台，做到加工与施工互不干扰，在提高工作效率的同时保障施工作业人员的安全，见图 2.154～图 2.160。

图 2.154　跨路施工安全防护措施

图 2.155　检查参观平台

图 2.156　数控钢筋笼滚焊机

图 2.157　数控钢筋弯曲机

图 2.158　锯切套丝一体机

图 2.159　成品存放区

图 2.160　钢筋加工胎架

第三章 质量全过程控制

第一节 质量管理概述

济潍高速立足新发展阶段，贯彻新发展理念，构建新发展格局，围绕质量管理体系、质量教育培训、工程实体质量把控、原材料检验、应用先进设备等方面，积极开展了质量管控，不仅树立起质量第一的意识，还有效促进了工程质量水平的提升。

1. 加强组织领导，优化质量体系

落实工程质量责任，建立健全工程质量管理体系，制定《监理、施工单位检查考核与奖惩办法》《工程质量管理办法》等各项质量管理制度办法，加大考核力度，做到奖优罚劣、奖勤罚懒，不断促进各单位质量管控的积极性。

2. 开展样板引领，对标学习先进

召开现场正反观摩会，树立正面和反面的施工典型，激励先进，鞭策落后。先后组织场站建设、结构物外观质量、隧道施工、箱梁预制、路面施工等施工现场会，明确工艺、工法，以样板带全线，引领高质量、高标准快速推进工程建设，提升标准化建设水平，促进标准化施工的主观能动性。

3. 强化质量教育培训

组织各参建单位参加公路工程竣（交）工验收暨工程质量检验评定培训、沥青路面施工交流培训和"精于品质、韵于匠心"高速公路精细化管理经验交流培训等活动，提升全员质量意识，提升质量管控水平，引导质量管控良好态势。

4. 严格把关原材料检测

济潍高速对所有成品、半成品材料施行盲样检测制度，监理、施工单位共同取样，盲样委外检测时对被检测单位的信息进行严格保密，遏制了在样品取样、检测过程中出现不规范的行为，确保了半成品、成品材料检测数据的真实性。对质量不稳定的材料（如塑料波纹管、橡胶支座等）实行重点管控、动态管理。所有拌和站配备原材料检测工作台，执行每车必检制度，同时不定期对原材料、半成品、成品材料等进行检查，并针对检查发现的问题立即进行督促整改，对检测不合格原材料进行清场处理，并将不合格材料情况上传至建设工程智慧云平台系统。

5. 严抓实体工程质量控制

济潍高速高度重视路面和隧道等实体工程的质量控制，以原材料质量控制和施工工艺控制为抓手，完善了路面施工中原材拌制、运输、现场摊铺、碾压、养生等关键环节的质量控制要点，细化了隧道施工中开挖、初支、仰拱、防排水、二次衬砌等关键环节的质量控制要

点。同时，利用智慧云平台，实现浆喷桩、拌和站等施工数据实时上传和手机 App 远程监控，提升质量动态管控水平，共同助力济潍高速提质增效。

6. 应用先进设备，提升质量水平

济潍高速实现沥青路面无人智慧化施工，在人工智能、5G、高精定位、激光避障雷达等多项技术的支撑下，施工现场 1 台摊铺机和 5 台压路机在无人驾驶的状态下按照设定速度匀速前进，真正实现了智慧化联合作业。无人摊铺可实现昼夜施工，减少施工操作人员 50% 以上，提高了施工效率。同时为提高桥面铺装平整度，中桥及以上桥面铺装采用激光混凝土摊铺机单幅全宽施工，实现摊铺、压实质量的实质提升，有效保证桥面铺装工效及品质。

7. 抓好沥青路面专项提升

济潍高速着力提高路面耐久性、舒适性和品质化水平，1～5 标引进长安大学、6～10 标引进山东省交通科学研究院提供技术服务，通过加强原材料质量管理、优化配合比设计、强化拌和站管理、严格施工工艺等各环节的质量要点控制，做到沥青面层压实度、厚度、平整度整体提升，同时基本消除明显离析现象。

8. 把控混凝土结构物外观质量

针对前期墩柱、箱梁、小结构物等混凝土工程外观质量存在的问题，召开专题研讨会并积极引进第三方技术服务团队驻场进行指导，混凝土外观及内在质量有了很大提升，真正做到了内实外美。

9. 积极开展技能竞赛，弘扬工匠精神

济潍高速项目办在山东省"技能兴鲁"职业大赛中荣获"优秀组织奖"，9 标段张忠亮获得测量员二等奖，1 标段闫峰获得电工二等奖，5 标段黎林、邓钞峻获得测量员三等奖，1 标段袁卫东获得电工三等奖。这些成绩极大鼓舞了全体技术人员"专研业务、精益求精"的精神，在项目上掀起了技能训练的热潮。

10. 施行标准化施工

推进工程施工标准化，统筹规划施工场站建设规模、标准，从方案审批、场站验收、过程督导等全过程进行控制，全面实现建设项目标准化；积极推广标准化设计、工厂化生产、信息化施工（信息化推广应用）、智能化建造，践行品质工程。

11. 推行智能化质量控制新模式

利用信息化平台，建立从原材料控制、配合比设计、施工质量一体化监控等方面，构建"终端+云端+大数据"的施工质量智能化管控新模式，大大提高了质量控制的工作效率，进一步促进了质量管理水平的提升。

12. 贯彻全过程技术服务模式

不仅委托专家团队开展路面全过程技术咨询，针对不同路面结构，应用新材料、新工艺等技术，解决施工期间的技术难题，促进路面施工质量提升，还委托专家团队开展桥隧全过程技术咨询，重点解决大体积混凝土控裂、低碳绿色混凝土研制、冬季施工质量控制、外观提升和耐久性保障的施工难题，促进水泥混凝土品质提升。

13. 积极开展比对试验

济潍高速各参建单位以高标准、高要求、科学客观和严谨公正的工作态度，积极响应省厅事务中心联合山东省交通科学研究院下发的 2022 年度比对试验相关工作要求，于 9 月 26 日至 9 月 30 日完成了集料压碎值和水泥比表面积的比对试验，有效践行完善了试验室质量控

制和质量保证措施。

第二节 智慧云平台助力全过程项目管理

智慧建设过程涉及多种技术集成。为增强企业对公路工程建设项目的核心管控力，济潍高速构建适用于各阶段应用的编码标准和数字化交付体系，打造以企业决策和项目管控为目标的智慧建设协同管理平台，可推进各项技术在智慧高速公路工程建设上的融合应用，提升现有工程项目的设计水平、施工安全、建设质量及管理效率。该平台对各建设项目重点数据进行整合分析，助力项目调度及重大问题决策；深入项目现场管理全过程，通过现场数据采集、标准流程管理及实施过程管控，最终实现从工程设计到项目管理、施工建造的全过程数据流转。

具体内容包括：运用数字化、信息化、智能化等手段，采用大数据、物联网等管控技术，并充分发挥其可视化、信息化特征，结合项目投资、进度、安全、质量等业务管理需求，融合业务管理理念，实现多元信息融合展示、过程数据积累、数字资产，向运维期高效传递。

一、投资管控

高速公路工程项目多、线路长、投资高。为解决投资管控中的痛点、难点，管理平台通过构建工程投资全过程管理体系，从计量管控和工序报验入手，开展项目在线计量支付工作，实现投资费用清单级反查，保障计量支付工作的精细化和严密性。同时将工程实体的工序报验信息与计量数据关联，工程计量与工程进展的信息同步，确保计量款申报凭证真实、完整。计量支付与工序报验两者相辅相成，保障工程项目资金管理阳光、透明。

（一）计量管控

目前，在开展信息化计量工作时，因质检资料提供不及时导致信息化计量工效较低时有发生。针对上述问题，结合现阶段工程行业"工程项目精细化管理"的理念，开发应用了自动化计量模式。通过信息化手段构建兼容多种计量管控模式和计量支付功能，实现了对专项工程、重点工程的合同计量、材料计量、清单计量、分解计量、工序计量等。计量支付管控工作的在线开展，确保工程计量不超计、不漏计，报表统一、流程严谨。

自动化计量模式以计量业务为抓手，将施工过程精细化、质检资料电子化、进度统计自动化等业务内容有机结合，在预制场、特大桥、隧道等重点施工中，创新应用"工序+自动化计量"模式，通过施工现场影像及实测数据采集、关键工序作业人员信息采集、关键工序控制、关键质检资料在线生成、工程实体计量自动控制等方式，实现项目主要结构物计量的及时性、实时性、高效性。结合移动端工序报验功能生成的质检资料，自动与对应工程部位关联，作为计量支付的凭证，在工序中预设计量控制节点和比例，对应工序经验收后，即可触发计量控制条件。施工方可以对具备计量条件的工程部位一键生成计量单，大大减少计量支付前置工作周期，提升计量支付工作效率，见图3.1。

在广泛开展计量管控信息化基础上，通过 BIM 协同平台在数据层对接计量系统业务数据，实现一次填报，多平台、多场景应用，既可以在传统计量系统中计量业务，也可以在 BIM 平台中实现计量数据与 BIM 模型的结合，达到形象化展示、智慧化管理的目的。面向项目可

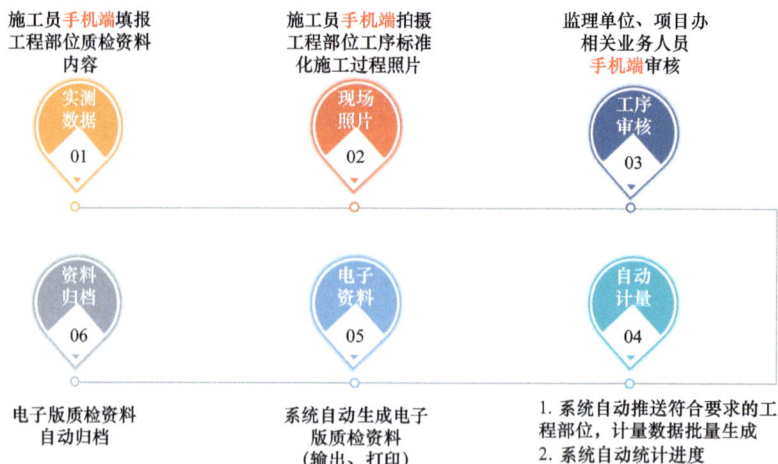

施工员**手机端**填报
工程部位质检资料
内容

实测
数据

01

施工员**手机端**拍摄
工程部位工序标准
化施工过程照片

现场
照片

02

监理单位、项目办
相关业务人员
手机端审核

工序
审核

03

资料
归档

06

电子
资料

05

自动
计量

04

电子版质检资料
自动归档

系统自动生成电子
版质检资料
（输出、打印）

1. 系统自动推送符合要求的工
程部位，计量数据批量生成
2. 系统自动统计进度

图 3.1   自动化计量开展流程

视化管控需求，将计量数据与 BIM 模型构件进行关联映射，以数据状态驱动 BIM 模型渲染着色，及时把握工程进展，自定义预警机制，分析对比实际数据与计划数据，结合预警机制对异常数据进行预警，实时调度。采用 BIM 模型构件图元，可实现数据的实时同步调取、应用、查看；利用计量数据，可驱动 BIM 模型图元渲染状态改变，为数据分析与挖掘、展示提供支撑；通过模型渲染着色，可以查看任意时间段内的计量情况，形象直观地表达出该时间段内的计量情况，超计、漏计情况一目了然，见图 3.2。

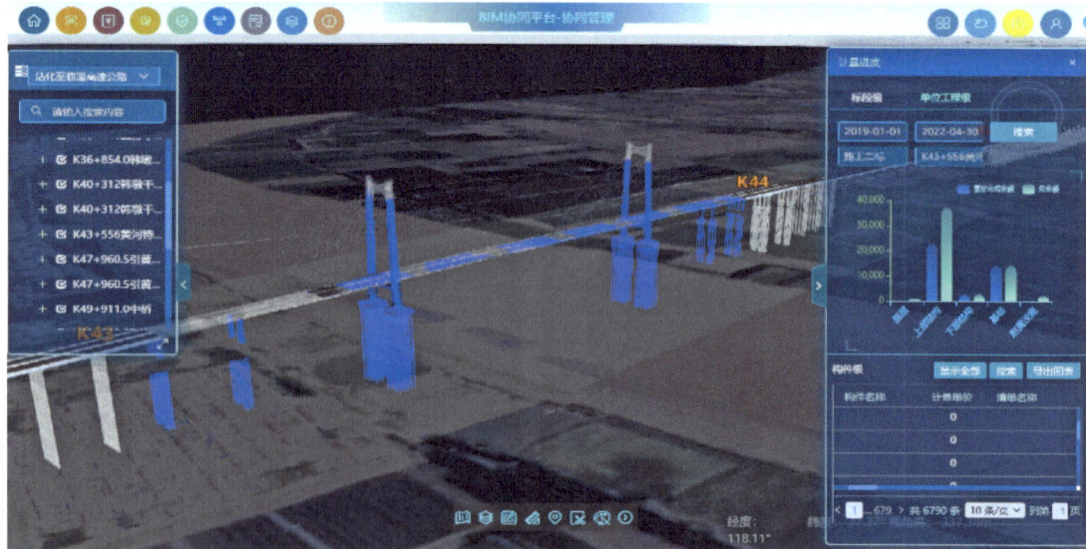

图 3.2   BIM 计量进度

（二）工序报验

为实现施工过程的网格化在线管理，现场人员可通过移动端全程采集质量检测数据、人员信息、影像资料等施工信息，实现工序报验的流程化控制。工序报验与计量管控基于统一

WBS 信息同步，保障工程款申报真实、准确、合规，提升投资控制的精细化水平。BIM 协同平台在数据层对接工序报验业务数据，实现一次填报和多平台多场景应用，既可以在传统信息系统中进行工序报验业务，也可以在 BIM 平台中实现工序数据与 BIM 模型的结合，完成形象化展示和精准智慧化管理。

二、进度管控

传统进度管控，一般以各级参建单位填报各类计划和进度报表的方式为主，并逐级汇总至决策层，存在工作量大、时效性低、精度不足等问题。在多项目的进度管控时，传统手段的短板更为明显。为进一步提升项目群模式下的进度管控能力，管理平台结合业务特性，开展进度管控信息化管理，对进度管控中的编码应用和填报口径进行统一，实现自助式的进度分析。

基于统一编码的应用，建立统一的编码体系和数据接口，打通单位工程、分部工程、分项工程至子分项工程的映射关系，实现数据"一处填报、多表引用"，并由手工逐级统计汇总转变为系统自动汇总，降低参建单位的统计工作量，提高统计的效率和精度。同时，统一数据填报方式和频率，将进度填报从时间维度细化到天，从管理维度细化到子分项。每日由施工单位填报具体子分项工程的完成内容，系统自动汇总成日、周、旬、月等报表；子分项工程按照既定的编码层级，自动汇总至分项、分部、单位工程。

根据管理层级不同，各项目进度数据可形成各层级对应的工程进度数据中心，实现自助式的进度统计。进度统计工作不再受制于既定表格中统计项和统计周期的约束，可以自定义统计时间区间与统计口径，实现自助式数据钻取与汇总分析。通过进度和费用智能化对比分析技术，完成项目、标段、章节、统计项的逐级数据挖掘，实现进度与计量的平行对比、偏差预警，为项目决策提供及时有效的依据，见图 3.3。

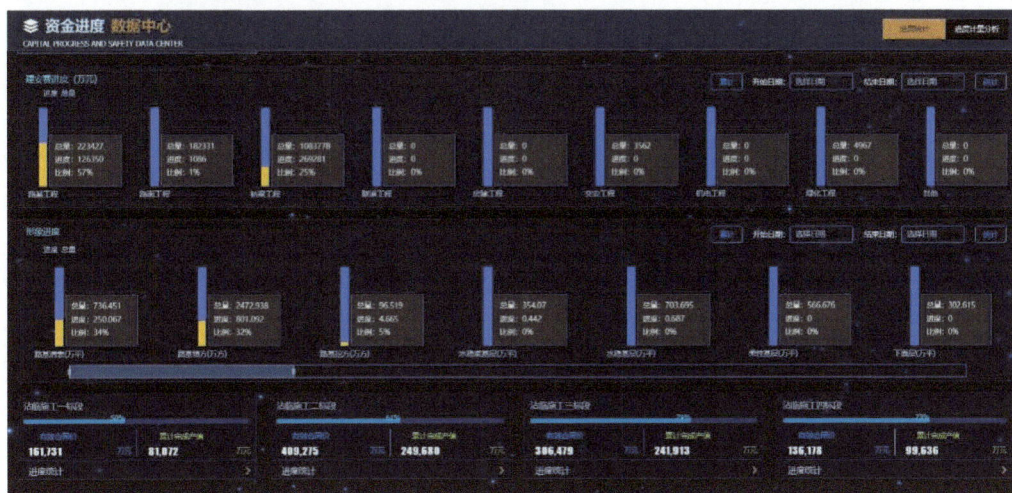

图 3.3　工程资金进度数据中心示意图

三、安全管控

传统的安全管控手段存在专业管理力量薄弱、管控机制不健全、管控效能低、安全责任落实不到位等问题。为加快推进信息技术和安全生产深度融合，提升安全生产风险感知评估、安全隐患排查化解、监测预警和响应处置能力，基于"互联网+"平台化思维融合新技术应用，结合安全生产管理现实需求，健全风险分级管控和隐患排查治理双重预防体系，围绕隧道专项危大工程安全风险管理要素，构建智慧安全管控平台，实现安全管控手段数字化转型、智能化升级。

（一）双重预防体系

针对安全生产领域"认不清、想不到"的突出问题，采用数字化手段，赋能安全双重预防体系建设，形成风险辨识管控在前、隐患排查治理在后的"两道防线"。一是实行安全风险辨识分级管控清单线上报备。施工单位通过建设工程智慧云平台，每季度对本合同段施工现场各作业单位进行安全风险动态辨识、更新，自动生成风险辨控清单、重大风险源清单等，保证风险分级管控清单的及时性和有效性，实现各项目、各标段风险分级管控情况随时查看。二是利用"山东高速工管通 App"，实现线上隐患排查治理及整改闭合管理工作。项目办、监理及施工单位均可通过现场拍照记录，发送给整改人员；整改人员整改后，通过 App 将整改后的照片上传给排查人员；排查人员审核通过整改，闭合隐患排查工作，并自动生成隐患排查治理台账、施工单位巡视日志等，见图3.4。

图 3.4　基于移动端的安全巡查流程

（二）安全咨询

为加强项目安全业务内外业的管理，聘请安全专家对安全工作提供咨询指导，对发现的安全问题清单和整改建议，及时在系统登记，指导施工单位将安全问题及时整改，监理闭环核查，系统自动生成报表留存。通过季度安全咨询活动，提高参建单位安全制度的贯彻力度、安全问题的认识分析意识，提高项目各参建单位安全工作业务知识水平、安全问题的识别能力、安全整改结果的判断能力。

（三）人员管理

通过推广使用智能安全帽、随手拍 App 及强化安全人员业务培训，形成智慧化的人员管理流程机制，见图 3.5、图 3.6。智能安全帽可实现人员定位、佩戴状态检测、语音通信对讲、本地视频存储等功能，提高施工现场人员的人身安全及巡查联动能力。随手拍面向公众开放，公众可利用手机和移动互联网，随时上传现场隐患图片，并提交相关单位确认和整改，督促工程参建人员履职尽责，提升安全管理水平。由企业创建安全风险库、安全视频库等知识库，采用人员实名制管理，组织在线学习、在线考试，实现安全生产知识普及，提升现场人员安全意识和安全技能，见图 3.7。

图 3.5　智能安全帽　　　　　　　　　图 3.6　随手拍 App

图 3.7　基于安全知识库的在线学习示意图

（四）特种设备管理

为实现对重点特种设备的全过程管控，确保设备进场手续资料合规、完整，开发应用了特种设备管理模块。通过系统模块的应用，可以对重点特种设备运行维保情况，进行定期巡视巡查和拍照记录，并可在线查询，确保特种设备处于健康的使用状态；通过对特种设备安装物联采集仪器，监测特种设备是否正常运行，并将特种设备开关机短信发送至管理人员手机，实时掌控设备的运行状态；完整记录特种设备和特种操作人员证照信息，形成"一机一档""一人一档"管理台账，保障人证合一、合规作业，避免无证操作，切实提高特种设备使用的安全管控水平。通过系统应用，建立了特种设备管理制度清单、特种设备在场明细清单、特种设备操作清单、特种设备档案清单、特种作业人员清单共 5 张清单，实现了特种设备清单化管控。

（五）隧道专项管理

为规范隧道施工过程中的超前地质预报资料管理，探明隧道工程复杂地质条件和不良地质范围，强化隧道施工安全风险管控，降低隧道施工阶段由不良地质引发的安全风险，开发隧道超前地质预报系统，对隧道超前地质预报实现全项目监管。针对超前地质预报监管痛点，实现检测数据可视化展示、检测频率预警、过程数据导入或采集、检测报告上传等功能。依托超前地质预报原始数据文件，保证了预报数据的真实和有效。系统将预报数据自动汇总分析，对复杂数据进行重点提取和可视化数据展示，同时实现了隧道超前地质预报与隧道监控量测和安全步距的联动结合，实现系统内隧道施工进度、隧道开挖情况与超前地质预报数据的实时同步，帮助预防隧道施工风险，见图3.8、图3.9。

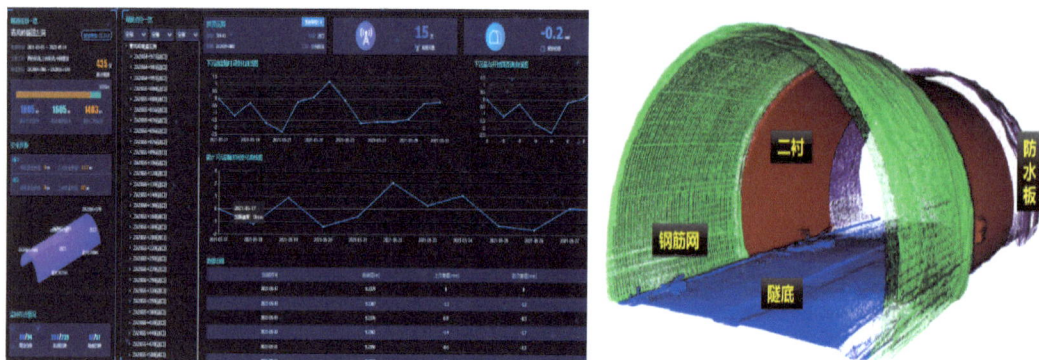

图 3.8　隧道监控量测及安全步距视图

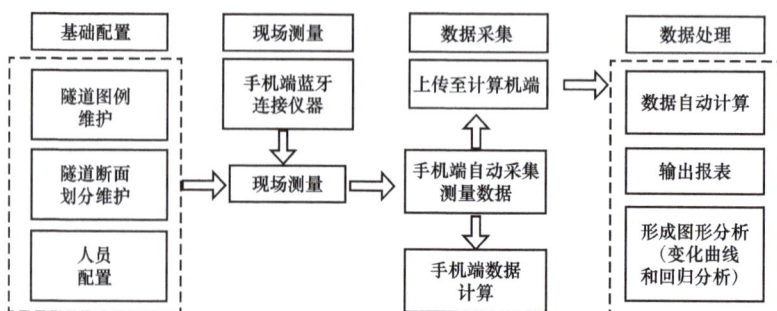

图 3.9　隧道监控量测信息化业务流程图

四、质量管控

传统的质量管理存在施工过程数据链信息不全、试验室职能发挥不力、关键工序报验不足、隐蔽工程监管薄弱等问题。为提高现场质量管控水平，通过搭建智慧质量管控平台，打通施工全过程数据链，实现施工过程各环节的智能化、信息化管理，构建全过程数字化质量管理模式，建立覆盖材料进场、检测、施工、验收等全过程的质量数据关联模型，做到事前预警、事中常态检测和事后规范管理。

（一）质量追溯体系

为解决传统施工中经常出现的关键信息脱节、质量问题难以追溯、工序报验不及时等问题，管控平台通过对生产环节质量信息数据的采集、计算和分析，对工序报验流程化控制，深入调查影响工程质量的关键因素，动态更新施工关键信息并及时预警指导，建立质量追溯体系，达到工程质量"来源可知、去向可追、质量可查、责任可究"的目的，见图3.10。

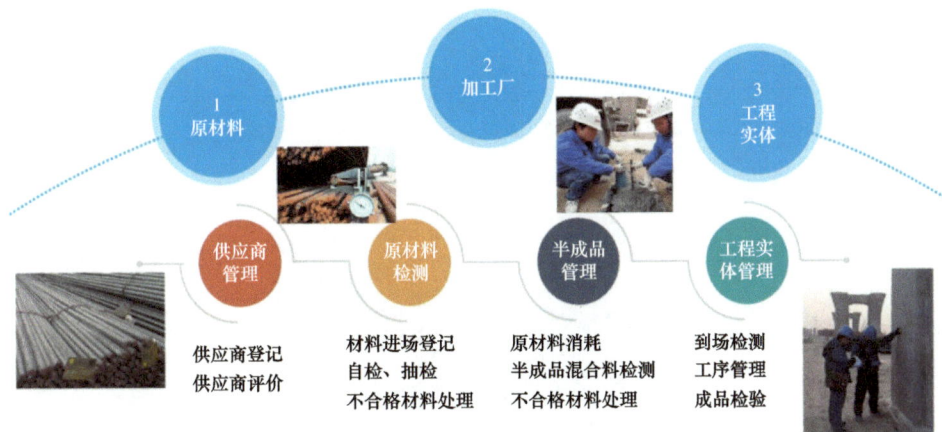

图 3.10　质量追溯体系

（二）原材料管理

为规范原材料进场各环节管理，将原材料供应商、进场登记、材料取样、试验检测、检测报告等信息实时记录并上传平台。依托试验检测结果评价供应商，形成供应商"黑白"名单，为工程项目筛选优质供应商，实现"进场有记录、材料有试验、管理有审核、供应有评价"的管理链条。采用原材料自动取样检测设备，取样时间快、检测时间短、工作强度低，试验数据可上传平台，实现原材料数据的在线管理，见图3.11。

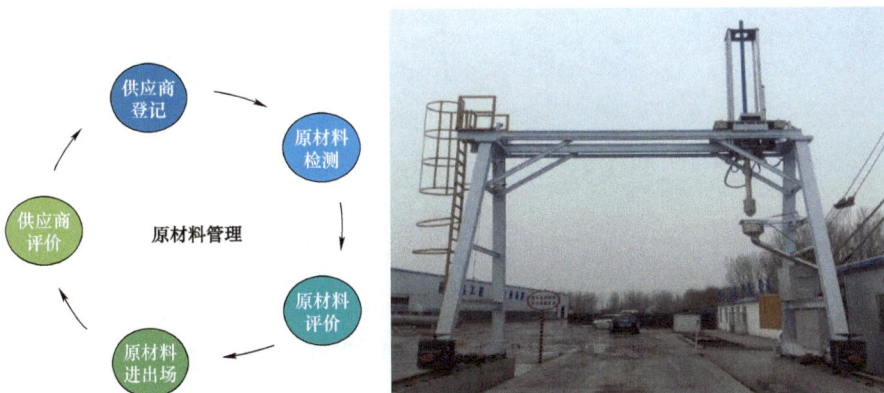

图 3.11　原材料管理流程与原材料自动取样检测设备

（三）试验室管理

为解决工地试验室普遍存在的检测频率不足、报告出具不及时等问题，平台对万能材料试验机、压力试验机、沥青三大指标检测仪及标养室温湿度设备等 8 类仪器，安装数据采集模块，实现试验数据实时采集、传输、分析和预警功能。推广使用网络版试验软件，为施工、监理单位提供统一的数据处理平台，自动获取试验原始数据，生成符合规范、规程要求的图表和报告，见图 3.12。

图 3.12　试验室数据采集

（四）拌和站管理

拌和站生产质量直接影响工程实体。为解决传统生产模式不透明、随意性大、人为干扰因素多等现实问题，进一步加强拌和站生产质量，管控平台利用物联网技术，实时采集混凝土拌和站、水稳拌和站、沥青拌和站的生产数据，实现生产过程全监管、生产数据全记录、生产指标分级实时预警等功能，见图 3.13。

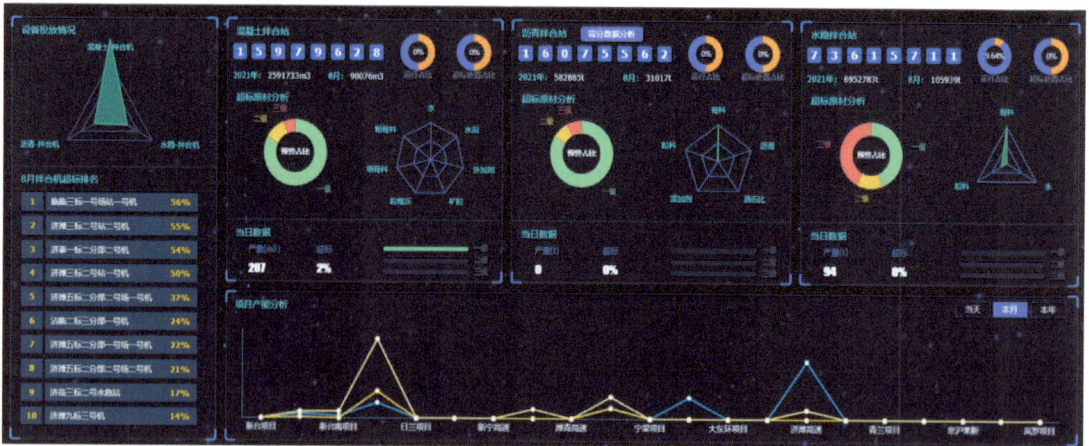

图 3.13　拌和站管理

（五）软基施工管理

为解决隐蔽工程管理中存在的监管力度弱、质量波动大等问题，平台对水泥搅拌桩、水泥粉煤灰碎石桩（cement fly-ash gravel pile，CFG）等软基处理施工设备加装数据采集设备，全过程采集桩长、成桩时间、注浆量或混凝土量等施工过程关键数据，实时对比分析数据的偏差范围，及时预警超限指标和异常数据，并通过短信通知相关人员整改处理，实现隐蔽工程施工全过程的数字化管理，见图 3.14。

软基桩段	桩位号	设备名称	设备编号	开始时间	结束时间	水泥浆灌入量(m3) ▽	实际桩深(mm)	桩径(mm)
K94+017-K93+027...	C-1-17	济南五标九号桩机	Jg05009	2020-06-14 17:43:36	2020-06-14 18:29:34	1.595	10,450	500
K80+436.5-K80+4...	A-19-2	济南五标七号桩机	Jg05004	2020-06-06 17:02:48	2020-06-06 17:55:38	1.585	8,530	500
K93+882-K93+892...	A-23-4	济南五标三号桩机	Jg05003	2020-07-27 09:27:03	2020-07-27 11:08:38	1.522	10,180	500
K91+188-K91+168...	A-1-20	济南五标三号桩机	Jg05003	2020-07-14 09:44:49	2020-07-14 17:57:23	1.511	10,520	500
K91+188-K91+168...	A-4-18	济南五标四号桩机	Jg05004	2020-07-16 18:25:01	2020-07-16 19:02:27	1.511	10,790	500
K80+964-K80+974...	A-1-16	济南五标十二号桩机	Jg05012	2021-08-15 15:56:54	2021-08-15 16:48:24	1.493	10,330	500
K92+158-K92+168...	A-23-20	济南五标十二号桩机	Jg05012	2020-11-20 13:12:31	2020-11-20 13:58:08	1.492	10,390	500
K93+892-K93+924...	A-30-9	济南五标四号桩机	Jg05004	2020-08-03 16:07:33	2020-08-03 17:01:19	1.476	10,460	500
K80+403-K80+429...	A-20-11	济南五标七号桩机	Jg05007	2020-06-09 15:57:41	2020-06-09 16:47:30	1.470	112,650	500

图 3.14　软基处理信息采集示意图

（六）张拉压浆管理

预制梁的生产过程中，预应力张拉和压浆对梁的耐久性、抗裂性和承载力起到关键性作用。为加强梁生产过程中张拉、压浆环节的过程质量管控，平台通过物联设备和软件技术，实现对预应力张拉、压浆作业中的关键数据（日期、梁孔序号、张拉力、伸长量、压浆压力、浆量、保压时间等）的实时采集和上传。同时，平台实时对数据分析、处理，实现张拉压浆作业过程质量的动态监控，确保预制梁施工作业的质量管控，见图 3.15。

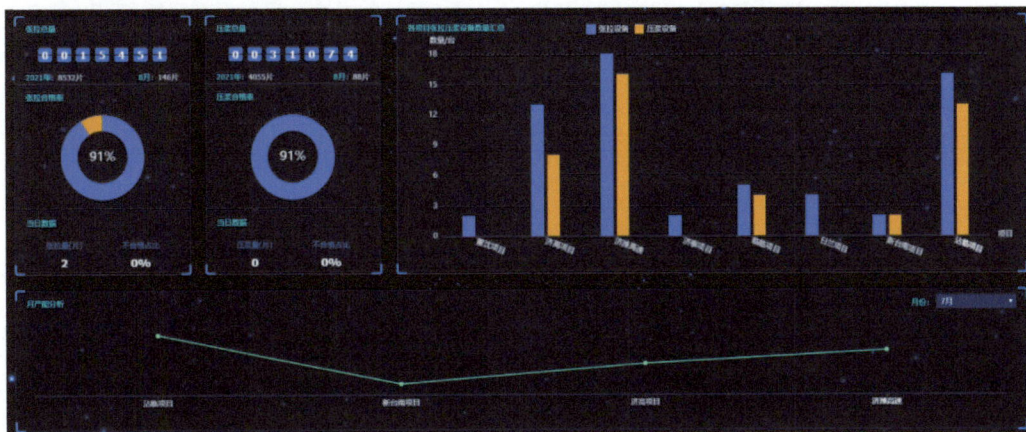

图 3.15　张拉压浆

（七）沥青路面质量管理

传统沥青路面施工管理多采用"事前检验、事后把关"的方法，出现质量问题时，无法精准识别是原材料、混合料配合比、拌和工艺、运输过程、摊铺碾压等哪个环节出现的问题，导致问题成因的分析和整改存在诸多困难。为加强路面施工质量过程控制，强化质量问题溯源管控，打造高品质路面工程，以建设工程智慧云平台为基础，开发沥青路面质量管理模块。沥青路面质量管理以质量业务为基础，利用大数据分析技术，打通"原材料—沥青拌和站—试验检测—运输—摊铺碾压"路面施工完整数据链条，做到质量"来源可知、去向可追、质量可查"。同时利用物联网技术，布设各类传感设备和定位设备，实时采集拌和站生产数据、试验室检测数据、运输车辆运输轨迹以及路面施工过程中设备运行轨迹、压实遍数等关键指标数据，实现路面施工全过程实时无损监测、实时数据查看、实时反馈、智能短信预警、动态溯源等功能，有效地加强了路面施工过程的质量控制，见图 3.16。

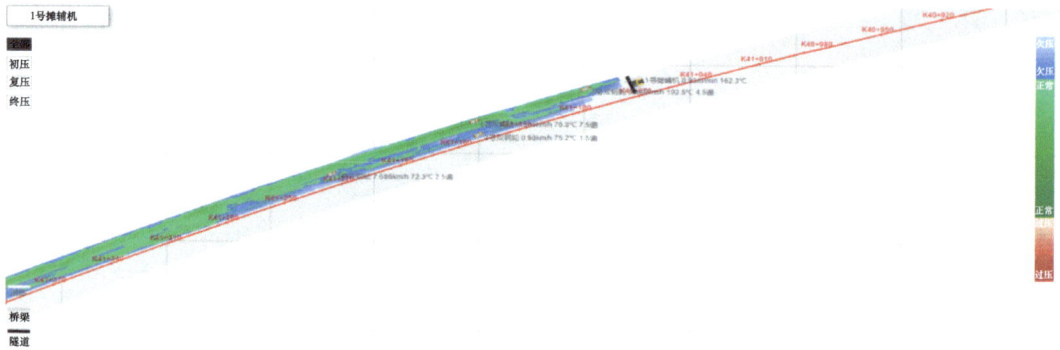

图 3.16 沥青路面质量管理

第三节 原材料管控及试验管理

为确保进场原材料质量，济潍高速不定期组织对全线各拌和站进场粗、细集料等原材料进行排查、抽检检测，抽检频率满足规范要求；对所有进场半成品、成品材料，实行盲样检测制度，检测参数全覆盖，更加有效地控制进场材料的质量。对盲样检测不合格的材料及检测指标，及时通知相关单位进行清场处理，杜绝不合格材料用于工程实体，同时将不合格材料情况上传至山东高速工程建设智慧云平台系统。

一、原材料管控

第一，为保证碎石、砂等原材料的进场初检质量，全线拌和站按项目要求，配备了原材料检测工作台，执行每车必检制度，对检测不合格的原材料立即清除出场，有效提高了进场原材料初检的工作效率，保证了原材料进场质量，见图 3.17。

第二，为进一步加强水泥进场质量，杜绝供应商在罐车中分层填充不同品质材料，要求各项目部配备粉料取样器，对罐车不同深度的水泥进行取样试验，保证了取样的真实性，杜绝不合格水泥用于实体工程，见图 3.18。

图 3.17 原材料检测工作台

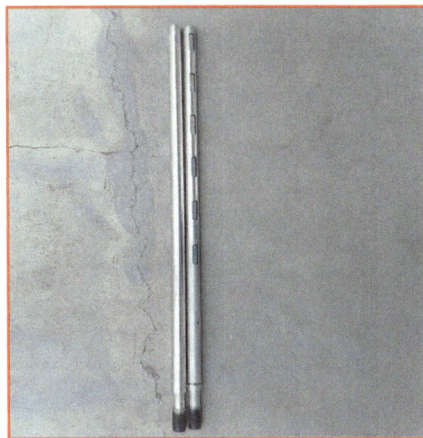

图 3.18 粉料取样器

第三，针对目前市场上河砂中出现的山砂、伪河砂、絮凝剂严重超标等情况，推行采用矿泉水瓶简易直接的方法进行辨别，迅速检测河砂中是否含有絮凝剂（通过多次检验，一般带有絮凝剂的河砂沉淀变清的时间不会超过 30 s），见图 3.19；推行采用水洗法，烘干后对进场河砂、人工砂、风化砂中风化颗粒进行辨别真伪，更加快速有效地控制了进场河砂的质量，见图 3.20。

图 3.19 河砂絮凝剂快速检测方法

图 3.20 水洗法烘干后对河砂进行辨认

第四，为保证 SBS 改性沥青（I–D）材料进场质量，确保各项检测指标满足规范要求，重点对离析（48 h 贮存稳定性）、老化等检测指标进行检测。为快速检测沥青是否合格，采用荧光显微镜进行观测，在 163 ℃条件下观测沥青原材的最佳状态，进一步加快了进场检测速度。同时按照相关要求，在改性沥青、木质纤维进场后，直接通知第三方进行取样，检测合格后再使用，见图 3.21。

第五，进场玄武岩必须逐车进行水洗辨别玄武岩材质，目测存在其他岩性颗粒的，一律立即清场；对进场 5～10 mm 玄武岩需要进行过热料仓或水洗处理，确保仓内存储材料必须达标；严控 0～3 mm 玄武岩机制砂的砂当量，砂当量内控值必须在 65%以上。

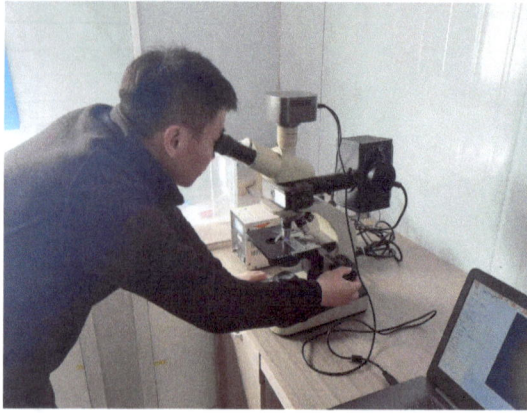

图 3.21　总监办采用荧光显微镜进行观测

　　第六，为有效提高半成品、成品材料进场质量，制定了《半成品、成品材料实施细则》及其他相关质量控制文件，对所有进场半成品、成品材料建立专用材料仓库，配备材料标识牌，按照材料品种、规格型号、检验状态等进行分区管理，实行双人双锁制，建立半成品、成品材料出入库登记台账，对重点材料制定日报制度，对进场材料的生产厂家、进场日期、进场数量、规格型号、检测状态、当日使用数量、当日剩余数量、使用部位等信息，由驻地办汇总后每日上报总监办。整个管控流程保证了材料从进场入库、储存、检测、出库使用等具有可追溯性，见图 3.22～图 3.25。

图 3.22　半成品、成品材料专用仓库

图 3.23　分区存放管理

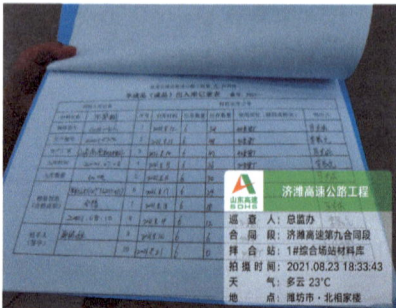

图 3.24　半成品、成品材料出入库台账

图 3.25　波纹管进场日报表

第七，对所有进场半成品、成品材料实行总监办、驻地办、项目部三方共同取样制度，由总监办安排专人负责，统一编号进行盲样检测，检测参数全覆盖，对样品信息、委托检测单位等信息内容严格保密，有效遏制了在样品取样、检测过程中出现不规范的行为，确保了半成品、成品材料检测数据的真实性，对质量不稳定的材料（如塑料波纹管、橡胶支座等）实行重点管控、动态管理，制定下发专项质量控制文件，明确检测指标，更加有效地控制进场材料的质量，见图3.26、图3.27。

图3.26 总监办、驻地办、项目部三方共同取样

图3.27 总监办统一编号盲样检测

第八，为了进一步加强原材料质量控制，规范试验检测程序，总监办下发了《关于明确塑料波纹管相关要求和检测指标的通知》《关于进一步加强对进场波纹管质量控制的通知》《关于进一步加强止水带、防水板进场质量控制的通知》《关于进一步加强土工格栅、土工布进场质量控制的通知》《关于进一步加强支座进场质量控制的通知》《关于对钢筋网片质量管理的工作提示》等文件，采用日常巡查、专项检查等形式对文件执行情况进行督促落实。

二、试验管理

第一，为切实做好工程质量检测管理工作，提高工程品质，规范桥梁、隧道检测工作质量，推进试验检测活动标准化、规范化、精细化管理，根据现行技术标准、规范、试验规程等有关规定，以及上级领导督查、质量抽查等检测方法、检测部位、检测区间等相关要求，制定下发了《桥梁、隧道工程检测作业指导书》，同时要求各单位严格按照作业指导书中的检测方法、检测部位、检测位置、检测测区数量等要求执行落实。

第二，为加强混凝土路面工程施工质量管理，全面提升隧道、收费站广场混凝土路面工程质量，根据现行技术规范、图纸及集团标准化建设等相关要求，下发了《关于加强混凝土路面施工质量管控的通知》，明确了路面混凝土质量管控的各项检测指标，为路面混凝土施工做好准备。

第三，对所有实体工程钢筋保护层、钢筋间距、回弹强度检测建立日报制度，项目部自检、驻地办抽检后，进行签认上报，总监办根据日报检测数据对工程实体进行抽检，针对合格率较低的实体工程采取三方比对试验（试验方法、检测条件、检测仪器设备、检测人员）进行复检，三方检测数据及时共享，对于不合格实体进行返工处理，同时要求施工单位根据检测结果，分析原因，优化改进施工工艺，有效提高了实体检测指标的合格率，见图3.28。

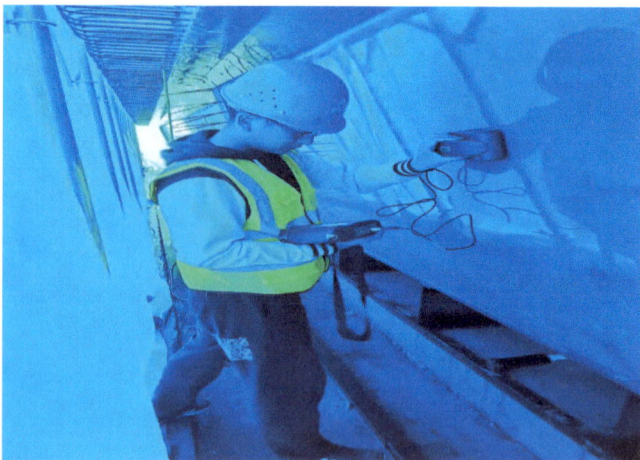

图 3.28　总监办抽检工程实体

第四，为有效减少沥青路面因取芯出现的坑槽等早期损坏，统一制定了更加详细的取芯、补芯台账，责任落实到人，同时要求各单位成立补芯孔专业小组，采用专用补芯装置，分层填补冲击夯实，芯孔四周涂刷乳化沥青，确保每一个芯孔的修补质量，做到密实不渗水。为减少取芯的数量，项目部、驻地办、总监办三方共同取芯，取芯位置无特殊情况（有明显离析部位等），按照不在超、行车道，尽量在标线位置取芯，见图3.29、图3.30。

图 3.29　沥青路面取芯

图 3.30　芯孔修补

第五，为确保济潍高速 SMA-13 上面层平整度不大于 0.5 mm（连续式平整度仪）的工作要求，各单位在 SMA-13 上面层施工前，对所有已完成的中面层，采用 6 m 铝杆进行每车道平整度全面排查检测，并下发《关于对中面层平整度检测验收的通知》，重点对匝道拼宽、施工接缝、桥头处理等区域进行检查验收。平整度检测单值大于 3 mm（塞尺）的区域，应做好标识，采用精铣刨机进行集中处理。驻地办全程旁站，并在《济潍高速中面层平整度验收记录表》中签字确认。针对各单位的排查验收记录表，总监办进行抽检排查，既确保沥青中面层平整度质量，也为提高 SMA-13 上面层平整度打下基础，见图 3.31。

第六，为保证沥青路面汉堡车辙试验检测满足要求，对全线已施工完成的沥青结构层进行了全面排查、取芯盲样委外检测；为提升路面施工质量，特聘请省路面技术专家前来进行指导培训，进一步提高了路面施工整体质量。

图 3.31　总监办对中面层平整度进行抽检

第七，开展交安工程专项检测。不定期组织交安工程专项检测，根据驻地办抽检及项目部自检台账随机抽取段落展开排查，建立排查台账，对于不合格材料，由专人负责落实整改，同时核对驻地办、项目部检测数据，确保各级单位认真履行自身职责。

第四章　主要分项工程质量控制措施

第一节　首件工程认可制

公路工程中的各分项工程，对于公路建设质量和使用效率至关重要。施工中常见的问题包括原材料质量不尽如人意、工艺标准难以保证、难以总结规范性经验并推广到后续工程中等。采用首件工程认可制可以解决上述问题，提高后续工程质量。

一、总体要求

加强质量管理的目的是确保工程内在和外观质量，消除质量隐患，杜绝质量事故，争创品质工程。同时，根据交通运输部、山东省交通运输厅、山东高速集团有限公司有关文件、技术规范的要求，需要有针对性地制定首件工程认可制。

立足于"预防为主，先导试点，总结推广"的原则，在首件工程认可制中，应抓住首件工程的各项质量指标进行综合评价，以指导后续工程的大面积施工，及时预防和纠正大面积施工中可能产生的各种质量问题。凡未经首件工程认可的分项工程，一律不得进行大面积施工。

其中，首件工程认可制的综合评价标准应包括：《公路工程质量检验评定标准　第一册土建工程》（JTG F80/1—2017）、交通运输部公路局发布的《高速公路施工标准化技术指南》、山东省交通运输厅发布的相关文件、山东高速集团有限公司发布的《高速公路施工标准化技术指南》、招标文件及技术规范。

值得强调的是，首件工程认可制作为标准化施工工艺，应在后续工程中推广，后续工程施工工艺标准不得低于首件工程。

二、实施首件工程认可制的重点工程

对于分项工程来说，需要针对6项工程重点实施首件工程认可制。

（1）路基工程：软基处理、结构物台背回填、不同压实标准及不同填料的路基填筑、新旧路基连接、路基填挖交界、涵洞、通道、小型预制构件等。

（2）桥梁工程：基础、墩台身、盖梁（台帽）、上部结构现浇混凝土、上部结构预制及安装、桥面系（铰缝、湿接缝、端横梁、体系转换等）、桥面铺装、防撞护栏、伸缩缝安装等。

（3）路面工程：底基层，基层，柔性基层，沥青混凝土下面层、中面层和上面层，水泥混凝土路面，路缘石安装等。

（4）隧道工程：洞身开挖、喷射混凝土支护、锚杆支护、钢筋网、钢架、衬砌混凝土、防水层等。

（5）防护工程：急流槽、挡墙、边沟、护坡等。

（6）绿化及环保工程：植草、喷播绿化、声屏障等。

尤其是在开工前，施工单位应根据工程划分原则，确定同类工程第一个施工的分项工程为首件工程，制定首件工程施工方案。其中，首件工程施工方案应包括：编制依据、目的；工程概况；施工进度计划；施工准备（材料、机械设备、人员进场计划、试验准备等）；施工工艺；质量、安全、环保保证措施及应急预案；交通组织、安全保通方案与措施；特殊季节施工保证措施；质量检测项目、频率和方法等。

当首件工程施工方案得到批复后，驻地办组织召开技术交底会，进行技术交底、安全交底，并报总监办备案，参加人员包括驻地监理工程师、有关项目工程师及监理员、项目经理、总工及技术管理、施工人员。施工单位提出首件工程开工申请后，经驻地办审核批复后组织实施。在首件工程施工过程中，要求驻地工程师或副驻地工程师、项目经理、总工必须在现场旁站指导施工。首件工程完成后，由驻地监理工程师组织召开由总监办、驻地办和施工单位有关人员参加的现场检查验收会议，对首件工程进行认真验收。经验收合格后，由总监、驻地监理工程师签署首件认可文件。首件工程只有经认可后，方可作为样板组织该分项工程的大面积实施。

当涉及新技术、新工艺、科研项目时，需要邀请项目办及有关专家参与，特别是对于软基处理，预制装配式涵洞，波纹钢管涵，基层及以上结构层，岩溶区、采空区钻孔灌注桩，高度≥40 m墩柱，液压爬模，滑模，20 m以上预制梁板、装配式预应力箱梁、钢箱梁、现浇箱梁，转体桥，衬砌混凝土、防水层等首件工程。

首件工程的开工申请文件必须包括：分项工程开工申请批复单；分项工程名称、桩号、标段、施工时间；技术交底和安全交底记录；技术规范标准；首件工程施工方案；各原材料、配合比等试验资料。

另外，在首件工程原材料进场前，施工单位要按照要求严格检验，监理单位按照规定的频率进行抽检；落实原材料进场审批程序；严格控制原材料质量，不合格的原材料一律不准用于该工程；首件工程实行项目经理负责制。在首件工程开工之前，项目技术负责人、试验负责人必须到施工现场指导施工，依据图纸、施工技术规范和有关要求对工程具体实施者进行技术交底，明确具体工艺标准、质量标准、试验方法、安全标准和施工操作要求，做到所有数据记录准确；施工机械设备在使用前要进行试运行，确保设备正常运转，必要时应通过专业机构鉴定后再使用；机械设备数量必须满足施工需要，混凝土振捣、沥青路面摊铺等关键工序施工应配置备用设备。

首件工程外观和内在质量标准，必须达到《公路工程质量检验评定标准　第一册　土建工程》（JTG F80/1—2017）及招标文件要求，整体质量要求达到内实外美。

首件工程施工人员必须接受安全生产和环境保护教育培训，在施工过程中严格按照安全操作规程施工，采取有效措施保护周围生态环境，防止产生环境污染。同时，对于施工场地及拌和站施工要求，首件工程实施前应对照标准化施工要求进行现场检验，保持现场整洁。

监理工程师应对首件工程实施情况进行全过程旁站，对施工测量结果、进场原材料和材料配合比设计进行认真复核和确认，审批首件工程开工申请和施工工艺，检验和认可所有首件工程，做好监理记录，及时对首件工程进行质量评定。

首件工程试验检测仪器设备须经法定计量标定部门标定。试验室必须通过相关部门验收，并取得临时试验室资质后方可开展试验检测工作。试验检测频率不得低于规定标准，试验数据应真实、可靠。

三、验收和应用

在验收环节，首件工程验收认可制评价责任体系应坚持"自下而上、分级负责"的原则。当首件工程完成后，由监理单位组织进行检测、验收和评定。施工单位应对已完成的首件工程的施工工艺和质量进行综合评价，提交总结报告。由监理单位组织有关人员对总结报告进行分析、研究，验证施工工艺的可靠性、合理性，提出改进意见。总结报告经评审通过后，施工单位、监理单位应根据评审报告进一步完善施工方案并将其作为最终方案，在此基础上审批分项开工报告。

经检验评定后，被认可为样板工程的项目，由监理单位组织召开现场会，推广示范，以保证后续工程的质量水平不低于首件工程的质量水平。首件工程认可的所有相关资料均作竣工资料进行归档。首件工程认可文件包括分项工程首件认可表、各项指标检测试验资料、分项工程施工过程总结资料、分项工程现场检测资料、首件工程总结报告、首件工程评审会议纪要。

四、结语

实行首件工程认可制的分项工程生产合格率超过 99%，总体符合预期。将这些经认可的首件工程作为标准化施工工艺引领后续工程施工，有效地提高了整个工程的质量。

第二节　CFG 桩施工的实施细则

CFG 桩适用于黏土、粉土、沙土和桩端具有相对硬土层、承载力标准值不低于 70 kPa 的淤泥质土、非欠固结人工填土等地基。CFG 桩具有效率高、技术性能和经济效果良好的优势，但将其用于砾石夹层和一般湿陷性黄土互层中，尚属施工难题。由于砾石夹层硬度较大，CFG 桩施工中经常出现卡钻、钻齿崩坏、钻杆拧断、法兰拧断等事故，成孔较难，成桩效率低。

在济潍高速部分桥头路基处理方案中适宜采用 CFG 桩的形式，由于部分地区底层主要由砾石夹层组成，且厚度较大，需要着重从施工工艺、原材料控制、施工过程注意事项、质量控制等方面落实 CFG 桩的施工实施细则。这对于 CFG 桩施工具有很好的指导作用，也同时具有普适性。

一、总体要求

为提高济潍高速 CFG 桩施工的技术水平，克服 CFG 桩施工中常见的质量通病，规范济潍高速 CFG 桩施工，提高管理水平，保证施工质量，依据交通运输部等工程建设主管部门和山东高速集团有限公司发布的与 CFG 桩施工相关的文件、标准、规范、规程、技术指南及行业内采取的成熟、先进的施工工艺、工法、技术和管理办法编制 CFG 桩施工的实施细则。

CFG 桩施工必须严格遵守国家和行业的安全生产法律法规，积极改善施工条件，制定切实可行的施工方案和安全生产措施，加强安全管理，严格执行安全操作规程，确保施工人员的安全；必须遵守国家职业健康安全法律法规，健全职工健康安全保障体系，改善职业健康安全生产条件。

CFG 桩施工要树立环保理念，坚持按照"统筹规划、合理布局、保护生态、有序发展"的原则，减少对当地的地质、排水和生态绿化环境的破坏；必须遵守国家生态、环境保护、土地管理的有关法律法规，尽量保护原有植被地貌，防止噪声和粉尘污染，对于施工废弃物必须妥善处理。

另外，CFG 桩施工必须遵守国家文物保护的法律法规，遇有文物时，应立即停止施工，并保护好现场，会同有关单位妥善处理；要体现区域的实际情况，着重从工序、技术、工艺和管理的角度入手，更加有效地消除 CFG 桩施工的质量通病，提高施工管理水平。

在满足质量标准的前提下，应积极而慎重地推广新技术、新工艺、新材料和新设备的应用，积极总结各种成熟和先进的施工工艺和工法，提高 CFG 桩施工的管理和技术水平。

在使用本实施细则过程中，应严格执行公路工程相关设计、施工、试验、检测、测量等方面技术标准、规范、规程；本实施细则未涉及内容，应符合国家现行的有关标准和规范。

二、基本要求

CFG 桩施工需要符合以下 3 方面的基本要求：

（1）CFG 桩施工前应制定专项施工技术方案，在大规模施工前应进行成桩工艺和成桩强度的试验，获得相应的工艺参数后再进行正式施工；

（2）CFG 桩施工前应制定环境保护方案及措施，对于施工过程中产生的钻渣，应妥善处理，不得随意排放，不得污染或堵塞当地农田、鱼塘、河流、沟渠等；

（3）混合料应拌和均匀，桩体施工应选择合理的施打顺序，成桩过程中应对已打桩的桩顶进行位移监测。

三、施工准备

1. 技术准备

施工技术是整个 CFG 桩施工管理的核心，在施工前必须充分地做好技术准备工作。首先，施工人员应熟悉施工图纸要求，正确理解设计意图，了解施工现场情况及水文地质资料，根据现场情况确定 CFG 桩施工工艺。其次，技术负责人向现场施工人员和技术人员进行书面技术、安全、环保交底，测量人员应认真复核桩位坐标，确保放样结果无误。最后，完成混凝土理论配合比设计，并经验证合格。

2. 材料准备

由于桩体的设计强度为 20 MPa，因此需要从水泥、碎石、石屑或砂、粉煤灰等方面进行制备。

（1）水泥：根据工程特点、所处环境及设计、施工要求，应选用强度等级为 42.5 号及以上的水泥。施工前，必须对水泥按每验收批取一组试样进行复验，检验其初终凝时间、安定性和强度，将检验结果作为施工控制和进行配合比设计的依据。必要时，应检验水泥的其他性能。

（2）碎石：碎石粒径多采用 8～20 mm，杂质含量小于 5%。施工前，必须对碎石按每验收批取一组试样进行复验，检验其含泥量、泥块含量、针片状颗粒含量、压碎指标和碱活性。必要时，应检验碎石的其他性能。

（3）石屑或砂：为使级配良好，宜掺入石屑或砂填充碎石空隙。石屑粒径宜选 2.5～10 mm，砂宜优先选用中砂、粗砂，杂质含量小于 5%。施工前，必须对石屑、砂按每验收批取一组试样进行复验，检验其含泥量、泥块含量和碱活性。必要时，应检验石屑或砂的其他性能。

（4）粉煤灰：施工前，必须对粉煤灰按每验收批取一组试样进行复验，检验其细度、烧失量、需水量比。必要时，应检验粉煤灰的其他性能。

3. 主要施工机械与施工作业条件

CFG 桩施工时，采用长螺旋钻孔，管内泵压混合料灌注成桩。

施工作业时，各种施工机械就位，并能正常使用；混凝土拌和站标定合格并运转良好。施工现场"四通一平"已按规定完成，施工临时设施准备就绪，施工便道畅通，并且在施工现场醒目的位置处，布置统一制作的标示牌。施工现场各类标示牌、警示牌要齐全。对施工现场作业人员进行技术、安全和环保交底。

四、技术和质量要求

1. 技术要求

首先，CFG 桩施工必须符合设计及规范要求。在施工前应进行成桩试验，试桩数量宜为 5～7 根。试桩成功后，经验收合格方可施工。其次，CFG 桩的桩距、桩径、桩长、强度、复合地基承载力等指标应符合设计文件和技术规范要求。最后，根据复测的控制点结果和监理工程师认可的桩位坐标对准备施工的 CFG 桩轮廓进行放样，放样时使用全站仪，并用长卷尺按尺寸进行复核。

2. 质量要求

CFG 桩的质量必须符合设计和规范要求，合格率应达到 100%。CFG 桩施工时，按施工布置图施工，杜绝漏打、少打。同时，根据成桩工艺，选择合适的混合料坍落度。混合料坍落度一般为 160～200 mm。每台机械每台班应按规范要求制取 150 mm×150 mm×150 mm 的混凝土试件，经标准养护 28 d 后进行强度试验，以验证桩身混凝土强度。

另外，还需保证 CFG 桩桩身的完整性和连续性。截除桩头后，CFG 桩的长度不应小于设计值。钻机操作手和输送泵操作手必须熟练配合，在灌注至桩顶标高时控制提升速度，使混凝土不出现超灌现象。最后，保证每根桩的投料量不小于设计灌注量。

五、施工流程、方法和措施

（一）CFG 桩施工流程

CFG 桩施工流程如图 4.1 所示。

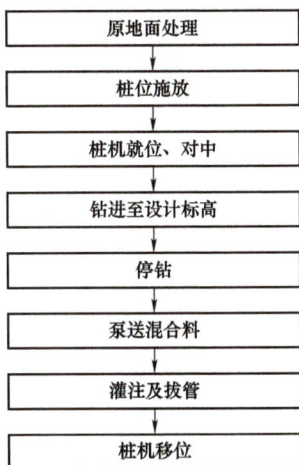

图 4.1　CFG 桩施工流程图

1. 桩位施放

根据桩位平面布置图及设计提供的测量基准点，由专职测量人员进行桩位施放工作。桩位施放结束并自检合格后，会同监理工程师检验并签字认可。桩位定位点应明显且不易破坏。施工过程中应对地表和已打桩顶进行位移测量，当桩顶位移超过 10 mm 时，需要对桩体进行开挖查验。

2. 桩机就位、对中

CFG 桩桩位定好后，按设计要求在桩中心点上插一标杆，放好桩位后，移动 CFG 桩机到达指定桩位，用桩机塔身前后和左右的垂直标杆检查塔身导杆，校正位置，使钻杆与地面垂直，保证竖直度偏差不大于 1%。

开钻前量好钻具长度，并在机架上画上明显的进尺深度标志，保证成孔深度和有效桩长。桩机就位必须铺垫平稳，立柱垂直稳定牢固，钻头对准桩位。在检查钻头活门是否闭合后，进行钻机就位。成孔钻机就位后必须平整稳固，在施工中不发生倾斜、移动，同时调整钻机水平。

3. 钻进至设计标高

钻孔开始前，必须确认桩位编号、孔口标高、孔深，准确无误后，关闭钻头活门，向下移动钻杆至钻头触及地面时，启动马达钻进。钻进时，一般先慢后快，发现钻杆摇晃或卡钻时，应放慢进尺。当钻头到达设计桩底标高时，于动力头底面停留位置相应的钻机塔身处作醒目标记，作为施工时控制桩长的依据。钻进过程中，平台应保持平衡，未达到设计标高不得提升或反转钻杆，如因特殊情况需要提升或反转钻杆，应将钻杆提升至表面，对钻头活门重新进行冲洗、疏通、闭合。开始钻进或穿过软硬地层交界处时，应保证钻杆垂直，缓慢进入；在含有砖头、瓦块的杂填土层或软塑黏性土层中钻进时，应尽量减少钻杆晃动，以免扩大孔径。钻进过程中，操作人员要密切注意钻进情况，如遇卡钻、钻杆剧烈抖动、钻机偏斜等异常情况，应立即停钻，查明原因，在采取相应措施后才能继续作业，钻进至设计标高后方可停钻。

4. 灌注及拔管

CFG 桩成孔到设计标高后，停止钻进，压灌之前的几分钟，应开动混凝土输送泵，提前将搅拌好的混凝土充满输送泵的料斗，同时备好一罐混凝土备用。压灌时泵斗内要有一定的混凝土容量，混凝土容量要高出进料口 50 mm 以上，以防吸进空气。当泵斗内的混凝土面低于进料口时，及时通知停止提升钻杆，待混凝土搅拌好后再进行压灌、提钻。机手时刻保证管内充满混凝土，钻具内无混凝土时，严禁提升。开始泵送混合料后，当钻杆芯管充满混合料后开始拔管，严禁先拔管后泵料，成桩的提拔速度宜控制在 2~3 m/min，提升压灌过程中，如发现支腿下沉，应立即停止提升，并调节钻机水平，然后方可继续压灌。灌注成桩完成后，用水泥袋盖好桩头以进行保护，施工桩顶高程宜高出设计桩顶标高不少于 0.5 m，以保证桩顶混凝土强度达到设计要求。当钻头提升到孔口时，应防止桩周土掉入孔内。

如遇堵管或其他故障，应及时处理。若钻头提出原灌入混凝土料面，先将钻头盖进行闭合处理，再将钻头插入混凝土面下 1.0~2.0 m 深度后再对桩体进行灌注。

5. 移位

当上一根桩施工完成后，重复以上步骤进行下一根桩的施工，在桩机移动过程中防止桩机本身和支腿对桩体的破坏。当桩机移位至下一桩位施工时，应根据轴线或周围桩的位置对需施工的桩位进行复核，保证桩位准确。

（二）试桩试验

CFG 桩施工前必须进行成桩试验，成桩试验包括：检验室内试验的配合比是否适用于现场；检验桩身的无侧限抗压强度是否满足设计要求，28 d 龄期的抗压强度是否不小于 20 MPa；检查桩径、桩身竖直度及完整性。

（三）施工中可能出现的问题及其预防措施

1. 堵管

长螺旋钻机钻头两边设计有两个钻门，在施工过程中钻门应关闭，防止钻屑进入钻杆内造成钻杆堵塞。当泵混凝土时，随着泵压增加，两钻门打开，由此将混凝土灌入孔内。一旦提钻时钻门打不开，直接导致钻孔内无混凝土，所以每次开钻前后均应检查钻门是否卡死。

2. 卡钻

长螺旋钻机钻进过程中，如果钻具下放速度过快，致使钻出来的土来不及带出孔外而积压在钻杆与孔壁之间，严重时会造成卡钻事故。如果事故轻微，应立即关掉回转动力电源，将钻具用最低提升速度提起后重新施钻即可。如果事故严重，首先应将钻机塔下大梁用机枕木垫好，再用最低提升速度拉钻具。

3. 断桩、缩径和桩身缺陷

出现该问题的主要原因是钻杆提升速度太快，而泵混凝土量与之不匹配，在钻杆提升过程中钻孔内产生负压，使孔壁塌陷，而且有时还会影响邻桩。解决此类问题的方法：一是合理选择钻杆提升速度，通常为 1.8~2.4 m/min，保证钻头在混凝土中的埋深始终控制在 1 m以上，确保带压提钻；二是应隔行隔桩跳打。

4. 桩头不完整

造成这一问题的主要原因是停灰面过低，没预留充足的废桩头，有时提钻速度过快也会导致桩头偏低。提钻过程中应严格控制提钻速度。

（四）CFG 桩施工注意事项

CFG 桩施工时，应合理安排打桩顺序，一般应隔行隔桩跳打，相邻桩之间施工间隔时间应大于 7 d，避免对已成桩造成损害。

施工完成 7 d 后，方可进行开挖。开挖时，应优先采用人工开挖，也可采用小型机械和人工联合开挖，但应有专人指挥，保证小型机械不碰撞桩头，同时应避免扰动桩间土。

六、质量标准

CFG 桩施工质量标准见表 4.1，质量保证措施如下。

表 4.1　CFG 桩施工质量标准表

项次	检查项目	规定值或允许偏差	检查方法和频率
1	桩距/mm	±100	抽查 2%且不少于 5 点
2	桩径/mm	不小于设计值	抽查 2%且不少于 5 点
3	桩长/m	不小于设计值	查施工记录并结合取芯检查
4	强度/MPa	不小于设计值	抽查桩数 0.5%，且不少于 3 根
5	复合地基承载力	不小于设计值	抽查桩数 0.1%，且不少于 3 根

（1）认真复核技术文件，清楚设计意图，制定详细的实施性施工组织设计，做好施工前的技术交底和岗位培训，确保技术指导和施工方法正确。认真做好测量工作，对导线桩、中线桩、水准桩进行认真复核确认，对主要桩点采用不同的测设方法或换手操作等以保证测设的精度。

（2）加强试验工作，对所有进场材料严把质量关，不合格材料不准进场；严格按配合比进行施工，确保混凝土施工质量。

（3）严格执行技术标准和规范要求，加强施工质量控制，配备检测设备，对施工过程中每一道工序随时进行检查，加强"三检"制度，所有工序须经监理工程师检验合格后方可施工。

（4）严格执行资料收集制度，对本施工项目的管理资料、施工准备资料、现场施工原始记录等，及时收集、整理，为施工过程的追溯性提供依据，为工程竣工交验提供保证，为企业的技术总结、科技进步、工程招投标积累资料。

（5）认真执行首件工程认可制，分项工程开工前，按照要求应首先完成首件工程。通过对首件工程施工进行总结、评价，对施工方案加以改正、完善后，予以确认，以确定分项工程的施工方案和工序要求、检验控制点等关键问题，并以此作为对今后工作的指导。

（6）严格技术交底制度。

（7）加强对关键工序、隐蔽工程的检查和验收，做到全过程、全方位、全天候控制工程施工质量，并做好相关施工记录（文字记录和音像资料留存）。

（8）加强施工过程中各个环节的控制，做到事前提示，事中控制，事后验收。

（9）明确分工，各负其责，层层把关。

（10）严格执行工程监理程序。自检合格后及时通知监理工程师检查签认，在监理工程师签字确认后方能进行下一道工序。

七、结语

在济潍高速 CFG 桩施工过程中，采用上述实施细则进行施工过程及质量的控制，有效保证了 CFG 桩的施工过程、施工质量符合设计及规范相关要求。

经现场实践，成功完成了黏土、粉土、沙土和桩端具有相对硬土层、承载力标准值不低于 70 kPa 的淤泥质土、非欠固结人工填土等地基，以及含砾石夹层地区的 CFG 桩施工，证明上述实施细则能够很好地满足 CFG 桩施工的现场施工及质量管理需求。

第三节　采空区注浆治理工程质量管控和计量方法

自 20 世纪末以来，我国矿业开采秩序较为混乱，非法无序的乱采滥挖在一些矿山及其周边留下了大量的采空区，这是目前影响采空区上方建筑物的主要危害源之一。随着我国高速公路建设的快速发展，穿越采空区及裂隙发育严重地带的可能性也在逐步增加，地下采空区已经成为制约矿山发展及采空区上部城市化发展的一个重要难题。地下开采残留的大量采场、硐室、巷道没有进行及时处理，对地表修建高速公路带来了严重的隐患。采空区注浆治理保证了高速公路在新建和运营过程中的安全，是高速公路安全的基石。

而且，采空区注浆治理属于隐蔽工程施工，在施工过程中往往面临着很大的不确定性，因此，管理方案需要从施工工艺的质量控制、原材料质量控制、原材料的使用量、注浆量等全方面对采空区注浆治理进行监控监测，有效保证采空区注浆治理的效果。

为了保证采空区注浆治理工程的施工质量和施工安全，应及时、准确地对采空区注浆治理工程进行工程量确认及计量，方案中需包括施工工艺、原材料和浆液质量检测、质量验收、计量规则等内容，施工流程如图 4.2 所示。

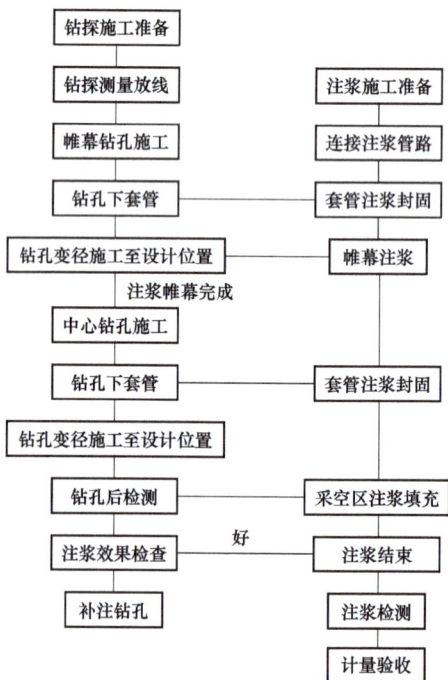

图 4.2　采空区注浆治理工程施工流程

一、施工工艺

1. 钻孔工艺说明

图 4.3 为采空区注浆钻孔设计图。

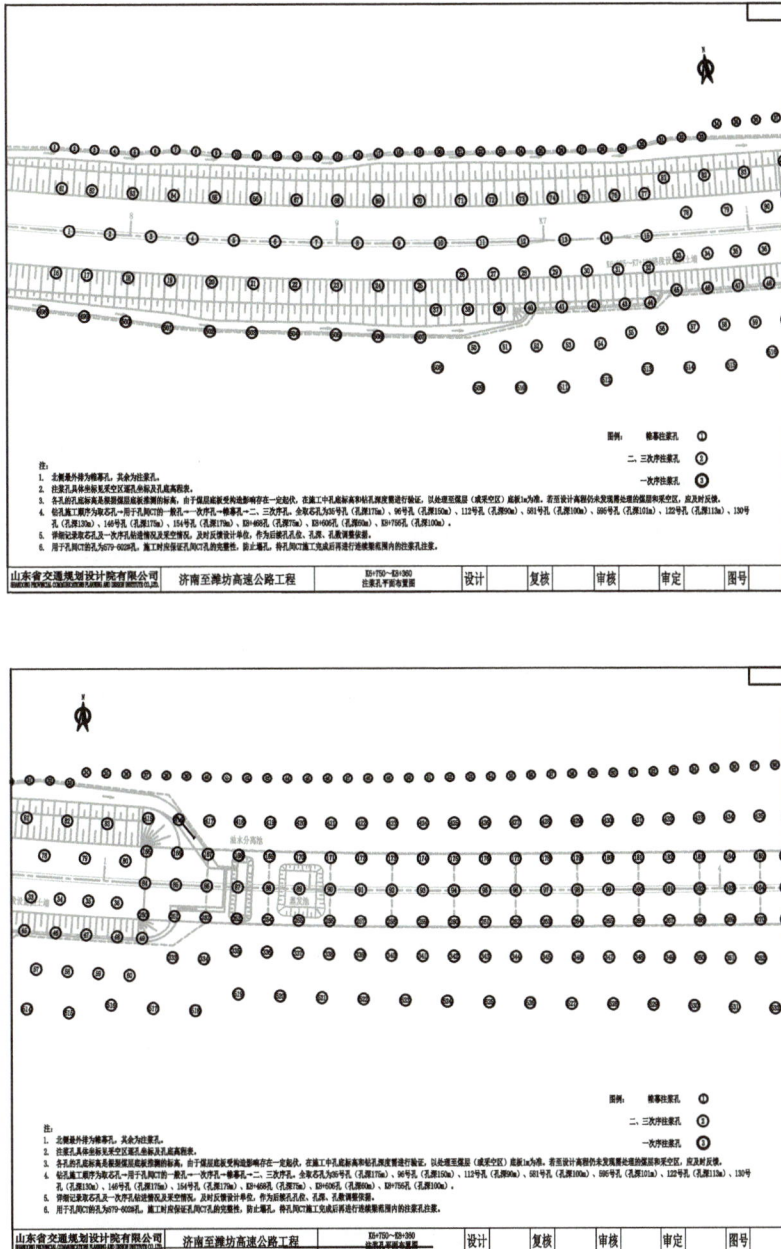

图 4.3　采空区注浆钻孔设计图（钻孔按照设计图纸编号）

钻孔工艺及技术要求如下。

（1）钻孔时，使用全站仪等测量仪器按照设计孔位（依照采空区逐孔坐标及孔底高程表）

进行实地放样，并签认"钻孔开孔质量检验报告单"，钻孔实际位置原则上不应偏离设计位置1.0 m。确因地形影响，钻孔不能放在设计位置时，可视具体情况予以调整，钻机就位后按规定报验。

（2）注浆区域内一般按先低后高、先帷幕孔后充填孔顺序钻孔；应按采空区倾斜方向跳孔施工，先施工采空区底板标高相对较低位置的钻孔，再沿倾斜方向由低向高、由边部向中心钻孔。

（3）根据设计图纸要求钻孔，开孔孔径 ϕ127 进入完整基岩 6 m，灌注 1:2 或者更浓的掺加了水玻璃的水泥浆，水泥浆柱高度不小于 6 m，接着下入 ϕ114 止浆套管（是护壁管又是孔口管和注浆管），并签认"浇筑孔口管记录表"。

（4）一般应一次性钻井成孔至设计孔底高程。

（5）施工过程中，对于特殊过程应留存相应影像资料。

（6）钻孔施工过程中及时通知监理工程师验收，并签认"钻孔班报表""钻孔地质柱状图""钻孔成孔质量检验报告单"。

2. 注浆工艺说明

（1）每处采空区注浆处理段应进行首件（试验段）施工，及时检测试验段注浆效果，进行试验段总结，确定施工参数。当实际参数超出设计文件所给区间时，由施工单位报请监理单位联系建设和设计单位解决。

（2）先施工较低一侧的下排帷幕孔，形成止浆帷幕阻挡浆液外流，再施工较高一侧的上排帷幕孔，最后施工中间注浆孔。

（3）注浆施工应间隔式分序次进行，一序次孔注浆液可能扩散范围较大，二序次孔注浆使前序次未充填的空洞得到再次充填，以提高充填率。

（4）严格按照设计文件和试验段总结所确定的注浆参数施工，施工中遇到与设计不符的情况，施工单位及时联系监理、建设、设计单位解决。

（5）施工前，应按设计的注浆浆液配合比进行试验，确定浆液的密度、黏度、结石率、初凝和终凝时间及结石体无侧限抗压强度等各项参数。施工过程中，应按规定频率测定浆液和结石体的上述参数。

（6）单孔注浆结束标准。

① 在注浆孔的注浆末期，泵压逐渐升高，当泵量小于 70 L/min 时，孔口压力在 1.0～1.5 MPa，稳定 10～15 min，可结束该孔的注浆施工。

② 当注入一定浆量，孔口压力不小于 0.3 MPa，出现地表裂隙大量跑浆时，即可暂停该孔的注浆施工。间歇适当时间后（以 12 h 为宜），再行注浆。如此反复最少 3 次以上，仍跑浆时即可结束该孔注浆施工。

③ 注浆施工过程中及时通知监理验收，及时记录流量计起止读数，并签认"注浆浆液配制记录表""钻孔注浆记录表""钻孔注浆成果表"。

④ 对充水型注浆孔，注浆管应先置于采空区底部，采用浓浆灌注，便于置换充水和浆液凝固。

注浆材料宜采用水泥、粉煤灰、黏土等。当采空区空洞和裂隙发育，地下水流速大于200 m/h 时，宜先灌注砂、砾石、石屑、矿渣等集料后注浆。为防止浆液流失，可根据需要在浆材中加入一定量的水玻璃、三乙醇胺等添加剂改变浆液性能，缩短凝结时间。若钻孔过程中发生明显的掉钻，且掉钻深度≥50 cm，需投入骨料，应在 ϕ127 变 ϕ91 钻孔的基础上扩孔至 ϕ165

变ϕ146。另外，对于同时注浆多孔，浆液配合比必须根据各孔的注浆情况分别进行调整。

二、原材料和浆液质量检测

原材料和浆液质量检测应满足：

（1）水泥每批号检测一次，同批号超过300 t时每300 t检测一次；

（2）粉煤灰每500～800 t检测一次；

（3）注浆过程中按规定频率检测浆液技术指标并做好记录；

（4）浆液试块留置：施工单位在监理旁站下，每300～500 m³浆液留取一组试块，试块尺寸为7.07 cm×7.07 cm×7.07 cm，按标准条件养护。

三、质量检测与评定

注浆结束6个月后及每个分项工程完成后，都应及时进行处治质量检测与评定。表4.2和表4.3分别为路基和桥隧采空区注浆治理工程检测项目表。表4.4为采空区注浆治理工程质量评定标准。

表4.2　路基采空区注浆治理工程检测项目表

序号	检测项目	检测方法	检测频次
1	结石体无侧限抗压强度 R_c/MPa	钻探	按注浆孔总数的2%控制
2	横波波速 V_s/（m/s）	孔内波速测井	每米一个检测点
3	充填率 η/%	岩芯描述、孔内电视、开挖	视情况而定

表4.3　桥隧采空区注浆治理工程检测项目表

序号	检测项目	检测方法	检测频次
1	结石体无侧限抗压强度 R_c/MPa	钻探	隧道每50～100 m，桥梁逐墩台
2	横波波速 V_s/（m/s）	孔内波速测井	每米一个检测点
3	充填率 η/%	岩芯描述、孔内电视、开挖	视情况而定
4	注浆量/（L/min）	注浆检测	隧道和桥梁采空区检测孔内
5	倾斜值 i/（mm/m） 水平变形值 ε/（mm/m） 曲率值 K/（mm/m²）	变形监测	注浆结束6个月后

表4.4　采空区注浆治理工程质量评定标准

序号	检测方法	检测项目	评定标准
1	钻孔取芯	结石体无侧限抗压强度/MPa	桥隧≥2.0，路基≥0.6
2	孔内波速测井	横波波速/（m/s）	桥隧≥350，路基≥250

序号	检测方法	检测项目	评定标准
3	注浆检测	注浆量/（L/min）	注浆结束条件为单位时间注入孔内浆液量小于50 L/min，注浆持续时间为 15～20 min，终孔压力为2～3 MPa。当浆液的注入量超过处治单孔平均注浆量的5%时，应查明原因
4	变形监测	倾斜值 i/（mm/m）	非简支桥梁<2.0，简支桥梁<3.0，简支桥梁<4.0
		水平变形值 ε/（mm/m）	非简支桥梁<1.0，简支桥梁<2.0，简支桥梁<3.0
		曲率值 K/（mm/m²）	非简支桥梁<0.15，简支桥梁<0.2，简支桥梁<0.3
5	充填率、岩芯描述、孔内电视	观测、描述	采空区冒落段岩芯采取率大于或等于90%，浆液结石体明显，钻进过程中循环液无漏失等

注：1～3 项为路基工程检测项目，1～4 项为桥隧工程检测项目，5 项为描述性参照评价项目。

四、计量规则

（一）钻孔计量

1. 计量规则

按照图纸所示经监理工程师验收合格的钻机钻进的帷幕孔、注浆孔以延米计量，场地清理、浇筑孔口管等所发生的一切相关作业均作为附属工作，不另行计量。

2. 计量方法

注浆钻孔施工时，施工单位填写"钻孔班报表"，记录钻孔起止时间、钻头、钻探情况及过程、描述岩芯等，对冒落、进尺异常部位应记录其埋深及冒落、掉钻等高度，报监理单位验收签认。

3. 钻孔工程量（钻孔深度）

采用"成孔后采用测绳现场量测，同时采用钻杆数量和钻探累进进尺记录校核"方法确认，测量工具为测绳（其精度施工由项目部质检人员在监理工程师见证下用钢尺标定，见图 4.4）和钻杆。测量和确认无误后，由驻地办监理人员及施工单位项目部质检人员在"钻孔成孔质量检验报告单"（表中注明钻孔工程量确认过程及最终确认依据）上签字，签认该孔位

图 4.4　测绳

完成工作量。对测量和确认过程留存声像资料，通过安装视频监控设备，将其实时上传至山东高速集团有限公司建设工程智慧云平台（不能实时上传数据的应留好视频资料，以便后期备查）。钻孔深度每天签认留存，每周汇总一次，统计累计钻孔总深度。

（二）注浆计量

1. 计量规则

按照图纸所示经监理人验收合格的注浆体积以 m^3 计量，场地清理、外加剂、监测与检验等所发生的一切相关作业均作为附属工作，不另行计量。

2. 计量方法

（1）要以原材料进场数量为主要依据，电磁流量计（见图4.5）计量作为补充，互为印证。计量资料应包括监理认可的原材料进场数量和影像资料。

图4.5　电磁流量计

（2）由各项目部在进浆管路安装电磁流量计，并进行标定，根据注浆起止读数计算每个孔位的注浆体积。

（3）每个注浆孔施工时，施工单位如实记录并填写"钻孔注浆记录表""钻孔注浆成果表"，开始注浆时记录流量计初始读数，具备终止注浆条件、注浆终止时记录最终读数，计算全孔注浆量并将其填入"钻孔注浆成果表"中，监理单位按规定签字确认。

（4）安装视频监控设备，将声像资料实时上传至山东高速集团有限公司建设工程智慧云平台（不能实时上传数据的应留好视频资料，以便后期备查）。

（5）浆液用原材料用量校核应包括：水泥、粉煤灰、骨料等原材料进场时、过磅前，施工单位向监理单位报验，监理单位旁站过磅、水泥和粉煤灰入罐全过程，签认原材料进场数量；在注浆过程中，监理单位按规定旁站或抽检包括浆液配合比、注浆压力等在内的施工参数，满足设计和规范要求时签认"钻孔注浆记录表""钻孔注浆成果表"；根据浆液配合比、拌制盘数、流量计显示的全孔注浆量体积，误差在±5%以内时，按电磁流量计体积计量，超出±5%时单独分析原因，确定计量工程量；原材料过磅单据、搅拌机配合比小票每天签认留存，每周汇总一次；"钻孔注浆成果表"每周汇总一次，统计累计注浆体积。

（6）"注浆浆液配制记录表"：拌和设备机打的每拌制盘的配合比小票应粘贴到A4纸张上，由施工单位、监理签字后作为此表的附表，相关数量应互相吻合。

（7）仪器标定应包括：拌和设备使用前标定、使用过程中每6个月标定一次；压力表、电磁流量计使用前标定、使用过程中出现故障或每6个月标定一次。

（8）当用清水洗孔时，不得通过电磁流量计，现场监理应对注浆全过程进行旁站。

（9）现场应悬挂两块记录板，分别记录钻孔情况（孔内水位、掉钻等）、注浆情况（开始时间、结束时间、配合比、孔号、注浆泵编号、注浆量等）。

（10）采空区施工期间应留好影像资料，包括监理旁站过磅、水泥和粉煤灰入罐过程的影像资料。采用水印照片时，应标明时间、过磅数量、注浆段落，与原材料签认单对应。对于影像资料不全，或部分缺失无法真实追溯注浆数量的，将不予计量。

五、结语

在济潍高速采空区的施工过程中，采用上述施工工艺及管理办法，很好地完成了全线的采空区处治。根据过程中的监控量测及检测，采空区处治效果良好，各项检测指标均满足设计及规范要求，同时能够使各注浆孔的数据都有依可循、过程管控资料完善。处治过程中可以根据各项数据分析地下采空区情况，根据实际情况采取相应的处置措施，避免了因浆液的无效扩散造成的浪费，减少了采空区处治不确定性对施工的影响。

经现场实践，上述计量方案能够很好地满足采空区处治的现场需要及管理需求。

第四节　路基工程施工实施细则

在公路施工过程当中，其中最重要的施工环节是道路路基的施工，这是公路的基础，其质量直接关系到整个道路施工建设项目的整体质量。由于道路路基的质量直接关系到道路的使用年限，也是后续整个道路施工过程最基础的环节，因此在具体的施工作业环节中，必须严格按照国家相关的法律法规和技术规范进行施工，确保道路项目施工质量及施工进度；必须完善施工新技术，在施工环节中找出病害并加以处理，提高施工质量。

一、一般性要求

为提高济潍高速公路路基工程施工技术水平，克服路基施工中常见的质量通病，保证施工质量，路基施工应包括路堤填筑、路堑开挖、填挖结合处理等内容。路基工程施工过程中，必须严格遵守国家和行业的安全生产法律法规，积极改善施工条件，制定切实可行的施工方案和安全生产措施，加强安全管理，严格执行安全操作规程，确保施工人员的安全。

路基施工，在满足质量标准的前提下，应积极而慎重地推广新技术、新工艺、新材料和新设备的应用，积极总结各种成熟和先进的施工工艺和工法，提高路基施工管理和技术水平。其中，路基施工的一般性要求包括以下几点。

（1）施工便道的宽度、路面宽度及填料等符合标准化要求，做到"晴天不扬尘、雨天不泥泞"并满足工程施工需要，临时便道不得侵占路基断面范围，施工便道应根据现场实际地形设置错车道，错车道的路面宽度、长度等符合标准化要求。

（2）对路基清表土，要及时外运集中堆放，不得混堆在便道两侧。清表植被土、耕植土应集中堆放，以后可用于坡面及部分中央分隔带的培土绿化和取弃土场复耕等。场地清理完成后，应全面进行填前碾压，使其压实度达到规定的要求。

（3）路基施工要做好临时排水总体设计，临时排水要与永久性排水设施相结合，与自然排水系统相协调，路基施工期临时排水确保畅通，保证路基不受水的侵害。当填方高出原地面时，必须确保每层路基按照设计做出横坡，以便于及时排除雨水。

（4）对于使用爆破法开挖的路段，应先查明空中缆线、地下管线的平面位置、埋置深度或高度，调查开挖边界线外的建筑结构类型、居民等情况，制定详细的爆破技术安全专项施工方案。

（5）边坡开挖前应对整个开挖坡面 50 m 内进行踏勘调查，调查的主要内容包括冲沟、不良地质等情况，以更好地掌握水流汇集方向和其他异常情况。

（6）施工现场的人员、施工机械满足施工进度及质量的要求。

（7）土方运输车辆手续齐全，应采用全封闭运输，运输前应做好运输路线的调查工作，合理安排运输时间，错开交通高峰时段并减少扰民，确保运输不受干扰且不影响地方交通。

（8）路基工程实行首件工程认可制，首件工程完成后，要及时对首件工程施工进行总结，以确定适宜的施工工艺参数，为大面积施工提供经验。

（9）项目部合理安排施工工期，优先施工桥头路基填筑、高填方路基填筑。

（10）根据山东高速集团有限公司发布的《高速公路施工标准化技术指南》及设计图纸等要求，路堑开挖边坡、软基处理、高填方路基工程应采用动态设计和动态施工方案，与动态变形监测同步进行，并做好施工期间的变形监测工作。为保持变形监测工作数据的连续性，按规范及设计要求间隔时间采集数据。当通过观测结果发现出现异常时，要立即停止施工并采取措施。为保证数据的一致性还需做到以下几点：采用相同的观测线路和观测方法；使用同一台仪器和设备；固定观测人员；在相同的环境和条件下工作；观测数据要记录清晰，不得修改，每次观测的数据应及时妥善保管。

二、填土路基施工

填土路基宜按照"三阶段、四区段、八流程"施工工艺进行，具体如下。

"三阶段"——准备阶段、施工阶段、整修阶段。

"四区段"——填土区段、整平区段、碾压区段、检验区段。

"八流程"——测量放线、地基处理、分层填筑、摊铺平整、洒水晾晒、碾压密实、检验签证、路基整修。

1. 施工准备

（1）应做好施工期临时排水，临时排水设施应与永久排水设施综合考虑，并与工程影响范围内的自然排水系统相协调，排走的雨水等不得冲入农田和引起路基冲刷。

（2）地基处理应按设计文件要求处理完成，并检验合格。

（3）路基填料应经取土试验符合规定后方可使用，严禁使用含草皮的土、含生活垃圾的土及含树根和腐朽物质的土。

（4）填土路基开工报告经批准后方可进行土方填筑施工。

（5）施工测量放样后，撒好边线。

2. 施工工艺及施工要点

填土路基施工要点如下。

（1）填土路基宜选用级配较好的粗粒土作为填料，砾类土、砂类土应优先选作路床填料，细粒土可填于路基底部。不同性质的土应分层、分段填筑，同一水平层路基的全宽应采用同一种填料，不得混填，每种填料层累计填筑厚度不宜小于 50 cm。

（2）路基填土宽度每侧应宽于设计宽度 50 cm，压实宽度不得小于设计宽度，以保证修整路基边坡后的路基边缘有足够的压实度。

（3）土方路基分层压实的最大松铺厚度不应超过 30 cm，填筑至路床顶面最后一层的最小压实厚度不应小于 15 cm。

（4）填筑路基应采用水平分层填筑法施工，即按横断面全宽分成水平层次逐层向上填筑，如原地面不平，应由最低处分层填起，每填一层，经过压实度检测符合规定要求之后，再填上一层。

（5）横坡陡峻地段的半填半挖路基，应在山坡上从填方坡脚向上按设计要求挖台阶，台阶宽度不小于 2 m。

（6）路基填筑高于原地面后，在路基顶设置截水埝，每间隔 50 m 开口设置临时泄水槽，临时泄水槽采用砖砌，水泥砂浆抹面，以免冲刷边坡。

（7）严格实行"划格上土，挂线施工，平地机整平"，运输车按要求卸料后先使用推土机粗平后再使用平地机精平。

（8）当填土路基分几个作业段施工时，在两段交界处，如不同时间填筑，则先填段应按不小于 1:1 坡度分层填筑，每层碾压到边，逐层收坡，待后填段填筑到位时再把交界面挖成 2 m 宽的台阶，分层填筑碾压。当两段同时施工时，应交替搭接，搭接长度不小于 2 m。

（9）碾压前对填土层的松铺厚度、平整度进行检查，符合要求后方可进行碾压。

（10）路基应表面平整，边线直顺，曲线圆滑，控制好"五度"（宽度、高度、平整度、横坡度、压实度）。

填土路基施工工艺流程图如图 4.6 所示。

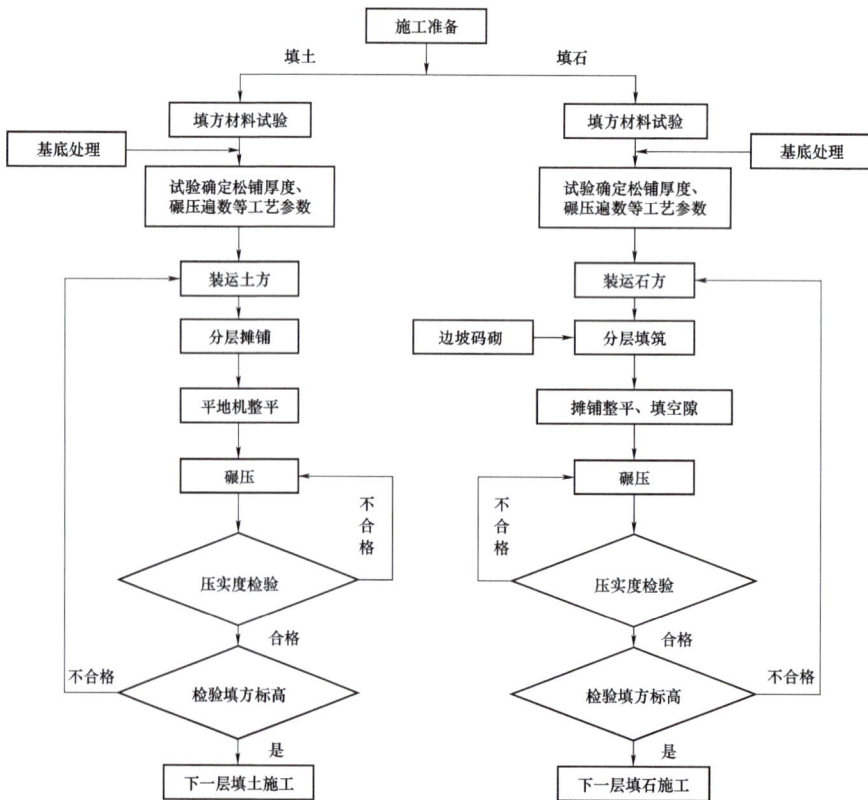

图 4.6　填土路基施工工艺流程图

三、土石混合填料路基施工

1. 施工准备

（1）残坡积土、碎石土、开山石渣均为土石混合填料。

（2）天然土石混合填料中，中硬、硬质石料的最大粒径不得大于压实层厚的2/3。当石料为强风化石料或软质石料时，其CBR值应符合规定，石料最大粒径不得大于压实层厚。

（3）基底处理应满足规范要求，在陡、斜坡地段，土石路堤靠山一侧应按设计要求做好排水和防渗处理。

2. 施工工艺及施工要点

土石混合填料路基施工工艺流程图参见图4.6。土石混合填料路基施工要点如下。

（1）土石混合填料路基不得倾填，应分层填筑压实，最大松铺厚度不超过40 cm。

（2）填料在装车的过程中进行选择性上车，将不符合填料粒径要求的较大填料剔除。装料时填料级配均匀地进行上料，堆料时严格按已打好的方格进行后退法卸料。

（3）用推土机推平时，应使大粒径石料均匀分散在填料中，石料间孔隙应填充小粒径石料、土和石渣。在填筑过程中派专人配合机械作业。对天然土石混合填料进行整修检查，对石料强度大于20 MPa而粒径超过压实层厚2/3的石块进行全部清除，对软质岩石强度小于15 MPa而粒径超过压实层厚的岩石，应予以打碎、整平，严格按松铺厚度施工。

（4）压实后透水性差异大的土石混合填料，应分层或分段填筑，严禁纵向分幅填筑。

（5）土石混合填料中，当石料含量超过70%时，应先铺填大块石料，且大面向下，放置平稳，再铺小块石料、石渣或石屑嵌缝找平，然后碾压。当石料含量小于70%时，土石可混合铺填，但应避免硬质石块（特别是尺寸大的硬质石块）集中。土石路基路床顶面以下路床范围内应填筑符合路床要求的填料分层压实，填料最大粒径不大于10 cm。

（6）当填料由土石混合填料变化为其他填料时，土石混合填料最后一层的压实厚度应小于30 cm，该层填料最大粒径宜小于15 cm，压实后，该层表面应无孔洞。

（7）中硬、硬质石料的土石路基，应进行边坡码砌。边坡码砌与路基填筑同步进行。

（8）土石路基应配备大功率重型压实机具进行冲击补强。

（9）土石路基的外观质量标准：路基表面无明显孔洞；大粒径填石无松动，铁锹挖动困难；中硬、硬质石料土石路基边坡码砌紧贴、密实，无明显孔洞、松动；砌块间承接面应向内倾斜，坡面平顺。

四、填石路基施工

1. 施工准备

（1）填石路基石料主要来源于路基开挖硬质石方。当填料中石料（粒径大于4 cm）含量超过70%时，应按填石路基压实标准进行控制。用来填筑填石路基的石料应为不易风化的中硬质岩，禁止采用具有膨胀性的风化岩等填筑路基。

（2）填石路基施工应采用大功率推土机、重型压实机具施工，压路机重量不小于22 t。

（3）在施工前，应通过铺筑试验路段确定合适的填筑层厚、压实工艺及质量控制标准。

2. 施工工艺及施工要点

填石路基施工工艺流程图参见图4.6。填石路基施工要点如下。

（1）填石路基用自卸汽车从一头上料向前推进，大型推土机按试验段确定的松铺厚度摊铺，边上料边摊铺，剔除超粒径石料，避免出现粗细颗粒离析现象。在装车运输前应对不符合要求的石料进行二次或多次解小，在石块破解时应采用防尘降尘措施。在粒径达到填石路基施工规定的要求后，方可运到填筑现场，严禁在路基填筑现场破解。

（2）边坡码砌石料强度、尺寸及码砌厚度应符合设计要求，石块抗压强度不小于 30 MPa，最小尺寸不小于 30 cm，石块应规则，边坡码砌与路基填筑应基本同步。

（3）填石路基应将石块逐层水平填筑，分层厚度不宜大于 50 cm，石料强度不应小于 15 MPa，填料最大粒径应不得超过层厚的 2/3。路床底面以下 40 cm 范围内，应铺填有适当级配的砂石料，最大粒径应不超过 15 cm。路床填料粒径应小于 10 cm。

（4）当石块级配较差、料径较大、填层较厚、石块间空隙较大时，要特别注意在填石的空隙内灌入石渣、石屑、粗砂，使空隙填满，并敲掉锐角突出部分，保持顶面平整。

（5）对于填石路基的填料，如其岩性相差较大，特别是当岩石强度相差较大时，应将不同岩性的填料分层或分段填筑，不得混填。

（6）填石路基顶面与细粒土填土层之间应按设计要求设置过渡层。

（7）填石路基应配备大功率重型压实机具进行冲击补强。

（8）填石路基成形后的外观质量标准：路基表面无明显孔洞，大粒径石料不松动，铁锹挖动困难；边坡码砌紧贴、密实，无明显孔洞、松动；砌块间承接面向内倾斜，坡面平顺。

五、土质路堑施工

1. 施工工艺

土质路堑施工工艺流程图如图 4.7 所示。

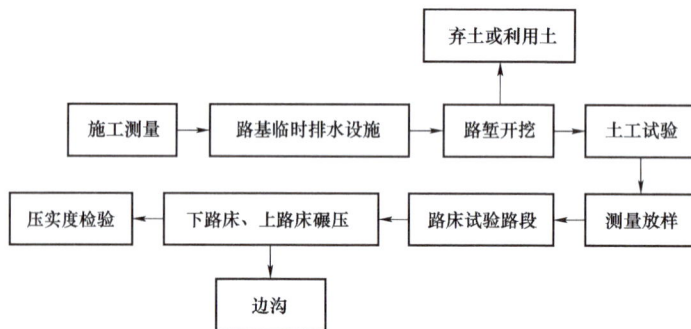

图 4.7　土质路堑施工工艺流程图

2. 施工要点

（1）首先完成临时排水设施，确保施工面不积水，截水沟应与排水系统接顺，排水通畅，严禁破坏截水沟至边坡开挖线范围内的植被，截水沟应在路堑开挖之前施工完成。

（2）路堑根据现场实际情况，合理选择全断面开挖、横向台阶开挖、逐层顺坡开挖、纵向台阶开挖或者组合式开挖的方式施工，安排运土通道与开挖工作面的位置及施工次序，做到运土、排水、挖掘、防护互不干扰，以确保开挖顺利进行。严格按设计图纸进行，做到开挖一级防护一级，避免开挖暴露时间过长，造成新病害。

（3）开挖过程中应采取措施保证边坡稳定，在开挖至边坡线时，应留一定厚度以便刷坡，预留的厚度应保证设计边坡线外的土层不受到扰动。开挖应按自上而下的顺序进行，随挖随修整边坡，同时对已开挖坡面进行复核，以确保开挖坡面不欠挖、不超挖。

（4）坡体开挖应与边坡动态变形监测同步进行，做好施工期间坡体变形监测工作。

（5）当开挖至路堑路床部分时，应尽快进行路床施工，如不能及时进行，应在路床底面以上预留至少30 cm厚的保护层，待路床施工前挖除。

（6）填挖结合部应在路堑端挖台阶与填方路堤相衔接，台阶宽度不小于压路机碾压宽度，且不小于2 m，台阶高度不得超过2 m，设置2%～4%的倒坡，路床顶面衔接长度一般为10 m。

（7）雨季施工应有防范措施，尽量避免安排在雨季施工。

六、石质路堑施工

1. 施工工艺

石质路堑施工工艺流程图如图4.8所示。

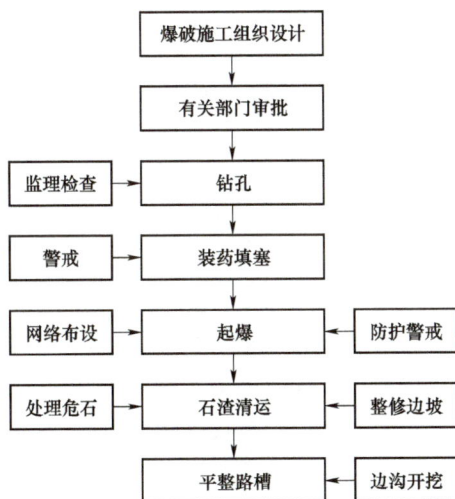

图4.8 石质路堑施工工艺流程图

2. 施工要点

（1）根据岩石的类别、风化程度和节理发育程度等，确定开挖方法，禁止使用大爆破施工方法。石方爆破开挖路基应以预裂爆破技术为主，对于软弱松散岩质路堑，宜采用分层开挖、分层防护和坡脚预加固技术。

（2）爆破施工宜按以下顺序控制：测量标定炮孔位置—钻孔—炮孔检查—爆破器材准备—装药—连接爆破网络—布设安全岗哨—炮孔堵塞—爆破覆盖—起爆信号—起爆—消除瞎炮—处理危石—解除警戒—石方清运—爆破效果分析及资料记录。

（3）挖方边坡应从开挖线往下分级清刷边坡，下挖2～3 m时，应对新开挖边坡刷坡。对于软质岩石边坡，可用人工或机械清刷。对于坚石和次坚石，可使用炮眼法、裸露药包法爆破清刷边坡，同时清除危石、松石。清刷后的石质路堑边坡，不应陡于设计规定。

（4）每次爆破完毕后，组织人员和机械进行爆破石方的清运，测量标高，应对高出设计标高的部分进行铲除，直到符合设计要求为止。低于标高的，要采用级配碎石填筑，碾压到施工规范的压实度，达到设计标高为止。应将边坡表面的破碎岩石全部清除掉，按设计要求进行刷坡，开挖排水沟。

（5）将不使用的爆破石渣运至指定地点，按规定处理。如作为利用石方填筑路基，应设立二次破解区，在装车运输前应对不符合要求的石料进行二次或多次解小，在石块破解时应采用防尘降尘措施。在粒径达到填石路基规定的要求后，方可运到填筑现场，严禁在路基填筑现场破解。

七、填挖结合处理

（1）纵、横向填挖交界处均应认真清理半填断面的原地面，将原地面翻松或挖成台阶，再进行分层填筑，台阶开挖高度不大于 2 m，宽度不小于 2 m，并设 4%内倾横坡。

（2）在纵向填挖交界处铺设两层土工格栅，第一层铺设于路床中间，第二层铺设于路床底面。

（3）横向半填半挖路段的挖方幅应对路槽下 120 cm 路床翻挖再分层回填，以减小路基横向不均匀沉降。填挖交界处铺设两层土工格栅，第一层铺设于上路床底部，第二层铺设于路床底面。

（4）在填挖交界处挖方区尾端设置横向排水盲沟，疏导路堑积水，避免填方斜坡基底潮湿。

（5）对于石方山坡，应清除原地面松散风化层，按设计开凿台阶。

八、结语

在道路工程具体施工作业环节中，任何一个环节都要仔细对待。在道路出现病害问题时，病害的形成原因与施工阶段原材料的选择、施工人员的工作能力、施工技术是否符合规范、道路养护及时与否等方面息息相关。为防止病害出现，道路施工单位必须对各个环节都要加强管理，采取恰当的施工工艺和处理技术，使病害得到圆满处理，保证交通正常运行。通过执行本细则的管理措施，济潍高速公路工程路基施工取得显著成效，本细则的实施为以后的类似工程施工积累了宝贵经验。

第五节 小型构件预制工程施工实施细则

小型预制构件的质量直接影响公路的使用功能和美观，最容易被忽视，很容易成为通车运营期间（责任缺陷期内）返工率最高的项目。为了保证济潍高速公路工程小型预制构件的生产质量，须加强工程质量控制。

一、总体要求

小型构件预制工程施工实施细则内容包括预制场地的建设、模板、混凝土、养生、验收等监理工作。

在使用和执行本细则过程中，应严格执行公路工程相关设计、施工、试验、检测、测量等方面技术标准、规范、规程。本细则未涉及内容应符合国家现行的有关标准和规范。本细则未完善之处按照相关规范执行。

二、一般要求

（1）小型预制混凝土构件包括桥头护坡六棱块、混凝土护坡预制块、边沟盖板等。

（2）小型预制构件集中预制，集中管理，统一工艺。预制场地严禁占用永久用地，原则上要求设置在预制场或混凝土、基层、沥青面层拌和站内，以便于管理。预制场的建设规模应结合小型构件预制数量和预制工期等参数来规划。小型预制构件的生产、养护必须在生产车间内进行，生产车间建设要考虑采光、通风的要求。场地硬化标准应不小于 20 cm 厚的 C20 混凝土硬化，基础不良的场地应增设碎石掺石屑垫层。场内不允许积水，四周宜设置排水沟。生产区、养护区硬化地面平整度不得大于 5 mm。预制场建设方案必须经总监办批复后方可施工。

（3）小型预制构件工程施工实行工厂化生产，要贯彻精细化、专业化的原则，相应的质量要求、质量目标、施工工艺、安全生产制度均上墙。

（4）预制场采用封闭式管理，场地内按构件生产区、存放区、养护区、废料处理区等科学合理设置，功能明确，标识清晰。道路、排水畅通，设置养护设施。

三、模板

（1）模板应使用钢模或高强度塑料模具，入模前应进行拼缝检查，对拼缝达不到要求的，严禁使用。应选用优质脱模剂，保证混凝土外观。在周转期应有覆盖措施，防止雨淋、生锈、被污染。

（2）模板宜适当加肋，防止模板变形。当使用次数过多导致模板变形时，应进行更换。模板制作时，要考虑拆模方便。另外，模板数量须满足工程进度需要。

四、混凝土

（1）混凝土所用的水泥、砂、石、水、外加剂及混合材料的质量和规格必须符合规范的要求，按批复的配合比施工。粗集料应采用坚硬岩石，必须采用二次锤破或多级反击破加工，同时应采用水洗，确保石料质量。

（2）在混凝土浇筑前，应对混凝土坍落度及和易性进行检验，合格后方可浇筑至事先准备好的模板内。

（3）振捣混凝土时一般分两次振捣，第一次添加混凝土至模板高度以下，采用振动台振捣，振动至混凝土表面平坦、泛浆后停止振动；再次添加混凝土至略高于模板边沿，再次振捣至混凝土表面平坦、泛浆（振动过程中，混凝土下落后要人工随时填满）。等混凝土振捣密实后采用抹子对预制块顶面进行抹平。严格控制振捣时间和频率，振动台一次振动时间宜为 30～60 s。

五、预制施工

（1）严格按批复的混凝土施工配合比（首件工程确认）进行拌和，严禁为了方便施工随意调整水灰比，造成混凝土的收缩和徐变加大，以至于混凝土构件外部产生微小的裂缝，从而使拱形护坡预制块等小型预制构件整体强度和回弹模量下降。要按规定频率制作混凝土试块。

（2）采用正确的振捣方式。桥头护坡六棱块、混凝土护坡预制块等采用振动台振捣，边沟盖板等采用平台振捣器辅助振捣棒振捣，掌握恰当的振捣方式与时间。

（3）严格控制拆模时间，确保养生质量。待预制件成形后混凝土强度达到80%以上时方可进行拆模，拆模过程中应小心，可用橡胶锤适量敲打，确保不出现啃边、掉角及磕碰现象。

六、养生

预制块养生分为两个阶段，抹面收浆后覆盖土工布洒水养生，待强度达到80%时即可拆模养生。将预制块搬运至养护棚进行喷淋养生，确保构件处于湿润状态，养生时间不得少于7 d。预制件脱模后，采用印章在非裸露位置标注生产日期、批次及编号后，立即用土工布覆盖，进行喷淋洒水养生。喷淋设备装置继电器，可进行24 h无人管理喷淋。等预制块强度达到设计值时方可进行"打包"外运堆放。

七、其他要求

（1）预制块最大码垛层数不超过6层，下层构件下方衬垫木托，层间采用宽度不小于5 cm、厚度不小于1 cm的特制塑料泡沫或棉毡隔离。

（2）预制块堆放采用分区、分型号"打包"堆放，堆放高度应保证安全。不同尺寸预制块要设置标识牌，避免后续安装施工时出现错误。养生期不得堆码存放，以防损伤。

（3）预制块在装卸搬运过程中应轻装轻卸，避免损坏，在运输过程中应采取措施防止缺边掉角。预制块经验收合格后才能使用，不得人工抛掷。损坏的预制件不得用于安装。

八、质量控制

（1）小型构件预制的质量控制应作为项目部和驻地办重点控制的项目之一，项目部安排专职质检人员、驻地办安排专职监理人员负责小型预制构件的质量检验和抽检，原则上要驻场全过程监督。

（2）驻地工程师须经常进行现场检查，驻地办至少每周对小型预制构件的质量进行一次全面质量检查、分批次认可，分批次认可报告由驻地工程师签认。

（3）项目部与驻地办要制定奖惩措施，确保专职质检人员与专职监理人员认真履行质量监管职责。

（4）对于钢筋混凝土预制构件，项目部与驻地办抽查数量应不少于构件总数的30%，并注明编号、检查时间、自检人、监理人，可分批检查，不定期进行破坏性检查，并留影像资料。实行批量验收，抽检混凝土质量，3 d内完成对小型预制构件的编号（采用印章在非外露部位编号），建立验收台账。

九、成品检测

小型预制构件应满足外形轮廓清晰、线条直顺，不得有翘曲现象。对于小型预制混凝土构件，混凝土表面应平整，无蜂窝，颜色一致。表4.5、表4.6分别为小型预制混凝土构件成品检测项目表、小型预制混凝土构件钢筋加工检测项目表。

表4.5　小型预制混凝土构件成品检测项目表

项次	检查项目	规定值或允许偏差	检测方法和频率	
1	混凝土抗压强度/MPa	在合格标准内	按《公路工程质量检验评定标准　第一册　土建工程》（JTG F80/1—2017）附录D检查	
2	断面尺寸/mm	±5	尺量：测2个断面	抽查构件总数的30%
3	长度/mm	+5，−10	尺量：测中线处	

表4.6　小型预制混凝土构件钢筋加工检测项目表

项次	检查项目		规定值或允许偏差	检测方法和频率
1	网的长、宽/mm		±10	尺量：逐边测
2	网眼尺寸/mm		±10	尺量：测5个网眼
3	网眼对角线差/mm		±15	尺量：测5个网眼
4	网的安装位置	平面内	±20	尺量：测每网片边线中点
		平面外	±5	

注：钢筋材料符合规范及设计要求。

十、结语

采用小型预制构件能很好地保证附属结构物的质量，采用集中预制，能更好地保证结构物的外观质量，提升高速公路的整体美观性。预制过程中需加强模板质量控制，使用大于设计厚度5 mm的尺寸定制模板，防止浮浆影响构件尺寸。

第六节　水泥稳定碎石基层、底基层工程施工实施细则

水泥稳定碎石基层、底基层是路基路面的主要组成部分，其施工的质量直接关系到建成后的稳定安全使用，因此必须依据现行的施工技术，对道路水泥稳定碎石基层、底基层的施工方案进行不断优化，提高施工技术应用效果，保证施工质量。

一、基本要求

为实施精细化管理和标准化施工，确保对各工序施工进行有效的预控，严格做好对原材料的质量、施工参数、现场施工过程和分部分项工程的验收等关键环节的控制，有效保证水泥稳定碎石基层、底基层工程质量，应遵循以下基本要求。

（1）各合同项目部要根据设计文件、合同任务及实际施工条件，编制周密的路面基层施工组织计划，包括制定详细的施工方案、总的施工工艺流程、总体进度计划、机械与劳动力配置及材料供应等具体内容，要建立质量保证体系和有关的规章制度。

（2）水泥稳定碎石基层、底基层的级配范围以招标文件、技术规范、设计图纸提出的级配范围为参考，根据各合同实际粗细集料的使用性能和自然级配情况，设计出满足嵌挤、骨架密实、能有效防止离析产生和裂缝形成的水泥稳定碎石基层、底基层配合比，级配曲线要控制在规范范围之内。

（3）路面水泥稳定碎石基层、底基层配合比设计完成并经批复使用后，要进行首件工程（试验段）的施工，根据首件工程（试验段）的相关试验数据及取芯结果，对设计的配合比进行优化、调整，使优化后的配合比更适合于施工，保证设计理念及施工质量。

（4）在水泥稳定碎石基层、底基层大面积施工前，应选择检验合格的下承层进行试验段施工，其长度宜为 200～300 m。试验路段的施工级配应按室内试验中得到的最佳结果，且得到监理单位认可的方案进行。当试验不合格时，应及时处理，并分析总结失败原因，提出合理、可行的解决办法重新试验。

（5）首件工程施工总结必须按照相关程序进行上报、报批，水泥稳定碎石基层、底基层及其以上结构层首件工程总结由总监办批复，安全、环保等专项方案要切实可行，措施要落实到位。

二、施工准备

1. 拌和站

拌和站的布置位置要适当，既要考虑摊铺运料距离的长短，又要结合水泥初凝、终凝时间与机械运输、摊铺操作的总时间，还要考虑材料进场、施工便道、养护、水源、取水、排水等。场地应具有足够的机械作业、材料堆放的面积，保证拌和安装、材料运输进出车辆运转自如等。各种材料应堆放合理，粗、中、细隔离存放，并插牌标示。

根据招标文件要求，必须配置产量不小于 800T/H 型的拌和机，拌和机的数量要保证其实际出料（生产量的 80%）能力超过实际摊铺能力的 10%～15%。为使混合料拌和均匀，拌缸要满足一定长度，必须采用具有二级拌和能力的拌和设备。料斗口必须安装钢筋筛焊网盖，筛除超出粒径规格的集料及杂物，各料仓之间的隔板高度不低于 100 cm，防止出现混仓现象。拌和机的用水应配有大容量的储水箱。水泥要配有钢制罐仓，可视摊铺能力决定其容量，原则上不少于两个 150 t 水泥罐。罐仓内应配上水泥破拱器，以免水泥起拱停流。所有料斗、水箱、罐仓都要求装配高精度电子动态计量器，水计量不得采用手动阀门控制，所有电子动态计量器应经有资质的计量部门进行计量标定后方可使用。拌和机宜配备带活门漏斗的料仓，成品仓上方应加装防离析装置，由漏斗出料直接装车运输，以免材料离析。

2. 摊铺机

应根据路面基层的宽度、厚度，参考摊铺机的参数选用合适的摊铺机类型和数量。当采用两台摊铺机梯队作业时，两台摊铺机要功能一致，以保证路面基层厚度一致，完整无缝，平整度好。摊铺机在施工以前要进行必要的机械调整，防止在摊铺时产生混合料离析。

根据上、下基层连续施工的技术要求，进行连续施工作业时，下基层施工 80～120 m（视现场施工组织、环境参数而定）后，将摊铺及施工机械调回至初始点进行上基层施工。每个作业面的摊铺机必须采用同一型号和同一振幅进行施工。

当摊铺机被调回至初始点摊铺上基层时，应避免对未成形的下基层造成扰动或破坏。当下基层水分散失过大或者大风高温天气时，应补洒水分或者水泥浆，加强上、下基层之间的连接。

3. 压路机

路面基层施工质量好坏的关键之一是压路机操作手的技术水平高低。压路机操作手在施工前要进行专门培训，并具有一定的实践经验。

压路机的吨位和台数必须与拌和机及摊铺机的生产能力相匹配，建议至少配备 4 台 22 t 以上单钢轮振动压路机、1 台双钢轮振动压路机、2 台自重 26 t 以上胶轮压路机，以保证施工正常连续进行。

4. 供电设备

以电网为主，各发电机组的输出功率必须大于最大电机功率的 3 倍，发电机的长期运转有效输出功率宜大于额定输出的 60%。

5. 运输设备

既要考虑原料的进场运输，保证拌和站不停机、不断料，又要考虑将拌好熟料运至摊铺现场的运量。混合料出料、运输车辆要选型一致，避免载重过大压坏下承层及初始成形的新铺基层。随着摊铺现场的伸展，运距有长有短，车辆的多少应随时满足运力要求。

6. 其他必备设备

根据文明施工及环保要求，现场还应配备其他必备的设备，如雾炮车、装载机等，以便应急使用。

三、施工控制

1. 一般规定

（1）应将下基层上的贴皮、浮土等彻底清理干净。需埋设横向中央带排水管的地方挖沟埋设排水管。

（2）开始摊铺的前一天要进行测量放样，按摊铺机宽度与传感器间距，钉出测钉（中桩方向间距，一般在直线上为 10 m，在平曲线上为 5 m），并打好导向控制线支架，根据松铺系数算出松铺厚度，决定导向控制线高度，挂好导向控制线。

（3）水泥稳定碎石基层、底基层施工时，日最低温度应在 5℃以上。雨季施工，应注意气候变化，勿使水泥和混合料遭雨淋。降雨时应停止施工，但已经摊铺的混合料应尽快碾压密实。

（4）水泥稳定碎石基层、底基层施工工艺流程：准备工作—施工放样—张拉钢丝定位出摊铺标高—支立模板—摊铺机就位—混合料拌和运输—摊铺混合料—碾压检测验收—养生。

2. 混合料拌和

开始拌和前，拌和站的备料应能满足 3～5 d 的摊铺用料。每天开始搅拌前，应检查场内各处集料的含水率，计算当天的配合比，外加水与天然含水率的总和要比最佳含水率略高 1%。在正式拌制混合料之前，必须先调试所有设备，使混合料的颗粒组成和含水率都达到规定的要求。当原集料的颗粒组成发生变化时，应重新进行生产调试。

雨季施工，应注意天气变化，若水泥稳定碎石基层施工后下雨，应立即停止施工，并采取措施保护已摊铺的混合料。对于原材料，特别是细集料，应设固定或活动棚盖，防止被雨淋湿。

每天开始搅拌之后，出料时要取样检查是否符合给定的配合比。进行正式生产之后，每

1～2 h 检查一次拌和情况，抽检其配合比、含水率是否变化。高温作业时，早晚与中午的含水率要有区别，要按温度变化及时调整。若发现干湿不均或有离析的混合料，应当废弃。

对于连续式拌和出现的"料头""料尾"质量不良的混合料，应改作它用或予以废弃。

3. 混合料运输

运输车辆在每天开工前，要检验其完好情况，装料前要将车厢清洗干净，而且每装一车，要清扫一次，运输车辆数一定要满足拌和出料与摊铺数量需要，并略有富余。应尽快将拌成的混合料运送到铺筑现场，车上的混合料应用篷布覆盖以减少水分损失。如运输车辆中途出现故障，必须立即以最短时间排除。当车内混合料不能在初凝时间内运到工地时，必须予以转车或废弃。运料司机必须严守纪律，与各方面密切配合，按要求装料、卸料，特别是已摊铺好的水泥稳定碎石基层、底基层，养护期未到时，不得在上面行车。

4. 混合料摊铺

摊铺前，应将下基层表面适当洒水润湿，宜使用装有喷雾式洒水管的洒水车洒一层水。摊铺前检查机器各部件运转情况，而且每天坚持重复此类工作，调整好传感器臂与导向控制线的关系。严格控制水泥稳定碎石基层、底基层厚度和高程，其路拱横坡应与面层一致。

水泥稳定碎石基层、底基层施工时，严禁用薄层贴补法进行找平。水泥稳定碎石基层施工，采用方案为两层基层同时摊铺。摊铺过程中精心安排压实工艺，避免运输车辆及压路机破坏下基层。

拌和机与摊铺机的能力应互相匹配，摊铺机宜连续摊铺。如拌和机生产能力较小，在用摊铺机摊铺混合料时，应采用最低速度摊铺，减少摊铺机停机待料的次数。

水泥稳定碎石基层、底基层混合料摊铺宜采用两台摊铺机梯队作业，一前一后应保证速度一致，摊铺厚度一致，松铺系数一致，路拱坡度一致，摊铺平整度一致，振动频率一致，两机摊铺接缝平整。当采用一台大宽度摊铺机摊铺时，摊铺机的螺旋布料器不能太高，应有2/3 埋入混合料中，但也不要太低，不能使其松铺高度低于设计面。在摊铺机后面应设专人消除细集料离析现象，铲除局部"粗集料窝"，并用新拌混合料填补。

摊铺过程中的注意事项包括：摊铺机前设专人清扫下基层，如有表干现象，适量洒水湿润；自检人员随时检查摊铺厚度、标高，确保摊铺厚度、高程符合设计要求；摊铺机后设专人清除"粗集料窝"，并用均匀混合料填补；摊铺现场加强管理与协调，现场、试验室、拌和站三方保持密切联系，保证施工的连续性；在未摊铺上基层前，对已碾压完段落的下基层做到始终保持洒水湿润，局部干燥处随时补水；摊铺机调转之前，提前通知拌和站，避免混合料延迟时间过长。

5. 混合料碾压

碾压时以单钢轮振动压路机、双钢轮振动压路机和胶轮压路机组合进行碾压，一次碾压长度一般以不超过 80 m 为宜。应在混合料含水率处于或略大于最佳含水率（当天气炎热干燥时，混合料含水率宜提高 0.5%～1%）时进行碾压，直到达到要求的压实度。碾压应遵循生产试验路段确定的程序与工艺。

注意碾压时不要过振，稳压要充分，振压不起浪，不推移，压至无轮迹为止。初检压实度不合格时，重复再压。对边部压实不足的部位用三轮压路机或小型压路机进行补压。

压路机碾压时应重叠 1/2 轮宽。压路机倒车换挡要轻且平顺，不要扰动下基层。在第一遍初步稳压时，倒车后尽量原路返回，换挡位置应在已压好的段面上。在未碾压的一头换挡倒车位置错开，要成齿状，出现个别拥包时，应有工人进行铲平处理。

压路机碾压时的行驶速度，第 1~2 遍为 1.5~2.0 km/h，以后各遍应为 2.0~2.5 km/h。

压路机停车要错开，而且离开 3 m 远，最好停在已碾压好的路段上，以免破坏基层结构。严禁压路机在已完成的或正在碾压的路段上调头和急刹车，以保证路面结构层表面不受破坏。

碾压过程中，基层的表面应始终保持湿润，如水分蒸发过快，可采用喷雾方式适量补水，但严禁洒大水碾压。如有"弹簧"现象，要重新处理至符合要求。碾压宜在水泥初凝前及试验确定的延迟时间内完成，并达到要求的压实度。

初压区、复压区、终压区接头处理：采用阶梯式接头处理，各压实区长度间隔 2 m，阶梯宽不小于 1 m。阶梯接头拥包处，由人工耙松整平后再压实。压实后用 3 m 直尺检测平整度，不合格处由人工切除后换填新料，重新压实，直至达到要求。在摊铺碾压时控制好施工时间，尽量缩短水泥稳定碎石基层施工的延迟时间。碾压完成后，即可进行压实度检测，并及时把检测结果反馈给现场施工人员，以便指导后续施工。

6. 横缝设置

水泥稳定类混合料摊铺时，必须连续作业不中断，如因故中断时间超过 2 h，则应设横缝，摊铺机要离开混合料摊铺末端，以免摊铺机中的混合料凝结。

每天收工之后，第二天开工的接头断面也要设置横缝。每当通过桥涵，特别是明涵、明通时，在其两边需要设置横缝，底基层应立即与桥涵台背接拢，厚度一致，压实度满足要求，基层的横缝设置最好与桥头搭板尾端吻合。

横缝应与路面车道中心线垂直设置，其设置方法如下：

第一步，人工将末端含水率合适的混合料整理整齐，紧靠混合料放两根方木，方木的高度应与混合料的压实厚度相同，整平紧靠方木的混合料；

第二步，方木的另一侧用砂砾或碎石回填约 3 m 长，其高度应高出方木几厘米；

第三步，将混合料碾压密实；

第四步，在重新开始摊铺混合料之前，将砂砾或碎石和方木撤除，并将下基层顶面清扫干净；

第五步，摊铺机返回到已压实层的末端，重新开始摊铺混合料；

第六步，如摊铺中断超过 2 h，而又未按上述方法处理横缝，则应将摊铺机附近及其下面未压实的混合料铲除，并将已碾压密实且高程和平整度符合要求的末端挖成与路中主线垂直并垂直向下的断面，然后再摊铺新的混合料。

7. 养生及交通管制

基层碾压完成后，先进行压实度、厚度、平整度、宽度、标高的检测，经检验合格且表面稍干后，撒布透层乳化沥青。局部撒布不到位的，由人工进行找补。底基层采用覆盖洒水养生方式，边部侧面在拆除模板后应立即进行养生。底基层、水泥稳定碎石基层均可采用塑料薄膜或防渗土工布进行覆盖养生，水泥稳定碎石基层也可以采用边部人工喷洒乳化沥青进行养生。由于侧面处乳化沥青容易流淌，需分多次进行喷洒。

养生期间，封闭交通，禁止任何车辆进入，施工机械使用施工便道。为控制交通，维持施工车辆通行，在施工安排上要合理调配，工序上两边不能冲突，不要造成机械频繁调动。

四、水泥稳定碎石基层、底基层的检查与验收

水泥稳定碎石基层、底基层外观质量检查应满足：表面平整密实、无坑洼、无碾压轮迹；表面连续离析不得超过 10 m，累计离析不得超过 50 m。

水泥稳定碎石基层、底基层实测项目见表 4.7。

表 4.7　水泥稳定碎石基层、底基层实测项目表

项次	检查项目		规定值或允许偏差	检查方法与频率
1	压实度/%	代表值	≥98	按《公路工程质量检验评定标准　第一册 土建工程》（JTG F80/1—2017）附录 B 检查：每 200 m 测 2 个点
		极值	≥94	
2	平整度/mm		≤8	3 m 直尺：每 200 m 测 2 处×5 尺
3	纵断高程/mm		+5，−10	水准仪：每 200 m 测 2 个断面
4	宽度/mm		满足设计要求	尺量：每 200 m 测 4 个点
5	厚度/mm	代表值	−8	按《公路工程质量检验评定标准　第一册 土建工程》（JTG F80/1—2017）附录 H 检查：每 200 m 测 2 个点
		合格值	−10	
6	横坡/%		±0.3	水准仪：每 200 m 测 4 个断面
7	强度/MPa		满足设计要求	水准仪：每 200 m 测 2 个断面

五、结语

通过执行本细则的管理措施，济潍高速公路水泥稳定碎石基层、底基层施工取得显著成效。所施工的水泥稳定碎石基层、底基层各实测项目满足验收要求，其中关键控制指标如厚度、压实度、平整度等满足规范及设计要求，大大提高了公路路面的可靠性和使用寿命。本细则的实施为以后的类似工程施工积累了宝贵经验。

第七节　沥青路面工程施工全过程质量控制

高速公路施工工程中很重要的一部分就是沥青路面工程施工，其施工的好坏将直接决定行车是否安全、舒适，速度是否合适。因为沥青路面具有高强度、行车噪声很小、行车更加舒适的优势，在公路工程施工方面也比较方便，因此很多公路的路面施工都选择沥青路面层。但是，随着我国人口的增多、经济的发展，车辆越来越多，公路面临的车流量增多，沥青路面受到损害的风险加大，而这些损害完全可以在施工过程中加以注意，采取必要的技术控制措施保证路面的质量。

为进一步提高济潍高速公路沥青路面工程的施工质量，贯彻沥青路面"精心施工、过程控制、确保质量、提高性能"的方针，提高路面结构的使用性能和服务能力，延长使用寿命，

确保项目达到"精品"工程要求，需要根据《济南至潍坊高速公路工程沥青路面施工监理实施细则》，严格执行公路工程相关设计、施工、试验、检测、测量等方面技术标准、规范、规程，并且也应符合招标文件及国家现行的有关标准和规范。

一、材料

1. 一般规定

材料供应商应提供质量检验单，运至现场的各种材料必须按有关要求进行质量检测，经检测合格方可使用，不得以供应商的检测报告或商检报告代替现场检测。

沥青路面集料的选择必须经过认真的料源调查，确定料源应尽可能地就地取材，满足质量符合使用要求，并对确定的料源报总监办批复后方可进行大面积采购。

路面材料进入施工场地时，应登记并签发材料验收单。材料验收单应包括材料来源、品种、规格、数量、使用目的、购置日期、存放地点及其他应注明的事项。

集料粒径规格以方孔筛为准。不同料源、品种、规格的集料不得混杂堆放，储料场站按照山东高速集团有限公司标准化施工的要求进行建设。

2. 道路石油沥青

按照招标文件及设计要求，用于生产改性沥青的基质沥青、下面层 AC-25 结合料均采用 70 号 A 级道路石油沥青，其技术指标应满足《公路沥青路面施工技术规范》（JTG　F40—2004）相关技术指标要求。

沥青储运站及沥青混合拌和站应将不同来源、不同标号的沥青分开存放，不得混杂。在使用期间，储存沥青的沥青罐或贮油池中的温度不宜低于 130℃，并不高于 170℃。在冬季停止施工期间，沥青可在低温状况下存放。对于经较长时间存放的沥青，在使用前应进行抽样检查，不符合质量要求的不得使用。

道路石油沥青在储运、使用及存放过程中应采取防水措施，并应避免雨水或加热管道蒸汽进入沥青罐中。

到达工地的每车沥青必须具有检测报告、运输车牌号、沥青厂检测人员签字；进入拌和站的沥青由施工单位、驻地监理共同取样 2 份，一份供检测，另一份盖章签字封存。三大指标、SBS 改性剂含量均检测合格后方可卸车，检测不合格的沥青不允许卸车，如供方对检测结果有异议，将封存的留样送双方认可的检测部门复检仲裁。

施工单位必须建立沥青进场台账，主要内容包括沥青到货时间、生产日期、检测结果、使用日期、使用桩号、幅别、层位，并将有关情况定期上报监理试验室。

70 号 A 级道路石油沥青的技术质量应符合表 4.8 中列明的要求。

表 4.8　70 号 A 级道路石油沥青技术质量要求

试验项目	单位	技术质量
针入度（25℃，5 s，100 g）	0.1 mm	60～80
针入度指数 PI	1	−1.5～1.0
延度（5 cm/min，15℃）	cm	≥100
软化点（环球法）	℃	≥46

续表

试验项目		单位	技术质量
动力黏度（60℃）		Pa·s	≥180
含蜡量（蒸馏法）		%	≤2.2
密度（15℃）		g/cm³	实测值
闪点		℃	≥260
溶解度		%	≥99.5
沥青老化试验（163℃）	质量变化	%	±0.5
	针入度比	%	63
	延度（5 cm/min，15℃）	cm	15

3. 改性沥青

按照招标文件和设计文件，本项目沥青混合料采用 SBS 改性沥青。

成品改性沥青必须具有良好的贮存稳定性。改性沥青罐中必须加设搅拌设备并进行连续搅拌，使用前改性沥青必须经搅拌均匀。

在施工过程中应定期取样检验产品质量，发生离析等质量不符合要求的改性沥青，不得使用。

本项目中的 LSPM-25 柔性基层、中上面层采用 SBS 改性沥青，其技术质量应符合表 4.9 中列明的要求。

表 4.9　SBS 改性沥青技术质量要求

试验项目		单位	技术质量
针入度（25℃，5 s，100 g）		0.1 mm	40～60
针入度指数 PI		1	0
延度（1 cm/min，5℃）		cm	≥20
软化点（环球法）		℃	≥65
运动黏度（135℃）		Pa·s	≤2.5
弹性恢复（25℃）		%	≥75
贮存稳定性离析	48 h 软化点差	℃	≤2.5
	顶部、底部软化点平均值与原样沥青软化点差	℃	≤8.0
溶解度		%	≥99
沥青老化试验（163℃）	质量变化	%	±0.4
	针入度比（25℃）	%	65
	延度（5℃）	cm	15

4. 沥青混合料用粗集料

本项目沥青混合料用粗集料为机轧碎石，用于加工集料的原石必须满足相关质量技术指标要求，同时加工的成品集料的质量技术指标也必须满足要求。集料规格按给定的要求生产，根据碎石机的型号选择振动筛，如生产的集料规格不满足要求，应对振动筛进行适当调整。

粗集料应洁净、干燥，无风化，无杂质，并具有足够的强度和耐磨耗性。

粗集料应具有良好的颗粒形状，用于沥青路面的碎石至少应经过不少于两级破碎，初破宜为颚式破碎，二级破碎宜为反击破碎，不应单独采用颚式破碎机加工。两级破碎棱角性及针片状不能满足技术指标要求的，需经过整形机进行整形，满足技术指标才允许使用。

沥青 LSPM-25 柔性基层、中下面层用粗集料宜采用石灰岩，沥青上面层用粗集料采用玄武岩，相关技术要求见表 4.10。

表 4.10　沥青路面用粗集料技术要求

试验项目	单位	结构层		
		上面层	中下面层	LSPM-25 柔性基层
压碎值	%	≤26	≤28	≤28
洛杉矶磨耗损失	%	≤28	≤30	≤30
表观相对密度	1	≥2.6	≥2.5	≥2.5
吸水率	%	≤2.0	≤3.0	≤2.0
坚固性	%	≤12	≤12	≤12
针片状颗粒含量（混合料）	%	≤15	≤18	≤15
针片状颗粒含量（粒径大于 9.5 mm）	%	≤12	≤15	≤12
针片状颗粒含量（粒径小于 9.5 mm）	%	≤18	≤20	≤18
水洗法＜0.075 mm 颗粒含量	%	≤1	≤1	≤1
软石含量	%	≤1	≤5	≤1
石料磨光值	1	≥42	—	—
与沥青的黏附性	1	≥5 级	≥5 级	≥5 级

5. 沥青混合料用细集料

本项目沥青混合料用细集料采用机制砂，机制砂须采用专用的制砂机生产，并选用优质石料生产，生产过程中须有相应的除尘措施。

细集料应洁净、干燥，重点控制 0.075 mm 通过率，棱角性、砂当量或亚甲蓝值必须满足要求。

沥青路面用细集料技术要求见表 4.11。

表 4.11 沥青路面用细集料技术要求

试验项目	单位	结构层		
		上面层	中下面层	LSPM-25 柔性基层
表观相对密度	1	≥2.50	≥2.50	≥2.50
坚固性（＞0.3 mm 部分）	%	≤12	≤12	≤12
砂当量	%	≤70	≤65	≤65
亚甲蓝值	g/kg	≤2.5	≤2.5	≤2.5
棱角性（流动时间）	s	≥30	≥30	≥30

6. 填料

沥青混合料的填料采用石灰岩经磨细得到的矿粉，矿粉应干燥、洁净。

为了提高沥青混合料的抗水损害能力，混合料生产过程中应加入混合料总重的 1.3%±0.3%水泥或石灰粉作为抗剥落剂，在生产过程中不得使用回收粉代替矿粉作为填充料。

填料一般采用矿粉，矿粉必须采用石灰岩或岩浆岩中的强基性岩石等憎水性石料经磨细得到，原石料中的泥土杂质应除净。沥青路面用填料技术要求见表 4.12。

表 4.12 沥青路面用填料技术要求

试验项目		单位	结构层	
			上面层	中下面层、LSPM-25 柔性基层
表观密度		t/m³	≥2.50	≥2.50
含水率		%	≤1.0	≤1.0
亲水系数		1	＜0.8	＜0.8
塑性指数		%	＜3	＜4
粒度范围	＜0.6 mm	%	100	100
	＜0.15 mm	%	90～100	90～100
	＜0.075 mm	%	75～100	75～100
外观		—	无团粒结块	无团粒结块
加热安定性		—	实测记录	实测记录

沥青面层填料可采用生石灰或消石灰粉替代部分矿粉，石灰宜为Ⅱ级或Ⅱ级以上，生石灰质量应符合表 4.13 要求，消石灰质量应符合表 4.14 要求。

表 4.13 沥青路面用生石灰技术要求

试验项目	单位	生石灰等级		
		Ⅰ	Ⅱ	Ⅲ
有效氧化钙及氧化镁含量	%	≥85	≥80	≥70
未消化残渣含量	%	≤7	≤11	≤17
钙镁石灰的分类界限、氧化镁含量	%	≤5		

表 4.14 沥青路面用消石灰技术要求

试验项目		单位	消石灰等级		
			Ⅰ	Ⅱ	Ⅲ
有效氧化钙及氧化镁含量		%	≥65	≥60	≥55
含水率		%	≤4		
钙镁石灰的分类界限、氧化镁含量		%	≤5		
细度	0.60 mm 方孔筛的筛余	%	0	≤1	≤1
	0.15 mm 方孔筛的筛余	%	≤13	≤20	—

7. 木质素纤维

沥青拌和站设置木质素纤维专用仓库，建设面积必须满足工程需求。堆放纤维稳定剂时，应采取垫方木等措施保证纤维稳定剂与地面有一定距离，并用防潮雨布等材料严密包裹纤维稳定剂，保证纤维稳定剂没有裸露在空气中。

根据材料使用数量分 3～4 次进场，经检测合格后方可使用。

使用前必须检查纤维稳定剂包装袋的完整性，若发现包装破损，不得使用。

建立木质素纤维出入库台账，内容包括进场数量、使用数量、剩余数量、进场日期、领用日期、领用人等。

木质素纤维按沥青混合料总质量的 0.3%～0.4% 掺入混合料中，絮状木质素纤维应符合表 4.15 要求，粒状木质素纤维应符合表 4.16 要求。

表 4.15 絮状木质素纤维技术要求

试验项目	单位	技术要求
0.15 mm 通过率	%	60～80
灰分含量	%	13～23
pH	1	6.5～8.5
吸油率	1	5～9 倍
含水率	%	≤5

续表

试验项目	单位	技术要求
质量损失（210℃，1 h）	%	≤6
木质素纤维含量	%	≥85
最大长度	mm	≤6
平均长度	/	实测
密度	/	实测

表 4.16　粒状木质素纤维技术要求

试验项目		单位	直径规格	
			4.0 mm	6.5 mm
颗粒直径		mm	4.0±1	6.5±1
颗粒长度		mm	≤16	≤16
原纤维颗粒筛分	4 mm 通过率	%	—	≤8
	2.8 mm 通过率	%	≤7	—
磨损后纤维颗粒筛分	4 mm 通过率	%	—	≤12
	2.8 mm 通过率	%	≤11	—
造粒剂	含量	%	3～20	
	旋转黏度（135℃）	mPa·s	≥200	
灰分含量		%	12～22	
质量损失（210℃，1 h）		%	≤6，且无燃烧现象	
含水率		%	≤5	
松方密度		kg/m³	350～550	
密度		/	实测	
热萃取后的木质素纤维	吸油率	1	4～8 倍	
	木质素纤维含量	%	≥85	
	最大长度	mm	≤6	
	平均长度	/	实测	

二、透层、黏层、封层

（一）透层

1. 施工要点

（1）水泥稳定碎石基层采用喷洒透层油进行封水养生，透层油宜在上层水泥稳定碎石基层施工完毕后表面稍干但未硬化状态下立即喷洒。透层油应采用沥青含量不低于 50%的慢裂阴离子乳化沥青。

（2）下基层的清理应配备清刷机、鼓风机等清理设备，确保施工前下基层洁净。先用强力清刷机对基层表面进行全面清扫，并将浮尘吹净。

（3）透层油洒布应采用配有计算机控制洒布量和导热油保温装置的智能型沥青洒布车喷洒。洒布车应能准确控制沥青洒布量，保证沥青洒布均匀，并能根据路面宽度调节洒布的宽度。沥青洒布必须呈雾状。在路面全宽度内均匀分布成一薄层，不得有洒花漏空或成条状，也不得有堆积。喷洒不足的要补洒，喷洒过量处应予刮除。

（4）透层油用量应按设计的沥青用量采用专用沥青洒布车一次浇洒均匀，当有遗漏时，应采用人工补洒。洒布量为 $0.7 \sim 1.5 \, \text{kg/m}^2$，可以通过试洒确定，以不形成径流为洒布量标准。

（5）交通管制。喷洒透层沥青后，应严格封闭交通，防止层间污染。

2. 质量控制

透层油的质量应符合《公路沥青路面施工技术规范》（JTG F40—2004）相关规定。

施工过程中，应随时进行外观质量检查，确保透层油洒布均匀，数量符合规定。当局部地方有多余的透层油未渗入基层时，应予清除。

透层油渗透深度应不小于 5 mm，表面透层油不应流淌并不得形成沥青油膜。喷洒后应通过钻孔或开挖确认透层油透入基层的深度不小于 5 mm。

透层油的检测项目、频率、技术标准及试验方法应符合《公路沥青路面施工技术规范》（JTG F40—2004）和《公路工程沥青及沥青混合料试验规程》（JTG E20—2011）的相关规定和设计图纸要求。

（二）黏层

1. 施工要点

（1）黏层乳化沥青采用智能沥青洒布车施工，建议洒布量为 $0.3 \sim 0.6 \, \text{kg/m}^2$，具体洒布量根据试洒确定。路面有杂物尘土时应清除干净，采用水冲方式时应提前冲洗，确保路面不残留水分。当气温低于 10 ℃或路面潮湿时，不得洒布黏层沥青。黏层油要在摊铺沥青混合料当天喷洒，待乳化沥青破乳、水分蒸发完成后，紧接着摊铺沥青路面，确保黏层不受污染。

（2）喷洒的黏层油必须成均匀雾状，在路面全宽度内均匀分布成一薄层，不得有洒花漏空或成条状，也不得有堆积。对于局部喷量过多的段落应刮除，对于漏洒的应人工补洒。在路缘石、检查井等局部位置采用人工涂刷。

（3）沥青洒布车喷嘴的轴线应与路面垂直，并保证所有喷嘴的角度一致，同时保证洒布管的高度一致，尽量使同一地点能够接受到两个或三个喷洒嘴喷洒的沥青。

（4）沥青洒布车喷嘴侧面应配有封挡措施，并对已施工路缘石、混凝土防撞护栏、护栏底座等部位进行覆盖，避免喷洒污染。

（5）喷洒黏层油后，应封闭交通，养护管理。

2. 质量控制

（1）黏层油的质量应符合《公路沥青路面施工技术规范》（JTG F40—2004）相关规定。

（2）施工过程中随时进行外观检查，确保黏层油洒布均匀。

（3）黏层检测技术标准应符合表 4.17 中的规定。

表 4.17　黏层检测技术标准

检测项目	检测频率	技术标准	试验方法
外观	随时	外观均匀一致,与下基层表面牢固粘结,不起皮	以目测为主
改性乳化沥青质量	每批检查 1 次	符合《公路沥青路面施工技术规范》(JTG F40—2004)规定	按《公路工程沥青及沥青混合料试验规程》(JTG E20—2011)进行
沥青洒布量	1 000 m² 一组	满足设计要求	洒布时固定容器收集

(三)封层

1. 施工要点

(1)当气温低于 10℃或遇大风或即将降雨时,不得施工。

(2)下封层的厚度应满足设计要求,且做到完全密水,所用的预拌碎石油石比为 0.2%~0.4%。

(3)下封层应在沥青水泥稳定碎石基层施工前一天完成,不宜过早施工,避免造成下封层的二次污染。

(4)封层所用沥青材料技术指标应满足相关规范和设计要求。

(5)施工中宜采用同步碎石封层机施工下封层。沥青洒布和碎石洒布都应采用计算机控制,准确控制洒布量,保证沥青和碎石洒布均匀,并能根据路面宽度调节洒布的宽度。沥青洒布应配有导热油保温装置。

(6)道路石油沥青洒布温度应控制在 155~165℃。洒布应均匀,不流淌,保证洒布的连续性。

(7)封层完成后立即采用轻型胶轮压路机碾压 1~2 遍。

(8)沥青油膜应均匀,不成堆,不出现空白及缺边现象,横向无明显流淌。

(9)集料洒布应均匀,无大量重叠、成堆和明显的压碎现象。

(10)同步碎石封层施工完成后,不允许车辆通行。

(11)碎石封层的施工应合理安排时间,应经过不少于 24 h 集料与沥青充分吸附后再进行上部沥青层的施工,碎石封层施工后不宜长时间放置,防止灰尘污染。

2. 质量控制

原材料的质量应符合《公路沥青路面施工技术规范》(JTG F40—2004)相关规定。

施工过程中,应随时进行外观检查,确保材料洒布均匀,数量符合规定。当发现不满足要求时,应立即停止施工,采取措施后再恢复施工。对不符合要求部分应及时处理。

三、热拌沥青混合料面层

1. 一般规定

混合料公称最大粒径应与层厚相适应,满足《公路沥青路面设计规范》(JTG D50—2017)要求。

热拌沥青混合料面层施工前,应对混合料进行配合比设计,配合比设计分目标配合比设计、生产配合比设计和生产配合比验证（铺筑试验段）3 个阶段。在施工过程中，不得随意变更经确定的标准配合比。若矿料和沥青产地、品种等发生变化，必须重新进行设计。

对同一拌和站的两台拌和机，如果使用相同品种的矿料和沥青，可使用同一目标配合比，但每台拌和机必须独立进行生产配合比设计。

热拌沥青混合料面层施工，应采用集中场拌、运输车运输、摊铺机摊铺、压路机碾压的施工工艺。

在正式施工前，必须铺筑试验段，对施工工艺进行总结，试验段的质量检查频率应是正常路段的两倍。

各层沥青混合料应满足所在层位的功能性要求，便于施工，减少离析。

沥青面层应在不低于 10℃气温下进行施工，同时严禁雨天、路面潮湿的情况下施工。施工期间，应注意天气变化，已摊铺的沥青层因遇雨未进行压实的，应予以铲除。雨天过后，等下卧层完全干燥后方可进行沥青面层的施工。

2. 施工准备阶段的控制要点

（1）审查施工单位提交的施工方案，审查施工工艺的合理性和可操作性，具体包括：拌和工艺的可操作性；混合料装卸、运输方法的合理性；运输道路选择的可行性；摊铺工艺的合理性；碾压工艺的可操作性；质量检测手段的可操作性。

（2）审查施工单位质量保证体系和安全保障体系的建立健全情况。

（3）审查施工队伍的资质、资历是否满足施工要求。

（4）审查各类施工设备的性能和配置是否满足施工要求。

（5）审查各种原材料的质量是否符合规范和设计要求。

3. 试验段铺筑的控制要点

试验段应选在具有代表性的主线直线段，采用两种试铺碾压方案，每种方案的长度为 150 m。

试验段铺筑包括试拌和试铺两个阶段，需要决定以下内容。

（1）根据各种机械的施工能力相匹配的原则，确定适宜的施工机械，按生产能力决定机械数量与组合方式。

（2）通过试拌决定以下施工参数：拌和机的控制参数：拌和数量、时间、温度及上料速度等；验证沥青混合料的生产配合比和沥青混合料的技术性质，决定正式生产用的标准配合比（矿料配合比、油石比、施工级配允许波动范围）。

（3）通过试铺决定以下施工参数：沥青混合料施工性能，评价是否利于摊铺和压实，要求混合料均匀、不离析、不结块、不推移；摊铺机的操作方式，包括摊铺温度、摊铺速度、初步夯实的方法和强度、自动找平方式等；连续摊铺匹配的运输车数量；压实机具的选择、组合，压实顺序，碾压温度，碾压速度及遍数；施工缝处理方法；松铺系数。

（4）确定施工产量及作业段的长度。

（5）全面检查材料及施工质量是否符合要求。

（6）修订施工组织计划，确定施工组织及管理体系、质保体系、人员、机械设备、检测设备、通信及组织方式等。

在铺筑过程中检查施工工艺、技术措施是否符合要求，并记录试验与检测结果。

当使用的原材料和混合料、施工机械、施工方法符合要求，试验段各检测结果符合规定时，经审批后作为申报正常路段开工的依据。

4. 施工过程控制要点

沥青混合料拌和时，应注意以下两点。

（1）本项目沥青混合料采用间歇式全自动搅拌设备。拌和站应设置在空旷、干燥、运输条件良好的地方，并且应有可靠的电力供应。施工单位应加强原材料的控制。原材料堆放场地应进行硬化处理，原材料应分别堆放，冷料仓之间必须采取必要的隔离措施以防止集料的混杂。

（2）拌和站必须设试验室。试验室应配备能做沥青及沥青混料配合比设计与有关检测的试验仪器和设备。

沥青混合料运输时，应注意以下 8 点。

（1）采用干净有金属底板的大型自卸汽车运输，其数量和运输能力能满足摊铺速度并有富余，保证施工过程中摊铺机前有卸料车等待卸料，以保证连续摊铺，宜待等候的运料车多于 5 辆后方可开始摊铺；车厢应清扫干净，建议车厢防粘采用专用隔离剂，严禁使用柴油作隔离剂。

（2）采用插入式数字显示热电偶温度计检测沥青混合料的出场温度和运到现场温度，插入深度要大于 150 mm。在运料车侧面中部设专用检测孔，孔口距车箱底面约 300 mm，并将测得的出场温度填写到随单上。

（3）混合料的装载不能一次性装成锥形，自卸车在装料时应前后移动使混合料成山字形，即采用前后中的装料模式。混合料装载后应保持一定的形状，如果过度塌落，说明混合料的级配或沥青含量存在一定问题，应注意及时检查。

（4）运料车四周采用全封闭式保温措施，顶部覆盖篷布和棉被进行保温、防雨、防污染。

（5）由于第 1 车料的拌和温度及拌和均匀性不稳定，将拌制好的混合料运至现场后，要调整卸料顺序，先拌和的第 1 车料不允许立即摊铺，先用第 2 车或第 3 车料进行摊铺。

（6）运料车应在摊铺机前 10～30 cm 处停车，不得碰撞摊铺机，卸料过程中应挂空挡，靠摊铺机推动前进。

（7）在摊铺现场应凭运料单收料，并检查沥青混合料的质量，如混合料的颜色是否均匀，有无结团或严重离析现象，温度是否在允许的范围内。如混合料温度过高或过低，应该废弃不用，已结块或已遭雨淋的混合料也应废弃不用。

（8）加强运输车辆管理，对运输车辆应安装倒车语音警示器、倒车雷达（或倒车影像系统）和定位装置系统，实时监测记录装料时间、到达现场时间、混合料使用的具体位置等信息，加强混合料管理。

沥青混合料摊铺时，应注意以下 14 点。

（1）铺筑沥青混合料前，应检查确认下层的质量。当下层质量不符合要求，或未按要求规定洒布封层、黏层时，不得铺筑沥青路面。

（2）配置至少 2 台近 3 年生产的同型号的具有良好口碑的摊铺机，发动机功率不小于 130 kW，具有速度、输料、料位、频率、振幅、停机防降、起步防升等全自动控制功能，配套两纵一横自动调平系统和接触或非接触平衡梁。为防止或减少出现离析现象，应采取摊铺机下部悬挂防离析全宽铁链、侧挡板缝宽不大于 15 cm、安装反向叶片、两台摊铺机接缝部位采用摊铺机牵引的压缝辊等措施。所用摊铺机必须具有熨平板振动的功能，以保证初始压实度和平整度。

（3）摊铺机开工前应提前 0.5～1 h 预热熨平板，使其温度不低于 100℃。铺筑过程中，应使熨平板的夯锤振捣装置具有适宜的振动频率和振幅。必须采用熨平板振捣，以保证面层的初始压实度达 85%以上。熨平板连接应紧密，避免摊铺的混合料出现划痕。

（4）下面层摊铺和桥面上的下铺装层摊铺时，应采用钢丝引导控制高程的方式。钢丝为扭绕式，直径不小于 6 mm，钢丝拉力大于 1 000 N，每 10 m 设一钢丝支架。当采用两台摊铺机实施摊铺时，靠中央分隔带侧摊铺机在前，其左侧架设钢丝，摊铺机上安装横坡仪控制摊铺层横坡；后面摊铺机右侧架设钢丝，左侧在摊铺好的层面上走"雪橇"控制高程。中上面层应采用非接触式平衡梁控制摊铺厚度，两台摊铺机摊铺层的纵向热接缝应避免出现缝痕。桥面及桥头两侧 30 m 范围内采用挂线施工，保证桥头顺接平顺。两台摊铺机前后距离不应超过 10 m。有条件的单位可以采用能保证摊铺质量的 1 台大功率摊铺机进行摊铺。

（5）调节好螺旋布料器两端的自动料位器，并使料门开度、链板送料机的速度和螺旋布料器的转速相匹配。螺旋布料器内混合料表面以略高于螺旋布料器 2/3 高度为宜，熨平板挡板前混合料的高度应在全宽范围内保持一致，减少离析现象。

（6）摊铺机作业方向应与路面车辆行驶方向一致，摊铺速度应控制在 2～6 m/min，根据拌和机的产量、施工机械配套情况及摊铺厚度、摊铺宽度予以调整，做到缓慢、均匀、连续摊铺。做到每天仅在收工时停机一次。

（7）面层压实前，禁止人员踩踏。一般不宜人工整修，若出现局部离析等特殊情况，应在技术人员指导下，由施工人员进行找补或更换混合料。

（8）在桥梁过渡段应严格按照设计要求进行施工，提前做好工作面准备，处理好欠压实、松散、不平整等问题，并扫除松散材料和所有杂物。

（9）摊铺过程中，应随时检测松铺厚度，发现异常时应立即调整。

（10）中央分隔带路缘石应在摊铺面层前完工，铺筑时应在靠近路缘石位置适量多铺混合料，并确保该处沥青混合料的压实度。

（11）运料车辆在卸料更换时应做到快捷、有序，保证摊铺机料斗不脱料，尽量减少摊铺机料斗在摊铺过程中收斗拢料。

（12）在路面狭窄和加宽部分、平曲线半径过小的匝道、斜交桥头等摊铺机不能摊铺的部位，可辅用人工摊铺混合料。人工摊铺应严格控制操作时间、松铺厚度、平整度等。

（13）摊铺遇雨时，立即停止施工，并清除已摊铺尚未压实成形的混合料。

（14）用机械摊铺的混合料，不应用人工反复修整局部，且施工人员不得在未碾压的路面上行走，以防行走过程中鞋底带走混合料，形成坑洞。当出现下列情况时可用人工做局部找补或更换混合料：横断面不符合要求、构造物接头部分缺料、摊铺带边缘局部缺料、表面明显不平整、局部混合料明显离析、摊铺机后有明显的拖痕。

沥青混合料压实时，应注意以下 12 点。

（1）沥青混合料面层的压实应采用重型压路机，双钢轮振动压路机应不小于 12 t，胶轮压路机应不小于 25 t，必要时应采用 30 t 以上的胶轮压路机进行碾压作业。

（2）压路机应安装定位装置和远红外检测装置以实时监测记录混合料碾压遍数、混合料碾压温度、压路机的碾压轨迹、混合料压实状况等，杜绝漏压，保证压实质量，提高信息化管理水平。

（3）应选择合理的压路机组合方式及碾压步骤。初压应在混合料不产生推移、开裂等情况下尽量在较高温度下进行。初压一般采用双钢轮振动压路机；AC 混合料面层复压宜采用胶轮压路机，SMA 混合料面层宜采用双钢轮振动压路机；终压采用双钢轮振动压路机。

（4）压路机应遵循"高频、低幅、紧跟、慢压、少水"的原则匀速碾压。压路机的适宜碾压速度随初压、复压、终压及压路机的类型而有所区别，应符合表 4.18 和表 4.19 的要求。

表 4.18　AC 混合料面层碾压速度

压路机类型	初压速度/（km/h）		复压速度/（km/h）		终压速度/（km/h）	
	适宜	最大	适宜	最大	适宜	最大
双钢轮振动压路机 1	1.5～2	3	2.5～3.5	5	2.5～3.5	5
胶轮压路机	—	—	3.5～4.5	6	—	—
双钢轮振动压路机 2	1.5～2（前静后振）	5（前静后振）	4～5（振动）	6（振动）	2～3（静压）	5（静压）

表 4.19　SMA 混合料面层碾压速度

压路机类型	初压速度/（km/h）	复压速度/（km/h）	终压速度/（km/h）
双钢轮振动压路机 1	2～3	2.5～5	2.5～5
双钢轮振动压路机 2	2～4	4～5	—

（5）为避免碾压时混合料推挤产生拥包，碾压路线及方向不应突然改变；压路机启动、停止必须减速缓行，不得刹车制动；压路机折回位置应呈阶梯状，不应在同一横断面上。

（6）面层的碾压方式、温度按试验段总结执行，并依据气温变化进行必要调整。

（7）在当天碾压完成的沥青面层上，不得停放压路机及其他施工设备，并防止矿料、油料和杂物散落在沥青面层上。

（8）碾压现场应设专岗对碾压温度、碾压工艺进行管理和检查，做到不漏压、不超压。初压、复压、终压段落应设置明显标志。

（9）宜用沾有隔离剂的拖布擦涂轮胎，防止沥青混合料粘轮，禁止使用柴油、机油等作为压路机隔离剂。

（10）双钢轮振动压路机碾压过程中，应使用洁净的可饮用水作为隔离剂，喷水量不宜过大，使钢轮表面湿润不粘轮为度。

（11）碾压成形的面层外观应均匀。

（12）压实完成 12 h 后或路面温度低于 50℃条件下，方能允许施工车辆通行。

施工接缝处理时，应注意以下 5 点。

（1）纵向施工缝。对于采用两台摊铺机梯队摊铺产生的纵向接缝，应以热接缝形式做一次跨接缝碾压。前机先摊铺层应留下 10～20 cm 宽暂不碾压，作为后机摊铺的基准面，并跨缝一次碾压密实。对于路面将产生的纵向冷接缝，应在混合料尚未完全冷却前用镐刨除边缘留下的毛茬，不宜在冷却后用切割机切割作纵向接缝。碾压时，对重叠在已铺层上的 50～100 mm 混合料，用人工推向新铺混合料，将压路机的大部分行驶在新铺层上，压路机的小部分应在已铺层上行走，或者碾压时由热铺面向冷铺面碾压，直至留下 100～150 mm，再跨缝压实。上、下层纵缝位置应横向错开 15 cm（热接缝）以上或 30～40 cm（冷接缝）以上。为提高纵向接缝的施工质量，当采用两台摊铺机梯队作业时宜在第 2 台摊铺机靠近接缝一侧加挂"压缝辊"。

（2）横向施工缝。全部采用平接缝，在铺设当天混合料冷却但尚未结硬时，用 3 m 直尺沿纵向放置，在摊铺段端部的直尺呈悬臂状，以摊铺层与直尺脱离接触处定出接缝位置，用凿岩机或人工用镐垂直刨除端部层厚不足的部分，使接缝能成直角连接，并涂抹改性乳化沥青。继续摊铺时，刨除的断面应保持干燥，摊铺机熨平板从接缝处起步摊铺。碾压时用双钢轮振动压路机进行横向压实，从先铺面层上跨缝逐渐移向新铺面层。接缝碾压完毕再纵向碾压新铺面层。上、下层横缝应错开 1 m 以上。

（3）当天碾压完毕时，应将压路机开向未铺新面层的下卧层上过夜，第二天将压路机开回新施工面层上后，再按要求铲除接缝处斜坡层继续摊铺沥青混合料。

（4）中上面层横向施工缝应远离桥梁伸缩缝 20 m 以外，以确保伸缩缝两边铺装层表面的平顺。

（5）应设专人处理接缝，以确保接缝处的平整度满足规范要求。

沥青路面雨季施工时，应符合下列要求：

（1）注意气象预报，加强工地现场、沥青拌和站及气象台之间的联系，控制施工长度，各项工序紧密衔接。

（2）运料车和工地应备有防雨设施，并做好基层及路肩排水。

（3）对于铺筑好的沥青层，应严格控制交通，做好保护，保持清洁，不得造成污染，严禁在沥青层上堆放施工产生的土或杂物，严禁在已铺沥青层上制作水泥砂浆。

四、质量控制

在沥青到达施工现场时，除对每车沥青进行检测之外，还应对每车沥青留 3 份样，每个样品不少于 4 kg，并按要求填写留样单，运输车辆的司机、施工单位及监理单位的取样人员应在该留样单上签名。

在木质素纤维到达现场时，应对每批次纤维留样，当一批纤维超过 50 t 时，应每 50 t 留一个样品，每个样品 500 g，并填写留样单。供货商的送样人员、施工单位及监理单位的取样人员应在该留样单上签名。

各原材料进场、沥青混合料生产过程中，原材料的抽检项目、抽检频率和质量要求应符合《公路沥青路面施工技术规范》（JTG F40—2004）的规定，其中木质素纤维按照每批次不少于 1 次的频率检测。

拌和站必须按《公路沥青路面施工技术规范》（JTG F40—2004）规定的步骤和频率对沥青混合料生产过程进行质量控制。

沥青面层铺筑过程中必须随时对铺筑质量进行检查，质量检查的内容、频度、允许差应按照《公路沥青路面施工技术规范》（JTG F40—2004）和《公路工程质量检验评定标准　第一册　土建工程》（JTG F80/1—2017）执行。

渗水系数标准：上面层不大于 120 mL/min，合格率不小于 90%；中下面层不大于 200 mL/min，合格率不小于 90%。

施工过程中随时对路面进行外观（色泽、油膜厚度、表面空隙）检查，当发现路面局部渗水、严重离析或压实度不足时，必须采取补救措施。

SMA 路面施工过程中，如发现"油斑"或局部光面较多，应仔细检查油石比、矿料级配是否偏离设计，拌和是否均匀，有无纤维、矿粉结团和用量偏离设计等情况，严重者应予铲除，并调整配合比。

沥青面层的施工应按《公路沥青路面施工技术规范》（JTG F40—2004）附录 F 的方法实行动态质量管理，拌和机的所有数据必须打印出来并存档备查。

对于沥青面层的压实度，采取重点对碾压工艺进行过程控制，适度钻孔抽检压实度的方法。各方应联合进行钻孔检测，随机选点取样，避免重复钻孔。钻孔后应及时将孔中灰浆掏净，吸净余水，待干燥后，上、中、下面层采用相同的沥青混合料分层填充夯实。

对于沥青路面施工的关键工序或重要部位，宜拍摄照片或进行录像，作为实态记录及保存资料的一部分。

沥青柔性基层及面层铺筑过程中，必须随时对铺筑质量进行检查，质量检查的内容、频度、技术要求应符合表 4.20 和表 4.21 要求。

表 4.20　LSPM-25 柔性基层施工过程中质量评定标准

试验项目	检测频率及单点评价方法		技术要求	试验方法/试验工具
厚度	随时		设计值的 8%	施工时，插入改锥量测松铺厚度及压实厚度
	每 2 000 m³ 检查 1 点		设计值的 -5%	钻芯取样
压实度	每 2 000 m² 检查 1 组	代表值	试验室标准密度的 98%，试验段密度的 99%	钻芯取样
		极值	比代表值放宽 1%（每 1 000 m）或 2%（全部）	
空隙率	每 2 000 m² 检查 1 组		13～18	钻芯取样
平整度	随时，单杆（接缝）或连续 10 尺		5 mm	3 m 直尺
	连续测定		2.4 mm	连续式平整度仪
宽度	检测每个断面		不小于设计宽度	尺量
纵断面高程	检测每个断面		±10 mm	水准仪
横坡度	检测每个断面		±0.3%	水准仪

表 4.21　沥青面层施工过程中质量评定标准

试验项目		检测频率及单点评价方法	技术要求			试验方法/试验工具
			下面层	中面层	上面层	
外观		随时	表面平整密实，不得有明显轮迹、裂缝、推挤、油包等缺陷，且无明显离析			目测
接缝		随时	紧密平整、顺直、无跳车			目测
		逐条检测评定	3 mm	3 mm	3 mm	3 m 直尺
厚度	每一层次	随时	设计值的8%	设计值的8%	设计值的5%	施工时，插入改锥量测松铺厚度及压实厚度
	每一层次	1 个台班区段的平均值	−5 mm	−5 mm	−3 mm	通过沥青路面质量过程控制及总量检验方法
	总厚度	每 2 000 m² 一点，单点评定	设计值的−5%			钻芯取样
	上面层	每 2 000 m² 一点，单点评定	设计值的−10%			钻芯取样
压实度		每 2 000 m² 检查 1 组	≥试验室标准密度的96%，≥最大理论密度的92%，≥试验段密度的98%	≥试验室标准密度的96%，≥最大理论密度的92%，≥试验段密度的98%	≥试验室标准密度的98%，≥最大理论密度的94%，≥试验段密度的99%	钻芯取样
平整度（标准差）		全线每车道连续检测，按每 100 m 计算	1.8	1.5	0.5	连续式平整度仪
宽度	有侧石	检测每个断面	±20 mm			尺量
	无侧石	检测每个断面	不小于设计宽度			
纵断面高程		检测每个断面	±10 mm			水准仪
横坡度		检测每个断面	±0.3%			水准仪
渗水系数/（mL/min）		每 1 km 不少于 5 点，每点检测 3 处，取平均值	≤200	≤200	≤120	渗水仪
中线平面偏位		每 200 m 测 2 点	20 mm			全站仪
矿料级配		每台班一次	满足生产配合比要求			—
沥青含量		每台班一次	满足生产配合比要求			—
马歇尔稳定度		每台班一次	满足生产配合比要求			—

五、结语

公路施工过程中沥青路面的施工极其重要，沥青路面的施工技术和质量控制不是简单的工程，因为各地施工手段、自然条件和原材料都有不同，导致沥青路面的施工质量存在不同程度的差异，所以，要因地制宜地采取相应措施提升路面质量，加强沥青路面施工技术，做到对原材料、混合料和施工工艺等全面的控制和监督管理，让施工技术逐步完善，保证沥青路面的施工质量。

第八节　水泥混凝土路面工程施工实施细则

水泥混凝土路面是公路路面的重要组成部分，直接影响行车的舒适性和安全性。在以往的水泥混凝土路面工程施工中，容易出现质量不达标、施工组织不规范等问题，严重影响道路使用寿命。因此在具体的施工作业环节中，必须严格按照国家相关的法律法规和技术规范进行施工，确保道路项目施工质量及施工进度，完善施工新技术，在施工环节中找出病害并加以处理，提高施工质量。

一、原材料技术要求

1. 水泥混凝土路面用水泥技术要求

极重、特重、重交通荷载等级公路面层水泥混凝土应分别采用旋窑生产的道路硅酸盐水泥、硅酸盐水泥、普通硅酸盐水泥，中、轻交通荷载等级公路面层水泥混凝土可采用矿渣硅酸盐水泥。高温期施工宜采用普通型水泥，低温期施工宜采用早强型水泥。

各交通荷载等级公路面层水泥混凝土用水泥的成分应符合表 4.22 的规定。

表 4.22　各交通荷载等级公路面层水泥混凝土用水泥的成分要求

序号	水泥成分	极重、特重、重交通荷载等级公路	中、轻交通荷载等级公路	试验方法
1	熟料游离氧化钙含量/%	≤1.0	1.8	《水泥化学分析方法》（GB/T 176—2017）
2	氧化镁含量/%	≤5.0	6.0	
3	铁铝酸四钙含量/%	15.0～20.0	12.0～20.0	
4	铝酸三钙含量/%	≤7.0	9.0	
5	三氧化硫含量/%	≤3.5	4.0	
6	碱含量 $Na_2O+0.658K_2O$/%	≤0.6	怀疑集料有碱活性时，0.6；无碱活性集料时，1.0	
7	氯离子含量/%	≤0.06	0.06	
8	混合材种类	不得掺窑灰、煤矸石、火山灰、烧黏土、煤渣，有抗盐冻要求时不得掺石灰岩粉	不得掺窑灰、煤矸石、火山灰、烧黏土、煤渣，有抗盐冻要求时不得掺石灰岩	水泥厂提供

主线混凝土路面宜采用旋窑生产的道路硅酸盐水泥，也可采用旋窑生产的硅酸盐水泥或普通硅酸盐水泥；低温天气施工、有快通要求的路段可采用 R 型水泥，此外宜采用普通型水泥。

采用机械化铺筑时，宜选用散装水泥，温度应符合《公路水泥混凝土路面施工技术细则》（JTG/T F30—2014）的规定。

当贫混凝土和碾压混凝土用作基层时，可使用各种硅酸盐类水泥。不掺用粉煤灰时，宜使用强度等级为 32.5 级的水泥。掺用粉煤灰时，只能使用道路硅酸盐水泥、硅酸盐水泥、普通硅酸盐水泥。

水泥进场时，应附有产品合格证及化验单。承包人应对品种、强度等级、包装、数量、出厂日期等进行检查验收，并报监理人审批。

2. 水泥混凝土路面用粗集料技术要求

粗集料应使用质地坚硬、耐久、洁净的碎石、破碎卵石和卵石。极重、特重、重交通荷载等级公路面层混凝土用粗集料质量标准不应低于表 4.23 中 Ⅱ 级的要求；中、轻交通荷载等级公路面层混凝土可使用Ⅲ级粗集料。

表 4.23　碎石、破碎卵石和卵石技术指标

项目		技术要求			试验方法
		Ⅰ级	Ⅱ级	Ⅲ级	
碎石压碎指标/%		≤18.0	≤25.0	≤30.0	JTG E42—2005[④]（T0316—2005）
卵石压碎指标/%		≤21.0	≤23.0	≤26.0	JTG E42—2005（T0316—2005）
坚固性（按质量损失计）/%		≤5	≤8	≤12	JTG E42—2005（T0314—2000）
针片状颗粒含量/%		≤8	≤15	≤20	JTG E42—2005（T0311—2005）
含泥量（按质量计）/%		≤0.5	≤1.0	≤2.0	JTG E42—2005（T0310—2005）
泥块含量（按质量计）/%		≤0	≤0.2	≤0.5	JTG E42—2005（T0310—2005）
吸水率[①]（按质量计）/%		≤1.0	≤2.0	≤3.0	JTG E42—2005（T0307—2005）
有机物含量（比色法）		合格	合格	合格	JTG E42—2005（T0313—1994）
洛杉矶磨耗损失[②]/%		≤28.0	≤32.0	≤35.0	JTG E42—2005（T0317—2005）
硫化物及硫酸盐含量[③]/%		0.5	1.0	1.0	GB/T 14685—2022
岩石抗压强度[③]/MPa	岩浆岩	≥100			JTG E41—2005[⑤]（T0221—2005）
	变质岩	≥80			
	沉积岩	≥60			
表观密度/（kg/m³）		≥2 500			JTG E42—2005（T0308—2005）
松散堆积密度/（kg/m³）		≥1 350			JTG E42—2005（T0309—2005）
空隙率/%		≤47			JTG E42—2005（T0309—2005）
磨光值[②]/%		≥35.0			JTG E42—2005（T0321—2005）
碱活性反应[③]		不得有碱活性反应或疑似碱活性反应			JTG E42—2005（T0325—1994）

注：① 有抗冻、抗盐冻要求时，应检验粗集料吸水率。
② 洛杉矶磨耗损失、磨光值，尽量在要求制作露石水泥混凝土面层时检测。
③ 硫化物及硫酸盐含量、岩石抗压强度、碱活性反应，在粗集料使用前应至少检验 1 次。
④《公路工程集料试验规程》（JTG E42—2005）。
⑤《公路工程岩石试验规程》（JTG E41—2005）。

粗集料的级配范围应符合表 4.24 要求。

表 4.24　粗集料的级配范围

粒径级配		方筛孔尺寸/mm							
		2.36	4.75	9.50	16.0	19.0	26.5	31.5	37.5
		累计筛余（以质量计）/%							
合成级配	4.75～16.0	95～100	85～100	40～60	0～10	—	—	—	—
	4.75～19.0	95～100	85～95	60～75	30～45	0～5	0	—	—
	4.75～26.5	95～100	90～100	70～90	50～70	25～40	0～5	0	—
	4.75～31.5	95～100	90～100	75～90	60～75	40～60	20～35	0～5	0
粒级	4.75～9.5	95～100	80～100	0～15	0	—	—	—	—
	9.5～16.0	—	95～100	80～100	0～15	0	—	—	—
	9.5～19.0	—	95～100	85～100	40～60	0～15	0	—	—
	16.0～26.5	—	—	95～100	55～70	25～40	0～10	0	—
	16.0～31.5	—	—	95～100	85～100	55～70	25～40	0～10	0

路面和桥面混凝土粗集料不得使用不分级的统料，应按公称最大粒径的不同采用 2～4 单粒级集料进行掺配，并应符合图纸要求及表 4.24 中合成级配的要求。

3. 水泥混凝土路面用细集料技术要求

细集料应采用质地坚硬、耐久、洁净的天然砂或机制砂，不宜使用再生细集料。

极重、特重、重交通荷载等级公路面层混凝土用天然砂质量标准不应低于表 4.25 中规定的 II 级；中、轻交通荷载等级公路面层混凝土可使用 III 级天然砂。

表 4.25　天然砂技术指标

项目	技术要求		
	I 级	II 级	III 级
坚固性（按质量损失计）/%	≤6.0	≤8.0	≤10.0
含泥量（按质量计）/%	≤1.0	≤2.0	≤3.0
泥块含量（按质量计）/%	≤0	≤0.5	≤1.0
氯化物（按氯离子质量计）/%	≤0.02	≤0.03	≤0.06
云母含量（按质量计）/%	≤1.0	≤1.0	≤2.0
硫化物及硫酸盐含量（按 SO_3 质量计）/%	≤0.5	≤0.5	≤0.5
海砂中的贝壳类物质含量（按质量计）/%	≤3.0	≤5.0	≤8.0
轻物质含量（按质量计）/%	≤1.0		
吸水率/%	≤2.0		
表观密度/（kg/m³）	≥2 500.0		

续表

项目	技术要求		
	Ⅰ级	Ⅱ级	Ⅲ级
松散堆积密度/（kg/m³）	≥1 400.0		
空隙率/%	≤45.0		
有机物含量（比色法）	合格		
碱活性反应	不得有碱活性反应或疑似碱活性反应		
结晶态二氧化硅含量/%	≥25.0		

细集料的级配范围应符合表 4.26 的要求。

表 4.26　细集料的级配范围

砂分级	细度模数	方筛孔尺寸/mm							
		9.5	4.75	2.36	1.18	0.60	0.30	0.15	0.075
		通过各筛孔的质量百分率/%							
粗砂	3.1～3.7	100	90～100	65～95	35～65	15～30	5～20	0～10	0～5
中砂	2.3～3.0	100	90～100	75～100	50～90	30～60	8～30	0～10	0～5
细砂	1.6～2.2	100	90～100	85～100	75～100	60～84	15～45	0～10	0～5

4. 水泥混凝土路面用水技术要求

符合《生活饮用水卫生标准》（GB 5749—2022）的饮用水可直接作为混凝土搅拌与养生用水。

对非饮用水应进行水质检验，并应符合表 4.27 的规定，还应与蒸馏水进行水泥凝结时间与水泥胶砂强度的对比试验。对比试验中的水泥初凝与终凝时间差均不应大于 30 min，水泥胶砂 3 d 和 28 d 强度不应低于采用蒸馏水配制的水泥胶砂 3 d 和 28 d 强度的 90%。

表 4.27　非饮用水质量标准

项次	项目	钢筋混凝土及钢纤维混凝土	素混凝土	试验方法
1	pH	≥5.0	≥4.5	
2	氯离子含量/（mg/L）	≤1 000	≤3 500	
3	硫酸根离子含量/（mg/L）	≤2 000	≤2 700	
4	碱含量/（mg/L）	≤1 500	≤1 500	JGJ 63—2006
5	可溶物含量/（mg/L）	≤5 000	≤10 000	
6	不溶物含量/（mg/L）	≤2 000	≤5 000	
7	其他杂质	不应有漂浮的油脂和泡沫；不应有明显的颜色和异味		

养生用水可不检验不溶物含量和其他杂质，其他指标应符合表 4.27 中的规定。

5. 水泥混凝土路面用外加剂技术要求

面层水泥混凝土外加剂质量除应符合国家和行业现行相关标准外，尚应符合表 4.28 的要求，各项性能的检验方法应符合《混凝土外加剂》（GB 8076—2008）的规定。

表 4.28　面层水泥混凝土外加剂产品质量标准[①]

项目		普通减水剂	高效减水剂	引气剂	引气减水剂	引气高效减水剂	缓凝剂	缓凝减水剂	缓凝高效减水剂	缓凝引气高效减水剂	早强剂	早强减水剂	早强高效减水剂	引气早强高效减水剂
减水率/%		≥8	≥15	≥8	≥12	≥18	—	≥8	≥15	≥18	—	≥8	≥15	≥15
泌水率比/%		≤100	≤90	≤80	≤80	≤90	≤100	≤100	≤100	≤80	≤100	≤95	≤90	≤95
含气量[②]/%		≤4.0	≤3.0	≥3.0	≥3.0	≥3.0	—	≤5.5	≤4.5	≥3.0	≤4.0	≤3.0	≤3.0	≥3.0
凝结时间差[③]/min	初凝	−90~+120	−90~+120	−90~+120	−90~+120	−60~+90	>+90	>+90	>+90	>+90	−90~+90	−90~+90	−90~+90	−90~+90
	终凝						—							
抗压强度比/%	1 d	—	≥140	—	—	—	—	—	—	—	≥135	≥135	≥140	≥135
	3 d	≥115	≥130	≥95	≥115	≥120	≥100	—	—	—	≥130	≥130	≥130	≥130
	7 d	≥115	≥125	≥95	≥110	≥115	≥110	≥115	≥125	≥120	≥110	≥110	≥125	≥110
	28 d	≥110	≥120	≥90	≥110	≥105	≥100	≥110	≥110	≥115	≥100	≥100	≥120	≥100
弯拉强度比[④]/%	1 d	—	—	—	—	—	—	—	—	—	≥130	≥130	≥135	≥130
	3 d	—	≥125	—	—	≥120	—	—	—	—	≥120	≥120	≥125	≥120
	28 d	≥105	≥115	≥105	≥110	≥115	≥105	≥105	≥115	≥110	≥100	≥105	≥110	≥110
收缩率比/%	28 d	≤125	≤125	≤120	≤120	≤120	≤125	≤125	≤125	≤120	≤130	≤130	≤130	≤130
磨耗量[⑤]/（kg/m²）	28 d	≤2.5	≤2.0	≤2.5	≤2.5	≤2.0	≤2.5	≤2.5	≤2.5	≤2.5	≤2.5	≤2.5	≤2.0	≤2.0

注：① 除含气量外，表中所列数据为掺外加剂混凝土与基准混凝土的差值或比值。

② 引气剂与各种引气型减水剂含气量 1 h 最大经时损失应小于 1.5%。

③ 对于凝结时间差，表中 "−" 号表示提前，"+" 号表示延缓。

④ 弯拉强度比仅用于路面混凝土检验。

⑤ 磨耗量仅用于路面与桥面混凝土检验。

外加剂产品的出厂报告中应标明其主要化学成分和使用注意事项。面层水泥混凝土的各种外加剂应经有相应资质的检测机构检验合格，并提供检验报告后方可使用。

外加剂产品应使用工程实际采用的水泥、集料和拌和用水进行试配，检验其性能，确定合理掺量。

外加剂复配使用时，不得有絮凝现象，应使用工程实际采用的水泥、集料和拌和用水进行试配，确定其性能满足要求后方可使用。

各种可溶外加剂均应充分溶解为均匀水溶液，按配合比计算的剂量加入。

采用非水溶的粉状外加剂时，应保证其分散均匀，搅拌充分，不得结块。

滑模摊铺施工的水泥混凝土面层宜采用引气高效减水剂；当高温施工混凝土拌和物的初凝时间短于 3 h 时，宜采用缓凝引气高效减水剂；当低温施工混凝土拌和物的终凝时间长于 10 h 时，宜采用引气早强高效减水剂。

有抗冰冻、抗盐冻要求时，各级公路水泥混凝土面层及暴露结构物混凝土应掺入引气剂。

6. 水泥混凝土路面技术要求

水泥用量不宜小于 300 kg/m³，一般不超过 400 kg/m³，水灰比应不大于 0.44。

混凝土面板的平整度不应大于 3 mm（3 m 直尺检测的最大间隙）。IRI（全线连续）< 2.0 m/km；标准差（全线连续）<1.2 mm。

匝道水泥混凝土路面表面构造应采用刻槽、压槽、拉槽或拉毛等方法制作，其构造深度应满足 0.80～1.20 mm 的要求。

面层水泥混凝土所用水泥的技术要求除应满足《道路硅酸盐水泥》（GB 13693—2017）或《通用硅酸盐水泥》（GB 175—2007）的规定外，各龄期的实测抗折强度、抗压强度尚应符合表 4.29 中的规定。

表 4.29　水泥混凝土路面用水泥各龄期的实测强度值

混凝土设计弯拉强度标准值/MPa	5.5		5.0		4.5		4.0		试验方法
龄期/d	3	28	3	28	3	28	3	28	—
水泥实测抗折强度/MPa	≥5.0	≥8 0	≥4.5	≥7.5	≥4.0	≥7.0	≥3.0	≥6.5	GB/T 17671—2021
水泥实测抗压强度/MPa	≥23.0	≥52.5	≥17.0	≥42.5	≥17.0	≥42.5	≥10.0	≥32.5	GB/T 17671—2021

注：本表也适用于设计弯拉强度为 6.0 MPa 的纤维混凝土。

二、一般要求

水泥混凝土面层应采用强制搅拌楼集中拌和，宜采用三辊轴机组方式施工。三辊轴机组无法作业的局部位置，可采用小型机具施工。

在正式施工前，必须铺筑试验段，对施工工艺进行总结，试验段的质量检查频率应是正常路段的两倍。

混凝土拌和物应满足可摊铺性、匀质性和质量稳定性要求，利于施工。

水泥混凝土面层施工如遇下述条件之一，不得施工：现场降雨；风力大于六级，风速在 10.8 m/s 以上的强风天气；现场气温高于 40℃或拌和物摊铺温度高于 35℃；摊铺现场连续 5 昼夜平均气温低于 5℃；最低气温低于−3℃。

三、施工准备

水泥混凝土面层施工前需完成技术准备、机械准备、试验检测仪器准备、原材料准备及作业面准备。

摊铺水泥混凝土之前，应再次检查下卧层的标高，对超出允许范围的部分应削除，低于允许范围的部分不得使用其他材料填补。

水泥混凝土面层摊铺施工之前，应彻底清扫下卧层表面并对各检测项目进行检测，检测合格后方可进行施工。

四、水泥混凝土路面施工

水泥混凝土路面施工工艺流程如图 4.9 所示。

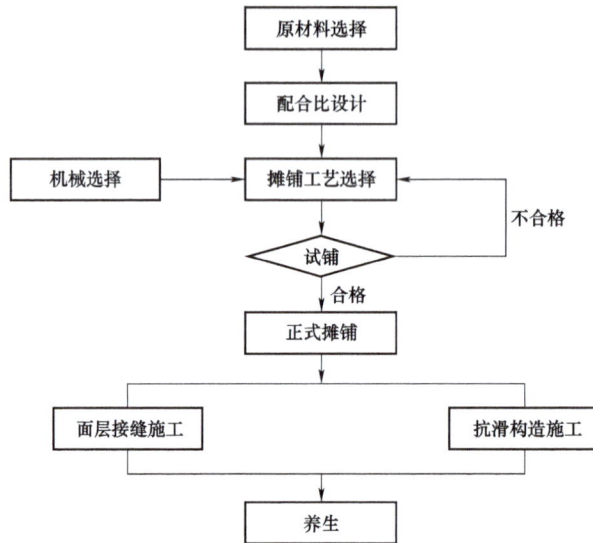

图 4.9　水泥混凝土路面施工工艺流程图

（一）试验段施工

在正式摊铺混凝土面层前，必须铺筑试验段，试验段面层的铺筑应在拌和机经调整已达到性能稳定、摊铺机性能状态良好、操作工人熟练的情况下进行，保证试验段能按生产路的条件施工，以总结经验指导正式施工。

试验段分为试拌及试铺两个阶段，通过试验段应达到下述目的。

（1）通过试拌检验拌和站性能及确定合理搅拌工艺，检验适宜摊铺的拌和站拌和参数：上料速度、拌和容量、搅拌均匀所需时间、新拌混凝土坍落度、振动黏度系数、含气量、泌水性、VC 值和生产使用的混凝土配合比等。

（2）通过试铺检验主要机械的性能和生产能力，检验辅助施工机械合理组配、检验面层摊铺工艺和质量、模板架设固定方式及摊铺机械（具）的适宜工作参数，包括松铺系数、摊铺速度、振捣时间与频率、滚压遍数、碾压遍数、中间和侧向拉杆置入情况等，检验整套施工工艺流程。

（3）试铺时，分时段取样进行坍落度试验，检查混凝土拌和物坍落度随施工时间延长的变化，同时应制作试件以检验弯拉强度和耐久性。

（4）检查锯缝机的性能，确定锯缝时间、刻槽时间与施工气温的关系，选择合理的锯缝深度和养护方法。

（5）根据试验段总结现有配套机械系统的生产能力、拌和站产量，提出材料供应要求、铺筑进度，从而制定面层混凝土摊铺施工进度计划。

对试铺面层各项技术指标进行检测，当技术要求符合设计或规范规定时，试验段面层可作为生产路面予以认可，试铺总结按要求编写，否则应重做试验段。

（二）正式摊铺

1. 摊铺准备

所有施工设备和机具均应处于良好状态，并全部就位。三辊轴整平机辊轴长度应比实际铺筑的面层宽度至少长出 0.6 m。

基层、封层表面应清扫干净，洒水湿润，但不得积水。模板安装前应进行测量放样，并核对路面高程、面板分块、胀缝和构造物位置。路面中心桩应每 20 m 设一处，水准点宜每 100 m 布设一处。

模板应采用钢材、槽钢或方木制成。模板应固定牢固，在振捣机、三辊轴整平机、滚杠等设备、机具往复作用下，不得出现推移、变形、跑模等现象。模板固定后，底部空隙宜采用干硬性砂浆填堵，相邻模板接头应粘贴胶带密封，并不得漏浆。与混凝土拌和物接触的表面应涂脱模剂或隔离剂。模板高度应为面层设计厚度，直线段模板长度不宜小于 3 m，小半径弯道及竖曲线部位可配备长度为 3 m 的短模板。纵向施工缝侧模板应按照设计的拉杆直径和间距钻拉杆插入孔，模板每米长度应设置不少于 1 处支撑固定装置。横向工作缝端模板应按设计规定的传力杆直径和间距设置传力杆插入孔和定位套管，两边缘传力杆到自由边距离不宜小于 150 mm。模板拆除时，混凝土抗压强度不应小于 8.0 MPa。

配备振捣棒、密集排列振捣棒的振捣机。当面板厚度较大和坍落度较低时，宜使用 100 Hz 以上的高频振捣棒。

2. 布料

卸料均匀，布料应与摊铺速度相适应，松铺系数为 1.10～1.25。隧道施工时，运输车需在洞外掉头倒行到施工点。

3. 振捣

当混凝土拌和物布料长度大于 10 m 时，应开始振捣作业。采用排式振捣机振实时，作业速度宜控制在 4 m/min 以内。

4. 拉杆安装

面板振实后，应随即安装纵缝拉杆。当一次铺筑宽度大于 4.5 m 时，纵缝拉杆宜使用预设钢筋支架固定。横缝传力杆应采用预制钢筋支架法安装固定，不得手工设置传力杆。

5. 整平

三辊轴整平机按作业单元分段整平，作业单元长度宜为 10～30 m，振捣机振实与三辊轴整平机整平两道工序之间的时间间隔不宜超过 15 min。

三辊轴滚压振实的料位高差宜高于模板顶面 5～15 mm，过高时应铲除，过低时应及时补料。

三辊轴整平机在一个作业单元长度内，应采用前进振动、后退静滚方式作业，滚压遍数一般为 2～3 遍。最佳滚压遍数应经试铺确定。

在三辊轴整平机作业时，应及时处理轴前料位的高低情况，过高时，应辅以人工铲除，轴下有间隙时，应使用混凝土找补。

滚压完成后，将振动辊轴抬离模板，用整平轴前后静滚整平，直到平整度符合要求、表面砂浆厚度均匀为止。

表面砂浆厚度宜控制在 4±1 mm，三辊轴整平机前方表面过厚、过稀的砂浆必须刮除丢弃。

6. 精平饰面

应采用旋转抹面机密实精平饰面两遍。饰面完成后，应立即开始保湿养生。

7. 使用小型机具铺筑

拌和物的坍落度宜控制在 5～20 mm，松铺系数宜控制在 1.10～1.25，坍落度高时取低值，横坡高侧取高值。

应依次使用振捣棒、振动板、振动梁 3 遍振捣密实。小型机具应采用滚杠、整平尺或抹面机 3 遍整平，直至面层无任何缺陷，平整度符合要求。

整平饰面应待混凝土表面泌水基本完成后进行，采用叶片式或圆盘式抹面机进行，按每车道路面不少于 1 台配备，饰面遍数宜为往返 1～2 遍，直到表面平整度符合要求、表面砂浆厚度均匀为止。在抹面机完成作业后，应使用抹刀进行精平饰面。

8. 使用滑模摊铺机进行水泥混凝土面层施工

当采用滑模摊铺机在基层上行走的方案时，基层边缘到面层边缘的宽度不宜小于 650 mm。

传力杆和胀缝拉杆钢筋宜采用前置支架法施工，也可采用滑模摊铺机配备的自动插入装置施工。

对于上坡纵坡大于 5%、下坡纵坡大于 6%、半径小于 50 m 或超高超过 7%的路段，不宜采用滑模摊铺机。

滑膜摊铺施工前，应准确架设基准线，基准线桩纵向间距直线段不宜大于 10 m，隧道路面及竖曲线和平曲线路段宜为 5～10 m，大纵坡与急弯道加密布置，基准线桩最小距离不宜小于 2.5 m。基准线的最大长度不宜大于 450 m，架设长度不宜大于 300 m。振捣棒应均匀排列，间距宜为 300～450 mm，两侧最边缘振捣棒与摊铺边缘距离不宜大于 200 mm。

当滑模摊铺机起步时，应先开启振捣棒，在 2～3 min 内调整振捣到适宜频率，使进入挤压底板前缘拌和物振捣密实，无大气泡冒出破灭时，方可启动摊铺机。滑模摊铺应缓慢、匀速、连续不间断地作业，施工速度宜采用 1 m/min。

（三）混凝土路面板块划分及接缝设置

1. 面层板块划分及接缝设置原则

混凝土面板采用矩形，其纵向和横向接缝应垂直相交，纵缝两侧的横缝不得互通错位，必须缝对缝。纵缝间距（板宽）按路面宽度和行车道宽度综合而定，变化范围一般为 4.0～5.5 m，纵缝应避开轮迹部位。纵缝长（横向缩缝间距、板长）一般为 5 m，最大不超过 6 m，最小不小于板宽。板宽和板长的比例应控制在 1:1.3 以内。面板最小边长应不小于 1 m。纵缝与路线中线平行。

当混凝土路面板紧靠路侧的防撞墙时，应采取刷沥青等措施使面层混凝土与防撞墙混凝土隔离，或将混凝土路面板横向缩缝与防撞墙的分节缝处对齐。

匝道及变宽路面板块的划分：匝道路面纵缝应避开轮迹位置；在变宽路面的变宽起点处不宜切纵缝，须在离开起点 5～10 m 处开始切纵缝；弯道纵缝应与路线中心线平行，小半径弯道的纵缝可由小折线组成，但折线接头处应准确相连。

2. 纵缝施工

当一次摊铺宽度小于路面和硬路肩总宽度时，应设纵缝，其位置应避开轮迹带，并与车道线重合或靠近，构造可采用平缝加拉杆型。当所摊铺的面板厚度大于等于 260 mm 时，也可采用插拉杆的企口型纵缝。纵缝的拉杆可用摊铺机的侧向拉杆装置插入。

当一次摊铺宽度大于 4.5 m 时，应采用假缝拉杆型纵缝，即锯切纵向缩缝，纵缝上部锯切槽口灌填缝料。纵缝位置应按车道宽度设置，并在摊铺过程中用专用的拉杆插入装置插入拉杆（钢筋混凝土面板可不设拉杆）。插入的侧向拉杆应牢固，不得松动、碰撞或拔出。若发现拉杆松脱或漏插，应在横向相邻路面摊铺前，钻孔重新植入。当发现拉杆可能被拔出时，宜进行拉杆拔出力（握裹力）检验。

3. 横向缩缝施工

每天摊铺结束、摊铺中断时间超过 30 min 或连续摊铺约 200 m 时，应设置横缝，其位置与胀缝或缩缝重合，确有困难不能重合时，应采用设螺纹传力杆的企口缝形式。横缝应与路中心线垂直，横缝在缩缝处采用平缝加传力杆型。在胀缝处其构造与胀缝相同。

普通混凝土路面横向缩缝宜等间距布置，不宜采用斜缝。当不得不调整板长时，最大板长不宜大于 6.0 m，最小板长不宜小于板宽。

水泥混凝土路面横向缩缝应设置传力杆。传力杆的施工方法可采用前置钢筋支架法或传力杆插入装置（DBI）法。钢筋支架应具有足够的刚度，传力杆应准确定位。摊铺之前应在基层表面放样，并用钢钎锚固，宜使用手持振捣棒振实传力杆高度以下的混凝土，然后采用机械摊铺。传力杆无防粘涂层一侧应焊接，有涂料一侧应绑扎。用 DBI 法置入传力杆时，应在路侧缩缝切割位置作标记，保证切缝位于传力杆中部。

横缝采用设传力杆假缝型，上部锯切槽口灌填缝料。切缝作业应符合下列规定：横缝的切缝方式有全部硬切缝、软硬结合切缝和全部软切缝 3 种。切缝方式的选用应由面层摊铺完毕到切缝时的昼夜温差确定，可按表 4.30 选用。采用硬切缝时，宜按度时积 180～200 ℃·h 控制切缝，不宜迟切缝。

表 4.30 根据施工昼夜温差所采用的切缝方式

昼夜温差/℃	切缝方式	缩缝切深
<10	宜全部硬切缝，最长时间不得超过 24 h	当缝中无拉杆、传力杆时，深度为 1/4～1/3 板厚，最浅为 60 mm；当缝中有拉杆、传力杆时，深度为 1/3～2/5 板厚，最浅为 80 mm
10～15	软硬结合切缝，每隔 1～2 条提前软切缝，其余用硬切缝补切	软切深度不应小于 60 mm；不足者应硬切补深到 1/3 板厚，已断开的缝不补切
>15	宜全部软切缝，抗压强度为 1～1.5 MPa，人可行走；软切缝不宜超过 6 h	软切深度大于等于 60 mm，未断开的接缝，应硬切补深到不小于 2/5 板厚

注：注意降雨后刮风引起路面温度骤降，面板昼夜温差在表中规定范围内时应按表中方法提早切缝。

对分幅摊铺的路面应在先摊铺的混凝土板横向缩缝已断开的部位做标记。在后摊铺的面层上应对齐已断开的横缝提前做软切缝，切缝深度应为 1/4～1/3 板厚，最浅不得小于 70 mm。

4. 胀缝设置与施工

普通混凝土路面、钢筋混凝土路面的胀缝间距视集料的温度膨胀性大小、当地年温差和施工季节综合确定：高温施工，可不设胀缝；常温施工，当集料温缩系数和年温差较小时，可不设胀缝；当集料温缩系数或年温差较大，路面两端构造物间距大于等于 500 m 时，宜设一道中间或若干道胀缝；低温施工，当路面两端构造物间距大于等于 350 m 时，宜设置顺直路段胀缝。

普通混凝土面层的胀缝应设置胀缝补强钢筋和钢筋支架、胀缝板和传力杆。胀缝宽 20～25 mm，使用沥青或塑料薄膜滑动下封闭层时，胀缝板及填缝宽度宜加宽到 25～30 mm。距胀缝板顶部 4～6 cm 处切缝，切缝深度是胀缝板厚度的 4/5。胀缝的两侧粘贴塑料薄膜，以防胀缝板连浆。待混凝土达到设计强度时，取出顶部的 4～6 cm 胀缝板，立即进行嵌缝施工。传力杆一半以上长度的表面应涂防粘涂层，端部应戴活动套帽，套帽材料与尺寸应符合图纸要求。胀缝板应与路中心线垂直，缝壁垂直，缝隙宽度一致，缝中完全不连浆。

胀缝应采用前置钢筋支架法施工，也可采用预留一块面板，高温时再铺封。采用前置钢筋支架法施工时，应预先加工、安装和固定胀缝钢筋支架，并在使用手持振捣棒振实胀缝板两侧的混凝土后再摊铺。整平表面，胀缝应连续贯通整个路面板宽度。

在与其他道路相交处应设置 1～3 道横向胀缝。

5. 角隅补强

在面板纵、横缝自由边（如胀缝）两边角隅处，或当斜板锐角小于 70° 时，应设角隅补强钢筋。当板角等于 90° 时，采用发针型角隅补强钢筋补强。当板角小于 90° 时，采用双层钢筋网补强。

（四）灌缝

混凝土板养生期满后，应及时灌缝。

灌缝技术要求包括以下内容。

（1）应先采用切缝机清除接缝中夹杂的砂石、凝结的泥浆等，再使用大于等于 0.5 MPa 压力的水和压缩空气彻底清除接缝中的尘土及其他污染物，确保缝壁及内部清洁、干燥，缝壁检验以擦不出灰尘为灌缝标准。

（2）使用常温聚氨酯和硅树脂等填缝料时，应按规定比例将两组分材料按 1 h 灌缝量混拌均匀后使用。

（3）使用加热填缝料时应将填缝料加热至规定温度，加热过程中应将填缝料熔化，搅拌均匀，并保温使用。

（4）灌缝的形状系数宜控制在 1.0～1.5，灌缝深度宜为 15～20 mm，最浅不得小于 15 mm，先挤压嵌入直径为 9～12 mm 的多孔泡沫塑料背衬条，再灌缝。气温较高时施工的灌缝，顶面应与板面齐平；气温较低时应填为凹液面，中心低于板面 1～2 mm。填缝必须饱满、均匀、厚度一致并连续贯通，填缝料不得缺失、开裂和渗水。

（5）常温施工时填缝料的养生期，低温天宜为 24 h，高温天宜为 12 h。加热施工时填缝料的养生期，低温天宜为 2 h，高温天宜为 6 h。在灌缝料养生期间应封闭交通。

（6）路面胀缝和桥台隔离缝等应在填缝前，取出顶部的 4～6 cm 胀缝板，涂黏结剂后，嵌入胀缝专用多孔橡胶条或灌进适宜的填缝料。

（7）当胀缝的宽度不一致或有啃边、掉角等现象时，必须用填缝料灌缝。

（五）抗滑构造施工

1. 抗滑构造技术要求

混凝土面层完成时的表面抗滑技术要求应符合《公路水泥混凝土路面施工技术细则》（JTG/T F30—2014）的规定。

构造深度应均匀，不损坏构造边棱，耐磨抗冻，不影响路面和桥面的平整度。

在水平弯道段、桥面、隧道路面宜使用纵向槽。当组合坡度小于 3%时，要求减噪的路段可使用纵向槽。对于组合坡度大于或等于 3%的纵坡路段，应使用横向槽。

2. 抗滑构造施工

混凝土路面应采用硬刻槽，在混凝土强度达到 80%后应采用刻槽法制作宏观抗滑构造。鉴于美观和抗滑需求，要求刻纹宽度为 40 cm，中间间距 10 cm 不刻纹。槽深宜为 3～4 mm，槽宽宜为 3～5 mm，槽间距宜为 12～25 mm。

（六）隧道混凝土面板施工要点

混凝土埋板和混凝土面板接缝处设置 C25、长 70 cm 的拉杆，并在距该接缝 5 m 的混凝土面板处设置一道胀缝。在隧道衬砌设置沉降缝时，应调整混凝土面板长度使之与沉降缝位置相对应。同时，在隧道内每个中心检查井位置处也应设一道胀缝，胀缝处设置 C14 架立钢筋。

胀缝采用滑动传力杆形式，两侧边板布设角隅钢筋。

横缝采用假缝并设置传力杆，传力杆采用 ϕ32 光圆钢筋，长 50 cm；纵缝设置 C16 螺纹钢筋拉杆，长 80 cm。

接缝材料、填缝料，可采用聚氯乙烯胶泥类、沥青橡胶类或聚酯焦油类填缝料；胀缝下部填缝板可采用符合技术要求的杉木板、纤维板或泡沫橡胶板。

每日施工终了或浇筑混凝土过程中因故中断浇筑时，必须设置横缝，且必须设在横向缩缝或胀缝处。

隧道内横缝 5 m 设置一道，设置胀缝时可根据实际情况适当调整横缝间距以便布设。

（七）养生

混凝土面层铺筑完成或路面抗滑构造施工完毕后应立即开始养生，宜采用喷洒养生剂同时保湿覆盖的方式养生。在雨天或养生用水充足的情况下，也可采用覆盖保湿膜、土工毡、土工布、麻袋等洒水方式湿养生，不宜使用围水方式养生。

采用喷洒养生剂养生时，喷洒应均匀，成膜厚度应足以形成完全密闭水分的薄膜，喷洒后的表面不得有颜色差异。喷洒时间宜在表面混凝土泌水完毕后进行，喷洒高度宜控制在 0.10～0.30 m。应使用一级品养生剂，最小喷洒剂量不得少于 0.3 kg/m^2。养护剂的现场平均喷洒剂量宜在试验室测试剂量的基础上，一等品再增加不小于 40%，合格品再增加不小于 60%。

使用土工毡、土工布、麻袋等覆盖物保湿养生时，应及时洒水，保持混凝土表面始终处于潮湿状态。昼夜温差大于 10℃ 以上的地区或日平均温度较低时，采用保湿膜养生。

养生时间应根据混凝土设计强度增长情况而定，不宜小于设计强度的 80%，应特别注重前 7 d 的保湿（温）养生。一般养生天数宜为 14～21 d，高温天不宜少于 14 d，低温天不宜少于 21 d。

养生初期，应封闭交通，在达到设计弯拉强度的 40% 后，行人方可通行。在面板达到设计弯拉强度后，方可开放交通。

五、质量控制

水泥混凝土面层外观质量应符合下列规定：面板不应有坑穴、鼓包和掉角；接缝填注不得漏填、松脱，不应污染路面；路面无积水。水泥混凝土面层实测项目见表 4.31。

表 4.31　水泥混凝土面层实测项目

项次	检查项目		规定值或允许偏差		检查方法和频率
			高速公路一级公路	其他公路	
1	板弯拉强度/MPa		在合格标准内		按《公路工程质量检验评定标准　第一册　土建工程》（JTG F80/1—2017）附录 C 检查
2	板厚度/mm	代表值	−5		按《公路工程质量检验评定标准　第一册　土建工程》（JTG F80/1—2017）附录 H 检查：每 200 m 测 2 点
		合格值	−10		
		极值	−15		
3	平整度	σ/mm	≤1.32	≤2.0	平整度仪：全线每车道连续检测，每 100 m 计算 σ、IRI
		IRI/（m/km）	≤2.2	≤3.3	
		最大间隙/mm	3	5	3 m 直尺：每半幅车道每 200 m 测 2 处×5 尺
4	抗滑构造深度/mm	一般路段	0.7～1.1	0.5～1.0	铺砂法：每 200 m 测 1 处
		特殊路段	0.8～1.2	0.6～1.1	
5	横向力系数	一般路段	≥50	—	按《公路工程质量检验评定标准　第一册　土建工程》（JTG F80/1—2017）附录 L 检查：每 20 m 测 1 点
		特殊路段	≥55	≥50	
6	相邻板高差/mm		≤2	≤3	尺量：胀缝每条测 2 点；纵、横缝每 200 m 抽查 2 条，每条测 2 点
7	纵、横缝顺直度/mm		≤10		纵缝 20 m 拉线尺量：每 200 m 测 4 处；横缝沿板宽拉线尺量：每 200 m 测 4 条
8	中线平面偏位/mm		20		全站仪：每 200 m 测 2 点
9	路面宽度/mm		±20		尺量：每 200 m 测 4 点

续表

项次	检查项目	规定值或允许偏差		检查方法和频率
		高速公路 一级公路	其他公路	
10	纵断高程/mm	±10	±15	水准仪：每200 m测2个断面
11	横坡/%	±0.15	±0.25	水准仪：每200 m测2个断面
12	断板率/%	≤0.2	≤0.4	目测：全部检查，计算断板面板块数与总块数之比

六、结语

通过执行本细则的管理措施，济潍高速公路水泥混凝土路面施工取得显著成效。生产制造的水泥混凝土路面各实测项目满足验收要求，其中关键控制指标如板弯拉强度、板厚度、平整度等满足规范及设计要求，大大提高了公路路面的可靠性和使用寿命。本细则的实施为以后的类似工程施工积累了宝贵经验。

第九节　后张法预制梁板施工质量控制

随着建筑工程行业的不断发展，预制梁板在建筑领域的应用越来越广泛。后张法预制梁板作为一种常见的生产方法，其生产过程需要严格的质量控制和技术要求。为了提高预制梁板的质量，提高生产效率，降低成本，制定了后张法预制梁板实施细则，旨在规范后张法预制梁板的整个生产过程，包括材料选择、工艺流程、设备操作、质量控制等方面的规定。

一、总体要求

为了保证济潍高速公路工程预应力混凝土梁板的生产质量，需要对预制场地的建设、预应力系统（锚具、预应力钢材等）试验、张拉设备的校验、预应力混凝土的浇筑及预应力管道的形成、钢绞线张拉与压浆等监理工作进行细化，加强桥梁工程质量控制。

二、一般性要求

本项目中选用智能张拉系统，并向监理工程师提交拟采用的预应力系统的书面报告、张拉设备、预应力钢材、张拉方法及移梁存放方法。预应力场地的布局、混凝土拌和设备均执行《山东高速集团有限公司高速公路施工标准化技术指南》的要求。开工之前须向驻地办提交预应力工程的施工组织与工艺设计报告，包括预应力工程的设计要点与工程；所用材料（预应力筋、锚夹具、波纹管）的规格、主要物理力学指标、生产厂家及其资质、出厂合格证、验证试验等资料；所用机具设备的型号、性能、结构参数、生产厂家及其资质、出厂合格证、校验证书等资料；校验的油压读数——张拉力曲线；预应力筋下料及编组方法、穿束工艺、张拉程序及张拉控制方法；预应力筋伸长量计算书；压浆工艺；预应力张拉的现场负责人及主要操作人员情况。

在后张梁板正式成批生产前须先做 1～2 片试验梁板，以验证承包人所提供的施工方案是否合理可行。同时对试验梁板的全过程进行分析总结，以指导和改进梁板正式投产的施工工艺。

承包人对钢绞线、锚具、波纹管及张拉设备千斤顶和配套的压力表的检验，须由监理工程师批准的具备资质的单位试验室进行检测校正。

每次进场的钢绞线、锚具、波纹管，承包人须向监理工程师报送经批准的试验室签发的质检证书。现场对锚具、夹具进行外观检查，不合格的不准使用。每捆钢绞线须附金属标签，标明该批次钢材的生产厂家、规格、熔炼炉号和生产日期，否则不得进场。

另外，张拉现场应设立张拉操作规程。

三、机具与设备

机具与设备也应符合相关的规定，如千斤顶须经国家认定的技术监督部门认证；根据生产规模建设混凝土拌和站、电力配备和混凝土运输设备，以及梁板调运设备，并有应急情况下的备用设备；梁板内外模须由工厂定做加工以确保质量，预应力小箱梁及 T 形梁宜采用全自动液压钢模板。

四、后张法预制梁板施工工序

后张法预制梁板施工工序流程如图 4.10 所示。

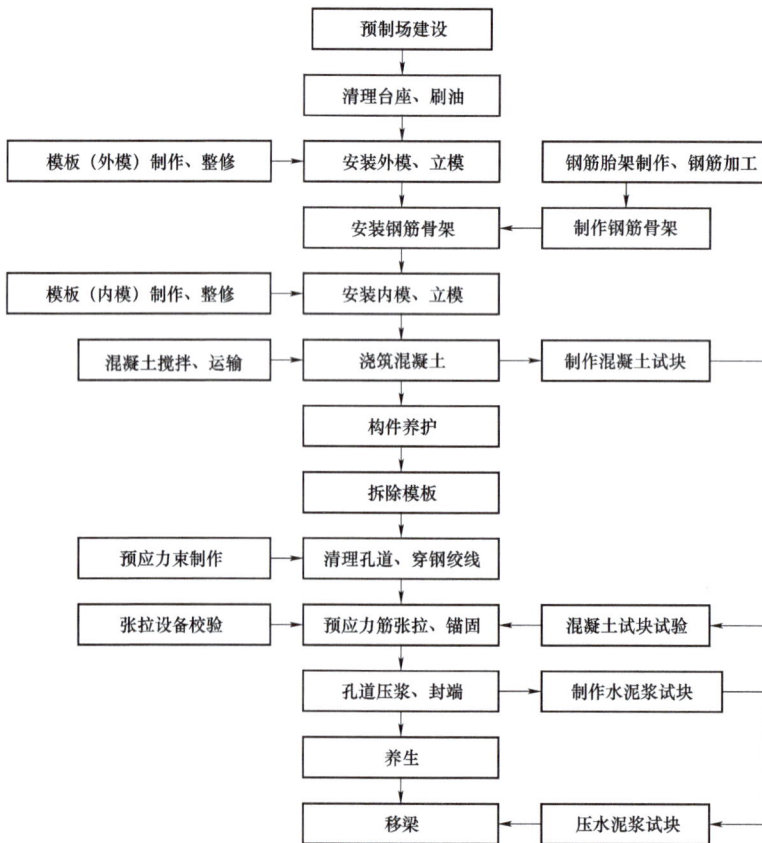

图 4.10　后张法预制梁板施工工序流程图

五、预应力混凝土的浇筑

1. 模板检查

首先，根据梁板设计的各种尺寸，对模板进行逐项检验，角度及内腔尺寸都须符合设计要求。模板的支撑要连接牢靠，接缝要严密，防止漏浆，并有防止内模上浮的措施。

其次，底模采用不锈钢模板，钢板底模为钢筋混凝土加铺厚度不小于 6 mm 的不锈钢模板。加铺钢模板须与底部混凝土密贴，接缝处理确保光滑平顺，无明显接痕，侧模须使用不锈钢模板，钢板厚度不小于 6 mm，根据受力情况适当加肋或加厚，确保钢模板具有足够的刚度、强度。端模采用钢模板，端模除了应尺寸准确，还应采取有效措施保证振捣混凝土梁端不漏浆。芯模采用便于拆卸的组合式钢模板，内模尺寸必须考虑误差影响。

最后，所有模板统一涂刷统一品种的脱模剂，不得使用易粘在混凝土上或使混凝土变色的油料（如废机油）。

2. 钢筋检查

对钢筋的长度、规格、数量、间距、钢筋接头及保护层进行检查，必须符合设计和规范要求。注意检查翼板接缝钢筋位置是否准确。

3. 预埋件检查

对梁底预埋支座钢板的厚度、尺寸、位置、焊接及设计中有无调坡等进行检查，对各种预埋钢筋等进行检查。

4. 波纹管检查

在混凝土浇筑直至张拉以前都要对锚垫板管道口进行密封保护，以免进入水和杂物。混凝土浇筑前须在波纹管内穿内衬管，并在浇筑混凝土时间间隔 20 min 内将管道内衬管抽动一次，防止波纹管扭曲变形和防止波纹管漏浆导致无法穿钢绞线及波纹管移位。直线段波纹管定位筋间距原则上不超过 0.5 m，曲线段不超过 0.25 m。

5. 其他检查

搅拌混凝土应严格按照监理工程师批准的配合比进行，并且应掌握好坍落度；梁板要分层浇筑，并且连续浇筑不得中断，须在混凝土初凝前完成整片梁的浇筑。

施工前应预留顶板厚度检测孔，以备施工完成后检测顶板厚度。

振捣时，应以附着式振捣器振捣为主、振捣棒振捣为辅的原则，梁端钢筋密集区域应加强振捣，确保锚下混凝土密实。附着式振捣器根据功率大小计算布设间距等，插入式振动器不得触及波纹管。

在混凝土浇筑过程中，随时检查混合料的坍落度和拌和质量，并按规定频率和随机抽取试样。另外，多抽取 1～2 组随梁板同条件养生，为张拉时混凝土强度提供依据。

另外，梁板顶部泌水及浮浆要及时清除，并更换新鲜的混凝土，加强梁板的养生；侧模拆除以能保证混凝土表面及棱角不损坏且达到 2.5 MPa 时方可进行，且要在张拉前完成。注意拆模方式以不损坏梁板为前提。梁板信息应采用二维码标识，二维码尺寸为 210 mm×297 mm，应将其粘贴在梁侧统一位置。在梁的适宜位置须标明结构物桩号、梁号、编号、浇筑日期、张拉日期、压浆日期、养生时间等信息，并做好养生记录。

六、预应力张拉要点

1. 一般要求

（1）张拉开始前标段项目都须向监理工程师提交详细说明，包括施工方案、图纸张拉应力和伸长量的计算，报经监理审核。

（2）合同项目部要选派富有经验的技术人员或厂家人员指导张拉作业，操作人员要经过培训并持有相应的上岗证书。

（3）用于张拉的千斤顶、传感器、控制计算机须编号配套校验和配套使用。

（4）当张拉设备已使用 6 个月或 200 次及在使用过程中出现不正常现象时，千斤顶须重新校验。张拉设备的校验必须由具备资质的单位进行并出具校验报告。

（5）张拉采用应力、应变双控制。以应力控制为主，伸长值作校核。

（6）计算机张拉数据须通过人工进行校核。

2. 施工要求

在施工中，张拉采用智能张拉系统，张拉控制站设在待张拉梁板侧面。张拉时的环境温度不宜低于−15℃。按设计混凝土的强度达到梁体设计强度的 90%，弹性模量应不低于混凝土 28 d 弹性模量的 90%且龄期不少于 7 d 时才能张拉。钢绞线在穿束前要进行编束，张拉开始前检查钢绞线能否在管道内自由滑动，同时梁板也能自由地适应张拉时产生的水平和垂直位移不受制约。而且，钢绞线的张拉程序，对于夹片式自锚锚具，应遵从低松弛钢绞线 0→初应力→2 倍初应力→控制应力（持荷 5 min 锚固）。

另外，张拉顺序须符合图纸规定，一般采取分批、分阶段、对称张拉。张拉应两端同时进行，每个受力阶段应同步进行。张拉完成后，测得的延伸量与计算延伸量之差须在±6%以内，否则监理工程师须要求暂停张拉、查找原因，当查明原因并采取措施后才可继续进行。并且，还要测量梁体起拱度大小和查看锚垫板处混凝土有无裂纹现象。梁端张拉工作段的钢绞线在得到监理工程师认可以后，可用砂轮切割锯在距夹片至少 3 cm（且不应小于 1.5 倍预应力直径）处切割。切割时须用湿布裹钢绞线。

最后，每次张拉后，承包方要将由计算机打印出来的相关数据，包括油泵、千斤顶的鉴定号、初始拉力、张拉完成时的最后拉力及测量的延伸量、千斤顶放松以后的回缩量、梁的起拱度、张拉日期及温度数据等报录给监理工程师。

七、孔道压浆

孔道压浆时，采用智能压浆技术，压浆前建议采用原子灰对锚具进行临时封闭。

预应力筋张拉完毕 48 h 内应完成压浆。压浆料应采用专业厂家生产，经检测合格后方可使用。工地试验室应对专用压浆材料加水进行试配，专用压浆料或专用压浆剂应按其使用说明配制压浆浆液。压浆浆液应采用转速不低于 1 400 r/min 的高转速搅拌机进行搅拌。

并且，宜采用带排气阀的压浆嘴进行压浆施工，压浆嘴与排气孔阀（管）应按设计要求埋设安装。当设计未作要求时，压浆嘴宜安装在需压浆结构物的进口端下部或预应力管道较低的部位。排气孔阀（管）宜安装在待压浆结构物的上部或预应力管道较高的部位，压浆嘴与排气孔阀（管）应与预应力管道同步安装埋设。

压浆前应采用压力水冲洗预留孔道内的杂物，并观测预留孔道有无串孔现象，再采用空压机吹除孔道内的积水。压浆时，对下层孔道宜先压注；对曲线孔道和竖向孔道应从最低点的压浆孔压入，并由最高点的排气孔排气和泌水。

当孔道压浆完成后，应立即将梁端的浆液冲洗干净，同时应清除支承垫板、锚具及端部混凝土的污垢。压浆完成后，所有进出浆口均应予以封闭，直到浆液终凝前，所有塞子、盖子或气门均不得移动或打开。应采用超声波雷达等先进技术对孔道压浆密实度随机进行检测。

在整个压浆过程中及压浆后 48 h 内，结构混凝土的温度不得低于 5℃，否则应采取保温措施。当气温高于 35℃时，压浆宜在夜间进行。

最后，对需封锚的锚具，封锚前首先对梁端混凝土进行凿毛处理，然后设置钢筋网浇筑封锚混凝土，必须严格控制封锚后的梁体长度和封锚角度。封锚时必须采用定型钢模板支设，同时应采用无收缩混凝土，强度应符合设计规定。对长期外露的锚具，应采取防锈措施。

八、养生

1. 喷淋养生

预制场设置自动喷淋养生系统，采用自动喷淋养生方式养生混凝土梁板，管道设置应确保养生无死角。每片梁板应设有喷淋雾化设备，一般不得少于 4 条（顶部 1 条、两侧面各 1 条、箱室内 1 条）。喷管的长度应为梁体的长度加 1 m，喷头间距为 0.5 m。喷淋水压加压泵应能保证提供足够的水压，确保梁板的每个部位均能养护到位，尤其是翼缘板底面及横隔板部位。养护用水采用循环利用方式，以节约水资源。

梁板养护时，覆盖应选用白色土工布、保湿棉等保水性材料，严禁使用麻袋布、草帘等，以避免产生色差。覆盖材料的搭接应不少于 20 cm，土工布和保湿棉应紧贴混凝土表面。

2. 蒸汽养生

预制场必须具备符合冬季施工要求的蒸汽养生措施。预制场供热设备提倡使用节能环保设备，且需满足冬季施工温度最低时的热量供给量。管道宜采用地埋式，每个底座两端设阀门。应采用框架式移动养生棚进行蒸汽养生，养生棚应防潮、隔热、保温，且应配备专人记录养生棚温度。

对于混凝土温度的测量，除对升、降温速度每小时测量一次之外，对构件恒温每 2 h 进行一次测量。

九、施工注意事项

在后张法预应力梁板的施工过程中，需要注意的是：

（1）确保台座浮锈清理干净，脱模剂涂抹要适量；

（2）要控制好钢筋间距及保护层（包括底板、腹板、内模处保护层）；

（3）在预应力筋下料时不能有电焊机等平行作业；

（4）张拉位置准确，严禁偏心张拉；

（5）张拉台座两端应设置禁止、警告标志，并设置钢板防护，油顶后方严禁站人；

（6）注意拆模时间，梁板表面不得有裂缝；

（7）锚具、夹具需要进行外观检查，不合格的不准使用；

（8）油泵及张拉人员相对固定；

（9）加强气泡控制，配备橡皮锤等工具，振捣时禁止碰撞钢绞线，现场人员勤动手、动嘴；

（10）拆内模时注意不要碰撞混凝土，操作人员要细心负责；

（11）注意钢绞线的油污染，不能影响钢绞线的握裹力；

（12）存放空心板时不得超过 3 层，预应力小箱梁及 T 形梁存放时不得超过 2 层；

（13）双层存梁时上下两层梁肋轴线位于同一铅垂线，以防止基础偏心受压产生不均匀受力，底部宜采用不小于 3 cm 厚浅色橡胶垫或方木支垫，第二层存梁应采用枕木支垫，支垫位置离梁端应小于 2 m，边梁存放应设置不少于两道支撑。

另外，在存梁前，应将箱内泡沫胶等垃圾清理干净。在预制场内应设置检测台，在存梁前对梁板进行全面外观检查，重点检查长度，梁底预埋钢板坡度，通气孔、泄水孔是否畅通、有无裂纹，强度及钢筋保护层（包括底板、腹板、内模处保护层）等。

凡是新旧混凝土结合部位，在混凝土强度达到 10 MPa 以后使用专用凿毛机进行凿毛。梁板内伸缩缝预埋钢筋应严格按照图纸要求进行预埋，尽量提前与伸缩缝厂家进行沟通，保证梁板内伸缩缝预埋钢筋与伸缩缝锚固环对应，减少伸缩缝施工时的钢筋切割。

十、张拉安全

张拉现场的周围布设明显警示、警告标志及阻拦绳索，严禁非工作人员进入，梁的张拉端设有安全防护措施，张拉时千斤顶对面严禁站人，以防意外。严禁张拉操作人员撞击卡片，以免滑丝。对于张拉作业人员，安全防护用具必须穿戴齐全。

十一、机械及安全教育培训

各种机械设备操作人员应持证上岗，按操作规程进行操作，严禁无证操作，且要定机定人操作。辅助作业人员必须经安全技术培训后才能上岗。

对于大型机械起重机等，各制动器、离合器动作要灵敏可靠，各种仪表完好，机械连接件必须紧固，油路系统需正常，钢丝绳规格、强度应符合要求，吊环、吊钩无裂纹、变形、破旧，织补焊磨损不超标，灯光、喇叭、雨刷、倒车镜等应完整无损。

加强对所有参加施工的人员进行"三级"安全教育，细化安全技术交底，学习有关安全操作规程，提高大家的安全意识，增强安全观念。建立健全各种规章制度，制定各种安全操作规程，将安全操作规程、警示牌醒目地挂在作业现场处。重要岗位、特殊工序制定专项安全措施，对特殊工种，必须持证上岗，确保万无一失。

十二、质量问题预防及处理措施

1. 伸长值超过规范要求的预防措施

预应力张拉理论伸长值必须按实测弹性模量和截面积进行计算。对于连续多波曲线筋和小半径曲线筋，应实测孔道摩阻力。加强对操作工人的岗位培训。

2. 滑丝、断丝的预防措施

穿束前，预应力钢束必须按规范要求进行检验、编束、正确绑扎。张拉前锚夹具需按规范要求进行检验，对夹片进行硬度试验。

3. 预应力筋回缩值偏大的预防措施

选用合适的限位板。对钢绞线截面面积进行检测，严重超出的不得使用。

4. 顶板厚度不够的预防措施

固定芯模用的套箍应绑扎牢固，必要时加密。上部采用压杠将芯摸压住，压杠不应直接固定在模板上，应使用地锚拉住，加密压杠。

另外，对称浇筑可以减少混凝土的上浮力。

当芯模内空间较大时，尽量打开底模，减小上浮力，必要时用滑动轨道运输混凝土，及时填补箱体内底混凝土。

5. 负弯矩锚垫板拉裂的预防措施

（1）锚垫板下部混凝土要用直径比较小的振动棒振捣，确保密实。

（2）上齿板必须使用定型模板，支模板时要把锚垫板固定牢固。

（3）严格控制混凝土拌制用的粗集料粒径，锚垫板部位的混凝土尽量使用人工铲运。

6. 起拱偏差大的预防措施

（1）张拉前测定温度，避免高温、低温下进行张拉，冬季对梁板进行加温后张拉。

（2）确保强度、龄期满足要求后进行张拉。

（3）梁板体系转换应在设计规定的时间内完成，并且不超过 3 个月，否则对梁板加载预压。当然，也可延长梁板的养生时间至 14 d 且混凝土强度符合要求后再张拉。

7. 外观质量差的处理措施

（1）垫块痕迹明显：改进垫块形状，减小其与模板的接触面积；保持垫块湿润；合理布设绑扎垫块。

（2）漏浆问题较为严重：整修模板，严格处理接缝，按要求粘贴回力胶条、防漏浆橡胶垫、橡胶帽等。

（3）过多的蜂窝、麻面、波纹管痕等：做混凝土配合比设计时，尽量选用泌水率低的水泥，并严格控制粗集料的公称粒径，严格进行水洗、过筛；选用水灰比较小的设计配合比；严格控制混凝土的坍落度；严禁在混凝土运输车内或在浇筑混凝土过程中加水；浇筑、振捣过程中，作业班长使用触探棒触探混凝土的密实性，特别是波纹管道处，防止粗骨料卡住；统一指挥控制附着式振捣器振捣时间；采用振动棒振捣时，要快插慢拔，直到无气泡上翻为止，防止过振与漏振；严格控制浇筑工序和前后工序的衔接时间间隔。

（4）表面污渍严重：模板使用前，要多次进行打磨，直至出现光亮面，及时涂刷专用脱模剂，支设前后均应覆盖，防止污染；模板拆除后，及时清理打磨，涂刷脱模剂；冬休期等长时间停工，要做好模板保养，复工前必须再次进行打磨后方可使用（包括底板）。

（5）水渍严重：不得直接对混凝土面进行喷淋养生；当即便用土工布覆盖，养生水渍依然严重时，必须检测水质情况，同时增加全覆盖梁板的土工布层数。

（6）粘模：严格控制拆模时间，特别是低温和冬季施工时，防止粘模；加强混凝土早期强度期的养生。

通过采取上述处理措施后，济潍高速公路工程后张法预制箱梁生产合格率达到了 100%，保证了预制梁板的可持续发展，实现质量、效率、环保、节能等方面的综合效益。总之，通过针对后张法预制梁板的质量问题采取相应的处理措施，可以有效地提高预制梁板的质量和性能，降低质量缺陷率，提高企业的竞争力，实现可持续发展。

十三、结语

后张法预制梁板实施细则的实施大大提高了预制梁板的生产效率和质量。通过这一细则，能够更好地控制生产过程，提高产品质量，缩短生产周期，降低成本。同时，也应该意识到，实施这一细则需要所有人的共同努力和配合，需要保持开放的心态，积极面对可能出现的问题和挑战，共同寻求解决方案。期待本实施细则能够带来更多的改进和创新，推动预制梁板生产迈向新的高度。

第十节　先张法预制梁板施工质量控制

先张法预制梁板广泛用于高速公路桥梁工程，预应力体系施工质量的好坏，直接影响桥梁上部结构安全和使用寿命，影响桥梁后期维护。为了保证济潍高速公路工程先张法预制梁板的生产质量，务必加强先张法预制梁板施工的质量控制。

一、一般性要求

选用智能张拉系统，并向监理工程师提交拟采用的预应力系统的书面报告、张拉设备、预应力钢材、张拉方法及移梁存放方法。预应力场地的布局、混凝土拌和设备均执行《山东高速集团有限公司高速公路施工标准化技术指南》的要求。开工之前须向驻地办提交预应力工程的施工组织与工艺设计报告，具体包括：

（1）预应力工程的设计要点与工程数量；

（2）所用材料（预应力筋、锚夹具）的规格、主要物理力学指标、生产厂家及其资质、出厂合格证、验证试验等资料；

（3）所用机具设备的型号、性能、结构参数、生产厂家及其资质、出厂合格证、校验证书等资料；

（4）预应力筋下料、张拉及松张工艺与张拉程序，以及张拉控制方法；

（5）预应力筋伸长量计算书；

（6）预应力张拉的现场负责人及主要操作人员情况。

在先张法预制梁板正式成批生产前须先做1～2片试验梁板，以验证合同项目部所提供的施工方案是否合理可行，同时对试验梁板的全过程进行分析总结，以指导和改进梁板正式投产的施工工艺。

项目部对钢绞线、锚具及千斤顶和配套设备的检验，由监理工程师批准的具备资质的单位试验室进行检测校正。

对每次到货的预应力钢筋、钢丝、钢绞线和锚具，项目部向监理工程师报送经批准的试验室签发的质检证书。没有证书的钢材不得使用，也不得被运入现场。每次预应力钢材到货时，应附以易于辨认的金属标签，标明生产工厂、性能、尺寸、熔炼炉次和日期。用于制作预应力混凝土的钢材的制造商的质量证书应随同每批钢材交付。

张拉现场须设立张拉操作规程。

二、机具与设备

千斤顶必须是经国家认定的技术监督部门认证的产品。

根据生产规模建设混凝土拌和站、电力配备和混凝土运输设备，以及梁板吊运设备，并有应急的备用设备。

梁板模板芯模采用组合钢模板，严禁采用充气胶囊，所有模板统一涂刷统一品种脱模剂，不得使用易粘在混凝土上或使混凝土变色的油料（如废机油）。

先张法台座须有足够的强度和刚度，其抗倾覆安全系数不小于 1.5，抗滑移系数不小于 1.3。横梁须有足够的刚度，受力后挠度不大于 2 mm。

在台座上铺设钢绞线时，须采取措施，防止沾污钢绞线。

三、先张法预制梁板施工工序

先张法预制梁板施工工序流程如图 4.11 所示。

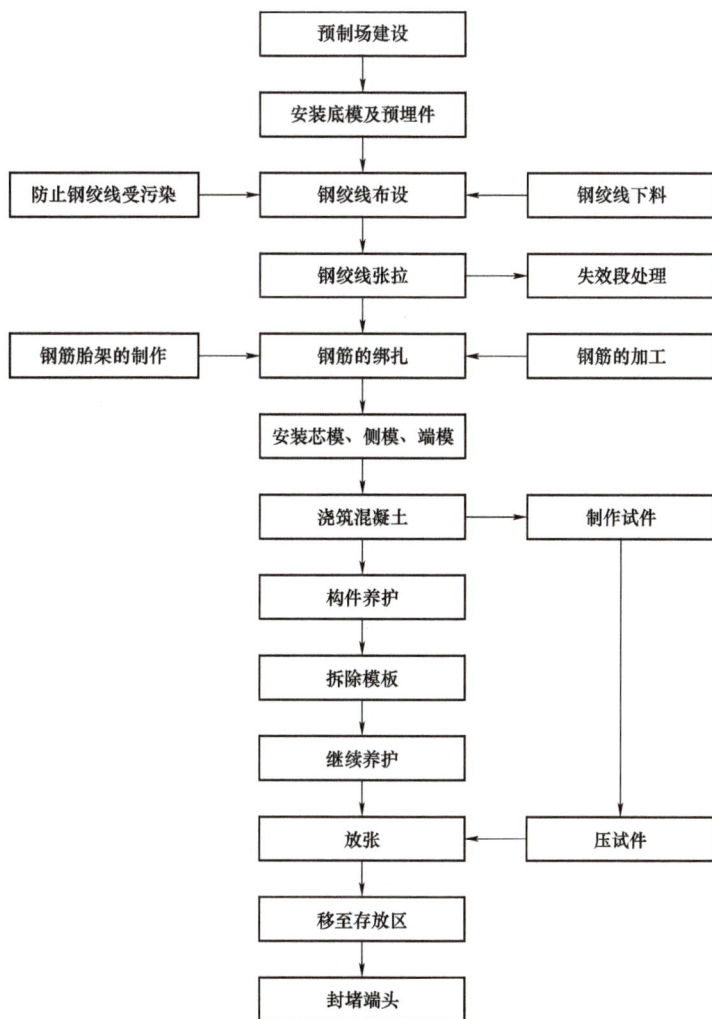

图 4.11　先张法预制梁板施工工序流程图

四、张拉工序控制要点

1. 一般要求

（1）张拉开始前项目部须向监理工程师提交详细说明，包括施工方案、图纸、张拉应力和伸长量的计算，报经监理审核。

（2）合同项目部要选派富有经验的技术人员或厂家人员指导张拉作业，操作人员要经过培训并持有相应的上岗证书。

（3）用于张拉的千斤顶、传感器、控制计算机须编号配套校验和配套使用。

（4）当张拉设备已使用 6 个月或 200 次及在使用过程中出现不正常现象时，千斤顶须重新校验。张拉设备的校验必须由具备资质的单位进行并出具校验报告。

（5）张拉采用应力、应变双控制。以应力控制为主，伸长值作校核。

（6）张拉时的环境温度不得低于−15℃。

2. 施工要求

（1）张拉时优先采用整体张拉，即同时张拉多根钢绞线。须预先调整其初应力，使相互之间的应力一致。张拉过程中应使活动横梁与固定横梁始终保持平行。

（2）经监理工程师批准，采用单根张拉时，须先把所有钢绞线调到初应力，然后分级张拉，按图示编号对称张拉，不允许将单根钢绞线一次拉到控制应力。

（3）张拉程序：宜采用一端张拉，对于夹片式等具有自锚性的锚具，应遵从低松弛钢绞线 0→初应力→控制应力（持荷 5 min 锚固）（控制应力值包括预应力损失值）。

（4）张拉应力初应力一般采用控制应力的 10%～15%，把松弛的钢绞线拉紧，从钢绞线的伸长值开始量起，初应力之前的伸长值可采用相邻级的伸长值推算，张拉过程中按张拉力分阶段分别读记。

（5）张拉完成后，测得的伸长值与计算的伸长值之差须在 ±6% 范围内，否则须暂停张拉，查找原因，待查出原因采取措施后再进行张拉。

（6）张拉完成后须检验钢绞线的位置与设计位置的偏差是否小于 5 mm，检查有无断丝、滑移现象，其数量控制在同一构件内总数量的 1% 以内。

五、预应力混凝土的浇筑

1. 模板的检验

根据梁板设计的各种尺寸，对模板进行逐项检验，角度及内腔尺寸都须符合设计要求。模板的支撑须连接牢靠，拼缝严密，防止漏浆，并有防止内模上浮的措施。

2. 钢筋的检验

对钢筋的长度、规格、数量、间距、钢筋接头及保护层进行检验，它们均应符合设计和规范要求。检验钢绞线的有效长度，也可量测失效塑料套管的长度。失效管端与钢绞线用胶带密封，注意检查失效管是否有破损。对梁底预埋支座钢板的厚度、尺寸、位置、焊接及设计中有无调坡等进行检查，对伸缩缝、泄水管、护栏等各种预埋钢筋及空心板吊装环等预埋件进行检查，注意分清连续端与非连续端。

3. 浇筑混凝土

搅拌混凝土须严格按照监理工程师批准的配合比掌握好坍落度，混凝土拌和后超过

45 min 不得使用（图纸另有规定或掺外加剂的混凝土除外）。梁板浇筑须水平分层，并且连续浇筑不得中断，必须在混凝土初凝前完成整片梁的浇筑。插入式振动棒不得与钢绞线接触。混凝土浇筑过程中，要随时检查混凝土的坍落度和和易性，并按规定频率和随机抽取试样。梁板顶部泌水及浮浆须及时清除，并更换新鲜的混凝土。另外，多抽取 1～2 组随梁板同条件养生，为放张提供依据。对梁板顶面做轻微拉毛处理（铺装前须凿毛），并加强梁板的养生。

在浇筑空心板混凝土过程中，要采取切实可行的措施，防止"芯模"上浮，以确保空心板顶板厚度符合设计值要求，其允许偏差为−0 mm～+5 mm。

施工前应预留顶板厚度检测孔，以备施工完成后检测顶板厚度。

梁板信息应采用二维码标识，二维码尺寸为 210 mm×297 mm，应将其粘贴在梁侧统一位置。在梁的适宜位置须标明结构物桩号、梁号、张拉日期、浇筑日期、放张日期、养生时间等信息，并做好养生记录。

六、放张工序控制要点

（1）预制空心板预应力钢筋必须待混凝土强度达到设计混凝土强度等级的 90%且混凝土龄期不小于 7 d 后，方可放张。在条件具备时适当增加龄期，提高混凝土弹性模量，减少反拱度。

（2）预应力筋的放张顺序应符合设计规定，设计未规定时，应分阶段、均匀、对称、相互交错地放张。

（3）多根整批预应力筋的放张，可用砂箱或千斤顶法。用砂箱放张时，放砂速度须均匀一致；用千斤顶放张时，须分数次完成。

（4）单根放张采用拧松螺母法放张时，宜先两侧后中间，并不得一次将一根预应力筋松完。

（5）放张前须将限制梁板的侧模、翼缘模板或内模等与梁板分离开。

（6）钢绞线放张后用砂轮锯紧贴梁端切割，切割时须用湿布裹钢绞线，切割后用防锈漆防锈。

（7）放张完后量测梁的起拱度，并检验梁端底部混凝土有无被钢绞线收缩压裂现象。

七、模板的拆除与存梁

（1）侧模拆除时，以能保证混凝土表面及棱角不损坏且达到 2.5 MPa 时方可拆除。注意拆模方式以不损坏梁板为前提。

（2）吊梁存放不得超过 3 层，并在支座位置下垫方木。

八、梁板的封堵

（1）制作与芯孔同断面的混凝土块并预埋至少 2 根铁丝。

（2）将预制混凝土块预放在设计位置处（或用砖等砌筑），将预埋铁丝拉至堵头模板处固定。

（3）浇筑混凝土标号按设计规定选用，可从端头处浇筑，并用钢筋振捣密实。

九、养生

1. 喷淋养生

预制场设置自动喷淋养生系统，采用自动喷淋养生方式养生混凝土梁板，管道设置确保养生无死角。每片梁板设喷淋雾化设备一般不得少于 4 条（顶部 1 条、两侧面各 1 条、箱室内 1 条），喷管长为梁体长+1 m，喷头间距为 0.5 m。喷淋水压加压泵应能保证提供足够的水压，确保梁板的每个部位均能养护到位。养护用水采用循环利用方式，以节约水资源。

梁体应采用土工布包裹和养生棚相结合的方式养护，梁板内箱应蓄水养护，水深度不应小于 5 cm，养生期不得少于 7 d。

梁板养生覆盖选用白色土工布、保湿棉等保水性材料，严禁覆盖麻袋布、草帘，避免产生色差。搭接不少于 20 cm，土工布、保湿棉要紧贴混凝土表面。

预制空心板混凝土结合面处应划线凿毛，且凿毛应使用专用凿毛机。

2. 蒸汽养生

预制场必须具备符合冬季施工要求的蒸汽养生措施。预制场供热设备提倡使用节能环保设备，且需满足冬季施工温度最低时的热量供给量。管道宜采用地埋式，每个底座两端设阀门。应采用框架式移动养生棚进行蒸汽养生，养生棚应防潮、隔热、保温，且应配备专人记录养生棚温度。

对于混凝土温度的测量，除对升、降温速度每小时测量一次之外，对构件恒温每 2 h 进行一次测量。

十、施工注意事项

（1）台座浮锈要清理干净，脱模剂涂抹要适量。

（2）控制好钢筋间距及保护层（包括底板、内模处保护层）。

（3）预应力筋下料时不能有电焊机等平行作业。

（4）张拉位置准确，严禁偏心张拉。

（5）张拉台座两端应设置禁止、警告标志，并设置钢板防护，油顶后方严禁站人。

（6）注意拆模时间，梁板表面不得有裂缝。

（7）油泵及张拉人员相对固定。

（8）加强气泡控制，配备橡皮锤等工具，振捣时禁止碰撞钢绞线，现场人员勤动手、动嘴。

（9）拆内模时注意不要碰撞混凝土，操作人员要细心负责。

（10）注意钢绞线的油污染，不能影响钢绞线的握裹力。

（11）梁板内伸缩缝预埋钢筋应严格按照图纸要求进行预埋，尽量提前与伸缩缝厂家进行沟通，保证梁板内伸缩缝预埋钢筋与伸缩缝锚固环对应，减少伸缩缝施工时钢筋切割。

（12）存梁前，应将箱内泡沫胶等垃圾清理干净。在预制场内应设置检测台，在存梁前对梁板进行全面外观检查，重点检查长度、梁底预埋钢板坡度、有无裂纹、强度及钢筋保护层（包括底板、内模处保护层）等。

十一、安全管理

（1）钢绞线张拉和放张前必须对张拉台座与设备、钢绞线、防护设施及周围环境进行检查，具备张拉和放张条件后方可进行张拉和放张。张拉现场的周围应布设明显警示、警告标志，采用绳索阻拦，严禁非工作人员进入。梁的张拉端设有安全防护措施，张拉时千斤顶对面严禁站人，以防意外。张拉作业人员应严禁摸、踩踏、撞击钢绞线或卡片，以免滑丝。张拉作业人员的安全防护用具必须穿戴齐全。

（2）存梁必须在规定区域内，根据梁板长度施作混凝土台座。存梁最多不超过 3 片，且必须用厚度不小于 15 cm 的方形枕木水平支撑在支座位置，非支座位置不得有支撑。严禁用砂袋代替枕木支撑，不得倾斜支撑。

（3）对存梁区周围进行围护，并设安全标志。

（4）梁板吊装必须严格按操作规程施作。

（5）各种机械设备操作人员应持证上岗，按操作规程进行操作，严禁无证操作，且要定机定人操作。辅助作业人员必须经安全技术培训后才可以上岗。

（6）对于大型机械起重机等，各制动器、离合器动作要灵敏可靠，各种仪表完好，机械连接件必须紧固，油路系统需正常，钢丝绳规格、强度符合要求，吊环、吊钩无裂纹、变形、破旧，织补焊磨损不超标，灯光、喇叭、雨刷、倒车镜等需完整无损。

（7）加强对所有参加施工的人员进行"三级"安全教育，细化安全技术交底，学习有关安全操作规程，提高大家的安全意识，增强安全观念。建立健全各种规章制度，制定各种安全操作规程。警示牌要醒目地挂在作业现场处，重要岗位、特殊工序制定专项安全措施。对特殊工种，必须持证上岗，确保万无一失。

十二、结语

通过对济潍高速公路先张法预制梁板施工进行全过程质量控制，预制梁板的施工质量得到了保障，其中关键控制指标如强度、断面尺寸等生产合格率满足设计及规范要求，大大提高了公路路面的可靠性和使用寿命。本细则的实施为以后的类似工程施工积累了宝贵经验。

第十一节 悬浇挂篮验收实施细则

公路规模在扩大的同时，设计标准也越来越高。悬臂浇筑混凝土施工中，各种复杂的程序逐渐增多。悬臂浇筑最重要的施工程序是桥梁施工的挂篮，挂篮的好坏直接关系到整个桥体的质量及日后的使用安全和使用寿命。本细则结合工程实例，阐述了挂篮从结构设计、拼装、验收到施工的各项指标要求，对同类桥梁的施工具有参考价值。

一、遵循的基本原则

为保证济潍高速公路悬臂施工的质量和安全，应加强挂篮加工、验收管理，并落实标准化施工的有关要求，严格遵守技术规范和图纸的有关规定，需要遵循的基本原则如下。

（1）在预应力混凝土梁悬臂浇筑施工前 56 d，项目部将专项施工方案（包括拟采用的施工工艺，施工控制，施工挂篮的说明、图纸，静力及变形计算等资料）报请监理工程师审查批准，未获批准前不得施工。

（2）挂篮应由项目部根据实际情况设计，经有资质的第三方复核验算，并经监理工程师认可后再确定专业钢结构厂家。

（3）挂篮与悬浇梁段混凝土的质量比宜控制在 0.3～0.5；挂篮总质量应符合设计要求；施工、行走时的抗倾覆安全系数、自锚固系统的安全系数、斜拉水平限位系统的安全系数均不应小于 2。

（4）挂篮的设计应采用标准化，保证大多数构件的通用性，避免使用中因构件材料损坏影响施工。

（5）挂篮应设计有牢固的通向各个工作面的安全通道、临边防护护栏、照明接入点、喷淋养护水管接入点、张拉吊具吊点、小型机具及材料存放柜等配套设施。

（6）挂篮的外模板应采用大块整体钢模，腹板与翼缘板结合部位的刚度要足够大，防止浇筑翼缘板混凝土时扰动腹板上部的混凝土或翼缘板自身的混凝土。

（7）挂篮构件的连接宜采用销接或栓接模式，尽量减少焊连方式；吊杆连接应采用万向节，保证能自由转动，避免吊杆挠曲，防止发生断裂事故。

（8）挂篮出厂前应按设计图纸进行试拼，对结构焊缝宜做超声波探伤检查并记录检查结果。

二、挂篮加工要求

加工图纸中要对焊缝厚度、焊接部位、焊接方式、焊剂材料做出明确要求，加工过程中，应严格遵守对不同材料、构件的焊接要求。所有构件的预留孔均必须采用台钻式磁力钻钻孔，禁止用气割烧孔。

而且，模板尺寸要通过放样严格控制，对变截面桥梁结构应采用可调机构来满足不同尺寸的要求。构件加工精度应严格按图纸要求执行，避免拼装时构件不匹配。

另外，桥梁悬浇挂篮上部与底篮采用精轧螺纹钢，为吊点吊杆连接工艺，已列入《公路水运工程淘汰危及生产安全施工工艺、设备和材料目录》，项目部在选择挂篮上部与底篮吊点吊杆连接工艺时，应选择挂篮锰钢吊带连接工艺。

三、挂篮拼装与验收

挂篮加工完成后必须进行加工试拼及加载试验。挂篮所使用的材料必须是可靠的，有疑问时应进行材料力学性能试验。

对于挂篮拼装，由加工厂家派专人现场指导，由持有起重工、架子工特种作业资格证的从事过类似挂篮安装的熟练工人进行安装作业。挂篮拼装完毕后，由项目部、驻地办、总监办组织验收小组逐个对挂篮的构件、连接高强螺栓、销子、吊杆、螺母等进行联合验收，验收合格经签字认可后方可投入使用。结构焊缝必须委托具有相应资质的单位进行超声波探伤检测。

挂篮支承平台除要有足够的强度和刚度外，还应有足够的平面尺寸，以满足梁段的现场作业需要。当纵坡坡度大于等于 2% 时，还应设置挂篮限位装置，防止其纵向滑移。

四、挂篮静载预压试验

对挂篮进行静载预压试验的目的在于取得挂篮结构刚度与挠度值之间的线性关系，消除拼装非弹性变形，为悬浇段施工高程控制提供可靠依据，同时检验构件自身的安全。

有关荷载值的取用，选取对挂篮施工最不利的工况进行验算（并不一定是最大重力的节段）。试验中荷载等级可分为以下几级分别计算：模板安装完毕（初始状态）；加载到钢筋绑扎完毕；加载到底板混凝土浇筑完毕；加载到腹板混凝土浇筑完毕；加载到顶板混凝土浇筑完毕；在超载 20%荷载状态下，如此反复加载减载 3 次，每阶段均做记录。

静载预压试验方法宜采用荷载加压法。施工中可根据挂篮的结构形式和工地实际情况，选择合适的试压方法。

加载完成后，在确认挂篮已经稳定并完成各项数据观测后，即可卸载；卸载时两侧对称进行；通过加载和卸载变化曲线，对比分析挂篮弹性变形量和非弹性变形量；卸载完成后根据观测数据调整模板标高。

编制的静载预压试验报告中，应包含以下几方面内容：编制依据（图纸、计算书）；方案执行程序；不同加载等级下的计算结果列表及图示；加载设备及各项荷载换算的配重或油表读数；各级读数下的挠度测量结果（驻地监理工程师签认）；数据分析表及结论。

五、挂篮安装的安全管理

首先，必须向所有参加挂篮安装作业的人员进行三级技术安全交底，使全体作业人员熟悉挂篮安装的操作规程及安装程序，严格执行施工工艺要求和技术要求。

其次，凡参加挂篮安装作业的人员必须身体健康，有恐高症、心脏病人员和酒后人员不得参加作业，严禁疲劳作业。

而且，要保证施工环境整洁，各种材料堆放要整齐，地面、箱梁顶面不应有油渍。

另外，挂篮安装施工属在大型钢结构构件上作业，临时用电要严格要求，不得乱接乱拉电线（要求专业电工操作），严防发生触电事故。尤其在雷雨天气、风力大于六级时，不得进行挂篮安装施工作业，确保人身安全。高处作业与地面联系，应配有通信设备，由专人指挥。运送人员和物件的各种升降电梯，应有可靠的安全装置，严禁人员乘坐运送物件的吊篮。

施工中使用的机械设备，要随时检查、维修保养，特别是起重设备，均应有足够的安全系数，如有不符合规定的，应立即予以更换。所有动力、照明电路必须按照规定铺设，定时检查，确保安全。

同时，制定和落实项目安全生产管理制度，以及制定专项工程安全措施：场地布置及现场安全管理；施工机械安全施工管理；高空作业安全管理；塔吊施工安全管理；预应力束张拉安全管理；防火安全管理；用电安全管理；人员安全保障措施，如配备劳动保护用品、进行三级安全教育和培训、坚持特种作业培训和持证上岗、配备安全员等。

挂篮安装施工时，地面范围要设警戒区，防止坠物伤人。高空作业时，作业人员要系好安全带，禁穿拖鞋、高跟鞋、带钉易滑硬底皮鞋作业。加强高空作业安全防护，所有临边部位均要按照要求设置高度不小于 1.2 m 的围护栏杆并挂网防护；上下爬梯需固定牢固，边侧设置扶手并挂网防护；所有作业人员要佩戴安全帽。

六、结语

要保证挂篮安装施工质量，就要从合理选型、预装检测等多方面对挂篮施工技术进行控制，确保工程质量。在施工中，在确保安全操作的同时，尽量减少变形误差；要认真对待现场拼装工作，让挂篮充分发挥出其辅助作用；要保证浇筑位置准确和浇筑的质量，使整个挂篮结构更加完整，最终保证悬浇施工质量。

第十二节　现浇梁施工实施细则

现浇箱梁在实际施工过程中，能很好地解决路线线型问题，使得行车线路更为舒适，也是桥梁的最主要受力结构。现浇梁施工质量要求较高，工艺要求细致，在施工过程中，须加强质量控制，严格按照技术规范和标准化要求进行施工，保证现浇梁施工质量。

为了保证济潍高速公路工程现浇梁的施工质量，加强桥梁工程质量控制，需重点从施工准备，支架材料，支架地基处理，支架搭设，支架预压，浇筑过程支架变形情况，支架卸落，检查和验收，规范设置防护设施和警示标志标牌，支座、模板、钢筋施工，预应力筋及预应力管道设置，现浇混凝土施工，预应力施工，孔道压浆，桥面平整度，天窗施工、安全施工及技术措施等方面制定细则，进行施工控制。

一、施工准备

1. 技术准备

（1）熟悉和分析施工现场的地质、水文资料，并进行地基承载力试验，确定地基处理方法；同时选择合适的支架形式和模板的支撑类型，并对支架、模板系统进行受力验算，形成计算书，经具备资质的第三方验算后，报公司技术负责人和驻地监理工程师审核。支架的布置，根据箱梁截面尺寸大小并通过计算确认，应确保强度、刚度、稳定性满足要求。计算时除考虑梁体重量外，还需考虑模板、支架重量，施工荷载（人、料、机等），作用在模板、支架上的风荷载等，以及箱梁混凝土收缩、施工温度、张拉压缩对支座的影响和箱梁的挠度。专家组对专项施工、安全及交通组织方案进行全面论证，专项方案须经总监办审批。

（2）编制现浇混凝土连续箱梁首件工程施工方案，报驻地办审核。驻地办对标段项目部进行全过程、全方位的技术和安全交底工作，确保技术、安全提示和工作部署无遗漏，并且监督标段项目部对具体参建人员进行技术和安全交底工作，再由技术人员向班组进行书面的技术和安全交底。

（3）施工放样，测定桥梁中心线，撒石灰线标示，并请监理工程师复核签认。

（4）对于超高弯桥，根据桥梁的半径、纵坡制定出标准横断面控制点的位置及控制横断面纵向间距的方案。一般桥的半径越小，纵坡越大，控制横断面纵向间距越小，以便能很准确地控制箱梁的线形和高程。所有的坐标和高程计算资料必须由不同技术人员单独计算后进行复核，复核无误后方可使用。

（5）根据设计图纸，计算每束钢绞线的平均张拉力和伸长值，以及依据张拉设备配套的标定后线性方程确定分次张拉控制数据（油表读数、伸长值等），报监理工程师审核批准。

（6）正式施工前须进行试验梁的施工。试验梁长度不小于 2 m，宽度要保证覆盖一侧的翼缘板和单个箱室的一半，梁内按设计图纸设置钢筋、波纹管，顶面须留置天窗，底面须设置短立柱和搭设支架，以方便对底板混凝土进行查看。

（7）审批混凝土及压浆施工配合比，并对各种原材料的质量和储备量进行检查。

2. 机械设备、材料准备

根据批复的分项工程开工报告，对每个标段项目部拟使用的各种机械进行详细检查，主要包括拌和设备、运输设备、支架、模板、压浆设备、波纹管及连接、智能张拉设备、各类锚具等。并且，应对千斤顶、锚具等应进行外委检测。

对每次到货的钢绞线和锚具，标段项目部要向驻地办报送 3 份经批准的试验室签发的质检证书副本。没有质检证书的钢材，不得使用，也不得将其运入现场。

每次预应力钢材到货时，须附易于辨认的金属标签，标明生产工厂、性能、尺寸、熔炼炉次和日期。钢绞线生产厂家须得到总监办批准。

用于制作预应力混凝土的钢材的制造商出具的质检证书须随同每批钢材交付。

另外，用于锚具装置的钢材，须选择符合图纸要求的钢材或满足《优质碳素结构钢》（GB/T 699—2015）要求的 45 号钢，且须经过热处理，使之符合图纸要求的硬度。锚垫板的钢材，选择符合《碳素结构钢》（GB/T 700—2006）要求的 Q235 号钢。锚具装置须符合图纸及《预应力筋用锚具、夹具和连接器》（GB/T 14370—2015）的有关规定。

预应力混凝土用钢绞线须按《预应力混凝土用钢绞线》（GB/T 5224—2014）的规定做抽样检查；对锚具，除逐一检查其尺寸外，还须对其进行探伤检测。按要求对锚具进行检测后，检测报告须经监理工程师批准。

对于预应力设备，所有用于加载预应力的千斤顶须专为所采用的预应力系统所设计，并须是经国家认定的技术监督部门认证的产品；采用智能张拉设备，校核方法参考国家有关规定。

二、支架材料

1. 构配件材料和制作要求

盘扣式支架之间的相关配筋材料，应符合《低合金高强度结构钢》（GB/T 1591—2018）、《碳素结构钢》（GB/T 700—2006）及《一般工程用铸造碳钢件》（GB/T 11352—2009）的规定。各类支架主要构配件材质应符合表 4.32 规定。

表 4.32 承插型盘扣式支架主要构配件材质

立杆	水平杆	竖向斜杆	水平斜杆	扣接头	立杆连接套管	可调底座、可调托座	可调螺母	连接盘插销
Q345A	Q235A	Q195	Q235B	ZG230-450	ZG230-45 或 20号无缝钢管	Q235B	ZG270-500	ZG230-45 或 Q235B

当钢管外径为 33，38，42，48 mm 时，钢管外径允许偏差为+0.2 mm，−0.1 mm；当钢管外径为 60 mm 时，钢管外径允许偏差为+0.3 mm，−0.1 mm。

杆件焊接制作应在专用工艺装备上进行，各焊接部位应牢固可靠。有效焊缝高度不应小于 3.5 mm。

铸钢或钢板经热锻制作的连接盘的厚度不应小于 8 mm，允许尺寸偏差应为±0.5 mm；钢板经冲压制作的连接盘厚度不应小于 10 mm，允许尺寸偏差应为±0.5 mm。

利用铸钢制作的杆端扣接头应与立杆钢管外表面形成良好的弧面接触，并应有不小于

500 mm² 的接触面积。

楔形插销的斜度应确保楔形插销插入连接盘后能自锁。铸钢、钢板经热锻或钢板冲压制作的插销厚度不应小于 8 mm，允许尺寸偏差应为 ±0.1 mm。

立杆连接套管可采用铸钢套管或无缝钢管管套。采用铸钢套管形式的立杆，连接套长度不应小于 90 mm，可插入长度不应小于 75 mm；采用无缝钢管套管形式的立杆，连接套长度不应小于 160 mm，可插入长度不应小于 110 mm。套管内径与立杆钢管外径间隙不应大于 2 mm。

立杆与立杆连接套管应设置固定立杆连接件的防拔出销孔，销孔孔径不应大于 14 mm，允许尺寸偏差应为 ±0.1 mm；立杆连接件直径宜为 12 mm，允许尺寸偏差应为 ±0.1 mm。

连接盘与立杆焊接固定时，连接盘盘心与立杆轴心的不同轴度不应大于 0.3 mm；以单侧边连接盘外边缘处为测点，盘面与立杆纵轴线正交的垂直度偏差不应大于 0.3 mm。

可调底座的底板和可调托座的托板宜采用 Q235 钢板制作，厚度不应小于 5 mm，允许尺寸偏差应为 ±0.2 mm，承力面钢板长度和宽度均不应小于 150 mm；承力面钢板与丝杆应采用环焊，并应设置加劲片或加劲拱度；可调托座的托板应设置开口挡板，挡板高度不应小于 40 mm。

构配件外观质量应符合下列要求：钢管应无裂纹、凹陷、锈蚀，不得采用对接焊接钢管；钢管应平直，直线度允许偏差应为管长的 1/500，两端面应平整，不得有斜口、毛刺；铸件表面应光滑，不得有砂眼、缩孔、裂纹、浇冒口残余等缺陷，表面粘砂应清除干净；冲压件不得有毛刺、裂纹、氧化皮等缺陷；各焊缝有效高度应符合要求，焊缝应饱满，焊药应清除干净，不得有未熔透焊、夹渣、咬肉、裂纹等缺陷；可调底座和可调托座表面宜浸漆或冷镀锌，涂层应均匀、牢固；架体杆件及其他构配件表面应热镀锌，表面应光滑，在连接处不得有毛刺、滴瘤和多余结块；主要构配件上的生产厂标识应清晰。

2. 支架材料验收

支架材料进场后，驻地办、项目部按相关规范及已批复的专项施工方案要求按程序逐级对支架材料进行验收，并填写支架主要构配件的制作质量及形位公差检查验收记录表、主要构配件检查验收记录表，待各项指标达到要求后方可进行下一道工序施工。

所有钢管及其他构配件均应一次性入库，入库时应提供产品标识、生产许可证、产品质量合格证及管材、零件、铸件、冲压件等材质、产品性能检验报告。

进场后重点检查钢管钢壁厚度、焊接质量、外观质量、可调底座和可调托座的撑丝杆直径、与螺母配合间隙及材质。钢管上禁止打孔。

钢管及其他构配件可由施工单位自购或租赁，但支架搭设工作应由施工单位自行设计、安装及拆除，严禁整体转包。

对立杆必须进行立杆承载力的试验检测。

支架搭设前，支架材料须以承包人报告的形式报驻地办，要得到驻地工程师签字的书面认可。所有的材料检验应报监理单位备案。材料验收须总监办认可。

三、支架地基处理

1. 地基处理要求

（1）将表层土清除后进行整平并压实（对局部地基软弱段进行换填处理），对地基承载力进行检测，并与计算后的单杆触地压强进行对比，核定承载力是否满足要求。为确保地基满足要求，地基须做以下处理：预留横坡，做好排水系统，在地基整平、压实的基础上，一般现浇施工地基承载力应满足在 200 kPa（如图纸设计值、专项方案计算值大于此值，以高值为准）以上，地基处理不得低于 20 cm 厚 10%石灰土加 20 cm 厚 C20 混凝土，且无软弱下卧层。

（2）地基的处理范围至少应宽出搭设支架之外 1 m，地基处理完成后，应尽快做好排水边沟及集水井等设施，避免地基被雨水浸泡。

（3）当地基高低差较大时，可利用立杆 0.6 m 节点位差进行调节。

（4）土壤地基上的立杆必须采用可调底座。

（5）支架搭设时须下垫厚度不小于 5 cm 的方木。

（6）支架基础经验收合格后，应按施工设计或专项方案的要求放线定位。

2. 地基处理验收

地基处理完成后，驻地办、项目部按程序逐级对地基承载力及地基处理情况进行验收，并填写地基基础检查验收记录表，地基处理混凝土强度及排水设施满足要求后方可搭设支架。

四、支架搭设

1. 支架搭设要求

一般路段盘扣式支架搭设时，具体要求如下所述。

（1）搭设支架时应做到横杆水平、立杆竖直，还应加设纵、横及水平剪刀撑，以增加支架的整体稳定性。

（2）支架的排距、间距、扫地杆及纵、横、水平剪刀撑设置，扣件螺栓紧固力矩等，应满足相应规范要求。安装后的支架严禁出现超容许范围的沉陷、变形，连接应牢固，保证安全可靠。

（3）模板支架可调托座伸出顶层水平杆或双槽钢托梁的悬臂长度严禁超过 650 mm，且丝杆外露长度严禁超过 400 mm，可调托座插入立杆或双槽钢托梁长度不得小于 150 mm。模板支架可调底座调节丝杆外露长度不应大于 300 mm，作为扫地杆的最底层水平杆的离地高度不应大于 550 mm。

（4）满布式支架的立杆底端应设可调底座或固定底座，立杆顶端应设可调托座或固定托座，且顶托应支撑在模板主肋处，其自由端长度应满足相应规范要求，具体内容包括：模板支架立杆搭设位置应按专项施工方案放线确定；模板支架搭设应根据立杆放置可调底座，应按先立杆后水平杆再斜杆的顺序搭设，形成基本的架体单元，应以此扩展搭设成整体支架体系；可调底座和土层基础上垫板应准确放置在定位线上，保持水平。垫板应平整、无翘曲，不得采用已开裂垫板；立杆应通过立杆连接套管连接，在同一水平高度内相邻立杆连接套管接头的位置宜错开，且错开高度不宜小于 75 mm。当模板支架高度大于 8 m 时，错开高度不宜小于 500 mm。水平杆扣接头与连接盘的插销应用铁锤击紧至规定插入深度的刻度线。每搭完一步支模架后，应及时校正水平杆步距，立杆的纵、横距，立杆的垂直偏差和水平杆的水平偏差。立杆的垂直偏差不应大于模板支架总高度的 1/500，且不得大于 50 mm。

跨越国省道处搭设支架时，具体要求如下所述。

（1）跨越国省道处进行支架搭设的方案及安全方案须经有关部门批准。

（2）需采用支架搭设双向门洞时，在距桥 30 m 处设置限高限宽门架，门架采用钢管支架搭设，限高 4.5 m，限宽 3.75 m。在支架上设置反光标志和警示标志，以防车辆撞击门洞，并设置 1 km、500 m 警示和限速标志及夜晚警示灯。要对门洞支架的稳定性及受力进行详细验算，并要求门洞净宽为 3.75 m，净高为 4.5 m，钢管垂直桥向间距为 2.0 m，顺桥向采用 I36 型工字钢，垂直桥向采用 I32 型工字钢。门洞处基础采用 C25 混凝土现浇，基础高 60 cm，宽 80 cm。

2. 支架搭设验收

支架搭设完成后，总监办、驻地办、项目部按相关规范及已批复的专项施工方案要求按程序逐级对支架间距、支架剪刀撑、门架高度、接口连接情况、顶托伸出高度、型钢型号、型钢连接情况等进行验收，并填写模板支架施工验收记录表。验收前驻地办应向总监办提供方案审批、支架材料及地基处理验收情况，总监办将对支架材料、地基处理、支架搭设进行综合验收，验收合格后方可进行下一步工序施工。

五、支架预压

1. 支架预压要求

现浇箱梁支架的搭设应稳定可靠并进行预压，以消除支架的非弹性变形，并可检验支架设计的合理性和支架结构的可靠性。预压方案须经驻地工程师批准后实施，并报备总监办。预压须考虑不良天气的影响，加载前需对支架基础顶、支架底和底模顶进行标高测量。

观测点的布置应符合下列规定：当结构跨径不超过 40 m 时，沿结构的纵向每隔 1/4 跨径布置 1 个观测断面；当结构跨径大于 40 m 时，纵向相邻观测断面之间的距离不得大于 10 m；每个观测断面上的观测点应不少于 5 个，且对称布置；每组观测点应在支架顶部和支架底部对应位置上布设；地基条件变化处应加设观测点。

在计算支架预压荷载时，应将预压支架上的荷载划分成若干单元，单元划分应根据上部结构荷载分布形式确定。每个单元内的支架预压荷载应为此单元内上部结构自重及未铺设的模板重量之和的 1.1 倍，实心段、腹板等部位的加载应尽量与设计荷载一致。预压荷载在每个单元内宜采用均布形式。上部结构截面形式变化较大处的单元划分宜加密，使单元内实际荷载强度的最大值不超过该单元内荷载强度平均值的 10%。

支架的预压方式可采用砂袋预压，预压荷载全线应统一。堆载用砂袋不宜太大，以达到分级加载的目的，支架预压加载过程应采取分次分级的方式进行预压。设计无具体规定时，第一次按 30% 的荷载预压，第二次按 70% 的荷载预压，第三次按 100% 的荷载预压。加载时应专人清点、记录、观测沉降。纵向加载时，应从跨中开始向支点处进行对称布载；横向加载时，应从结构中心线向两侧进行对称布载。

每级加载完成后，应每隔 12 h 对支架沉降量进行监测。当支架测点处连续两次的沉降差平均值均小于 2 mm 时，方可继续加载。

如果地基及支架沉降变形满足要求，可进行卸载。卸载后量测支架顶底标高，根据加载前后测量结果计算变形量并绘制支架变形曲线，据此调整模板预拱度和底模标高。预拱度 f 的计算公式为 $f=f_1+f_2+f_3$，其中 f_1 为地基弹性变形，f_2 为支架弹性变形，f_3 为梁体挠度。预拱度最大值设置在梁的跨中位置，并按抛物线形式进行分配，算出各点处的预拱度值后，对底模进行调整。

在预压结束、模板调整完成后，再次检查支架和模板是否牢固，松动的扣件要重新扣紧。

预压若采用吸水性材料，开始预压前检查重量是否有变化，预压过程中采取覆盖等防雨雪措施。预压宜采用透水性材料，不宜采用保水性材料。

预压过程中严禁偏压，必须对称加载。预压采用整体预压。支架的预压应加强稳定性观测，确保安全，一旦发现变形量不收敛，应立即采取卸载或紧急撤离等措施。

2. 支架预压验收

支架预压时，驻地办、项目部及时按照支架专项施工方案要求检测沉降量，待每级加载完成后的沉降检测结果满足要求后进行下一级预压。预压须通知总监办进行抽检。

六、浇筑过程中支架变形情况

浇筑过程中，应派专人检查支架和支承情况，若发现下沉、松动和变形情况，及时解决。

七、支架卸落

支架卸落需满足两个条件：根据混凝土构件的受力特性，支架卸落时间控制在张拉后压浆强度达 90% 以上方能卸落；根据气温情况控制，一般为 14 d 左右。

全面检查支架的连接、支撑体系等是否符合原有构造要求，经按技术管理程序批准后（经驻地办批准后）方可实施拆除作业。

支架卸落时必须划出安全区，设置警戒标志，派专人看管。卸落支架时，禁止无关人员进入危险区域，并防止车辆通行对支架造成影响。

支架卸落前，现场工程技术人员应对在岗操作工人进行有针对性的安全技术交底。

支架卸落前，应清理支架上的器具及多余的材料和杂物。

支架卸落时，一般从跨中向两支座依次循环卸落并应分层、分段卸落。对于横杆、剪刀撑，应先拆中间扣，再拆两头扣。卸落作业应从顶层开始，逐层向下进行，严禁上下层同时卸落。

拆下的材料，应采用绳吊向下传递，禁止往下无规则投扔。

卸落支架人员进入作业区后，须系好安全带。安全带必须高挂低用。卸落支架要统一指挥，上下协调。

卸落的构配件应分类堆放，以便于运输、维护和保管。

八、检查和验收

对进入现场的钢管支架构配件的检查与验收应符合下列规定：应有钢管支架产品标识及产品质量合格证；应有钢管支架产品主要技术参数及产品使用说明书；当对支架质量有疑问时，应进行质量抽检和试验。

模板支架应根据下列情况按进度分阶段进行检查和验收：基础完工后及模板支架搭设前；超过 8 m 的高支模架搭设至一半高度后；搭设高度达到设计高度后和混凝土浇筑前。

对模板支架应重点检查和验收下列内容：基础应符合设计要求，并应平整坚实，立杆与基础间应无松动、悬空现象，底座、支垫应符合规定；搭设的架体的三维尺寸应符合设计要求，搭设方法和斜杆、钢管剪刀撑等设置应符合规定；可调托座和可调底座伸出水平杆的悬臂长度应符合设计限定要求；水平杆扣接头与立杆连接盘的插销应击紧至所需插入深度的标志刻度。

九、规范设置防护设施和警示标志标牌

支架施工作业安全防护设施及警示标志标牌应齐全、有效，确保安全，具体包括：

（1）支撑结构作业层上应规范设置临边防护设施，严防高空坠落施工发生，同时应设置有醒目的限载警示标志，严禁施工荷载超过设计允许荷载；

（2）在模板支撑架安装和拆除过程中，在其安全距离范围以外应设置警示标志标牌，必要时设立隔离设施，并派人巡视，严禁非操作人员进入作业范围；

（3）门洞顶部应封闭，两侧应设置防护设施；车行通道门洞的净空、净高和车辆限速应满足通行要求，并应设置锥筒、防撞砂筒、限高限宽门、防撞墩等交通防护设施，还应设置安全警示标志，保证涉路通行安全。

十、支座安装

支座安装前，须用丙酮或酒精将支座各相对滑动面及有关部分擦拭干净，擦净后向四氟滑板的储油槽内注满硅脂润滑剂，并注意硅脂保洁；坡道桥注硅脂要注意防滑，注硅脂过程须在监理工程师旁站下进行。

将支座的底板用预埋的锚固螺栓准确栓接在墩台顶面的支座垫石上，安装锚固螺栓时，其外露杆的高度不得大于螺母的厚度。

安装支座的标高必须符合设计要求，支座顶板、底座表面须水平，其四角高差不得大于 1 mm；支座中线与主梁中线重合，其最大水平位置偏差不得大于 2 mm；安装时，支座上下各部件纵轴线必须对正，对活动支座，其上、下部件的横轴线根据安装时的温度与年平均的最高、最低温差，由计算确定其错位距离。

支座标高须从路面顶和基础底分别进行推算，保证正确无误。

对于球型支座，在梁体安装完毕或现浇混凝土梁体形成整体并达到设计要求强度后，张拉梁体预应力之前，应拆除支座上顶板与下底盘的连接固定板，解除约束，使梁体能正常转动和移动。

支座须经总监办抽检合格且批准后方可用于工程。

十一、模板安装

铺设底模时要对其下铺设的方木进行平整度检测，对误差大于 3 mm 者进行调整。底模侧面与侧模连接固定，接触部位采用密封胶带粘贴，粘贴要严密，以防漏浆。

根据预压沉降情况设置预拱值。

采用底包边的模式，接缝按要求进行处理，防止漏浆。

浇筑混凝土时预留拆除内模天窗。

预压完成后，准确放出支座中心线、控制边线和高程，支底模前安放好支座，并与底模进行衔接，防止混凝土浇筑时漏浆。

模板可采用防水竹胶板，厚度不得低于 18 mm，且须使用高强度竹胶板，表面应光洁、无变形、无缺损。面漆对混凝土性能具有较好的适用性，并具有较高的强度，长时间（72 h以上）浸水不变形等特点（建议 6—9 月份施工时增加在 100℃水中浸煮 1.5 h 以上不开裂、不起鼓变形），在外露面上使用时原则上只允许周转一次。提前进行样品试验，进场竹胶板经

驻地办验收合格且书面批准后方可用于工程。加强对竹胶板的管理，减少雨水浸湿和高温暴晒。

为使现浇箱梁混凝土外观更加美观，模板安装时其拼接缝应平整、顺直、严密，纵横成线，避免出现错缝现象，翼板、腹板、底板及盖梁拼缝应尽量在同一断面上。各单位现浇梁模板铺设前，须根据模板和现浇梁尺寸在计算机上对模板的摆放进行设计，特别是弯道桥模板的摆放，出图后须经驻地办驻地工程师书面同意后方可进行模板的铺设。

十二、钢筋施工

普通钢筋及预应力筋严格按设计图纸的要求布置，为使桥面和底板的上、下层钢筋位置正确，在上、下层钢筋之间设置架立筋。为防止钢筋发生侧移，钢筋绑扎时将绑扎好的钢筋加以固定（支撑或与模板连接），以确保位置准确，并按混凝土保护层厚度安放垫块。

因各种钢筋及预应力筋之间的相互交叉，钢筋绑扎时注意各层钢筋绑扎的先后次序，尽量避免相互之间的干扰。钢筋焊接工作必须在安放预应力束之前完成，安放预应力束后还必须要焊接的，应对波纹管采取有效的防护措施。

钢筋施工分两次进行，第一次施工内容包括底板、腹（肋）板、横梁钢筋入模绑扎成形，同时穿插进行钢束入模定位；第二次施工内容包括内模就位后，桥面板钢筋入模绑扎成形。

钢筋绑扎注意计算保护层，尤其是横梁处。

钢筋绑扎施工前，对设计钢筋数量、间距，特别是主线与匝道相接处复核无误后再进行施工。

为保证混凝土保护层厚度，各标段编制钢筋下料、制作、安装施工图工艺设计，报驻地办审批。

十三、预应力筋及预应力管道设置

制作钢束时通过计算确定好钢束下料长度，计算时要考虑结构的孔道长度、锚夹具厚度、千斤顶长度、自由长度等，并分别编束，达到每束钢绞线的长度一致。下料误差要求为同束各根之间相对长度差不大于 5 mm。

钢绞线切割时，须在每端离切口 30～50 mm 处用铁丝绑扎。用切断机切割，不得使用电弧。钢绞线下料用砂轮切断，并使切面与轴线垂直，以便张拉时检查断丝。

钢绞线编束时自一端开始向另一端梳理，使其平顺、松紧一致。自端头开始每间隔 1 m 用 20 号铁丝绑扎一道，全长绑扎完成编束，在每束的两端 2.0 m 范围内保证绑扎间距不大于 50 cm。钢丝端（可制成圆锥形包裹）插入钢束中不准外露，以防将波纹管刺破。编好的钢束挂牌并分别存放，以免出错。钢束不能互相挤压，以防损伤钢绞线或压扁钢束。

钢束成孔：钢束成孔采用波纹管，其接缝处压花均匀密实，边缘无抓伤，切口平齐。

波纹管的连接：接头处要锯齐、磨平、不破裂、不变形。将两接头先对在一起检查是否平齐，然后用连接管直接连接；在接缝处用胶布缠裹，然后再加缠透明胶带。

钢束定位：用定位架确定钢束位置。定位架按设计图纸要求制作、设置，位置与施工放样各坐标点对应。定位钢筋按图纸规定布设，图纸无规定时，每隔 0.4 m 进行固定，预应力钢束平弯段设置防崩钢筋，每隔 0.15 m 设置一道。定位、防崩钢筋与箍筋点焊牢固，钢束穿束时要对接头及管道进行严格检查，确保管道不漏浆。

设排气孔、压浆孔：在钢束曲线的最高、最低处设排气孔、压浆孔，各束的排气孔、压浆孔要相互错开布置，孔道不得弯曲、扭转，其出口高于混凝土面外，并编号记录，封好外露口，以防落物堵孔。排气管设在管道最高、最低处，施工中要加强检查保护，不得损坏。

将钢束与匹配的锚垫板固装在端模板上后，使钢束穿过锚垫板伸在端模板外，将锚垫板与波纹管套接在一起，其缝先用环氧树脂粘牢，后用胶布缠牢，最后再用铅丝绑扎，以防施工中脱开及管道漏浆。管道在模板内安装完毕后，将其端部盖好，防止水或其他杂物进入。

锚垫板安装前，要检查锚垫板的几何尺寸是否符合设计要求，锚垫板要牢固地安装在模板上。要使垫板与孔道严格对中，并与孔道端部垂直，不得错位。锚下螺旋筋及加强钢筋严格按图纸设置，喇叭口与波纹管连接平顺、密封。对锚垫板上的压浆孔应妥善封堵，防止浇筑混凝土时漏浆堵孔。

十四、现浇混凝土施工

混凝土采用集中拌和，使用混凝土搅拌车运输，采用混凝土泵车浇筑。拌和站应具有足够的拌和能力，保证混凝土能够连续浇筑。一般每盘混凝土的搅拌时间不少于 2 min，如掺加外加剂，按规范要求延长搅拌时间。

混凝土浇筑前，应仔细检查保护层垫块的尺寸、位置、数量及其牢固程度和所有配筋位置、数量、外形、尺寸等，确保各断面配筋率和保护层厚度，保护层内不得有绑扎钢筋的铁丝伸入。垫块抗侵蚀能力和强度应高于本体混凝土。

混凝土浇筑采用全断面二次浇筑，应采取措施防止内模产生上浮、下沉或移位，确保梁体尺寸符合设计要求，浇筑顺序依次为底板、腹板、顶板。浇筑混凝土前，必须预埋好支座调平钢板、支座、伸缩缝装置、防撞护栏等相关构造的预埋件，同时预留好伸缩缝装置的槽口。混凝土浇筑完成后，及时凿出底板通气孔，用以调节梁内外温差，防止由于温差过大引起混凝土开裂。

采用泵送混凝土横向入模顺序：自横向中心开始对称入模，混凝土纵向入模自低处开始向高处或由一端向另一端推进，斜向分段水平分层浇筑。须在下层混凝土初凝前浇筑完成上层混凝土。当上、下层混凝土同时浇筑时，上、下层前后距离要保持 1.5 m 以上。各肋（腹）板内应下料平衡，避免支架偏心受压。若下层混凝土未振捣密实，严禁再下混凝土。浇筑底板混凝土时，每次分层厚度不得大于 30 cm。混凝土浇筑过程中需注意每个内模两侧对称下料，对称振捣，腹板浇筑分层厚度控制在 15 cm，以减小内模上浮力并防止倾斜、偏位。浇筑过程中严格控制梁顶标高，在现浇梁 $L/2$、$L/4$ 墩顶等断面处（L 为梁长，下同），从内侧向外侧间距 5 m 布设钢筋，将钢筋焊在顶层钢筋上，使顶端标高为顶板标高控制顶板混凝土浇筑标高及横坡度。

在混凝土浇筑过程中，安排专人跟踪检查支架和模板的情况，模板若出现漏浆现象，要用橡胶条进行填塞。在浇筑混凝土前，在 $L/2$、$L/4$ 截面位置的底模板下挂垂线，每截面分左边、左中、中线、右中、右边设 5 道垂线。垂线下系钢筋棍，在地面对应位置埋设钢筋棍，在两根钢筋棍交错位置划上标记线，以此来观测混凝土浇筑过程中底板沉降情况。若发生异常情况，立即停止浇筑混凝土，查明原因后再继续施工。

底板混凝土的下料可采用在顶部预留天窗的办法，通过预留天窗进行下料，防止底板混凝土离析。人工在箱室内进行振捣（注意工人在箱室内的时间不宜过长，应根据温度等条件进行确定，以保证人员安全），保证振捣密实，要采取防止腹板混凝土向箱内"翻浆"的措施。

在浇筑过程中要做到：

（1）底板和肋板部分要加强振捣，横向靠近内模但不能碰钢筋和钢束；

（2）钢束端部钢筋密集，下料和振捣都有困难，要采取随下料、随振捣的方法；

（3）插入式振动器不得振动钢束锚垫板，不得碰撞模板、钢筋等；移动间距不应超过振动器作用半径的1.5倍，与侧模保持好距离，每一处振动完毕后边振动边徐徐提出振动棒；

（4）浇筑混凝土过程中要设专人保护、检查钢束，以防波纹管漏浆或排气孔、压浆孔被破坏；安排专人及时抽拉钢束，查看是否漏浆，压浆孔是否遭到破坏；浇筑至板顶时，安排专人负责混凝土的清除浮浆工作，防止顶面浮浆过多产生裂缝；

（5）浇筑混凝土前，桥面全部采用编织物覆盖，以免施工时混凝土或烟头等其他杂物撒落在模板上，影响混凝土质量和美观；

（6）注意预留泄水孔、通气孔位置；

（7）混凝土的养护：在施工时要按监理工程师的要求及规范规定加强养生，在冬季及高温季节施工时，要按特定的施工监理实施细则予以严格落实；

（8）混凝土浇筑过程中，有专人对支架和模板进行检查监控，发现问题及时进行处理；

（9）养护时，混凝土浇筑完毕待二次收浆后，采用双层土工布覆盖保水养护，保证混凝土表面始终处于湿润状态，养护时间应不少于7 d。

十五、预应力施工

用于张拉的千斤顶、传感器、计算机等须编号配套校验和配套使用，并且张拉设备须按规定期限校验，且在使用过程中出现不正常现象时须重新校验。

在钢束张拉过程中，需要注意以下问题。

（1）当混凝土强度达到设计值的90%，同时弹性模量不低于混凝土28 d弹性模量的90%，并且龄期在7 d以上时，张拉预应力钢绞线。

（2）装工具锚环和卡片时，将钢绞线穿过锚环上相对应的小孔，使钢绞线平行顺直后，工作锚环贴紧锚垫板。在每道小孔中的钢绞线外周插入两块卡片，卡片缝隙大小要调整均匀，要求两卡片外露面要平齐、缝隙要均匀，否则进行调整重装。最终橡胶圈套在卡片尾上的凹槽内。

（3）装限位板时，将限位板上的每一个孔对准相应的钢绞线和锚卡环小孔后，使限位板紧贴锚环，确保无缝。

（4）装千斤顶时，钢束穿过穿心式千斤顶的孔道，千斤顶紧贴限位板，务必使千斤顶、限位板、锚环、锚垫板都在同一中心线上（四对中）。

（5）开动油泵少许打油，在千斤顶张拉缸保持适量油压后，稍松千斤顶吊索，调整千斤顶使千斤顶、锚具、锚垫板在同一中心线上，否则进行调整，以防张拉过程中出现断丝。

（6）张拉时按设计图纸规定进行分级张拉，张拉时根据图纸提供的次序张拉。张拉缸进油达到初始应力后停拉，记录张拉缸行程，作为计算延伸量的起点值。张拉缸继续进油，分级进行张拉，记录张拉力和延伸量情况。达到设计张拉力后持荷5 min，核对延伸量，符合规范要求后做好记录，否则停止张拉，分析原因，在采取措施后再进行张拉。张拉完后不要割丝，待压完浆且强度符合要求后，再用砂轮锯切割，切割时须用湿布裹钢绞线。

另外，张拉安全应注意：张拉现场的周围设置明显警示、警告标志，采用绳索阻拦，严禁非工作人员进入，梁的张拉端设有安全防护措施，张拉时千斤顶对面严禁站人，以防意外；张拉操作人员，严禁摸、踩踏、撞击钢绞线或卡片，以免滑丝。张拉作业人员安全防护用具必须穿戴齐全；工具锚、工作锚的卡片，要个别存放使用；拆卸油管时，先放松油管内油压，以免油压喷出伤人。

张拉的质量要求：延伸量误差在 6% 的范围内；钢绞线断丝、滑丝不得超过 1 根；每个断面断丝之和不得超过该断面钢丝总数的 1%。

十六、孔道压浆

预应力筋张拉完毕 48 h 内应完成压浆。压浆料应由专业厂家生产，且经检测合格后方可使用。工地试验室应对专用压浆料加水进行试配，专用压浆料或专用压浆剂应按其使用说明配制压浆浆液。

压浆前应采用压力水冲洗预留孔道内的杂物，并应观测预留孔道有无串孔现象，再采用空压机吹除孔道内的积水。

压浆应采用智能压浆技术。

压浆完成后，应将锚具周围冲洗干净并凿毛，设置钢筋网，浇筑封锚混凝土。

十七、桥面平整度

现浇箱梁顶面平整度控制情况直接影响其上沥青路面的施工，在施工中要加强控制。

为有效控制顶面平整度，使用高速提浆整平设备。高速提浆整平设备须铺设轨道，支架搭设前要对轨道下方的箱梁支架进行受力验算，确保支架支撑力及挠度满足设计要求。轨道平面位置使用全站仪精确放样，直线段每 10 m 一个点，曲线段每 5 m 一个点。轨道高程使用水准仪进行精确测量。轨道支立要稳固。整平后辅助人工抹面，抹面时要架设木板。对混凝土表面严禁踩踏，以免影响平整度。铺筑沥青混凝土路面前，对桥面进行机械凿毛。

十八、天窗施工

先进行人工凿毛，并将箱体内的垃圾清理干净。经凿毛处理的混凝土面，要用水冲洗干净。将割开的钢筋网焊牢。在浇筑天窗混凝土前，对于垂直的缝刷一层水泥净浆，之后浇筑混凝土。加强对天窗钢筋的保护，必要时增加钢筋加强处理。天窗混凝土须掺加微膨胀剂，以避免混凝土收缩。

十九、安全施工及技术措施

认真贯彻实行"安全第一，预防为主"的生产方针，严格执行国家关于劳动生产和安全生产的有关规程、法规、政策，把安全工作放到第一位，并落实到实处。加强对所有参加施工的人员进行"三级"安全教育，细化安全技术交底，学习有关安全操作规程，提高大家的安全意识，增强安全观念。建立健全各种规章制度，制定各种安全操作规程，应将安全操作规程和警示牌醒目地挂在作业现场处。对于重要岗位、特殊工序，制定专项安全措施。对于特殊工种，必须持证上岗，确保万无一失。

1. 用电安全

一切电气设备、架空线路等安拆工作，必须由持证且熟悉电工操作的人员进行，任何其他人员一律不得擅自安拆。严禁各电路、分电、分器设备等超标用电，以杜绝由于超负荷引起的各种安全事故。

对于露天的配电箱，其箱底的离地高度应符合规范要求，且应装置牢固。配电箱应有防雨和防漏电装置，金属外壳必须有接地装置。经常性地检查电气设备和线路，尤其是移动性电缆线，经检查无损伤后方可使用。电气设备如开关、插座、漏电装置等有损坏或失灵的，必须停止使用，待修整后方可使用。

加强用电管理，制定值班制度，每天 24 h 内必须至少有一位持证上岗的熟练电工在工地值班，随叫随到，防止事故发生。电工应按操作规程施工，上岗时必须随带所必需的防护用品，严禁带电操作。同时必须普及职工安全用电和触电抢救知识，消除隐患，杜绝事故。

2. 施工安全

施工人员进入现场，必须穿戴好必要的安全防护用品，严禁赤脚、穿拖鞋、穿高跟鞋进入工地。

施工现场和其他有危险的地方要设立明显的警示标志，并设专职安全员进行现场巡视、检查。支架上部要设置护栏，且高度至少为 1.2 m，支架四周要设置醒目的警示隔离措施。支架上部所有护栏材料为直径不小于 5 cm、高度不小于 100 cm 的钢管，且间距不得超过3 m。安全网根据施工需要设置标准平网或立网，并制作网目加密的符合《密目式安全立网》（GB 16909—1997）的安全网。跨越公路段需设隔离防护措施，立式安全网高度不小于 100 cm，以防机具坠落伤人。晚间有红灯示警，特别是在交叉口，一定要有红灯示警。晚间施工时，现场要有足够的灯光照明。

起重作业时要有专人统一指挥，操作前对各种工具、设备，特别是钢丝绳进行仔细检查，并进行试运转，严禁起重臂下站人。

3. 机械安全

各种机械设备操作人员持证上岗，按操作规程进行操作，严禁无证操作，且要定机定人操作。辅助作业人员必须经安全技术培训后方可上岗。

大型机械起重机等的各制动器、离合器动作要灵敏可靠，各种仪表完好，机械连接件必须紧固，油路系统需正常，钢丝绳规格、强度应符合要求，吊环、吊钩应无裂纹、变形、破旧，织补焊磨损不超标，灯光、喇叭、雨刷、倒车镜等需完整无损。

4. 安全措施

开工时，应先清除施工范围内的障碍物，施工场地应拉红线做警示，无关人员不得进入。

机械作业时必须掌握其安全性能，大型施工机械作业时，在其作业范围内不得站人。设立施工作业安全标志牌。

沿翼缘板边安装防护栏杆，外挂防护网，防止人员、杂物坠落。

施工用电安排由专业电工负责。振动器的操作人员应穿绝缘胶鞋和佩戴胶皮手套。

进场施工人员必须戴安全帽，不许跨班作业，严禁疲劳施工。

配备专职安全员，特殊工种应持证上岗。

5. 环保措施

施工现场应制定洒水防尘措施，指定专人负责，及时清运废渣土。施工中的废水应及时排入事先挖好的沉淀池。原材料、半成品均摆放整齐、有序，保持预制场整洁。施工结束后，场地清理干净，不得遗留杂物。

二十、结语

通过对现浇梁施工全过程进行质量控制，现浇梁的施工质量得到保障，并在施工过程做到施工质量得以逐步提升，其中关键控制指标如强度、断面尺寸、梁顶平整度等满足设计及规范要求，大大提高了公路桥面的可靠性和使用寿命。本细则的实施为以后的类似工程施工积累了宝贵经验。

第十三节　桥梁防撞护栏工程施工质量控制

桥梁混凝土防撞护栏是桥梁的附属工程，其作用是保护行车安全，且全部在驾乘人员的视线范围内，外观质量要求高，是最能体现桥梁美观的主要部位，因此防撞护栏工程施工质量要求高，工艺要求细致，在施工过程中，须严格按照技术规范和标准化要求进行施工。

防撞护栏工程施工严格执行试验节及首件工程认可制。先施工试验节并总结经验后，方可实施首件工程，首件工程完成后，由驻地监理工程师组织召开由驻地办和合同项目部有关人员参加的现场检查验收会议，对首件工程进行认真验收和评审，并以此作为指导施工及监理验收的依据。护栏施工采用专业队伍，主要技术工种人员确保稳定，不得随意进行更换。防撞护栏工程施工属于高空、临边作业，须编制专项安全施工方案。施工前及时组织进行安全、技术交底。

一、模板要求

防撞护栏模板采用定型钢模，实行准入制度，根据设计图纸及施工现场实际情况合理设计模板，单片模板长度应综合考虑桥面竖曲线及梁体上拱等因素。进场后驻地办根据模板准入制度有关要求组织进行验收。对模板进行试拼，检查模板断面尺寸、焊缝、大面平整度、模板接缝是否平顺，验收合格后对模板进行编号使用。

模板在正式安装使用前必须进行打磨，将表面浮锈清除干净，保证钢板表面有良好的光洁度，并用优质的脱模剂将模板表面涂抹均匀，不得出现积聚、流淌现象，涂刷完成后及时粘贴塑料薄膜，防止二次污染，影响混凝土外观质量。

设计图纸要求防撞护栏每隔 2 m 沿周围设置假缝，假缝采用割缝，缝宽 2 cm、深 1 cm，割缝应平整光滑。防撞护栏在设置伸缩缝端与梁端齐平，在桥墩处设置 1 cm 断缝，断缝全断面采用环氧树脂灌缝。根据以往的施工经验，割缝时间不易控制，切割易造成啃边、直顺度差，影响护栏外观质量。建议防撞护栏两侧假缝在加工模板时每隔 2 m 设置宽 2 cm、深 1 cm 圆弧。

二、施工工艺

防撞护栏施工工艺流程如图 4.12 所示。

```
                    ┌─────────┐
                    │   放样   │
                    └────┬────┘
                         ▼
              ┌──────────────────┐
              │ 凿毛、预埋钢筋调整 │
              └────────┬─────────┘
                       ▼
         ┌──────────────┐    ┌──────────────┐
         │  钢筋制作安装  │───▶│ 电力、通信管道安装 │
         └──────┬───────┘    └──────────────┘
                ▼
┌────────┐  ┌──────────┐  ┌──────────────┐
│ 线形调整 │─▶│ 模板安装  │◀─│  断缝模板设置  │
└────────┘  └────┬─────┘  └──────────────┘
                 ▼
         ┌──────────┐    ┌──────────┐
         │  浇筑混凝土 │───▶│  制作试件  │
         └────┬─────┘    └──────────┘
              ▼
         ┌────────┐
         │  拆模   │
         └───┬────┘
             ▼
         ┌────────┐    ┌────────┐
         │  养护   │───▶│  切假缝  │
         └────────┘    └────────┘
```

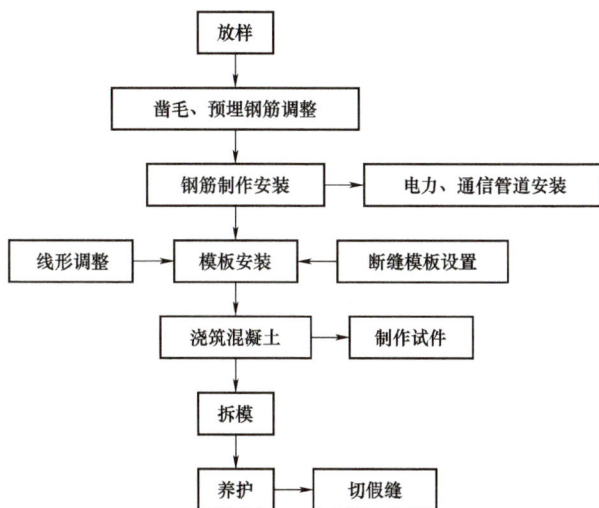

图 4.12　防撞护栏施工工艺流程图

三、质量控制

1. 测量放样

先完成桥面铺装施工，然后再进行防撞护栏（护栏底座）施工。检查防撞护栏底部混凝土的凿毛是否满足要求，预埋钢筋的数量和位置是否满足设计要求。

防撞护栏施工放样时，对于直线段，宜不超过每 10 m 测 1 个护栏内边缘点，曲线段应根据实际计算确定，并应根据放样点用墨线弹出护栏内边线，立模时可根据该线进行微调，保证护栏线形顺畅。

防撞护栏的高程以桥面调平层作为控制基准面，在模板安装前复测桥面铺装顶面高程，必要时采用同标号的砂浆调整内侧护栏模板的高度，在确保护栏高度的同时应保证其顶面高程准确。在保证防撞护栏竖直度的同时应保证其顶面高程的准确，应经常复核放样基准点，防止其移位、消失。

2. 钢筋制作与安装

防撞护栏施工前应检查调整梁板预埋钢筋。将梁板预埋钢筋除锈调直，根据放样数据确定钢筋安装的位置和高程，施工时必须严格按测量放点挂线进行钢筋定位，控制好钢筋顶面高程及线形。钢筋绑扎过程中绑扎丝头朝里，不得深入混凝土保护层内。钢筋需在墩顶处断开，不得因方便施工随意割断钢筋。若防撞护栏主筋为截断预埋，则截断部分与预埋部分应采用焊接连接，先焊接护栏主筋，然后绑扎水平筋。

防撞护栏迎撞面混凝土的钢筋保护层厚度不小于 4.5 cm，其余部位保护层按 4 cm 控制。使用同等级 C40 的混凝土垫块确保护栏钢筋有足够的保护层厚度，每块模板范围内的垫块应不少于 6 个，垫块用扎丝绑扎在钢筋上，防止在模板安装时保护垫块移动或脱落。

3. 预埋件安装

防撞护栏施工前应按设计图纸对防落网预埋钢板、波形护栏预埋套管（护栏基座）、交通标志等预埋件进行定位。

根据图纸要求，伸缩缝端部伸入防撞护栏 5 cm 后按 45° 弯起 20 cm，伸缩缝预留槽口宽

度为 $b+20$ cm（b 值等于伸缩量），因本项目中均为 80 型伸缩缝，故预留槽口宽度为 100 cm，具体伸缩缝预留槽口如图 4.13 所示。

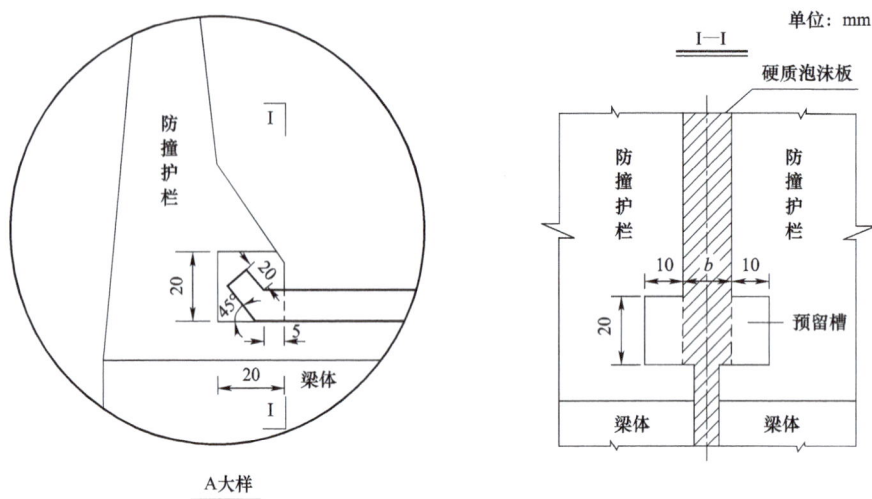

图 4.13　伸缩缝预留槽口图

伸缩装置预留槽口模具应考虑伸缩装置安装高度，模具宜采用木模，严禁采用泡沫材料，防撞护栏模板安装时应将预留槽口模具准确定位、牢固固定。伸缩缝防撞护栏预留口处钢筋不得随意切割，可适当调整钢筋位置。

预埋钢筋、预埋钢板的焊接应符合设计要求，并应保证钢板无翘曲变形，双面焊缝饱满无漏焊，定位准确、牢固。防撞护栏预埋钢板的锚固钢筋插入深度、角度应符合设计要求。

4. 模板加工及安装

防撞护栏施工的模板应采用整体式钢模，且具有足够的强度和刚度。模板交角处宜采用倒圆角处理，使其线形平顺。单片模板长度应综合考虑桥面竖曲线及梁体上拱等因素，使施工缝间距均匀、一致，并有利于断缝的设置，模板长度宜为 2.0～2.5 m（匝道 1.25 m），以保证纵向线形顺适。

沿测量的防撞护栏内边线，用高强度砂浆做止浆带调平层，砂浆带调平层与模板安装线平齐，不得侵入护栏混凝土内。

防撞护栏模板安装时注意泄水槽、伸缩缝的预留，伸缩装置预留槽口模具应考虑伸缩装置安装高度，确保预埋位置、尺寸、规格符合设计要求。防撞护栏伸缩缝的宽度应与桥梁主体结构相一致，护栏在桥梁的伸缩缝处必须设置伸缩缝。在桥梁伸缩缝处，缝宽和桥梁一样。在防撞护栏施工时注意预埋过桥通信电缆、防落物网、声屏障、标志牌底座等各种设施的预埋件。

防撞护栏模板的安装应按模板试拼的编号进行，模板接缝处粘贴高强度海绵条等材料防止漏浆。支撑时宜在顶部和底部各设一道对拉杆，或采用其他固定模板的装置，合理布设拉杆位置，护栏底部对拉螺栓位置设置宜低于沥青路面，顶部螺栓设置于每块模板中间的突出钢板上，高出护栏混凝土顶 10 cm，保证混凝土顶面找平和压光施工。同时应在模板内设置内支撑，待混凝土浇筑至此位置时，拆除此支撑。

模板安装完成后验收安装尺寸、顺直度，确保各个固定点（拉杆、支撑等）牢固，钢筋保护层厚度、模板顶面高程、桥面宽度满足要求。

5. 混凝土施工

护栏混凝土的现场坍落度宜控制在 120～140 mm，砂率宜不大于 3%，且不宜采用泵车浇筑，可采用溜槽或吊斗，以减少混凝土表面气泡。

同一跨内的单侧护栏应一次性浇筑，混凝土浇筑时宜采用斜向分 3 层烧筑的方法，第一层宜控制在 250 mm 左右，第二层浇筑到离护栏顶 350 mm 左右，第三层浇筑到护栏顶。对护栏曲面部位的混凝土，应勤布料，多振捣，浇筑时振动棒要快插、慢拔，一次性布料不宜过多，以利于气泡逸出，减少混凝土表面气泡，保证表面密实。严禁过振，避免混凝土表面出现鱼鳞纹或流沙、泌水现象而影响外观。振捣时严禁碰触模板，以免模板损伤，影响外观质量。

混凝土护栏浇筑完成后，顶面采用 3 次收浆。第一次用木抹找平，泌水部分要清除，同时采用橡皮锤或木抹对顶部倒角处进行人工捣实。第二次用木抹整平，清除多余浮浆，采用直尺检查护栏顶面平整度。第三次待混凝土初凝时用铁抹进行压光收面，收面后应立即覆盖塑料膜，防止水分过快散失。

6. 拆模、切缝

严格控制混凝土拆模时间，混凝土浇筑完成 24 h 内不得进行拆模。待混凝土强度达到 2.5 MPa，且能保证其表面及棱角不致因拆模而受损坏时方可拆除模板。拆模时不应采用大锤、撬棍硬砸猛撬，防止混凝土的外形和内部受到损伤。

模板拆除的同时，应立即进行假缝的切割，在跨径长度内按护栏模板长度的整数倍（约 5 m）切缝，缝深 10 mm、宽 5 mm。模板拆除时要避免破坏混凝土面和棱角，模板拆除后注意保洁。禁止对水泥混凝土防撞护栏表面进行任何形式的装饰、修饰。

7. 养生

混凝土养生采用覆盖洒水方式养生，养生期不少于 7 d，覆盖养生时应采用干净不掉颜色的毛毡，防止对混凝土面进行二次污染。

防撞护栏施工时注意是否需要预留横向泄水孔，并应控制好泄水孔进水口标高，既保证桥面排水，又保证路面结构内部水排水通畅。

8. 质量验收标准

防撞护栏线形直顺美观，不得进行装修，擅自装修视为不合格工程；混凝土表面平整，不得出现蜂窝麻面；防撞护栏浇筑节段间应平滑顺接。表 4.33 为防撞护栏质量验收标准。

表 4.33　防撞护栏质量验收标准

项次	检查项目	规定值或允许偏差	检查方法和频率
1	混凝土强度/MPa	在合格范围内	按《公路工程质量检验评定标准　第一册 土建工程》（JTG F80/1—2017）附录 D 检查
2	平面偏位/mm	≤4	全站仪、钢尺：每道护栏每 200 m 测 5 处
3	断面尺寸/mm	±5	尺量：每道护栏每 200 m 测 5 处
4	竖直度/mm	≤4	铅锤法：每道护栏每 200 m 测 5 处
5	预埋件位置/mm	≤5	尺量：测每件

四、其他要求

防撞护栏浇筑完成后，应及时进行养护。在混凝土达到设计强度前，应避免车辆对护栏混凝土的扰动。

空心板、现浇箱梁、小箱梁桥面铺装浇筑完成后 90 d 内，应完成防撞护栏施工。

防撞护栏内侧迎撞面全高采用辛基或异丁基硅烷材料做憎水处理，单侧护栏涂装面积为 1.16 m^2/m，应符合规范《公路工程混凝土结构耐久性设计规范》（JTG/T 3310—2019）。

在切割不崩边时，尽早实施假缝切割。

防撞护栏混凝土浮浆控制措施：采取对梁板凿毛的方式控制护栏浮浆，组织人员对梁翼缘板进行凿毛，凿除混凝土表面的水泥砂浆和松散层，并用高压水枪冲洗干净。

五、质量控制要点

桥面混凝土调平层的厚度应满足设计及规范要求，并应避免出现桥面空壳现象。

调平层表面应无脱皮、印痕、裂纹、粗集料外露等缺陷。

施工接缝应密贴、平整、无错台。

桥面泄水孔的进口应低于铺装层。

钢筋网片铺设完成后应尽量避免施工人员踩踏，防止变形。

浇筑过程中和表面硬化之前严禁踩踏已成形的混凝土表面，可设置马凳或跳板，供养护覆盖的操作人员使用。

养护过程中应安排专人管理，严格按照养护方案实施，养护期间及在达到设计强度以前严禁车辆通行。

防撞护栏拆除模板时不应采用大锤、撬棍硬砸猛撬，防止混凝土的外形和内部受到损伤。

防撞护栏的顶面和接缝处不得有开裂现象，对错台、平整度、外观质量等问题，应及时处理，并应保证颜色一致。

对防撞护栏的线形，直线段应顺直，曲线段弧形应圆顺，无折线与死弯。顶面应平顺美观、高度一致。

施工后不得出现露筋和空洞现象。防撞护栏上的钢构件应焊接牢固，焊缝应满足设计和有关规范的要求，并应按设计要求进行防护。

施工完成后，应避免施工的二次污染，加强对已完工护栏的外观保护。

六、安全管理

桥梁防撞护栏施工属于高空临边作业施工，而且桥梁与道路交叉，桥下均有行人及车辆通行，所以施工安全极为重要。

作业人员必须定期进行身体检查，不适宜高处作业的人员，如患有高血压、眩晕、严重贫血等人员，不得从事此项工作。

必须定期对所有机械设备进行保养检查，确保无故障后方可使用。

避免高空坠物的发生，加强对工人的安全教育，禁止从高空抛掷任何物品，以保证现场附近人员车辆的安全。

在安装护栏外模时，必须在内模加固牢固后才能安放吊篮（及安装外模时的作业平台），并在挂篮上施工。放置挂篮时必须检查挂篮的焊接牢固性，有脱焊的吊篮禁止使用，吊篮保险缆绳一定要与地锚扣牢。

所有施工人员不能赤脚和穿拖鞋施工，应穿防滑胶鞋。在作业平台上施工的人员必须把安全带系在稳固的地方，戴好安全帽，注意力一定要高度集中，严禁酒后上岗。在桥面上的施工人员不能抛掷工具给作业平台上的人，应手送，保证人员的安全。

在挂篮要前移的时候，作业平台上的人一定要从作业平台上下来后方可移动作业平台到下一段，人和挂篮不能在其他人的推动下移动。

防撞护栏在跨越公路施工时必须挂设防护密网，防止施工时施工器械等物体坠落伤及行人，影响交通安全及正常行车。

七、结语

通过对桥梁防撞护栏施工进行全过程质量控制，防撞护栏的施工质量得到保障，并在施工过程做到质量逐步提升，护栏混凝土结构强度合格，护栏钢筋的预埋、安装、数量都符合设计规范要求，护栏外观、线形美观，断面尺寸符合设计要求。

第十四节　支座垫石施工实施细则

台帽、桥墩盖梁顶部用于放置桥梁支座。在桥梁工程中支座垫石所占工程造价比例很小，在施工中往往未得到重视。桥梁支座是桥梁构件之间传递荷载的重要构件，在支座连接处，应力集中，容易造成构件损坏，而支座垫石是连接这一集中应力的构件。当应力集中处有适合的过渡构件时，就能使应力平缓均匀地传递，这就是支座垫石的作用。鉴于其重要性，对桥梁支座垫石的施工质量进行控制尤为重要。

一、总体要求

为提高济潍高速公路支座垫石工程施工技术水平，克服支座垫石施工中常见的质量通病，保证施工质量，细则中应包括放样定位、凿毛、模板安装、钢筋绑扎、浇筑混凝土、混凝土养生等内容。

在使用和执行本细则过程中，应严格执行公路工程相关设计、施工、试验、检测、测量等方面技术标准、规范、规程。本细则未涉及内容，应符合国家现行的有关标准和规范。

墩台施工完成后宜尽快施工支座垫石。支座垫石预埋钢板、支座垫板、梁底预埋钢板应按设计铺设并采取防腐处理。

墩台垫石施工前应确定支座采购厂家，根据厂家提供的安装图纸做好预埋件，并根据厂家提供的安装高度调整垫石顶标高。

支座垫石不应出现露筋、空洞、蜂窝及裂缝，预埋钢板（如有）不应出现悬空现象。对有裂缝、高程或几何尺寸偏差超过允许值，以及混凝土强度不满足要求的支座垫石，现场应一律作返工处理，不得进行修补或加固。

二、精确放样定位

施工前根据设计图纸，用全站仪放出各个支座垫石的位置，用水准仪精确测出各个支座垫石的高程。要求精确放样，确保位置准确，放样后，用墨斗将垫石边线弹上墨线。

在平坡的情况下，同一片梁两端支座垫石的水平面应尽量处于同一平面内，其相对误差不得超过 2 mm。

三、凿毛

对盖梁或台帽顶面垫石部位混凝土表面进行凿毛，凿除表面浮浆，使其露出新鲜的混凝土面；清理浮渣、杂物，并冲洗干净。浇筑混凝土时要洒水湿润。

四、模板安装

支座垫石施工应采用四角可调节高度的定型钢模。立模前要确保模板底部平整，不平整时需用高标号水泥砂浆找平。

模板安装前需对模板表面进行清洁、校正、涂脱模剂。要求拼整紧密，不漏浆。模板加固牢靠后，对平面位置进行检查，确保符合规范要求。

为保证支座垫石浇筑质量，本项目中的支座垫石均被做成棱角四方、平整如镜、强度达标的精品，避免支座受力不均匀、支座与梁底不密贴或脱空现象，从而引起严重的质量和安全隐患。支座垫石的几何尺寸可适当调整，长度及宽度每侧增加 10 mm，厚度增加 5 mm。

五、钢筋绑扎

应对预埋在盖梁上的预埋钢筋进行除锈处理。钢筋按照设计图纸进行绑扎，要求间距均匀，保护层厚度符合设计要求，对底层、顶层及四周钢筋要进行点焊。钢筋绑扎完后，经监理工程师检查合格后方可进行混凝土浇筑。

为有效控制混凝土浇筑的标高，可在垫石四角钢筋网上焊上 4 根定位筋。要求定位筋顶面平整，定位筋的顶标高即垫石的顶标高，标高要求控制准确，4 根定位筋间高差不得超过 1 mm。

梁底预埋钢板采 Q235NH 钢材，其性能应符合耐候结构钢的规定。

六、浇筑混凝土

再次复核支座垫石平面位置和标高，并应对四角高差进行测量，其四角高差应不大于 1 mm。

垫石采用 C50 小石子混凝土，混凝土浇筑必须采用场拌混凝土，采用混凝土罐车水平运输，严格按照监理批复的混凝土配合比施工。生产过程中应派试验人员进驻拌和站进行质量控制，在施工现场检测坍落度，坍落度不合格者不得使用。要求采用小号振动棒，应振捣密实，防止漏振，避免振动棒碰撞模板。

必须保证支座垫石顶面水平，加强垫石支撑面混凝土的抹平工作，用较长直尺进行刮平，并采用水平尺检验其平整度。

支座垫石内有预埋钢板的，务必保证钢板的型号和表面标高满足要求。钢板底部的混凝土应振捣密实，不得出现钢板悬空现象。当预埋钢板面积较大时，应保证混凝土浇筑振捣质量，并适当设置溢出口，待溢出口溢出混凝土时才停止振捣。对于较大面积钢板下的空鼓，应开孔注浆密实。混凝土浇筑后，及时收浆、抹面，待定浆后再抹第二遍并压光，保证混凝土表面平整，标高控制在规范允许范围之内。

支座垫石混凝土浇筑前，应采用水充分湿润支座垫石位置处，施工中应采取可靠措施保证混凝土振捣密实，同时应做好垫石混凝土表面的收浆抹面工作，保证表面平整。

七、混凝土养生

选用白色土工布外加塑料膜包裹，滴灌养生，保持混凝土表面处于湿润状态。当气温低于 5℃时，采用棉被或电热毯覆盖保温养生，养生不得少于 7 d。支座垫石不宜在冬期浇筑施工，必须在冬期浇筑施工时，应对混凝土采取严格的保温措施。

在混凝土达到规定强度后进行拆模，确保拆模时不损伤表面及棱角。模板拆除后应将模板表面灰浆、污垢清理干净，并维修整理，在模板上涂抹脱模剂，等待下次使用。

八、支座垫石的混凝土强度

支座垫石的混凝土强度应符合设计要求，不得用砂浆找平，顶面标高应精确且平整。安装支座前必须对垫石进行严格检查，可用小锤敲击，通过听声音判断是否脱空。若脱空，必须将垫石凿掉，然后重新浇筑。

九、结语

支座垫石实测项目见表 4.34。通过对支座垫石施工过程进行质量控制，对施工注意事项及预防措施进行剖析总结，能对后续支承垫石的施工起到很好的指导作用。在今后的桥梁施工中，应不断实践，不断完善，进一步总结出能够保证桥梁各工序施工质量的措施、方法，以取得更好的质量效果。

表 4.34　支座垫石实测项目

项次	检查项目		规定值或允许偏差	检查方法和频率
1	混凝土强度/MPa		在合格标准内	按《公路工程质量检验评定标准　第一册　土建工程》（JTG F80/1—2017）附录 D 检查
2	轴线偏位/mm		≤5	全站仪、尺量：测支座垫石纵、横方向，抽查 50%
3	断面尺寸/mm		±5	尺量：测 1 个断面，抽查 50%
4	顶面高差/mm	顶面高程/mm	±2	水准仪：测中心及四角
		垫石边长≤500 mm	≤1	
		其他	≤2	
5	预埋件位置/mm		≤5	尺量：测每件

第十五节　隧道工程施工质量控制

随着我国交通工程的建设，隧道逐渐向断面大、纵向长等方向发展。特长公路隧道不断增加，导致隧道施工安全风险增多。公路隧道施工中的危险因素多，限制了隧道工程快速施工，如隧道施工环境恶劣、隧道内光线弱、部分施工部位存在隐蔽性、地质环境复杂等问题。鉴于其重要性，对隧道工程的施工质量控制尤为重要。

一、施工准备阶段

施工准备阶段应重点进行施工调查、设计文件现场核对、施工方案选择及资源配置、实施性施工组织设计、施工技术交底、工地建设等相关工作。

1. 施工场地

满足作业区、办公区、生活区三区分离要求。

施工场地布置必须建立进洞人员登记制度，应采用先进的隧道施工人员门禁、考勤、定位和视频监控等系统。

洞口宣传内容需包括进洞须知、工程简介、施工总平面布置图、安全保证体系、质量保证体系、施工环保水土保持体系、隧道形象进度图（可室内布置）、三方建设理念、质监举报电话牌、工程创优牌、文明施工牌、政务公开、党工团现场责任人及职责等，内容可根据需要独立或连排设置，若连排设置，其长度和高度需结合现场条件设置，做到美观大方。

洞口边仰坡防护应永临结合，开挖高度宜低不宜高，并随挖随护。洞口开挖不可避免时，应确保隧道洞口边坡及仰坡的稳定。

2. 人员、材料和设备进场

从事隧道施工的各类特殊岗位人员均应持证上岗，应加强现场作业人员（包括劳务人员）安全、职业健康等教育培训和考核工作。

材料采购应严格按材料招投标程序进行，选择供应能力强、质量合格的供应厂家。

机械设备应本着性能优良、配套合理、工效高的原则配备，满足污染小、能耗低、效率高的要求，并根据施工进度计划安排，分阶段、分期组织上场，以满足施工需要。

3. 钢筋加工场

应按照"工厂化、集约化、专业化"的要求立即着手进行钢筋加工场的选址与规划，应统筹规划，总体布局合理，节约用地，满足施工生产的要求。

设施建设用地应尽量少占用耕地，采用红线内永久用地进行临时设计规划，并结合永久设施设计进行选址和建设。

应采用封闭式管理，场地内应按原材料堆放区、钢筋下料区、加工制作区、半成品堆放区、成品待检区、合格成品区、废料处理区、工人饮水区等科学合理设置，功能明确，标识清晰，同时增加人车隔离设施。场内路面宜做硬化处理，场内排水良好，四周宜设置砖砌排水沟。

钢筋加工场架构宜采用钢结构搭设，顶部采用固定式拱形防雨棚，高度应满足加工设备操作空间，并设置避雷及防风的保护措施。

钢筋、钢拱架、格栅钢架应垫高堆放，离地30 cm以上，下部支点应以保证钢材不变形为原则。

钢筋加工厂四周全部封闭；围挡与房顶留 0.5～1.0 m 的通风口；房顶及侧墙宜增设透明采光顶；围挡四周还可多设窗户，以提高通风，窗户底高在 1.6 m 以上，防止偷盗；炎热地区应增设通风设备。

4. 施工供风、供水、供电

压风站供风能力须满足隧道正常施工需要，供风管路布置应尽量避免压力损失。

施工高位水池宜考虑利用隧道消防用永久高位水池，对于修建高水位水池困难的隧道，宜采用变频高压供水装置满足施工需要。

施工用电应考虑永临结合，洞外变电站应设置防雷击和防风装置，且宜设在靠近负荷集中地点和设在电源来线一侧。

短隧道应采用高压至洞口，再低压进洞；长隧道及特长隧道应考虑高、中压进洞，以满足施工需要。

洞外变电站应设置防雷击和防风装置，且宜设在靠近负荷集中地点和设在电源来线一侧。当变电站电源线需跨越施工地区时，其最低点距人行道和运输线路的最小高度应满足：当电压为 35 kV 时，取 7.5 m；当电压为 6～10 kV 时，取 6.5 m；当电压为 400 V 时，取 6 m。变压器容量应按电气设备总用量确定，当单台电动设备容量超过变压器容量的 1/3 时，宜适当增加启动附加容量。

洞内变电站应设置在干燥的紧急停车带或不使用的横通道内，变压器与周围及上下洞壁的最小距离不得小于 300 mm，同时应按规定设置灯光、轮廓标等安全防护设施。洞内高压变电站之间的距离宜为 1 000 m，由变电站分别向相反两方向供电，每一方供电距离宜为 500 m。洞内高压变电站应采用井下高压配电装置或相同电压等级的防尘开关柜，不应使用跌落式熔断器。

成洞地段固定的输电线路，应采用绝缘良好的胶皮线架设。施工地段的临时电线路应采用橡套电缆，瓦斯地段的输电线必须使用密封电缆，不得使用皮线。涌水隧道的电动排水设备应采用双回路输电，并有可靠的切换装置。动力干线上每一分支线，必须装设开关及保险装置。严禁在动力线路上加挂照明设施。

当照明和动力线路安装在同一侧时，必须分层架设。电线悬挂高度应满足：110 V 以下电线离地面距离不应小于 2 m，400 V 时应大于 2.5 m，6～10 kV 时不应小于 3.5 m。供电线路架设一般要求高压在上、低压在下，干线在上、支线在下，动力线在上、照明线在下。

隧道施工洞内一般有"四管、三线、一通道"。"四管"——高压风管、高压水管、污水管、通风管；"三线"——动力线、照明线、通信监控线；"一通道"——安全逃生通道。为保证使用安全，隧道内风水管与动力线应相对布设，一般一侧为高压电缆、动力线、照明线、弱电线路；另一侧为高压风、水管，通风管。

山岭隧道一般采用压入式通风方式，超长隧道可利用斜井、竖井辅助通风，风机房布设轴流风机。通风机功率配置选择依据隧道独头掘进长度、运输方式、坡度、开挖断面大小和通风方式等计算确定。隧道施工现场各类通风管路应敷设平顺、接头严密，无扭曲、褶皱、漏风。

5. 危险品库

建立健全火工用品管理制度，严格火工用品采购、储存、领取、运输、使用和退库的各个环节的管理和操作，做到全程监控，全程把关，定期对炸药库管理有关台账进行认真检查和清对。炸药库要求安装闭路监控设备，进行 24 h 不间断监控，监控录像保存期限不得低于3 个月。

其他危险品，如氧气、乙炔、油料及剧毒、放射性物品等，应单独建库存储。

6. 施工测量

隧道施工测量应根据隧道规模和贯通误差要求，综合考虑控制网等级和图形、测量仪器精度和测量方法，估算误差范围，确保测量结果能够满足施工需要。特长、长隧道宜建立独立控制网。

隧道施工测量的工作内容，包括隧道地表（洞外）的平面和高程控制测量、洞口投点测量及洞内外控制点联测工作，尤其是洞口控制网（点）或洞内、外过渡控制点精度的周期检查与质量确认至关重要。在进行洞内控制和施工测量时，应重点考虑设计好洞内施工中线及控制桩点（方向线、水准点）往掌子面引测的方式及需达到的精度，力求布点稳妥、观测可靠，施测形式及成果材料的处理方法缜密合理。隧道洞内的施工周期长、测量环境条件差、施工干扰大，故测量桩位受影响的因素最多。每次往前引测桩点（或方向）必须对原测（既有）启用点进行"搭接"式复测检查并尽量选用精度较高的桩点作为起始点（边）。在洞内施工过程中，测量桩点时常遭到施工毁坏，恢复（补测）这些桩点或增设新点时，保证其精度和日后稳定是一件反复和需要高度重视的工作，补测（重测）时应按照原测精度执行，且要达到原测精度质量指标。隧道测量中，角度观测精度不得低于同级别观测网中边长的观测精度指标，长大隧道尤其如此。对于曲线隧道，量边长、测角精度均应得到重视。做好长大隧道贯通误差的预估计算，将对隧道的整体控制测量设计及洞内施工测量起到良好的指导作用。

二、洞口工程

隧道洞口严禁大开大挖，遵循"早进洞、晚出洞"施工原则，积极推广"零开挖"进洞理念，维护原有的生态地貌，洞门应力求与自然环境、人文景观相协调。

1. 洞口排水工程

隧道进洞前应做好洞顶、洞口、辅助坑道口的地面排水系统，防止地表水的下渗和冲刷。对于覆盖层较薄和渗透性强的地层，地表水应及早处理。

边坡、仰坡坡顶的截水沟应结合永久排水系统在洞口开挖前修建，其出水口应防止顺坡面漫流，洞顶截水沟应与路基边沟顺接组成排水系统，防止水流冲刷弃碴危害农田和水利设施。

2. 洞口开挖

隧道洞口开挖前，复核确认明暗分界位置的合理性，控制边仰坡开挖高度。

应当自上而下分层开挖、分层防护，不能上下重叠开挖，土方施工中不能用爆破法施工或掏洞取土。当地质条件不良时，采取稳定边坡和仰坡的措施。洞口石方严禁采用洞室爆破开挖，要采用浅孔小台阶爆破，边、仰坡开挖采用预留光爆层法或预裂爆破法。尽量少刷或不刷，争取做到零距离环保进洞，减少植被破坏，保护生态环境。

洞口开挖和进洞施工宜避开雨季和融雪期，当不可避免时，应采取防止坍塌的安全保证措施。进洞前按设计要求对地表及仰坡进行加固防护，松软地层开挖边坡和仰坡时，宜随挖随支护，随时监测、检查山坡的稳定情况。偏压洞口施工应在做好支挡、反压回填等工作后再开挖。

明洞的开挖采用全部明挖法确保施工安全，明洞段的施工应在洞顶截水沟施工完成后进行，边、仰坡防护应与明洞开挖同步进行，明洞衬砌完成后应及时回填。进行明洞段回填时，C15 素混凝土沿隧道纵向成 2%坡度以利于排水，明洞部分拱顶最大回填高度不应大于 5 m，回填应对称分层夯实，每层厚度不大于 0.3 m。洞顶回填土石的压实度不小于 90%，黏土隔水层应严格夯实，上覆种植土，种植土表层种草及灌木。隧道顶部回填时应避免出现局部存水现象。

3. 边仰坡施工

先进行测量放线，根据测量放线做好边坡开挖轮廓线和截水天沟，以利截排水，防止地表水向下渗漏或陷穴等继续扩大影响隧道安全，确保边、仰坡稳定。截水沟应比原地面低 10～20 cm，以保证水能完全流入沟内，截水沟端头设置不得冲刷山体。

截水沟布设要顺应原地貌的地势，修整平缓顺直，上游进口与原地面衔接紧密，满足截流坡面水的要求，下游出水口引入边沟。截水天沟转折处以曲线连接，当地面纵坡陡于 1:2 时，沿截水天沟纵向在沟底每 2 m 设置一处防滑平台，防滑平台底面向内倾斜 4%。

在截水沟施工完成后即开始对边、仰坡进行施工，边、仰坡施工时先清除上部危岩，然后按设计坡度用全站仪放样出仰坡起始位置。采用挖掘机自上而下分层刷坡，施工时确保坡面平顺，没有大面积凹凸区域，同时要防止雨水渗透等因素导致边坡坍塌。

边、仰坡开挖和明洞开挖采用分层开挖，采用挖掘机开挖，必要时采用人工配合机械刷坡。每开挖一层，应及时对坡面进行支护加固，分层开挖厚度应控制在 2.0～2.5 m 内，以便于施作坡面防护。施工中尽量减少对原岩层的扰动，成洞面的位置和边、仰坡的坡率可以适当调整，尽量减少仰坡开挖高度，必须做到安全进洞。开挖后，坡面应稳定、平整、美观。

边、仰坡采用明挖法施工，自上而下分阶段、分层进行开挖，上方不得堆置弃土、石方，仰坡上方洞身范围内禁止修建施工用水池。

4. 套拱施工

套拱基础应设置在符合图纸要求且稳固的地基上，地基承载力满足设计要求，基坑的渣体杂物、风化软层和积水应清除干净。

作业前，必须对工作现场环境、行驶道路、架空电线、建筑物及构件重量和分布等情况进行全面了解。

拱架吊装时应有专人指挥，必须安放稳固后方可松卸吊装绳，安装时必须加派专人保护，防止拱架倾覆。重物提升和降落速度要均匀，严禁忽快忽慢和突然制动。左右回转动作要平稳，当回转未停稳前不得做反向动作。对有可能晃动的重物，必须拴拉绳。

加强套拱内预埋的孔口管定向、定位控制，严格按设计确定其上抬量和角度，确保孔定位准确。

5. 管棚等辅助进洞措施

辅助工程措施所用钢筋、钢管等材质，其环向间距、纵向搭接长度、方向等布设参数及锚固所用材料，均须符合设计及规范要求。

管棚开孔前宜先施作导向墙，其纵向长度不应小于 2 m，厚度应不小于 0.8 m，并具有足够的强度和刚度。导向墙基础应置于稳定地基上。管棚钻孔应跳孔实施，先实施的管棚注浆凝固后，方可进行其相邻管棚的钻孔施工，钻孔不应侵入开挖范围，顺序由高孔位向低孔位进行。

超前管棚支护的长度和钢管规格应满足设计要求，管内径为 108 mm，壁厚 6 mm，钢管中心间距宜为管径的 2～3 倍。管棚钢管宜分节连接顶入钻孔，节段长度不宜小于 2 m。接头与相邻钢管错开，错开距离不小于 50 cm。钢管接头应采用丝扣连接，丝扣长 15 cm。管棚钢管就位后，应插入钢筋笼，并及时进行注浆施工，砂浆强度等级不低于 M20。为确保注浆质量，在钢管安装后，管口用麻丝和锚固剂封堵钢管与孔壁间空隙，钢管自身利用孔口安装的封头将密封圈压紧。压浆管口上安装三通接头，用双液注浆泵按先下后上、先单液浆再双液浆、先稀后浓的原则注浆，注浆量由压力控制，初压为 0.5～1.0 MPa，终压为 2.0 MPa，达到注浆结束标准后，停止注浆。压浆完毕后用 M30 砂浆进行管棚充填，以增加管棚的刚度和强度。

三、超前地质预报

超前地质预报成果是调整和优化隧道设计参数及防护措施、优化施工组织、制定施工安全应急预案、工程变更设计的重要依据，各项目部要高度重视超前地质预报成果的应用。超前地质预报应包含地层岩性预测预报、地质构造预测预报、不良地质预测预报、地下水预测预报。

复杂地质的预测、预报应坚持隧道洞内探测与洞外地质勘探相结合，地质方法与物探方法相结合，辅助导坑与主洞探测相结合，并贯穿于施工全过程。

施工中充分利用超前预报作用。根据施工中记录的地质素描图和地质展示图组织施工，及时调整支护参数。工作面上采用两个钻探孔辅助地质预报，钻探孔长度一般为 20 m。

浅孔钻探时，采用安装在钻孔台车上的钻进测速装置，记录钻进一定深度所需要的时间，得出钻进时间随深度的变化曲线。根据钻进时间变化曲线，可推断预测断层在钻进中的位置和宽度，综合开挖工作面上不同位置钻孔的钻进时间变化曲线，便可大致确定断层的规模和产状。

四、二次衬砌

二次衬砌根据量测情况在围岩及初期支护变形基本稳定后进行。二次衬砌采用 12 m 模板台车，采用混凝土运输车将混凝土运输至施工现场，泵送入模。混凝土采取以附着式振捣器为主，插入式振捣器为辅的振捣方式。钢筋混凝土衬砌地段，钢筋在洞外下料加工成形，洞内利用多功能作业台架安装。

由测量人员用坐标放样在调平层及拱顶防水布上定出台车范围内前后两根钢筋的中心点，确定好法线方向，确保定位钢筋的垂直度及与仰拱预留钢筋连接的准确度。钢筋绑扎的垂直度采用三点吊垂球的方法确定。用水准仪测量仰拱填充面上定位钢筋中心点标高，推算出该里程处圆心与仰拱填充面上中心点的高差，采用三角架定出圆心位置。在圆心确定后，采用尺量的方法检验定位钢筋的尺寸是否满足设计要求，对不满足要求位置，重新进行调整，全部符合要求后固定钢筋。钢筋固定采用自制台车上由钢管焊接的可调整的支撑杆控制。定位钢筋固定好后，根据设计钢筋间距在支撑杆上用粉笔标出环向主筋布设位置，在定位钢筋上标出纵向分布筋安装位置，然后开始绑扎此段范围内钢筋。各钢筋交叉处均应绑扎。

台车轨道采用重型钢轨，底面直接置于已施工仰拱填充的混凝土表面上，保证台车平稳。调整模板中心线使得与同台车大梁中心重合，使台车在混凝土灌注过程中处于良好的受力状态。

　　曲线段落台车定位要考虑内外弧长差引起的左右侧搭接长度的变化，以使弧线圆顺，减少接缝错台。

　　台车走行至立模位置，用侧向千斤顶调整至准确位置，并进行定位复测，直至调整到准确位置为止。台车撑开就位后检查台车各节点连接是否牢固，有无错动移位情况。采用五点定位法检查模板是否翘曲或扭动，位置是否准确，保证衬砌净空，克服衬砌环接缝处的错台。

五、结语

　　对隧道施工过程中的质量控制、施工注意事项及预防措施进行剖析总结，对后续隧道工程的施工起到很好的指导作用。在今后的隧道施工中应不断实践，不断完善，进一步总结出能够保证隧道各工序施工质量的措施、方法，以取得更好的质量效果。

第五章　创建平安工地

第一节　打造"无死角"平安工地

百年大计，安全第一。安全施工是打造平安百年品质工程的基础保障。

济潍高速通过制定一系列管理制度及办法，推进安全生产风险分级管控和隐患排查治理双重预防体系建设，建立安全生产责任制度，安全责任落实到人；全力推进施工安全标准化建设，以"平安工地"建设为抓手，扎实做好安全制度标准化和现场安全防护标准化。

一、"体系支撑、全员参与"提升工程本质安全水平

1. 建章立制，确保生产安全

济潍高速公路项目办以创建"平安工地"为目标，成立了安全生产委员会，先后制定下发了《济南至潍坊高速公路工程施工、监理单位检查考核与奖惩办法》《安全生产管理办法》《安全生产费、环保费使用管理办法》等，建立了协调统一的安全管理机制，落实了安全生产费用，压实了安全生产责任，加强对施工单位及监理单位的管理，保障安全生产工作有序进行。

2. 落实安全生产责任制

济潍高速依据项目安全生产管理责任制度，进一步明确各岗位的责任人员、责任范围。项目办同各监理、施工单位主要领导分别签订了年度"安全生产责任书"，并要求各监理、施工单位内部全体在职员工层层签订"安全生产责任书"，定期组织全员进行安全生产责任制考核，并公布考核结果，切实将安全生产责任落实到每一个人。

3. 规范安全操作规程

安全操作规程是员工操作机械设备、调整仪器仪表和在其他作业过程中，必须遵守的程序和注意事项。安全操作规程，规定操作过程中应该做什么、不该做什么及设施或者环境应该处于什么状态，是员工操作的行为规范。高速公路施工涉及的机械设备种类繁多、数量庞大，设备设施操作不当是引发生产安全事故的主要因素之一。济潍高速根据高速公路施工性质、仪器设备特点和技术要求，结合实际，为各工种制定安全操作规程。安全操作规程既是落实安全生产的基本文件，也是对员工进行安全教育的主要依据。

4. 优化安全风险评估和专项施工方案

济潍高速高度重视安全风险评估工作，委托第三方专业机构对全线路堑高边坡工程、桥梁和隧道工程进行施工安全总体风险评估和安全专项评估；督促施工单位按照安全专项评估报告，编制专项施工方案组织施工，并对超过一定规模的爆破、隧道、涉铁、便桥、高墩、

现浇梁、起重设备安拆、枢纽交通组织等危险性较大分部分项工程的专项施工方案，组织专家进行论证审查。图 5.1 为专项施工方案评审会现场图。

图 5.1　专项施工方案评审会

5. 推动安全教育培训

加强对从业人员的安全教育培训，提高从业人员对作业风险的辨识、控制、应急处置和自救能力，增强从业人员的安全意识和综合素质，是防止产生不安全行为、减少人为失误的重要途径。济潍高速根据高速公路施工的实际情况，在三级安全教育培训的基础上，推行每日班前教育培训和安全生产"晨会"制度，每天将安全生产"晨会"视频资料上传至安全环保微信群；针对全线施工安全管理及现场安全措施，组织内外部专家为不同岗位员工进行授课，有效增强了参建人员的安全意识和专业能力。图 5.2 为《安全生产法》学习及竞赛场景。

图 5.2　《安全生产法》学习及竞赛场景

二、平安工地建设全过程安全咨询

济潍高速公路建设伊始，就与交通运输部科学研究院签订平安工地建设全过程安全咨询协议，对施工全过程进行安全咨询，并针对施工中的各个环节查找相关风险源，列出风险清单，提出整改措施和建议。图 5.3 为现场安全咨询反馈会及安全咨询报告。

图 5.3　现场安全咨询反馈会及安全咨询报告

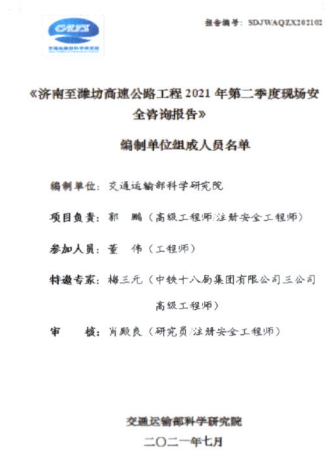

目前，尽管各部门都开始重视安全生产工作，但是缺乏有力的技术支持，也没有完善的控制技术和管理措施，因此公路工程的安全生产工作还停留在比较粗放的阶段。通过对公路工程风险源进行辨识、评价与控制，辨识出施工过程的重大风险源，可以实现安全工作从被动防范向源头管理转变，并具有以下优势。

第一，有利于政府行业管理。使得日常监管的针对性更强，为事故救援提供技术支持。

第二，有利于企业自查。企业亲自或委托中介机构对自身进行安全评价，识别重大风险源，找出可能发生的事故类型、事故发生的可能性及严重程度，可以有针对性地改进安全控制、管理措施和应急救援措施，提高企业的安全水平。

第三，有利于监理单位开展安全检查工作。监理单位按照相应程序对施工现场进行安全评价，对危险性较大的分部分项工程开工前进行安全生产条件核查，可以督促企业进行安全改造，降低生产风险。

济潍高速公路建设工程进行施工全过程的安全监控和咨询，积极采纳安全咨询单位专家组的建议，进而采取相应的控制技术和管理措施，实时掌握施工过程中控制事故发生的主动权，遏制和减少特重大事故的发生，改变了施工过程中安全控制无序、缺乏指导的局面。全过程工程风险源辨识、评价与控制技术的推广与运用，能够直接避免特重大安全生产事故的发生，杜绝事故损失，保障工程的施工进度。

第二节　打造施工安全措施标准化

济潍高速公路建设工程中，从安全专职人员的数量、特种作业人员是否具备资质等抓起，从各施工工序到各分项工程、分部工程安全标准化，包括安全爬梯标准化、围挡标准化、临时用电标准化、施工平台标准化等硬件设施标准化着手，从特种机械设备的进场管理把关，到高空作业"三宝"、灭火器的有效期等小事开始，狠抓安全措施标准化。

一、场站建设

项目的场站建设按照标准化进行。临时用电严格按照"一机一闸一箱一漏"进行设置，确保临时用电安全（见图 5.4）；钢筋场涉及使用气瓶处，设置了专用的储存笼，将空瓶、满瓶分别存放（见图 5.5）；拌和站输送皮带下方设置了隔离区域，防止人员随意在下方走动（见图 5.6）；场内的施工道路临边处，均安装了波形护栏（见图 5.7），以保障行车安全；生产区与行车道隔离（见图 5.8）；拌和站出料口设置了反光警示贴，以及限高、限宽标志，以保证施工安全；为确保拌和站罐体检修安全，在罐顶设置了防坠器，保障人员检修上下时的安全；为了防止雷击造成站内电气元件损坏，在配电柜内安装了浪涌器，防止雷击；场站内均设置了七牌一图（见图 5.9）；建设安全体验馆（见图 5.10）；对沉淀池进行围挡，防止发生溺水事件（见图 5.11）；拌和站罐体安装避雷设施，防止雷击，罐体设置抗风绳，确保抗风性。

图 5.4　临时用电标准化

图 5.5　气瓶分类存放

图 5.6　皮带下方隔离

图 5.7　波形护栏防护

图 5.8　生产区与行车道隔离

图 5.9　场站建设

图 5.10　安全体验馆建设

图 5.11　沉降池临边防护

1. 预制梁场

（1）张拉作业时，千斤顶顶力作用线方向不得站人，以防预应力断筋或锚具、楔块弹出伤人；量伸长值或挤压夹片时，操作人员应站在千斤顶侧面。

（2）压浆前，应检查压浆机压力表是否合格，安全装置是否完好，压浆管接头是否牢固；压浆时，操作人员应站立在压浆管侧面；压浆结束后，应确保管内无压力后再卸管。

（3）存梁区应平整无积水，梁板存放应符合设计要求。当设计文件没有规定时，空心梁板叠放层数不得超过 3 层，小箱梁叠放层数不得超过 2 层，T 形梁不得叠放；存梁台座顶面离地面高度应不小于 30 cm。叠放存梁时，一般应采用枕木支垫，上下支垫点应当在同一条垂直线上，并尽可能地在梁板支点上。梁板存放时，应在梁板端头两侧设置支撑设施，确保存放稳定不倾覆；支撑设施宜使用枕木、钢管或刚性支撑架。

（4）模板堆放时一般以尽可能避免模板变形为原则，堆放高度不宜大于 2 m，底部应垫高 10 cm，并采取防倾覆措施，露天堆放时应加遮盖。

（5）预制场临时用电应满足规范要求，原则上纵向线路架空设置，横向线路设电缆槽，龙门吊用电线路设置滑线槽。

（6）混凝土浇筑宜推广采用移动式混凝土浇筑工作平台，现场作业区应配置人员上下爬梯。

2. 钢筋加工场

（1）钢筋加工场应按设计要求设置缆风绳，地锚应提前预埋。

（2）钢筋加工场内电缆线宜埋管设置或采用线槽敷设，场内机械设备均须设置保护接地装置，传动部位应设置防护罩；钢筋冷拉作业区的两端应设置防护挡板及安全警示标志。

（3）钢筋加工场各功能区应设置分区标示牌，出入口、焊接作业区、配电设施等场所应设置安全警示标志，机械设备应悬挂安全操作规程牌及设备标识牌。

（4）钢筋加工场侧墙彩钢板应设置接地保护装置。

（5）钢筋原材料及半成品应分类垫高堆放，垫高台座宜用混凝土基座、型钢等能承重的材料制作，台座高度应不小于 30 cm；钢筋堆放高度应不大于 2 m，对于捆绑的圆形钢筋，其叠放高度应不大于 2 层。

（6）氧气瓶须安装减压器，乙炔瓶须安装回火防止器，氧气瓶在运输时应装有防震圈及防护帽。

（7）乙炔瓶和氧气瓶不得同库存放和同车运输，乙炔瓶存放或使用时不得卧放。

（8）乙炔瓶与氧气瓶之间的工作距离不得小于 5 m，与明火之间的距离不得小于 10 m。

（9）应统一制作专用气瓶用于气瓶现场运输，气瓶推车应有防晒措施，灭火器随车运输。

二、桥梁工程

1. 钻孔桩基础施工安全措施

1）一般安全施工要求

（1）进入施工现场人员必须佩戴安全帽，施工操作人员应穿戴好必要的防护用品。

（2）对于原已成孔未灌注的孔桩进行覆盖，并悬挂安全警示标志（见图 5.12）。

（3）桩基周围必须设有防护设施，防护设施围栏采用钢管搭设，高度不小于 1.2 m，并用安全网进行围护，悬挂安全警示牌。

（4）成孔后暂时不进行下道工序的孔，必须设有安全防护设施或用土方回填。

（5）严禁在高低压架空电线下方冲孔，吊运钢筋移动桩机时，支架与高压电线之间必须保持安全距离。

（6）配电箱及其他供电设备不得置于水中或者泥浆中，电线接头要牢固，并且要绝缘，设备首端必须设有漏电保护器。

（7）钻机安装完成后，必须经机械部门、工程部和安全部门验收合格后方可投入使用。

（8）在施工全过程中，应严格执行有关机械的安全操作规程，由专人操作并加强机械维修保养。

（9）作业平台必须规整平顺，必须将杂物清除干净，防止拆除导管时将工作人员绊倒造成事故。

（10）现场卸料（主要指钢筋和钢板、钢管）前，必须检查卸料方向是否有人，以避免将人员砸伤。

（11）导管安装及混凝土浇筑前，井口必须设有导管卡，搭设工作平台，留出导管位置并且要求能保证人员的安全。

（12）遇大雨、大雾和六级以上大风时，应停止冲孔作业。当风力超过六级时，应将机架放倒在地面上。暴风雨后，必须进行一次全面检查，发现问题及时处理。

（13）操作人员要遵守桩机冲孔的安全操作规程，严禁违章作业。

图 5.13 为桩基浇筑完成后防护。

图 5.12　桩基成孔后安全防护

图 5.13　桩基浇筑完成后防护

2）钻机就位及成孔安全管理要求

（1）钻机就位后，应有专人指挥进行机底枕木填实，保证施工时机械不倾斜、不倾倒。同时对桩机及配套设施进行全面安全检查，桩机安装牢固后对机架加斜撑及缆风绳。

（2）冲孔前要检查各传动箱润滑油是否足量，各连接处是否牢固，泥浆循环系统离心泵是否正常，确认各部件性能良好后才开始作业。冲孔前要检查钢丝绳有无断丝、腐蚀、生锈等，断丝超过 10%应报废；检查钢丝绳锁扣是否牢固，螺帽是否松动。冲孔过程中，非施工人员不得不进入施工现场，冲孔施工人员距离钻机不得太近，防止机械伤人。

（3）操作期间，操作人员不得擅自离开工作岗位或做其他事情。冲孔过程中，如遇机架摇晃、移动、偏斜，应立即停机，查明原因并处理后，方可继续作业。钻机进孔时，应紧密监视孔内情况，观察机架是否倾斜、各连接部位是否松动、是否有塌孔征兆，有情况立即纠正。钻机移动期间要有专人指挥和专人看管电缆线，以防桩机压坏电缆。成孔后，孔口必须用 5 cm 厚的模板或竹胶板加盖保护或浇筑混凝土，以防止闲杂人员掉到桩孔内，孔口附近不准堆放重物和材料。

3）钢筋笼制作、安装安全防护管理要求

钢筋调直现场禁止非施工人员入内，钢筋调直前事先检查调直设备各部件是否安全可靠；在进行钢筋除锈和焊接时，施工人员穿戴好防护用品。钢筋笼加工过程中，不得出现随意抛掷钢筋现象。在制作完成的节段钢筋笼滚动前，检查滚动方向是否有人，防止人员被砸伤。氧气瓶与乙炔瓶在室外的安全距离不得小于 10 m，并设防晒措施。起吊钢筋骨架时，做到稳起稳落，安装牢固后方可脱钩，严格按吊装作业安全技术规程施工。钢筋笼安装过程中必须注意，在焊接或机械连接完毕后，应检查人员的脚是否缩回。吊车作业时，在吊臂转动范围内，不得有人走动或进行其他作业。

4）混凝土灌注安全防护管理要求

灌注混凝土时，施工人员分工明确，统一指挥，做到快捷、连续施工，以防事故发生；

减速漏斗的吊具、漏斗和吊环均要稳固可靠。泵送混凝土时，管道支撑确保牢固并搭设专用支架，严禁捆绑在其他支架上，管道上不准悬挂重物。护筒周围不宜站人，防止人员不慎跌入孔中。对接导管时，要防止手被导管夹伤。混凝土浇筑过程中，混凝土搅拌运输车倒车时，指挥员必须站在驾驶员能够看到的固定位置，防止指挥员走动过程中栽倒而发生机械伤人事故；轮胎下必须垫有枕木；倒车过程中，车后不得有人。吊车提升拆除导管过程中，各现场人员必须注意吊钩位置以免将头砸伤。拆卸导管人员应注意防止扳手、螺丝等的掉落，拆卸导管时其上空不得进行其他作业。导管提升后继续浇筑混凝土前，必须检查其是否垫稳或挂牢。泥浆池、桩孔周边必须安装警示灯，挂反光警示带，设安全标志（见图 5.14）。浇筑混凝土期间，泥浆要及时回收，不得把泥浆排放在路面上或污水管道内。

图 5.14　泥浆池安全防护

2. 承台、墩柱施工安全措施

1）承台施工安全措施

承台基坑开挖时，应根据规定的基坑边坡开挖，严禁采用局部开挖深坑、从底层向四周掏土的办法施工。承台基坑四周做好临时围栏，人员上下要有专用安全爬梯（见图 5.15），承台防护采用标准装配式护栏，栏杆柱打入地面深度不小于 500 mm，防护栏埋设距承台边缘不能小于 500 mm。防护栏杆挂设安全警示标志。承台施工安全通道如图 5.16 所示。机具、材料、弃土等应堆放在基坑边坡四周安全距离以外。基坑顶面边坡以外的四周，应开挖排水沟，并保持畅通。基坑顶缘外有动载时，动载与顶缘之间至少要留有 1 m 宽护道，如地质及水文条件不好，还应加宽护道或采取加固措施。基坑开挖采用挡板支撑护壁时，应根据土质情况逐段支撑，并经过检查确认后方可继续开挖。开挖过程中，应经常检查，如发现支护变形等异常情况，应立即撤离人员，待加固并确认安全后，再继续开挖。每日或雨后必须检查土壁及支撑稳定情况，在确保安全的情况下继续工作。机械应停在坚实的地基上，如基础过差，应采取走道板等加固措施，不得将挖土机履带与挖空的基坑平行 2 m 停、驶。运土汽车不宜靠近基坑平行行驶，防止塌方翻车。

2）墩柱施工安全措施

浇筑墩台混凝土施工前，必须搭设好脚手架和作业平台，墩身高度在 2～10 m，平台外侧应设栏杆及上下扶梯；墩台顶必须搭设安全护栏，施工人员应系好安全带作业。模板就位后，立即用撑木等固定其位置，以防模板倾倒；用吊车吊模板，模板底端用撬棍等工具拔移，不得徒手操作。每节模板支立完毕后，就在安好边连接紧固器，支好内撑后方可继续作业。在架立高桥墩的墩身模板过程中，安装模板的作业人员必须系好安全带，并拴于牢固地点；穿模板拉杆应做到内外呼应。整体模板吊装前，模板要连接牢固，内撑拉杆、箍筋应上紧，吊点要正确牢固。起吊时，拴好溜绳，并听从指挥，不得超载。用吊斗浇筑混凝土，吊斗提降应设专人指挥；升降斗时，下部的作业人员必须躲开，上部人员不得身倚栏杆推吊斗，严禁吊斗碰撞模板及脚手架。在围堰内浇筑墩台混凝土时，安设扶梯或设置跳板，供作业人员上下。凿出混凝土浮浆机桩头，作业人员必须按规定佩戴防护用品。人工凿除时，应经常检查锤头是否牢固；使用风镐凿除桩头时，先检查，确认安全可靠后方可作业；严禁用风枪对准人。采用吊斗出渣时，吊车扒杆转动范围内不得站人。拆除模板时，划定禁行区，严禁行人通过。墩柱施工安全防护如图5.17所示。

图5.15　安全爬梯

图5.16　承台施工安全通道

图5.17　墩柱施工安全防护

3. 箱梁预制、运输及安装安全措施

（1）预制场应配备爬梯，方便施工人员上下。若预制梁高度超过 2 m，在架顶进行钢筋绑扎、浇筑混凝土等作业时应设置安全防护栏杆。

（2）堆放 T 形梁、工字梁等大型构件时，基础须进行硬化处理，设置斜撑，防止倾覆。

存梁不允许超过 2 层。

（3）施工单位应根据预制梁结构特点、质量、形状、长度和现场环境状况制定运输和架设方案，选择吊装机械、运输车辆和配套设备，并应制定相应的安全技术措施。

（4）梁板架设所采用的起重设备，应满足施工方案要求并持有有效的安全使用证和检验报告书。使用前应对起重设备进行全面安全性能检查，重点检查各操作系统、移动系统安全系统（力矩限制器、变幅限制器等）运转是否正常，同时应检查钢丝绳、轧头、吊钩、滑轮组等是否符合规定。

（5）采用龙门架吊梁前应仔细检查各部位间的连接情况，吊梁和移梁作业时，应派专人检查起重设备各系统工作情况，然后试吊，并认真进行观测，确保万无一失。梁体离开台座时两端应同步，龙门架平移及梁体升降应均匀地进行。梁体平移时两端应同时进行，平稳匀速，防止梁体受扭、倾斜，甚至倾覆。

（6）架桥机架梁作业时应设专人指挥，遵循"慢加速、匀移动"的原则，尽可能减少架桥机对桥墩的冲击。中途停工或架设完毕后应及时将架桥机移至专门的停放场地，不得将架桥机在施工位置长时间停放。

（7）梁板架设就位后应立即采取支撑防倾覆措施，尤其是 T 形梁、工字梁吊装时，每跨第一片梁和边梁就位后，应立即采用方木支垫横隔板的底部，采用原木斜撑翼缘板的根部，并采用木楔楔紧等措施防止单梁倾覆；其他梁吊装就位后，应立即焊接部分横隔板翼缘板湿接缝的钢筋，加强横向联系，保证安全。

（8）架梁作业时，施工单位应设专职安全员进行现场监护，对施工过程中可能产生的各类安全隐患进行控制。架梁作业过程中，地面应设围栏和警示标志，派专人值守，禁止非施工人员进入。跨越公路、铁路、航道架梁时，应提前做好各项架设准备工作，尽可能缩短架设时间，快速安装到位，并应设置防落网等有效的防护措施，防止对行人、车辆等造成危害，减小对外界的影响，必要时应采取临时交通管制措施，保证施工安全。

（9）夜间、五级及五级以上大风或暴雨时，不得进行架梁作业。

（10）高空作业要严格按照规范和安全作业规则佩戴安全帽、安全带、设置安全网。

（11）高温天气期间，根据生产特点和具体条件采取合理安排工作时间、轮换作业、适当增加高温工作环境下劳动者的休息时间和减轻劳动强度、减少高温时段室外作业等措施。

图 5.18～图 5.21 为箱梁预制、运输及安装过程中使用的安全措施。

图 5.18　使用龙门吊液压夹轨器

图 5.19　设置梁板预制安全通道

图 5.20　设置梁板吊装保护

图 5.21　设置声光报警器、红外限位器

4. 现浇箱梁施工安全措施

（1）对施工操作平台进行混凝土硬化处理，保证施工平台有足够的承载力。

（2）做好支架施工区域周边防护，主线路基范围、与地方道路交叉两侧 30 m 范围内须设置隔离措施，行车门洞周边设置足够的限高、限速、防撞等标示牌和设施，施工期间应安排专人对行车门洞进行交通管制。

（3）施工作业人员上下支架必须从斜道上通行，严禁直接攀登支架。

（4）材料垂直吊运时，作业人员不准站在临边扶手上推拉材料，严禁站在无临边安全设施的支架边缘未系安全带推扶材料。在吊车吊运成捆材料时，上下必须密切配合，至少设一名起吊指挥人员负责材料的吊运指挥安全工作。材料吊运过程中，作业人员要随时注意对吊物的有效避让，吊臂下方不准留人。材料垂直吊运时，严禁碰撞支架。

（5）夜间施工必须设置足够的照明，确保夜间施工的安全。

（6）在人员上下的通道设置防护通道，做好防坠落防护。桥面洞口应用护栏维护，上下通道采用"之"字形安全爬梯，临边用护栏固定到护栏预埋筋上。

（7）高空作业安全保证措施。年满 18 岁，经体检合格后方可从事高空作业；凡患有高血压、心脏病、癫痫病、精神病和其他不适合于高空作业的人，禁止登高作业。防护用品要穿戴整齐，扎住裤脚，戴好安全帽，严禁穿拖鞋，不准穿光滑的硬底鞋；要有足够强度的安全带，并应将绳子牢系在坚固的建筑结构件上或金属结构架上，不准系在活动物件上。检查确认所用的登高工具和安全用具（如安全帽、安全带、梯子、跳板、脚手架、防护板、安全网）必须安全可靠，严禁冒险作业。高空作业所用的工具、零件、材料等必须装入工具袋；上下时手中不得拿物件；必须从指定的路线上下，不得在高空投掷材料或工具等物；不得将易滚易滑的工具、材料堆放在脚手架上，不准打闹；工作完毕应及时将工具、零星材料、零部件等一切易坠落物件清理干净，以防落下伤人；上下大型零件时，应采用可靠的起吊机具。要处处注意危险标志和危险地方。夜间作业时，必须设置足够的照明设施，否则禁止施工。严禁上下同时垂直作业，若特殊情况下必须要同时进行垂直作业，应经有关领导批准，并在上下两层间设置专用的防护棚或其他隔离设施。遇六级以上大风时，禁止露天进行高空作业。

（8）模板安装、拆除作业保障措施。拼装模板时要有专人指挥，作业人员站在高处时在模板影响范围之外操作，所有现场人员必须佩戴安全帽，防止碰撞。腹板间、模板间的对拉杆一定要上紧、卡好，防止混凝土爆模，造成模板变形。拆除模板时要缓慢、均匀牵拉，作业人员拆模时要随时注意脚下，防止钢筋、钢管、预埋件等挂住裤脚，必要时搭设作业平台，避免模板脱落造成意外。拼吊装模板时必须要有人站在施工安全地点指挥作业，模板安装完毕后，对其平面位置、顶部标高、节点联系及纵横向稳定性进行检查，签认后方可进行混凝土浇筑。模板安装、拆卸时，其影响范围内必须安排专人进行现场警戒，并在各进出口竖立移动标志标牌，严禁立体作业，严禁人员在作业区下方通过。模板安装时，在模板没有固定前，不得进入下道工序。已拆除的模板、拉杆、支撑等，应及时运走或妥善堆放，谨防作业人员因扶空、踏空而坠落。拆除模板时须一次性拆清，不得留下无支撑模板。

（9）起重作业保障措施。对新安装的、经过大修或改变重要性能的起重机械，在使用前必须按照起重机性能试验的有关规定进行吊重试验。起重机每班作业前先做无负荷地升降、旋转、变幅，前后左右的运行及制动器、限位装置的安全性能试验，如设备有故障，经排除后才能正式作业。起重机驾驶员与信号员按各种规定的手势或信号进行联络；作业中，驾驶员与信号员密切配合，服从信号员的指挥；但在起重作业发生危险时，无论是谁发出的紧急停车信号，驾驶员必须立即停车。驾驶员在得到信号员发出的起吊信号后，必须先鸣信号后起重；起吊时重物先离地面试吊，当确认重物挂牢、制动性能良好和起重机稳定后再继续起吊。起吊重物时，吊钩钢丝绳保持垂直，禁止吊钩钢丝绳在倾斜状态下去拖动被吊的重物；当吊钩已挂上但被吊重物尚未提起时，禁止起重机移动位置或旋转运动。重物起吊、旋转时，速度要均匀平稳，以免重物在空中摆动；放下重物（如模板）时，速度不要太快，以防重物因突然下落而损坏；吊长、大型重物时有专人拉溜绳，防止因重物摆动造成事故。起重机严禁超过本机额定起重量工作，如果用两台起重机同时吊一件重物，必须有专人统一指挥，两台起重机的升降速度保持相等，其重物的重量不得超过两台起重机额定起重量总和的75%。绑扎吊索时要注意重量的分配，每台起重机分担的重量不能超过额定起重量的80%。起重机吊运重物时，不能从人上方越过，也不要吊着重物在空中长时间停留，在特殊情况下，如需要暂时停留，及时发出信号，通知一切人员不要在重物下面站立或通过。起重机作业时，所有人员尽量避免站在起重臂回转所及区域内。起重臂下严禁站人，装吊人员在挂钩后及时站到安全地区。禁止在吊运重物上站人或对吊挂着的重物进行加工，加工时必须将重物放下垫好，并将起重臂、吊钩及回转机构的制动器刹住。当起重机运行时，禁止人员上下从事检修工作或用手触摸钢丝绳和滑轮等部位。起重机的工作地点，应有足够的工作场所和夜间照明设备。起重机与附近的设备、建筑物应保持一定的安全距离，使其在运行时不会发生碰撞。

（10）张拉及注浆施工保障措施。张拉、注浆作业时，梁两侧设置稳固的工作平台，作业人员必须系好安全带。张拉、压浆作业前认真检查机具设备、仪表及高压油管是否符合规定。张拉作业前划分作业区域范围，设置明显的安全警示标志；非作业人员严禁进入作业区。张拉过程中，作业人员严格遵守机具设备操作规程；作业人员在两侧作业，严禁站在千斤顶的后部。张拉作业过程中严禁千斤顶油压超过最大张拉油压。操作高压油泵作业人员严禁直接面对构件端部。操作高压油泵人员应佩戴护目镜，作业时不得离开工作岗位，离开时必须松开全部油阀及时切断电源，同时两端互通信息。张拉作业时设防护人员，作业过程中两端50 m范围不得有其他作业人员或设临时挡板防护。张拉过程中如发现钢绞线断丝及机具设备等出现异常状况，应立即停止作业，查明情况并正确处理后方可继续张拉作业。千斤顶油管及注浆管在作业面上要设临时固定点，防止爆管时甩动过大伤及作业人员。

图 5.22～图 5.25 为现浇箱梁施工时采取的安全措施。

图 5.22　设置跨地方道路安全防护

图 5.23　设置安全通道

图 5.24　设置临边防护

图 5.25　设置现浇箱梁跨地方道路施工防护

5. 支架搭设安全措施

（1）脚手架搭设或拆除人员必须由按《特种作业人员安全技术培训考核管理规定》经考核合格，领取"特种作业人员操作证"的专业架子工进行。

（2）操作时必须佩戴安全帽、系好安全带，穿防滑鞋。

（3）大雾及雨、雪天气和六级以上大风时，不得进行脚手架上的高处作业。

（4）脚手架搭设作业时，应按形成基本构架单元的要求逐排、逐跨和逐步地进行搭设，矩形周边脚手架宜从其中的一个角部开始向方向延伸外搭设，确保已搭部分稳定。

（5）搭设作业时应按以下要求开展工作。

① 一定要按照先上后下、先外后里、先架面材料后架构材料和先结构件后附墙件的顺序，

一件一件地松开连接，取出并随即吊下。

②　拆卸脚手板、杆件、门架及其他较长、较重、有连接的部件时，必须要多人一起进行。禁止单人进行拆卸，防止因把持杆件不稳、失衡而发生事故。拆除水平杆件时，松开连接后，水平托持取下。

③　多人或多组进行拆卸作业时，应加强指挥，不能不按程序进行任意拆卸。

④　拆卸现场应有安全围护，并设专人看管，人员进入拆卸作业区内作业。

⑤　严禁将拆下来的杆部件和材料向地面抛掷，应随时将已吊至地面的架设材料运出拆卸区域。

图 5.26、图 5.27 为支架搭设作业时采取的安全措施。

图 5.26　设置支架搭设安全标语

图 5.27　采取支架防撞措施

6. 桥面系及附属工程施工安全措施

（1）为防止高空坠落和物体打击，在其周围边沿 10 m 范围设置安全警戒线，并设置警示标志。

（2）夜间施工时，保证投入足够的照明设施。

（3）全体施工人员必须服从安排，听从指挥；严格执行施工现场安全管理规定，规范自身行为，严格执行各自工种、设备的安全操作规程。

（4）凡患有高血压、心脏病及不宜从事高处作业的人员，严禁参加高处作业工作。

（5）对于吊装作业，除设指挥人员外，对有危险区域应增设警戒人员，以确保人身安全。

（6）施工现场严禁抛掷作业。

（7）起重作业人员必须做到持证上岗，同时具有一定的操作经验和技能，熟悉操作规程。司索人员应严格注意被吊物的整体状态、运行区域路线及其危险性，如有可能对作业人员形成威胁，必须通报指挥人员暂时停止作业。

（8）采用混凝土泵车施工时，喷射混凝土导管出口处应配备足够数量的人员，避免过大冲击力将人员甩出的现象发生。

（9）桥梁外侧护栏施工宜采用防撞护栏施工平台以保证施工人员的安全。

图 5.28～图 5.33 为桥面系及附属工程施工时采取的安全措施。

图 5.28　设置桥面施工安全通道

图 5.29　设置湿接缝安全防护

图 5.30　使用防撞护栏施工台车

图 5.31　设置桥面临边防护

图 5.32　设置防坠网

图 5.33　设置竹跳板

三、路基路面施工安全措施

1. 填方路基施工安全措施

（1）进场设备作业人员上岗证由安全部建档、动态管理，在施工期间定期检查司驾人员证件，严禁违规操作。

（2）现场运输车辆严禁超载超限，运输车辆进场后应由现场管理人员及驾驶人员共同确定车辆载重量，施工过程中由现场人员监督运输车辆载重，发现违规时及时要求停止作业。

（3）现场设置专职指挥人员、安全员，运输车辆按照指定的土石方运输路线行驶，严禁非专职指挥人员违章指挥。

（4）施工前机械驾驶人员确认机械四周无人员后方可进行机械操作，施工过程中严禁人员进入施工机械作业半径内。

2. 挖方路基施工安全措施

（1）在汛期中，施工用的机具、材料、设备等放置在不易被水淹没的高处，因施工需要或地形限制必须设在河滩和低洼地时，应采取措施防止被水淹没和被洪水冲走。

（2）火工品库房管理符合以下要求：符合《民用爆炸物品管理条例》的要求；库房的选址和修建应征得当地公安部门的同意，经过当地公安机关的验收后方可启用；火工品库房应远离人员集聚区、交通要道、高压线路、地下电缆和易燃、易炸等危险化学品储存设施或其他重要建筑物；存储库房和分发房间分开设置；火工品库房应当由经过培训的专人管理、看护，防护标准、防火措施应满足相关要求；根据施工进度计划安排及月循环进尺核定火工品库库容量，库房内储存的民用爆炸物品数量不得超过储存设计容量，严禁在库房内存放其他物品；建立健全火工用品管理制度，严格火工用品采购、储存、领取、使用和退库的各个环节的管理和操作，做到全程监控，全程把关；定期对炸药库管理有关台账进行检查和清对；火工品的使用人员应经过培训、取得相关证件，并在当地公安机关备案后方可依规使用。

（3）施工人员必须按规定穿戴防护用品。不按规定穿戴防护用品的人员不得上岗。

（4）施工车辆会车时注意轻车让重车。通过窄道、路口及转弯时，注意行人及车辆。重车前后两车间距必须大于 5 m，下坡时两车间距不小于 10 m，严禁车上带人。施工便道要有专人负责维修保养。

（5）施工机械在作业时要有专人指挥。驾驶人员只接受指挥人员发出的规定信号。机械在边坡作业时，与边缘保持必要的安全距离，使轮胎（履带）压在坚实的地面上。

（6）挖掘机发动机启动后，铲斗内、臂杆、履带和机棚上严禁站人；工作前履带应制动，车身方向要与挖掘工作面延伸方向一致，操作时进铲不能过深，提斗不得过猛；严禁铲斗从运料车的驾驶室顶上越过。向运料车辆卸土时，应降低铲斗高度，防止偏载或砸坏车厢；铲斗运转范围内，严禁站人。

（7）推土机上下坡时，其坡度不得大于 30°；在横坡上作业时其横坡度不得大于 10°。下坡时，宜采用后退下行，严禁空挡滑行，必要时可放下刀片作辅助制动。推土机在拆卸推土刀片时，必须考虑下次安装的方便。

（8）装载机起步前应将铲斗提升到离地面 0.5 m 左右。作业时应使用低速挡。用高速挡行驶时，不得进行升降和翻转铲斗。严禁铲斗载人。不得在倾斜度超过规定的场地上作业，运送距离不宜过大。铲斗满载运送时，铲斗应保持在低位。向运输车辆上卸土时应缓慢，铲斗应处在合适的高度，前翻和回位不得碰撞车厢。应经常注意机件运转声响，发现异常立即停止运转排除故障。当发动机不能运转需要牵引时，应使各转向油缸能自由动作。

（9）自卸汽车发动机启动后应检查起翻装置，确保良好；严禁在驾驶室外进行操作，翻斗内严禁载人；当装载高度超过车厢栏板时，应平稳行驶，不得猛力加速，也不得紧急制动；卸料起斗时，应检查上方有无电线，防止刮断。在陡坡、高坡等处卸料时，地面必须平整坚实，并设反坡，与边缘要保持安全距离；在危险地段卸料要有专人指挥。

（10）压路机必须在前后、左右无障碍物和人员时才能启动。变换压路机前进后退方向应等滚轮停止后进行，严禁将换向离合器作制动用。压路机靠近路堤边缘作业时，应根据路堤高度留有必要的安全距离；碾压傍山公路时必须由里侧向外侧碾压；上坡时变速应在制动后进行，在下坡时严禁脱挡滑行。振动压路机起振和停振必须在压路机行走时进行；在坚硬路面上行走时严禁振动；换向离合器、起振离合器和制动离合器的调整，必须在主离合器脱开后进行，不得在急转弯时使用快速挡；严禁在尚未起振情况下调节振动频率。

（11）严禁酒后驾驶。严禁施工人员酒后进入作业现场。

（12）设专职安全员，非施工人员禁止进入工地。

3. 边坡防护施工安全措施

（1）边坡防护及挡墙施工应设警戒区，并应设置明显的警示标志。

（2）作业的机械设备布置在安全地段。每次使用前进行安全检查，满足安全要求后方可使用。

（3）喷混植生作业应满足高空悬挂施工安全要求：使用吊绳（操作绳）规格不低于18 mm/24 000 N，吊绳顶端锚固牢靠；吊绳靠沿口处应加垫软物，防止因磨损而断绳，绳子下端一定要接触地面，放绳人也应系临时安全绳。悬挂作业操作人员应无高血压、心脏病等不适宜高处作业症状，并能正确熟练地使用保险带和安全绳。每天作业前，必须检查相关的安全绳、安全带、悬挂装置及其平衡机构，确认完好后才能进行作业，严禁超载或带故障使用任何器具。

（4）挡土墙、护面墙及锚固工程高度超过2 m作业应设置脚手架。操作平台外侧必须按规范搭设防护栏杆，拆除脚手架时，严格按照拟定拆除次序拆除。

（5）高处运送材料宜使用专用提升设备，并遵守安全操作规定。避免上下交叉重叠作业，无法避免时，必须采取上下错开一定的安全距离、上层作业区边缘增加挡渣板等防护设施。不得自上而下顺坡卸落、抛掷砌筑材料或工具。

（6）高边坡工程作业应设置专职安全员（监护），随时检查岩面松动石块、支架松动等安全隐患，发现问题及时解决。

（7）锚杆（索）造孔采用风动钻进时，应采取必要的除尘措施。灌注浆液作业时，安装压力表和安全阀，使用过程中如发现破损或失灵，立即更换。不得在喷头和注浆管前方站人。

（8）锚索（杆）张拉作业应设警戒区，操作平台应稳固，张拉设备应安装牢固，张拉过程中操作人员不得离岗，千斤顶后方不得站人。

4. 水稳沥青施工安全措施

（1）拌和站和施工现场配置专职安全员。

（2）建立健全拌和站和施工机械的安全操作规程，对施工人员进行安全技术交底，电工、机械操作人员必须持证上岗。

（3）拌和站应安置于坚实的基础上，要对水泥罐底座进行受力验算，确保不下沉。在水泥罐最高处安装避雷针。

（4）拌和站因发生故障需要维修时，必须关机、断电后方可进行，并必须锁住电源闸箱，设专人监护。

（5）施工现场卸料应由专人指挥，指挥人员应位于摊铺机料斗外侧 2 m 外的安全地带。

（6）施工机械运转时，严禁人员上下机械；在进行压实作业区域内，严禁人员来回走动或停留。

（7）严格实行安全责任制，项目负责人、各级技术人员、安全人员及施工区负责人对安全负相应责任，层层签订安全责任状，做到责任落实到位，使各级指挥人员在实施组织指挥中始终坚持"安全第一"的方针，确保工程安全。

（8）正确制定施工方案，把施工安全放在首位，采取严密的防范措施，预防为主。实行开工前安全技术交底制度、施工中安全生产检查制度、施工后安全评比制度。

（9）开展安全标准工地建设，施工现场做到布局合理、施工规范、防范严密。工地做到管线齐全，灯明路平，标志醒目，防护设施齐全，在施工现场悬挂有关施工安全标语，设立醒目警示牌。

（10）加强对驾驶员的安全教育，严禁违章操作。加强对车辆设备的保养维修，严禁带病作业，做到文明驾驶，安全行车。

（11）在施工中，遇有高压电线路、地下管道、压力容器、易燃易爆品、有毒有害物体等情况，需按设计要求或报请业主，采取可靠的安全防护措施，确保原有设施和施工安全。

5. 沥青上面层施工安全措施

（1）建立健全拌和站和施工机械的安全操作规程，对施工人员进行安全技术交底，电工、机械操作人员必须持证上岗，每台机械配备两名司机，每 4 h 交班一次，确保安全生产。

（2）拌和站内沥青罐、油罐等处应设置"小心烫伤""禁止烟火"的明显标志，并配备齐全的消防器材。

（3）拌和站因发生故障需要维修时，必须关机、断电后方可进行，并必须锁住电源闸箱，设专人监护。

（4）施工人员应正确穿戴劳动防护用品，防止烫伤，夏季高温季节施工应采取防暑降温措施。

（5）施工机械运转时，严禁人员上下机械；在进行压实作业区域内，严禁人员来回走动或停留。

（6）在交叉路口、转弯处应设置导向标志和安全警告标志，设专人指挥交通。

（7）人员进入施工现场必须戴安全帽。

（8）在施工现场严禁吸烟。

（9）所有的机电设备要专人操作，各种设备的操作员应熟悉掌握设备性能、路线、电源等，设专人负责检修（定期检修），使用前应先进行检查，发现问题及时解决。

（10）压路机作业前，应检查所有操作部件、仪表、制动器及转向机构，确保一切正常后方可进行操作。压路机开动前应在确认压路机前后无障碍或人员后，方可启动。

（11）压路机在各种路段上作业时应与路基边缘保持一定的安全距离。

（12）碾压作业时，应严格按照安全操作规定执行，听从施工人员的统一指挥。

（13）压路机因故临时停车时，应立即将压路机置于制动状态。作业后，应将压路机集中停放在平坦坚实的地方，使压路机处于制动状态，不得将其停放在路边缘及斜坡上，也不应将其停放在妨碍交通的地方。

图5.34～图5.39为路基路面施工时采取的安全措施。

图5.34 设置锚杆框架梁施工平台

图5.35 设置施工便道防护

图5.36 设置警戒区域

图5.37 采取成形路段限行限速措施

图5.38 采用测速仪器

图5.39 使用压路机倒车影像

四、隧道施工安全措施

1. 洞口开挖工程施工安全措施

（1）洞口工程施工，宜避开雨季和严寒季节。

（2）洞口施工前，应先检查边、仰坡以上山坡稳定情况，清除悬石，处理危石，施工期间实施不间断监测和防护。

（3）隧道施工应做好洞顶、洞门及洞口防排水系统。排水沟应进行铺砌，砂浆抹面，防止地表水及施工用水下渗，影响结构安全。

（4）进入施工现场要戴好安全帽，高处作业要求系安全带。

（5）施工用配电箱均加双坡盖板、雨披，防止雨水流入配电箱。临电的变压器做好避雷措施。

（6）所有用电工程的安装、维修和拆除，均由经过培训并取得上岗证的电工完成。

（7）现场临边防护，严格按照《安全设施标志标牌》中基坑维护的标注执行，临边四周范围内边搭设 1.2 m 高的防护栏杆，用防护网围住，并涂上醒目的警戒标志。设立安全警示标志，严禁无关人员进入施工现场，所有施工人员进入施工现场时必须佩戴安全帽等安全防护用品。

（8）对危险源及其危害性进行具体分析，提出风险防控措施，组织安全技术交底，重点是物体打击、机械伤害、触电、危险品。

2. 边、仰坡防护施工安全措施

（1）钢管脚手架必须按照方案要求进行搭设，搭设完毕后，由安全员对支架搭设情况进行整体验收，合格后方可使用。

（2）脚手架设置脚踏板，临边位置全部拉网防护，作业面全覆盖。

（3）钻孔作业施工时，人员必须正确穿戴安全防护用品。

3. 洞身开挖施工安全措施

（1）隧道口设安全讲话培训台，所有作业人员进场后须进行安全教育培训，特种作业人员还应经过考核培训、持证上岗。施工人员进入隧道施工现场须正确穿戴劳动防护用品。高处作业应挂牢安全带，无关人员禁止进洞。电工和使用手持电动工具的人员及焊工，应穿戴绝缘手套和绝缘靴，焊工还应佩戴防护面罩、护目镜。在隧道开挖施工中，掌子面人工钻孔作业人数应少于 9 人。

（2）在隧道洞口靠近值班室一侧应设置电动升降栏杆和入场人员专用通道。隧道洞口外设置可 360° 旋转拍摄的摄像机。隧道洞口上方设置电子显示屏，实时反映隧道内工作状态。

（3）建立进洞人员登记制度。采用先进的隧道施工人员门禁、考勤、定位系统，并在掌子面开挖台车、二衬台车等洞内设施上安设监控装置。

（4）隧道洞口设置专门的应急救援设施材料库房。

（5）为加强隧道施工安全管理，确保隧道掘进过程中施工人员的人身安全，施工单位应制定隧道施工逃生、救生通道及应急物资实施方案。隧道施工时，必须预先设置逃生通道及应急物资，以保证隧道掘进过程中施工人员的人身安全。在隧道的掌子面开挖、喷锚、支护及仰拱部位的开挖、浇筑混凝土过程中，均必须确保逃生通道的完好，应急物资设置到位，并随着掌子面的不断掘进而向前移动。逃生通道所用管材直径不小于 800 mm，壁厚不小于

10 mm，管节长度为 5～6 m，以保证足够的强度和通行空间，同时便于安装和动态跟进。为保证管道能承受坍塌体的压力，对采用的材质管材，必须确保其承压能力和连接头的牢固，并经试验室具体试验后，方可用于隧道中。管道须经加工后方可使用，隧道工区可结合材质及现场情况分别进行加工，要求连接简单、牢固、紧密可靠，且在地面做好临时固定措施，施工时关口可加临时封盖，并易于打开和封闭。逃生通道设置起点为最新施作好的二衬以内，且距二衬端头不小于 2 m，从衬砌工作面布置至距离开挖面 5 m 以内的适当位置，管道沿着初期支护的一侧向掌子面铺设，管内预留工作绳，方便逃生、抢险、联络和传输各种物品。承插钢管纵向连接可采用链条措施，防止坍塌等钢管冲脱。逃生管道在二衬台车移动就位过程中，临时拆移时应逐节拆除，严禁一次拆除到位，以随时确保逃生管道的效用。逃生管道在经过掘进台阶时，应安顺延台阶布置，可安装 135°转接接头顺延，其管道架空高度和长度以不影响施工并便于开启逃生窗口为宜。设置的逃生管道应平整、干燥、顺畅，不得作为应急逃生以外用途。应急器材包括：应急照明灯、应急食物箱、救护箱和钢管支撑、方木等。应急照明等距掌子面距离不得大于 5 m，非衬砌地段间距控制在 20 m 以内，衬砌地段控制在 100～200 m 以内，且在掌子面应急灯附近配备醒目的应急食物箱和救护箱。应急食物箱内须存放 10 d 左右所需的方便面、饼干、矿泉水等食物，救护箱内备包扎纱布、消毒药水、常见外伤用药及对讲机等。根据施工现场开挖工法，在已完成二次衬砌地段准备一定数量的钢管支撑和方木，当围岩异常变形时迅速进行支撑加固，控制围岩变形速率。洞内设无线电话，施工照明采用 UPS 供电照明。

（6）严格按照设计文件规定的开挖方法进行施工，否则应按照变更程序申请改变施工方案。

（7）在隧道开挖前，对隧道地表中线附近范围进行勘察，对地表冲沟、深井、滑塌、陷穴、地表附着物等不良地质情况进行统计，并按里程桩号逐一登记、拍照，施工中应加强监控量测工作，严格按设计方案施工，确保隧道安全、顺利通过。

（8）开挖后应按设计要求的量测项目及频率进行围岩量测，及时反馈量测信息。

（9）在每次开挖后及时观察、描述围岩裂隙结构状况、岩体软硬程度、出水量大小，核对设计情况，判断围岩的稳定性。

（10）爆破前应设有明显警示标志，爆破警戒范围应不小于 200 m；执行警戒任务的人员，应按指令到达指定地点并坚守工作岗位；起爆前 30 min 应发出预警信号，同时对爆破警戒范围内进行清场工作；起爆信号应在确认人员、设备已全部撤离爆破警戒区，所有警戒人员到位，具备安全起爆条件时发出，起爆信号发出后，方可起爆；检查确认安全后，方可解除爆破警戒；爆破作业时，所有人员应撤离至不受有害气体、振动及飞石伤害的安全地点。

（11）作业台车应做好临边防护；高压风、水管线必须由专人进行检查、维护，防止爆裂伤人；台车上的供电线路要定期检查、维护。

（12）隧道出渣与运输安全管控措施：作业场地的照明应满足安全需要，停电或无照明时，不得作业；机械实行定人定机，上岗前应经过培训考核合格后持证上岗；应对施工所用各种机具设备和劳动保护用品定期进行检查和必要的验收，保证其经常处于良好状态，不合格的机具设备和劳动保护用品严禁使用；装渣运渣过程中，应注意块石掉落，防止砸伤；装载机作业时回旋半径内严禁站人，出渣作业时必须有专人在安全区域内进行指挥。

（13）当相对开挖工作面相距小于 40 m 时，两端施工应加强联系，统一指挥。当两开挖工作面相距 15 m 时，应一端贯通双向警戒。

图 5.40～图 5.45 为洞口开挖工程施工时采取的安全措施。

图 5.40 采用门禁系统

图 5.41 采用监控系统

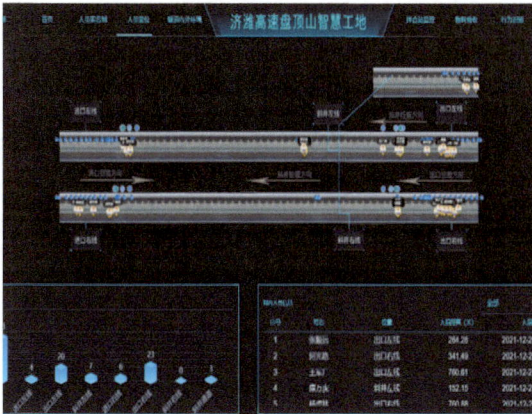

图 5.42 采用人员定位系统

图 5.43 使用开挖台车

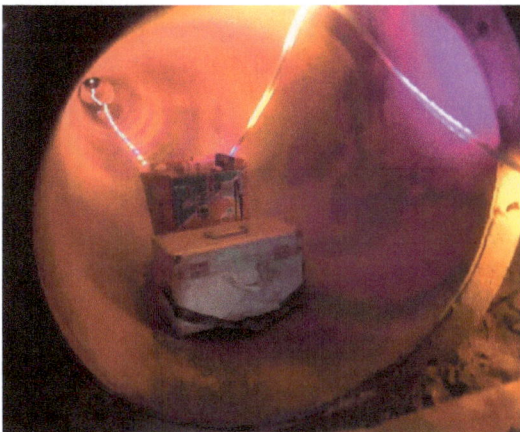

图 5.44 设置逃生管道

图 5.45 设置报警电话

4. 洞身支护施工安全措施

（1）机械实行定人定机；操作人员应经培训考核合格后，方可上岗。

（2）施工时应观察受喷面围岩的稳定性，防止落石、掉块伤人；严禁高压风、水管口朝向施工人员，以防伤人。

（3）混凝土喷射安全注意事项：施工中应经常检查输料管、接头的磨损情况，当有磨损、击穿或松脱等现象时应及时处理；施工中检修机械或设备故障时，必须在断电、停风条件下进行，检修完毕向机械设备送电送风前必须事先通知有关人员；安全员应随时观察地质变化，发现围岩有松动滑块现象，应立即撤离工作面；非施工人员不得进入正进行喷射的作业区，施工中喷嘴前严禁站人；喷射手控制好风压、喷射距离，避免回弹骨料伤人；喷射混凝土结束后，应及时对机具进行清洗，避免堵管炸裂伤人；混凝土出现裂缝、脱落时应加强观察及监控量测；必要时应撤离施工人员，加强支护，确保安全。

（4）使用养护台架时应设置防碰撞设施，并配备安全标识。

（5）喷射作业人员应正确穿戴防尘口罩、防护帽、防护眼镜、防尘面具、防尘工作服、雨靴、橡胶手套等防护用具；作业人员应避免直接接触碱性液体速凝剂，不慎接触后应立即用清水冲洗；加强洞内通风，对作业人员定期进行体检。

（6）孔位放样钻机就位放样时应注意台车与围岩间的间隙，防止踩空。

（7）钻孔清孔：锚杆作业中，要密切注意观察围岩或喷射混凝土的剥落、坍塌，清理浮石要彻底；施工中，要及早发现危险征兆，及时处理；钻孔作业严禁上下交叉进行；严禁在工作面拆卸修理钻孔工具。

（8）注浆时，时常检查管道接口处连接情况，防止脱落；垫板安装时必须戴防护手套。

（9）钢拱架加工及安装：施工人员应经培训合格后上岗；特殊作业工种必须持特殊作业证件上岗；电焊机必须接地，以保证操作人员安全，对于焊接导线及焊钳接线处，都应有可靠的绝缘接地；焊工必须戴安全帽、防护手套，穿工作服；电工必须穿绝缘鞋和戴绝缘手套；施工作业面应有良好的通风及照明设施。

（10）存放运输：吊运存放过程中，必须由专人在安全区域内进行指挥；运输时，必须使用专用车辆进行运送，并配专人进行指挥。

（11）钢架安装：在钢架安装完成前，不得擅自拆除临时支撑；钢架拱脚必须放在牢固的基础上，清除底脚下的虚渣及其他杂物，脚底超挖部分应用喷射混凝土填充；安装过程中，如发现支护变形，应及时反馈并采取有效加固措施；当险情危急时，应将人员、机械撤出危险区域。

图 5.46、图 5.47 为洞身支护施工时采取的安全措施。

5. 仰拱作业施工安全措施

（1）仰拱预留洞口应用钢板遮盖并设有警示标志；仰拱端头及有跌落危险的开挖台阶处应有临边防护设施。

（2）仰拱栈桥两侧设置护栏，中间设防落网。

（3）加强栈桥支点检查，及时处理基底软弱部位。

（4）机械伤害：严格遵守全自动液压栈桥操作规范，禁止非专业人员操作。

6. 防排水工程施工安全措施

（1）坠落危险施工现场设置警示标志，对排水沟进行围挡处理。

图 5.46 钢架底脚设混凝土垫块

图 5.47 采用送风系统

（2）严防渣块掉落等物体打击：人员及时避让至安全区域，观察渣块是否掉下，尤其是当出渣车通过栈桥时。

（3）严格按照机械设备的操作规程使用施工机械，定期检查设备，保证设备正常运转。

（4）专人负责进洞登记并检查防护用品的穿戴情况，高空作业人员应戴紧安全帽，挂好安全带，穿防滑鞋，专职安全员不定时进行检查。严格按照自动铺挂一体机的操作规程操作，定期检查，确保正常运转。严禁在隧道内堆放防水板、土工布、止水条、止水带，现场应设置禁火标志，防水板台车配置灭火器，明确防火责任人。

图 5.48、图 5.49 为防排水工程施工时采取的安全措施。

图 5.48 使用液压栈桥

图 5.49 使用防水板作业台架

7. 二衬工程施工安全措施

（1）机械管理。钢筋的调直、切断所使用的机械设备必须指定专人操作；施工人员应经培训合格后上岗，焊工应持有特种工人作业证；焊机必须接地，对于焊接导线及焊钳接线处，都应有可靠的绝缘接地。

（2）高处作业。严禁人员在高处作业平台上随意堆放物品；对作业平台防护栏、踏板及其吊挂装置进行定期检查，防止变形失效。

（3）二衬台车。操作人员应严格执行工作前检查制度；机械实行定人定机，上岗前应经过培训考核合格后持证上岗；应对施工所用各种机具设备和劳动保护用品进行定期检查和必要的验收，保证其经常处于良好状态，严禁使用不合格的机具设备和劳动保护用品；严禁在衬砌台车作业平台上随意堆放物品；应对台车平台防护栏、踏板及其吊挂装置进行定期检查，防止变形失效；台车上应挂设灭火设备或预备水管，防止火灾发生；台车上安装霓虹警示灯，悬挂"车辆慢行""高空作业防止坠落"等警示牌；台车轨道前后端应设置制动装置，防止脱轨。

图 5.50～图 5.53 为二衬工程施工时采取的安全措施。

图 5.50　采用二衬台车

图 5.51　设置台架密目防坠网

图 5.52　规范用电

图 5.53　采取洞内交通管控措施

第六章　践行绿色施工

以绿色发展理念推进绿色施工工程建设，要合理运用新技术、新材料，减少施工过程中的环境污染，有效保护城市生态环境。对工程建设来说，注重生态文明建设、践行绿色施工理念，不仅是一项艰巨而紧迫的任务，更是一条需要积极探索并持续完善的健康发展之路。

济潍高速践行绿色施工理念，严格落实《关于全面加强生态环境保护坚决打好污染防治攻坚战》和《山东省交通运输建设工程施工扬尘防治导则的意见》等文件中的要求，压实各参建单位环保主体责任。强化现场环保监督力度，狠抓扬尘治理工作，积极配合当地环保部门开展全线扬尘治理工作，严格落实施工现场"六个百分之百"的要求，督促施工、监理单位明确责任分工，以项目部、分部、工区为责任单位进行统筹管理，明确环保责任人，负责环保工作的开展和落实。

"六个百分之百"落实情况具体如下：

（1）在施工工地周边进行 100%围挡。具体来说，各施工作业工点严格实行封闭施工，现场作业工点均设置稳固、整齐、美观并符合安全标准要求的连续封闭式围挡进行封闭，保证施工现场封闭达标，如图 6.1 所示。

图 6.1　施工区域围挡全覆盖封闭

（2）物料堆放实现 100%覆盖。具体来说，施工现场的材料、配件、施工设备等，严格按照要求进行覆盖，现场渣土、边坡、裸露地表等易产生扬尘的部位，均采用密目网进行覆盖，杜绝扬尘产生，如图 6.2 所示。

图6.2　现场材料及裸露土覆盖

（3）对出入车辆进行 100%冲洗。具体来说，拌和站设置自动车辆冲洗台，四周设置排水沟，设置三级沉淀池，排水沟与沉淀池相连，沉淀池大小满足冲洗要求，路口安排专人负责车辆、进出道路的冲洗、清扫和保洁工作，如图 6.3～图 6.6 所示。

图6.3　自动车辆冲洗台

图6.4　喷淋降尘

图 6.5 料仓喷淋系统

图 6.6 三级沉淀池

（4）对施工现场地面进行 100%硬化。具体来说，项目施工现场出入口、拌和站、梁场、钢筋场及生活区等部位均采用水泥混凝土、沥青混凝土或其他功能相当的材料进行硬化，并辅以洒水等其他有效的防尘措施，保证不扬尘、不泥泞；场地硬化的强度、厚度、宽度应满足安全通行卫生保洁的需要，如图 6.7 所示。

图 6.7 场地硬化、清扫

（5）100%湿法作业。具体来说，项目严格实行湿法作业，土石方开挖施工严格按照一台挖掘机配备一台雾炮机的要求进行跟踪除尘，现场道路实行洒水车值班制度，对现场洒水车划分作业范围及次数，每台洒水车每日定时、定次数、定范围对现场进行喷雾降尘，如图 6.8 所示。

图 6.8 使用雾炮机喷雾降尘

（6）渣土车 100%密闭运输。具体来说，渣土运输车辆严格执行密闭运输，严禁超高，车斗应用苫布盖严，保证物料、渣土等在运输作业过程中不露出、不遗撒，如图 6.9 所示。

图 6.9　渣土车密闭运输

除此之外，还应保障投入，实现专款专用。因此制定了《济南至潍坊高速公路工程环保费使用管理办法》，加大对环保费使用情况的监督检查力度。各施工单位按照有关规定和环保施工标准提取，专门用于落实环保施工措施。同时，项目公司、各级监理单位加大监督检查力度，施工单位自觉落实环保施工主体责任，发现问题后，及时组织整改，并跟踪整改情况。责任单位必须上报整改报告，切实将整改工作落到实处。

第一节　场站建设落实环保要求

在场站建设过程中，积极从以下 10 个方面进行严格落实。

（1）场站内全部进行了硬化处理。

（2）料仓内均安装了自动喷淋系统，以减少施工扬尘。

（3）拌和站内的露天材料全部使用密目网进行覆盖，以防产生扬尘。

（4）拌和站罐体安装除尘装置，减少生产过程中的扬尘污染。

（5）碎石加工场安装了布袋除尘器，收集碎石生产过程中的扬尘。

（6）各个综合场站内均安装了扬尘监控设备，对现场扬尘进行实时监控。

（7）对拌和站传输带进行封闭处理，场站内设置雾炮机。

（8）进出场站口设置了车辆冲洗设备。

（9）在料仓上料口安装了集尘装备，控制上料时的扬尘污染。

（10）场内使用的装载机均喷涂了环保码。

在场站建设过程中，济潍高速采取的施工措施如图 6.10～图 6.15 所示。

图 6.10　采用自动喷淋系统

图 6.11　场站硬化

图 6.12　设置水泥罐安装除尘装置

图 6.13　采用焊烟净化器

图 6.14　设置车辆冲洗设备

图 6.15　设置集尘装置

第二节　桥梁施工细化环保管理制度

为全面落实桥梁在施工过程的环保，济潍高速从以下方面细化了管理制度。

（1）把环保措施以责任书的形式层层分解到各部室和个人。

（2）项目经理是环保工作的第一责任人，是施工现场环境保护自我监控体系的领导者和责任者。实行标准化管理，从职工的着装、挂牌、言行举止到现场的平面布置、资料管理，都做到整齐统一、标准一致，真正体现企业的形象和文化。

（3）施工完成后废弃的泥浆，应采取集中沉淀再处理的措施。严禁随意排放，污染环境。钻孔桩施工中产生的废渣需经沉淀、晾干后弃置弃土场掩埋，以防遇水冲刷时产生大量泥浆污染环境。

（4）施工期间严格控制破坏植被的面积，除了不可避免的工程占地、砍伐以外，不再发生其他形式的人为破坏和改变。尽量保护公路用地范围之外的现有绿色植被。

（5）施工时材料尽量堆放在红线以内，计划用量，做到工程完工无剩材料，完工后对所有施工场地进行清理和恢复。

（6）钻孔桩施工中产生的泥浆不得随意排放，泥浆须采用泥浆处理器进行处理，处理后的泥浆重复使用，减少排放量。施工现场要做到无污水、无积水，通道口、出入口畅通无阻。

（7）加强对施工机械的保养，遇到漏油、漏水的施工机械，必须修好后才能参与施工。废油回收后应集中存放、统一处理。

（8）施工机械的废油、废水，采取措施处理，不超标排放，以免造成河流污染。

（9）靠近生活水源的施工，用沟壕或堤坝将施工用水同生活用水隔开，避免污染生活用水。

（10）对树木、植被及地下水资源的保护是施工中的环保重点。对合同规定的施工界限内、外的植物、树木等，尽力维持原样；当砍除树木和其他经济植物时，应事先征得所有者和监理的批示同意，严禁超范围砍伐。

（11）对于临时用地范围内的耕地，采取措施进行复耕（可委托当地进行）。

（12）营造良好环境。在施工现场和生活区设置足够的卫生设施，对其经常进行卫生清理，同时在生活区周围种植花草、树木，美化生活环境。

（13）工程完工后，及时进行现场清理，并按设计要求用植被覆盖或采取其他处理措施。

（14）对于有害物质（如燃料、废料、垃圾等），要通过正确的环保处理手段就地进行处理或运到指定地点进行掩埋，防止对动植物造成损害。

（15）钢筋采用集中加工方式，达到节约用工、临时用地的效果。

（16）钢筋加工采用数控加工技术，通过对新设备的使用，可达到节能减排的效果。

（17）混凝土内所掺的外加剂，含碱量符合有关规定，避免对钢筋和大气产生不利影响。

（18）噪声控制。混凝土浇筑尽量避免在夜间施工，减少噪声对周边居民的影响。振捣时，采用噪声较小的新型振捣器施工。

图 6.16～图 6.18 为济潍高速桥梁施工过程中所采用的施工措施。

图 6.16　采用湿法作业

图 6.17　桥面洒水降尘

图 6.18　裸露土全覆盖

第三节　路基施工升级环保管理方案

为践行路基施工过程中的环保要求，济潍高速从以下方面进行了管理方案的升级。

（1）对于施工机械的废油、废水，采取措施处理，不超标排放，以免造成河流污染。

（2）靠近生活水源的施工，用沟壕或堤坝同生活水源隔开，并避免污染生活用水。

（3）对树木、植被及地下水资源的保护是施工中的环保重点。对合同规定的施工界限内、外的植物、树木等，尽力维持原样；当砍除树木和其他经济植物时，应事先征得所有者和监理的批示同意，严禁超范围砍伐。

（4）对于临时用地范围内的耕地，采取措施进行复耕（可委托当地进行）。

（5）营造良好环境。在施工现场和生活区设置足够的卫生设施，对其经常进行卫生清理，同时在生活区周围种植花草、树木，美化生活环境。

（6）工程完工后，及时进行现场清理，并按设计要求用植被覆盖或采取其他处理措施。

（7）对有害物质（如燃料、废料、垃圾等），要通过正确的环保处理手段就地进行处理或运到指定地点进行掩埋，防止对动植物造成损害。

（8）尽量减少对施工影响区的植被、天然地表和农田水利的破坏，集中或分散取土后做好清理、平整工作，疏通排水渠道，防止水土流失。砍伐树木时与当地城建或绿化部门联系，有条件移植时，禁止砍伐。

（9）工程完成后，及时对现场进行彻底清理，并按设计要求采用植被覆盖或采取其他处理措施，按设计要求砌筑挡土墙，防止弃渣流失导致侵占农田或堵塞沟道。

（10）施工中塑料制品、橡胶制器在用完后不得随意弃掉。

（11）工程永久用地做到依法申请、尽量少占、绝不滥用；临时工程用地做到依法申请、尽量少占、征地补偿、用后复垦；临时使用土地依法不作为永久性建筑物用地。

（12）施工过程中加强门前三包和入口处清扫。

（13）施工通道保持畅通洁净，不随意堆放物品及施工垃圾。

（14）将挖出的土体堆放在指定位置，夜间及时将其清除至弃土场。

在路基施工过程中，济潍高速采取如图 6.19～图 6.24 所示的施工措施。

图 6.19　渣土车全覆盖

图 6.20　施工现场封闭

图 6.21　采用湿法作业降尘

图 6.22　便道洒水降尘

图 6.23　边坡覆盖

图 6.24　路基裸露土全覆盖

第四节　路面施工贯彻环保管理要求

为贯彻路面施工的环保管理要求，济潍高速从以下 5 个方面进行了落实。

（1）施工临时用地规划、布置应充分考虑环境保护的要求，全面规划、合理布局、统筹安排建设用地，堆料场远离饮用水源地、水井、河、渠、池塘等地表水体。

（2）加强施工管理，尽最大可能保护红线外施工沿线的地表植被、土地和沿线生态环境。

（3）为避免机械设备碾压农田、破坏林地和地表植被，应对机械、车辆行驶车道及范围做标识和划定，禁止车辆随意在划定范围外有地上覆盖物的地面上穿行。对已经被车辆碾压破坏的地表，应及时植草覆盖，确保场地内无裸露土。

（4）沥青拌和站设置要远离乡镇、村庄、学校和居民区。沥青混合料应集中拌和，减少噪声污染。

（5）沥青拌和站必须设除尘装置，挖设粉尘池，将排出的粉尘加水处理后倒入粉尘池中，以减少粉尘对农作物及人畜的污染。

第五节　隧道施工重点开展环保专项工作

为严格落实隧道施工过程的环保管理要求，济潍高速重点从以下方面开展环保专项工作。

（1）施工时材料尽量堆放在红线以内，计划用量，做到工程完工无剩材料，完工后对所有施工场地进行清理和恢复。

（2）加强对施工机械的保养，遇到漏油、漏水的施工机械，必须修好后才能参与施工、废油回收时，应集中存放、统一处理。

（3）对于隧道施工中不可避免会产生废水、废渣和废气，为减少对环境的污染，实现绿色环保施工，隧道施工中产生的废水不得随意排放，参与隧道施工的各燃油机械尾气排放需达到国家排放标准。

（4）开展节能教育，组织有关人员参加节能培训，增强职工节约能源和资源的意识。

（5）在施工生产过程当中，尽量选用节能型的建筑材料、器具和产品，减少采暖、制冷、照明的能耗。

（6）尽量选用原材料利用率高、污染物排放量少的清洁生产工艺，并加强管理，减少污染的发生。

（7）推广节能新技术、新工艺、新设备和新材料，限制或淘汰能耗高的老技术、工艺。

（8）应将隧道洞渣集中放在经审批的弃渣场，严禁随意丢弃，选址应避开耕地和河道等。

（9）弃渣场在用于堆放弃渣前，必须先进行防护及排水工程施工，并对弃渣场边坡部位分层压实，确保弃渣场边坡的稳固，防止雨水或河流冲蚀，造成水土流失。

隧道施工过程中采取的施工措施如图 6.25～图 6.28 所示。

图 6.25　洞口裸露土覆盖

图 6.26　便道自动喷淋设施

图 6.27　纯电动装载机

图 6.28　静音降噪轴流通风机

第七章 推动科技创新

济潍高速以"建百年桥隧，保平安出行"为目标，着重提高内在及表观质量，通过创新项目推广及技术服务团队的引入，推动建设质量的逐步提升，全力打造平安百年品质工程，具体科技创新成果如下。

第一节 道路"四新"技术

（1）路堑防护（见图7.1）：主动防护网、框格梁坡面平整度、坡率等符合设计和标准化施工要求，边坡防护、边沟顺直美观。边坡锚杆孔深、锚杆长度、注浆密实度均满足设计要求。

图7.1 路堑防护

（2）厂拌机铺水泥稳定风化砂施工（见图7.2）：采用厂拌机铺代替路拌，提高了水泥土拌和的均匀性，更有利于对路床高程、横坡、平整度等指标进行控制。两层风化砂连铺，既加快了施工进度，又使路床验收一次性通过率得到了极大的提高。

图7.2 厂拌机铺水泥稳定风化砂施工

（3）水稳双层连铺透层养生施工（见图7.3）：采用双层连铺施工工艺，有效缩短基层施工时间，更好地保证了基层的整体性能，提高基层承载能力，显著提高施工效率；仅在上一层用乳化沥青进行养生，减少洒水及土工布等覆盖物数量，有效降低养生成本。

图7.3 水稳双层连铺透层养生施工

（4）挂网喷混植生技术（见图7.4）：利用客土掺混黏合剂和锚杆加固铁丝网技术，运用特制喷混机械将土壤、肥料、植物种子等混合干料加水后喷射到边坡上，形成具有耐雨水、风侵蚀，牢固透气，与自然表土相类似或更优的多孔稳定土壤结构，从而达到恢复植被、改善景观、保护环境的目的。

图7.4 挂网喷混植生技术

（5）公路沥青面层无人驾驶机群智能化施工技术（见图7.5）：在人工智能、5G、高精定位、激光避障雷达等多项技术的支撑下，现场采用1台摊铺机、3台双钢轮振动压路机及3台胶轮压路机在无人驾驶的状态下按照设定速度匀速前进，实现了智慧化联合作业。无人驾驶基于北斗导航卫星系统高精度定位技术实现对施工碾压轨迹的精准控制，保证了施工的一致性，有效避免了人为操作过程中常出现的漏压、过压、欠压、超速等问题。同时，无人驾驶实现了智能化、信息化施工，保证了摊铺的均匀性、碾压压实度和路面的平整度，最大限度提高了面层的施工质量。

图 7.5　公路沥青面层无人驾驶机群智能化施工技术

（6）沥青面层采用大宽度全幅摊铺施工技术（见图 7.6）：通过全幅摊铺机的"大厚度、大宽度、抗离析"优秀施工性能保证了集料的均匀性、路面的压实度和平整度。

图 7.6　沥青面层采用大宽度全幅摊铺施工技术

第二节　桥梁"四新"技术

（1）钢筋绑紧绑扎平台（见图 7.7）：针对方墩钢筋绑扎施工过程中钢筋较长难以绑扎成形的问题，济潍高速自行设计钢筋绑紧绑扎平台，提高了工作效率和工程质量。

图 7.7　钢筋绑紧绑扎平台

（2）墩粗车丝一体机、钢筋笼滚焊机、钢筋数控弯箍机（见图 7.8～图 7.10）：保证标准化实施，减少人力、物力损耗，提升施工效率，保证现场施工进度。

图 7.8　墩粗车丝一体机

图 7.9　钢筋笼滚焊机

图 7.10　钢筋数控弯箍机

（3）沉渣检测仪（见图7.11）：针对较长桩长的钻孔桩施工，特别是嵌岩桩对沉渣厚度要求较高，采用传统量测手段难以精确判定桩底沉渣厚度，但采用沉渣探测仪可通过测定不同介质的电阻率确定沉渣厚度，确保了施工质量。

（4）智能压浆设备（见图7.12）：可自动计量、自动保压、自动上料，压力无波动，泵送浆体无气泡，提高了压浆质量。

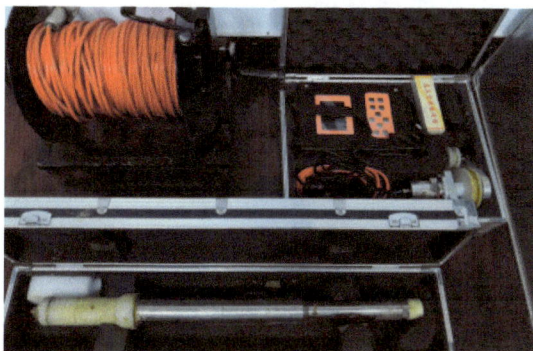

图 7.11　沉渣检测仪

图 7.12　智能压浆设备

（5）智能张拉技术（见图7.13）：传统张拉施工纯靠施工人员凭经验手动操作，误差率很高，无法保证预应力施工质量。智能张拉技术由于智能系统的高精度和稳定性，能完全排除人为因素干扰，有效确保预应力张拉施工质量。

（6）卡尺胎架（见图7.14）：用于绑扎箱梁钢筋，确保梁板钢筋位置绑扎准确，并提高钢筋绑扎效率。

图 7.13　智能张拉技术

图 7.14　卡尺胎架

（7）成孔检测仪（见图7.15）：采用超声波反射技术，能够对钻孔4个方向同时进行孔壁状态快捷监测，直观反映钻孔直径、垂直度、孔壁状况等参数。

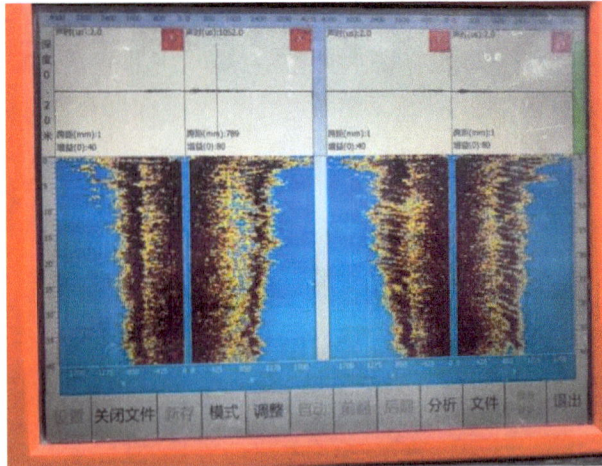

图 7.15　成孔检测仪

（8）环境在线监测设备（见图 7.16）：综合场站安装环境在线监测设备，实时监测站内噪声、PM10、PM2.5 指标，防止污染空气，控制噪声产生，降低施工噪声对周围居民的影响。

图 7.16　环境在线监测设备

（9）脉冲电子除尘器（见图 7.17）：拌和站存储罐顶部安装脉冲电子除尘器，防止对周围环境造成污染，保证绿色公路的实施。

图 7.17　脉冲电子除尘器

（10）VR安全体验馆（见图7.18）：为了加强安全教育培训，提高施工人员的安全素质，杜绝"三违"现象，减少伤亡事故发生，济潍高速积极引进了VR安全体验系统，让施工人员直观地感受施工安全事故的后果，达到了提高施工人员安全意识的目的。

图7.18　VR安全体验馆

（11）钢筋翻样系统（见图7.19）：钢筋加工场采用了广联达钢筋翻样系统，钢筋下料准确，钢筋配料合理，减少了废料。

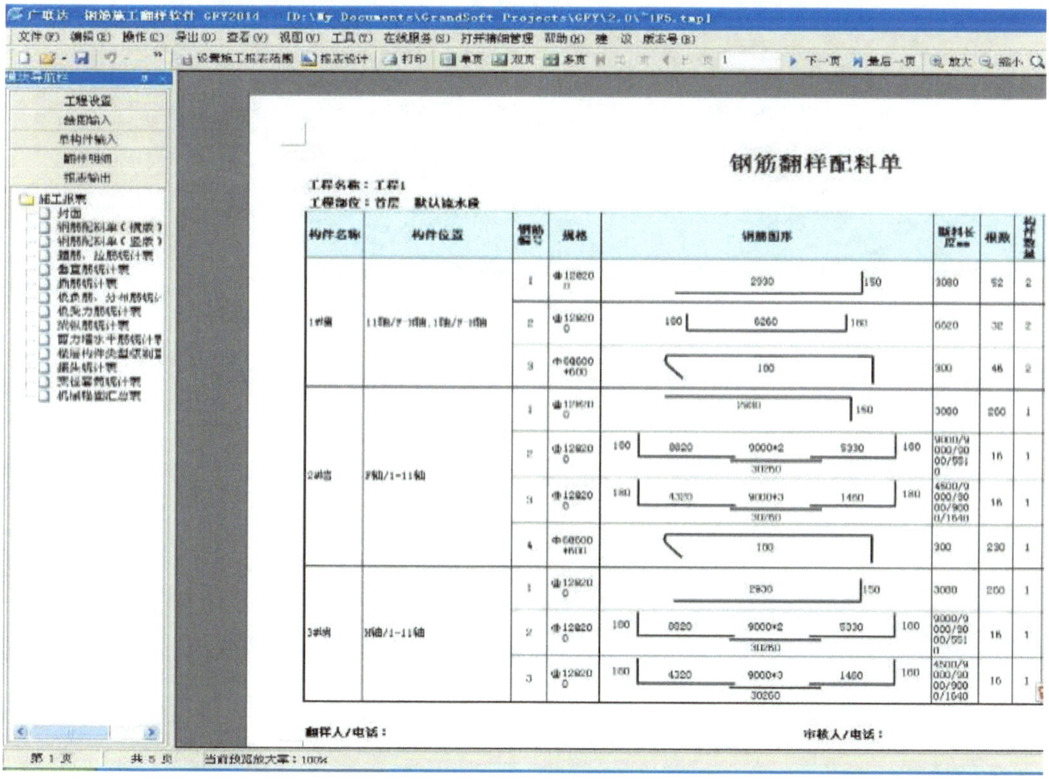

图7.19　钢筋翻样系统

（12）钢筋骨架片焊接机器人（见图7.20）：保证标准化实施，减少人力、物力损耗，加快施工效率，保证现场施工进度。

图 7.20　钢筋骨架片焊接机器人

（13）移动钢筋作业棚（见图 7.21）：可不受雨雪天气及夏季高温影响进行施工，同时有利于作业人员安全健康。

图 7.21　移动钢筋作业棚

（14）自行式液压系统（见图 7.22）：有利于不锈钢模板的安装、拆除，无须起吊和组装，既安全又省时，同时减少龙门吊占用时长，提高施工效率。

图 7.22　自行式液压系统

（15）端头升降式预制箱梁台座（见图 7.23）：有利于箱梁预制，较传统工艺极大地提高了施工效率，降低了施工成本。

图 7.23　端头升降式预制箱梁台座

（16）水洗设备（见图 7.24）：有效降低了集料中的含泥量，提高了材料的洁净度，提高了混凝土的性能。

图 7.24　水洗设备

（17）可移动式预制箱梁施工安全楼梯（见图 7.25）：移动简单，为施工人员提供了良好的上下通道。

图 7.25　可移动式预制箱梁施工安全楼梯

（18）混凝土搅拌材料计量超差报警系统（见图 7.26）：加强对拌和物材料的质量监控，从源头控制质量。

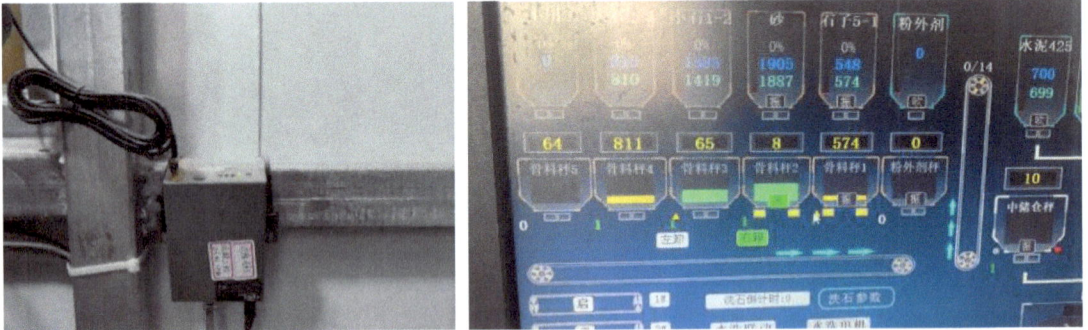

图 7.26　混凝土搅拌材料计量超差报警系统

（19）高分子混凝土养生膜（见图 7.27）：以新型可控高分子吸收材料为核心，以塑料薄膜为载体复合而成。高分子材料可吸收自体重量 200 倍的水分，吸水膨胀后变成透明的晶体状，把液态水变为固态水。养生膜的蓄水能力为 0.5 kg/m²，吸水后养生膜成为一个固体微型水库，然后通过毛细管作用向养护面渗透，同时又不断吸收养护体在水化热过程中的蒸发水。因此在一个养护期内，养护体表面可以持续保持湿润。

图 7.27　高分子混凝土养生膜

（20）激光超声波水泥混凝土摊铺机（见图 7.28）：激光超声波水泥混凝土摊铺机在桥面铺装整平机的基础上，安装了激光或超声波控制系统，从而能够准确设定横坡坡度和标高，同时靠液压系统调整高低，全面提升混凝土铺装的平整度，解决了因人为操作施工带来的不确定因素。设机械具有摊铺压实效果好、振捣深度和提浆效果好、整平效果好、自动化程度高、节省人工、降低施工成本、提高工作效率等优点。

图 7.28　激光超声波水泥混凝土摊铺机

（21）防撞护栏移动式作业台架（见图 7.29）：大幅度提升作业安全性，并使用不锈钢模板，外观质量及线性控制良好。

图 7.29　防撞护栏移动式作业台架

（22）盖板涵墙身滴灌养生（见图 7.30）：盖板涵利用混凝土浇筑时墙身三段式止水拉杆配合钢管，将土工布及塑料薄膜固定在涵洞墙身上进行滴灌养生，保证涵身混凝土湿润。

图 7.30　盖板涵墙身滴灌养生

（23）预应力孔道波纹管连接器（见图 7.31）：一个预应力孔道波纹管连接器由两个卡辨、两个卡槽、两套密封圈组成。操作时，先将密封圈安装于卡辨内，然后将待接长的塑料波纹管接头位置对好并保持水平，用两个卡辨将接头抱紧，用两个卡槽从两个卡辨的接口上打入即可。采用预应力孔道波纹管连接器与采用常规波纹管连接方法相比，具有以下优点：① 保证了波纹管连接接头的密封性，提高了波纹管的连接质量；② 使用方法简单易学，便于操作，保证了波纹管连接施工工艺的实用性，节约了施工工时。

图 7.31　预应力孔道波纹管连接器

（24）装配式型钢台座（见图 7.32）：装配式型钢台座采用标准化、模块化设计，所有预埋管线均提前预留孔洞，安装、拆除方便快捷。型钢质地坚硬、不易损坏，实现了循环使用。

图 7.32　装配式型钢台座

（25）料仓喷淋系统（见图 7.33）：料仓内设置智能喷雾降尘系统，能有效降低密闭空间内的粉尘扩散和飘扬。

图 7.33　料仓喷淋系统

（26）移动养生棚（见图 7.34）：预制梁场存梁区设置移动养生棚用于蒸汽养生，起到防潮、隔热、保温作用。

图 7.34　移动养生棚

（27）高墩施工液压爬模系统（见图 7.35）：相对于传统翻模而言，该系统的爬升速度快，液压爬升过程平稳、同步、安全；模板标准化程度高，整个结构仅用一个液压油泵提升，一次组装；爬升过程中不用再进行支模、拆模、搭设脚手架和运输等工作，施工安全度高。

图 7.35　高墩施工液压爬模系统

（28）智能温控混凝土加热模板施工装置（见图 7.36）：混凝土加热及温度控制保持在 72 h 左右，保证混凝土可以在恒温密封的环境内进行硬化。采用该装置进行冬期施工，经现场混凝土强度检测发现，24 h 混凝土强度值在设计强度值的 50% 左右，可以满足抗冻要求，混凝土在浇筑 3 d 后的回弹强度可以达到设计强度值的 90% 左右。

图 7.36　智能温控混凝土加热模板施工装置

（29）高墩自动喷淋养护系统（见图 7.37）：使用该系统可以加快高墩爬模施工进度，有效缩短工期；保证混凝土表面一直处于湿润状态，避免因养护不均造成的混凝土表面出现龟裂等质量问题；解决高墩爬模施工的混凝土养护问题，保证了工程实体质量。

图 7.37　高墩自动喷淋养护系统

（30）桥面湿接缝防坠落钢板网（见图 7.38）：桥面湿接缝防护采用桥面湿接缝防坠落钢板网，能有效防止杂物和人员坠落，保证桥面施工人员的安全。

图 7.38　桥面湿接缝防坠落钢板网

第三节　隧道"四新"技术

（1）喷淋养护台车（见图 7.39）：喷淋养护台车由轮式行走系统、轻型钢骨架、输水管道、增压水泵、雾化喷淋系统组成。在二衬浇筑完成脱模后，喷淋养护台车及时跟进进行喷淋养生。相较于传统的人工洒水养护或者雾炮机养护，喷淋养护台车可以解决拱顶等部位养护不全面的问题，使养护施工更加便捷，而且养护效率明显提高，有利于混凝土质量的提升。

图 7.39 喷淋养护台车

（2）整体式液压电缆沟台车（见图 7.40）：采用传统平模拼接接缝多，存在容易出现错台、平模拼接固定线性不容易掌握、混凝土外观质量得不到保证等问题。采用整体式液压电缆沟台车可以减少施工缝，提高混凝土外观质量，提高效率。

图 7.40 整体式液压电缆沟台车

（3）自动布料液压二衬台车（见图 7.41）：相对于传统人工布料，采用设备可大大降低人工成本和劳动强度，缩短浇筑间隙时间，保证混凝土浇筑的联系性，使混凝土对称浇筑更加便捷、容易掌控，对提高工作效率和工程质量有很大的保证。

图 7.41 自动布料液压二衬台车

（4）隧道风机台架（见图 7.42）：隧道风机台架顶部安装通风机，台架正面设置安全警示标语。

图 7.42　隧道风机台架

（5）监控量测及超前地质预报公示牌（见图 7.43）：用于对监控量测及超前地质预报信息及时进行公开。

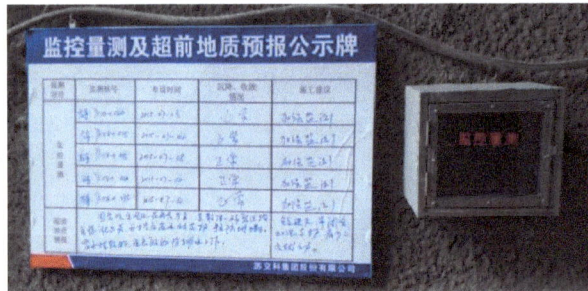

图 7.43　监控量测及超前地质预报公示牌

（6）违禁物品储存柜（见图 7.44）：进洞人员可将打火机、火柴、香烟等物品暂存于储存柜中。

图 7.44　违禁物品储存柜

（7）电子扭矩扳手（见图 7.45）：可避免扭力过大或不足。

（8）大跨度自行式液压栈桥（见图 7.46）：双栈桥，双向行车，可同时上跨一个仰拱浇筑区段和一个仰拱钢筋施工区段。

图 7.45　电子扭矩扳手

图 7.46　大跨度自行式液压栈桥

（9）数码电子雷管并联起爆网路（见图 7.47）：对于路堑高边坡爆破开挖，采用数码电子雷管并联起爆网路。具体优势：将各炮孔内的数码电子雷管进行注册编号，各排或各孔按设计间隔时间顺序先后起爆；起爆前可以准确检测雷管和起爆网路的完好性，从而保证起爆网路的正确性和可靠性；延时时间精确，破碎效果好；一次起爆的总装药量多，放炮次数少；爆破振动小，有利于爆区四周被保护物的安全。

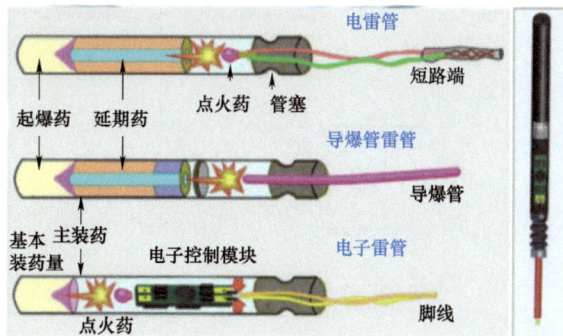

图 7.47　数码电子雷管并联起爆网路